Ohne Auftrag

Die Autobiografie von Raphael Lemkin

BERG INSTITUTE

BUXUS® STIFTUNG

Bibliothek Literatur und Menschenrechte

Die Bibliothek Literatur und Menschenrechte ist ein Projekt der Buxus Stiftung und des Berg Institute in Kooperation mit verschiedenen internationalen Verlagen wie Yale University Press, Il Mulino, Oxford University Press und Planeta. Das Ziel des Projekts ist es, deutsch- und spanischsprachigen Leserinnen und Lesern verschiedene Erzählungen zugänglich zu machen, die ihnen einen breiteren und tieferen Einblick in die menschliche Geschichte der Eroberung und Anerkennung der Menschenrechte eröffnen. Auf dem Wege der Literatur sollen dem Beitrag der Menschenrechte zur Verteidigung von Humanität und Würde „des Anderen" Rechnung getragen und die Werte und Ideen des Engagements für Gerechtigkeit und menschliche Solidarität gefördert werden.

RAPHAEL LEMKIN

OHNE AUFTRAG

Die Autobiografie von Raphael Lemkin

Herausgabe
Irmtrud Wojak, Donna-Lee Frieze und Joaquín González Ibáñez

Übersetzung
Stephanie Arzinger

Präsentation der Bibliothek Literatur und Menschenrechte
Irmtrud Wojak und Joaquín González Ibáñez

Vorwort der deutschsprachigen Ausgabe
Irmtrud Wojak

Präsentation der spanischsprachigen Ausgabe
Joaquín González Ibáñez

Vorwort der spanischsprachigen Ausgabe
Antonio Muñoz Molina

Vorwort der englischsprachigen Originalausgabe
Donna-Lee Frieze

Bibliothek Literatur und Menschenrechte

Buxus Stiftung • Berg Institute

Die Originalausgabe erschien unter dem Titel *Totally Unofficial: The Autobiography of Raphael Lemkin* bei Yale University Press.

ISBN 978-84-943097-7-9
ISBN 978-84-120347-3-8
Gedruckt in Spanien (Europäische Union)

INHALTSVERZEICHNIS

Antonio Muñoz Molina ist Schriftsteller, Mitglied der Real Academia Española und wurde unter anderem mit dem *Premio Príncipe de Asturias de las Letras* 2013 und dem *Premio Nacional de Narrativa* ausgezeichnet. Seine ethische Unbeirrbarkeit, seine Ehrlichkeit und sein Engagement als verantwortungsbewusster Bürger prägen seine Person und seine Literatur und machen ihn zu einem unentbehrlichen bürgerlichen und literarischen Vorbild. Zudem ermöglichen sie uns die angemessene Interpretation seines Gedankens, „Rechte ohne Verantwortung sind Privilegien." Muñoz Molina ist der Autor des Vorworts der spanischsprachigen Ausgabe *Totalmente Extraoficial. Autobiografía de Raphael Lemkin.*

Donna-Lee Frieze ist Professorin für Genozidforschung und Forschung zum Gedächtnis in Post-Konflikt-Situationen an der Deakin University in Melbourne. Seit 2015 vertritt sie Australien bei der *International Holocaust Remembrance Alliance.* Frieze redigierte Lemkins Manuskripte und ist die Herausgeberin der englischsprachigen Originalausgabe *Totally Unofficial. The Autobiography of Raphael Lemkin.*

Irmtrud Wojak ist Historikerin und Geschäftsführerin der gemeinnützigen BUXUS STIFTUNG, sie ist Privatdozentin an der Universität der Bundeswehr (München). Wojak ist Autorin der Biografie des Juristen und Auschwitz-Anklägers Dr. Fritz Bauer und Mitherausgeberin der deutschsprachigen Ausgabe *Ohne Auftrag. Die Autobiografie von Raphael Lemkin.*

Joaquín González Ibáñez ist Dozent für Völkerrecht und Internationale Beziehungen an der Universidad Alfonso X el Sabio in Madrid und einer der Leiter des BERG INSTITUTE. González Ibáñez ist der Übersetzer und Herausgeber der spanischsprachigen Ausgabe *Totalmente Extraoficial. Autobiografía de Raphael Lemkin* sowie Mitherausgeber der deutschsprachigen Ausgabe *Ohne Auftrag. Die Autobiografie von Raphael Lemkin.*

Stephanie Arzinger ist Philologin und Übersetzerin für die spanische, englische und die chinesische Sprache. Derzeit studiert sie den internationalen Schutz der Menschenrechte an der Universidad Alfonso X el Sabio. Sie ist die Übersetzerin der deutschsprachigen Ausgabe *Ohne Auftrag. Die Autobiografie von Raphael Lemkin.*

Nikolaus Kopernikus geduldete sich dreißig Jahre lang mit der Veröffentlichung seines Werkes *De revolutionibus*, in dem das Wort „Revolution“ erstmals gedruckt erschien. Wegen religiöser und politischer Verfolgung konnte er seine Arbeit an der Jagiellonen-Universität in Krakau, wo er 1491 das Studium der Astronomie aufgenommen hatte, nicht vorlegen.

Unweit von Krakau, in Lwów, lebte und studierte einige Jahrhunderte später Raphael Lemkin. Sein Vorschlag, menschliche Gruppen rechtlich zu schützen, wurde erstmals 1933 in Madrid vorgestellt.

Heute sind wir Teil der von Kopernikus und Lemkin losgetretenen Revolutionen und wissen: Die Menschheit hat sich nur weiterentwickelt, weil es stets Menschen gab, die neue Szenarien und innovative Räume geschaffen haben, in denen sich das menschliche Handeln neu orientieren konnte.

Jede Revolution scheint unmöglich, bis sie losgetreten wird. Einmal am Rollen, ist sie unausweichlich.

Noch heute arbeiten wir an der immerwährenden, unvollendeten Revolution der Menschenrechte, die auf neuartige Weise den Menschen in den Fokus des politischen, rechtlichen und sozialen Diskurses gerückt hat. Die Menschenrechte sind gekommen, um uns unbequeme Wahrheiten vor Augen zu führen; sie sind gekommen, um zu bleiben.

Mit der Herausgabe dieses Bandes würdigen wir das Vermächtnis von Raphael Lemkin, sein Werk und sein Engagement für die Menschlichkeit.

Buxus Stiftung und Berg Institute, 2020

Wisse, Sancho, dass ein Mensch nicht mehr ist als ein anderer, wenn er nicht mehr tut als ein anderer.

MIGUEL DE CERVANTES, *Don Quixote von La Mancha*, I-18

Only man has law. Law must be built.

RAPHAEL LEMKIN

Danksagung

Verschiedene Personen und Institutionen haben es mit ihrem Beitrag zu diesem humanistischen Projekt der Buxus Stiftung und des Berg Institute möglich gemacht, Raphael Lemkins Universum mit dem deutschen Leser zu teilen.

Zunächst möchten wir dem Verlag Yale University Press für sein Vertrauen danken. Besonderer Dank gilt Donna-Lee Frieze, die Raphael Lemkin mit der Veröffentlichung seiner Autobiografie eine eigene Stimme verliehen hat. Vier Jahre lang entzifferte sie in einer New Yorker Bibliothek Lemkins handschriftliche Notizen, ordnete seine Texte und machte sie zu einem erzählerischen Ganzen. Um die Autobiografie zu vervollständigen und für den Leser noch lehrreicher zu gestalten, enthält die deutsche Ausgabe Fotografien und dokumentarische Anhänge, die in der Originalausgabe nicht enthalten waren.

Wir danken unserer Übersetzerin Stephanie Arzinger für ihre professionelle, engagierte Arbeit und Holger Buck für sein Korrekturlesen und die hilfreichen Kommentare. Tiefer Dank gilt außerdem der großzügigen Unterstützung von Jens Mittelsten Scheid, ohne den dieses gemeinsame Projekt nicht möglich gewesen wäre.

Präsentation der Bibliothek
Literatur und Menschenrechte

Eine Kosmografie der Gerechtigkeit. Kunst und Menschenrechte in der Bibliothek Buxus Stiftung – Berg Institute

Irmtrud Wojak und Joaquín González Ibáñez

Die Vorstellung dieser Bibliothek in deutscher Sprache verfolgt verschiedene Ziele, die die Freude am Lesen, den Zugang zu Wissen und die Ästhetik unserer Publikationen miteinander verbindet. Sämtliche Autoren der Reihe haben zur Schaffung eines stillschweigenden Systems zum Schutz der Menschenwürde beigetragen. Lemkin, Neier, Cassese und Fritz Bauer waren die Schöpfer und Neuerer eines Systems, das unter historisch-juristischem Blickwinkel wie folgt beschrieben werden kann: Es ist nicht mehr, aber auch nicht weniger als ein Kapitel der Geschichte über die Suche nach der Menschenwürde mittels eines wachsenden Zugangs zur Justiz. Sein Vermächtnis ist nicht endgültig, das letzte Wort ist nicht geschrieben. Es ist die Geschichte der Menschenrechte oder, wie Héctor Faúndez sie definierte, die Geschichte „*der* Idee unserer Zeit".

Die vielen verschiedenen Arten, über menschliche Erfahrungen zu berichten und Geschichten zu erzählen, beinhalten stets subjektive Nuancen. Da die Erfahrungen in Intellekt und Leben der Personen, die schaffen, lesen und hören, unterschiedlich und bisweilen sogar antagonistisch sind, ist die Zahl der Erzählarten quasi unendlich. Der mexikanische Schriftsteller Carlos Fuentes sinnierte einst mit liebevoller Einsicht über den menschlichen Akt des Lesens: „Indem er den endlichen Akt des Schreibens in den unendlichen Akt des Lesens übersetzt, kreiert jeder Leser sein eigenes Buch."

Die italienische Sprache kennt ein wunderschönes Wort, das die Nuancen, Details und Konturen bezeichnet, die in jeder Erzählung und Geschichte vorhanden sind: *Sfumatura* suggeriert Fantasie und Subtilität. Welche Form haben die Dinge, welche Form haben Detail und Farbe einer Rauchschwade, die nach und nach verblasst? Welche Eigenschaft definiert das, was dynamisch und subtil ist und die Dinge durch ihre Nuancen und Details verschieden macht? Tycho Brahe war ein dänischer Astronom des sechzehnten Jahrhunderts, Benjamin Ferencz Chefankläger beim Nürnberger Einsatzgruppen-Prozess. Die Geschichte von Tycho Brahe und Ferencz' besondere Art, diese Geschichte zu erzählen – seine *sfumature* –, ermöglicht uns dank ihrer axiologischen Prägung die Formulierung einer Metapher über Ferencz' Fabel und die Bibliothek Buxus Stiftung – Berg Institute.

In *Watchers of the Sky*, dem 2015 erschienenen Dokumentarfilm über das Leben von Raphael Lemkin von der US-amerikanischen Regisseurin Edet Belzberg, erzählt uns ein Benjamin Ferencz fortgeschrittenen Alters die Geschichte von Tycho Brahes Berufung und seiner Liebe zum Wissen. Mit seinen fünfundneunzig Jahren setzte Ferencz sich auch 2015 noch für die Grundsätze des Völkerstrafrechts ein, insbesondere für die Ahndung des Verbrechens der Aggression. In der letzten Szene des von ihm benannten Dokumentarfilms berichtet er, wie Tycho Brahe Friedrich II. von Dänemark und Norwegen davon überzeugt, auf der Insel Hven ein astronomisches Observatorium zu erbauen, damit er das Universum wissenschaftlich studieren und kartografieren könne. Dreißig Jahre später, als mit Christian IV. bereits ein neuer Monarch auf dem Thron sitzt, wird ein königlicher Abgesandter auf die Insel geschickt, um herauszufinden, was in dem beinahe vergessenen astronomischen Laboratorium vor sich geht. Der mittlerweile betagte Astronom beantwortet die Fragen des Beamten zu seinen Tätigkeiten an diesem abgelegenen Ort. Er erklärt, er habe sein ganzes Leben der Beobachtung des Firmaments gewidmet, eine Astralkarte mit siebenundneunzig präzisen Bänden über das Universum erstellt und hoffe, lange genug zu leben, um hundert Bände zu vollenden.

„Hundert Bände über ein und dieselbe Sache? Wofür soll das gut sein? Was kann man damit tun?", fragt ihn der Beamte.

„Ich gebe zu, ich habe versagt. Ich habe versucht, die Bedeutung des Universums zu finden und es ist mir nicht gelungen. Doch ich glaube daran, dass es eines Tages jemandem gelingen wird", lautet die emotionale Antwort von Tycho Brahe.

Auf die hochmütige Frage des zynischen Beamten, warum er all die Mühe und Zeit verschwendet habe, räsoniert der Astronom: „Meine Arbeit wird meinen Nachfolgern fünfundzwanzig Jahre ihrer Arbeit ersparen."

Sichtlich gerührt verrät Ferencz in der letzten Szene des Dokumentarfilms, dass vierhundert Jahre nach besagtem Besuch des Observatoriums die Astronauten, die im Juli 1969 mit Apollo 11 erstmals auf dem Mond landeten, Tycho Brahes Tafeln bei sich hatten. Zwei Tränen fließen über Ferencz' Wange, als er verrät, dass er sein Leben der Beobachtung und der Teilhabe an der Schaffung eines Firmaments der Gerechtigkeit gewidmet habe, in dem das Vermächtnis Raphael Lemkins und sein eigenes die Zeichnung einer Kosmografie des Möglichen erlauben, möglich dank des Engagements von Männern und Frauen für Gerechtigkeit. Nun liege es an anderen Menschen, zu einer anderen Zeit und an anderen Orten, die Konturen dieses Firmaments mit ihren Visionen und ihrem Beitrag auszuweiten.

Durch Ferencz' Erzählung inspiriert, malte der Künstler Benoît van Innis die Vorsätze sowie die Ölbilder auf den Einbänden der Bibliothek Buxus Stiftung – Berg Institute. Wir hoffen, der Leser erfreut sich beim Anblick der ersten Buchseite an den weißen Sternen auf indigoblauem Hintergrund. Wir hoffen, er kann sich in diesem Firmament der Gerechtigkeit die müden, lächelnden Gesichter von Lemkin, Neier, Cassese und Fritz Bauer vorstellen. Mit ihren Handlungen, Taktiken und Strategien, über die sie uns in diesen Werken berichten, lehren sie uns, dass die „Schatten der Träume", dank derer sie sich vorzustellen vermochten, dass Gerechtigkeit erreich- und Straflosigkeit vermeidbar ist, keine Hirngespinste sind!

All unsere Protagonisten sahen sich mit einer feindseligen soziologischen und juristischen Situation, einer primitiven Verleugnung der moralischen Angemessenheit ihres Kampfes und einem entschiedenen Widerstand gegen die Schaffung eines Rechtsapparates zugunsten der Opfer *de lege ferenda* konfrontiert. Doch dank Menschen wie Raphael Lemkin, Fritz Bauer und Nelson Mandela haben wir gelernt, dass sich die Menschheitsgeschichte weiterentwickelt, weil es stets Menschen gab, die – wie sie – neue Szenarien erkannt und innovative Räume geschaffen haben, in denen sich das menschliche Handeln neu orientieren konnte. All diese Menschen ebneten einen bis dato unbeschrittenen Weg in der immerwährenden, unvollendeten Revolution der Menschenrechte, der die Opfer und ihre Erinnerung auf neuartige Weise in den Mittelpunkt des politischen, juristischen und gesellschaftlichen Diskurses stellte. Dank ihrer Erfolge haben wir von der Menschheitsgeschichte gelernt: „Jede Revolution scheint unmöglich, bis sie losgetreten wird. Einmal am Rollen, ist sie unausweichlich."

Ein Teil der Geschichte, die wir hier und jetzt schaffen, ist der Schutz des Menschen. Unsere Autoren haben uns mit ihrem Beispiel und den Nuancen ihrer lebhaften Erzählungen rechtlicher und moralischer Kontingenz nicht nur gezeigt, wie und weshalb es getan wird, sondern auch, dass ihre Wagnisse keine Hirngespinste waren, nicht zuletzt, weil sie auf eine Zivilgesellschaft sowie auf nationale und internationale Institutionen zählen konnten, die unter ihrer Führung reifen konnten.

Nun liegt es am Leser zu erkennen, in welcher Flugbahn die von unseren Autoren geschaffene Kosmografie der Gerechtigkeit ihren Weg fortsetzt, dank des Kampfs von Juristen wie Thomas Buergenthal, Auschwitz-Überlebender, Richter des Interamerikanischen Gerichtshofs für Menschenrechte und des Internationalen Gerichtshofs der Vereinten Nationen, Joan Garcés, Anwalt der Opfer im Pinochet-Fall, dem chinesischen Anwalt Teng Biao, der Anwältin Nasrin Sotoudeh, die wegen ihrer Forderung der Autonomie der Frau vom iranischen Regime inhaftiert wurde, der Kenianerin Wangari Muta Maathai, Friedensnobelpreisträgerin in Anerkennung ihres Engagements um Nachhaltigkeit, Frieden und Menschenrechte, und der guatemaltekischen Richterin Yassmin

Barrios, die wegen Genozids gegen den Diktator Ríos Montt vorging.

Außerdem beteiligen sich zahlreiche unbekannt bleibende Bürger am Bau der Kosmografie. Sie alle haben sich den Werten der Solidarität, Toleranz und gegenseitigen Verantwortlichkeit für die Verwirklichung dieser Ideale verschrieben.

Das Firmament der Gerechtigkeit ist großartig und menschlich; es ist das Firmament unserer Zeit. Es wird durch das Gewissen und die Entschlossenheit von Menschen möglich, die an Gerechtigkeit und Menschenrechte glauben. Es ist alles, dessen wir bedürfen, um einen Menschen zu definieren, der frei in seinen Entscheidungen und verantwortlich für seine Handlungen ist: unsere *imago hominis*, das heißt, die Anschauung – eine der etymologischen Bedeutungen des griechischen Wortes *theoría* (*θεωρία*) – eines Menschen, der Mensch ist, weil er als solcher anerkannt wird und Menschenrechte – Rechte und Pflichten – hat. Daraus folgt zwangsweise: Werden seine Menschenrechte verletzt, verschwimmt und verblasst seine Menschlichkeit.

Es sind die Menschenrechte, die wir uns für unsere Kinder, unsere Familie, unsere Freunde und Landsleute wünschen. Die Revolution – die Idee unserer Zeit – besteht darin, sich den Unbekannten, den „Anderen", mit denselben Wahlmöglichkeiten vorzustellen, die wir für uns und die Unseren anstreben und einfordern. Sie besteht darin, anzuerkennen, dass die mit den Menschenrechten verbundenen Rechte und Pflichten ausgeübt werden können und müssen, ohne dass Nationalität, Ethnie, Herkunft, Religion, politische, sexuelle oder sonstige Präferenzen unser Engagement für „den Anderen" mindern. Die Menschenrechte sind nicht nur ethischer Wille und Engagement für Gerechtigkeit, sie implizieren auch einen rechtlichen Rahmen, der sie anerkennt, gegenüber Diskriminierungen unempfindlich und rechtlich bindend macht – im Sinne einer Verbindlichkeit ihrer Anerkennung und ihres Schutzes. Nur so können ihre Wirksamkeit und ihr Genuss gewährleistet werden.

Das großartige ethische und bürgerliche Erbe der Autoren dieser Bibliothek inspiriert uns und suggeriert auf subtile Weise, dass die Menschenrechte wahrscheinlich unsere zugänglichste Revolution und unser zugänglichstes bürgerlich-demokratisches Engagement sind. Es spiegelt sich in unseren täglichen Entscheidungen wider, sowohl mit Blick auf die Menschen, denen wir begegnen, als auch mit Blick auf die soziale, wirtschaftliche und ökologische Lage weltweit.

VORWORT DER DEUTSCHSPRACHIGEN AUSGABE

IRMTRUD WOJAK

Als das BERG INSTITUTE vor zwei Jahren die BUXUS STIFTUNG eingeladen hat, eine gemeinsame Bibliothek aufzubauen, ahnte ich schon, was für eine positive Zusammenarbeit daraus entstehen würde. Hier gibt es eine verbindende Idee, man kann durchaus sagen einen gemeinsamen Traum, der sich verwirklichen lässt.

Die Geschichten und das Werk von zwei außergewöhnlichen Menschen, ihr Engagement für das Völkerrecht und die Menschenrechte, die den Ausgangspunkt unserer Forschungsarbeit bilden – Raphael Lemkin und Fritz Bauer –, haben uns zusammengeführt. Was kann mehr beflügeln als die Lebenswege und die Hoffnungen zweier mutiger Menschen wie Lemkin und Bauer, die sich nicht beirren ließen und ihr Leben für die Sache der Menschenrechte riskierten.[1] Beide waren Juristen, beide Überlebende des Holocaust und politische Exilanten, die Widerstand leisteten. Der polnische Staatsbürger Raphael Lemkin (1900–1959) prägte aufgrund seiner Erfahrungen den Begriff Genozid (*genocide*) und wurde der Urheber der UN-Völkermordkonvention. Der deutsche Staatsbürger Fritz Bauer (1903–1968) prägte den Begriff Unrechtsstaat für die NS-Herrschaft, gegen die Widerstand zu leisten Notwehr war, und er brachte die NS-Justiz und das Verbrechen von Auschwitz im Deutschland der gescheiterten Entnazifizierung vor Gericht. 1966 erschien im *Handbuch der Kriminologie* Bauers umfassender Artikel „Genocidium (Völkermord)" über die von Lemkin bewirkte Konvention, der die Bundesrepublik Deutschland per Gesetz vom 9. August 1954 (*BGBl.* II, 729) beigetreten ist.

[1] Vgl. Fritz Bauer, Genocidium (Völkermord), in: *Handbuch der Kriminologie.* 2. völlig neu bearbeitete Auflage, hrsg. v. Rudolf Sieverts. Bd. 1: Aberglaube – Kriminalbiologie. Berlin: Walter de Gruyter & Co., 1966, S. 268-274; Irmtrud Wojak, *Fritz Bauer. Eine Biographie.* 2. Neuauflage mit einer neuen Einleitung. Eschenlohe: BUXUS EDITION, 2019.

Das Besondere an der Buchreihe, deren erster Band mit Raphael Lemkins Autobiografie *Ohne Auftrag* jetzt vorliegt, ist ihr Blick auf die Geschichte des Widerstands, der – oft an den Schnittstellen von Wissenschaft, Literatur und Kunst – immer schon Kampf um des Menschen Rechte war. Während heute weltweit der nicht enden wollenden Verbrechen gegen die Menschlichkeit erinnert und dem Leiden der unzähligen Opfer und Ermordeten gedacht wird, hat sich die Idee der „Kulturen der Erinnerung“ jedoch gleichzeitig verselbständigt und ist mancherorts zu einer Art Handelsware geworden. Unsere Buchreihe soll Einblicke geben, wie sich das Leben der Wenigen, die das Recht suchen und folglich Widerstand leisten müssen, von dem Leben der Vielen unterscheidet, die Zuschauen oder Beobachten, sich aber nicht selbst aktiv beteiligen.

Die Bücher sprechen insofern durchaus aktuelle Fragen an. Was bestärkt Menschen, aufzustehen und ihre Stimme gegen Unrecht und Gewalt zu erheben, zumal dann, wenn die meisten oder sogar fast alle schweigen und bloß zuschauen? Welche Bedingungen sind es und welche müssten wir folglich schaffen, damit gerade junge Menschen sich nicht anpassen und bloß lernen, Gehorsam zu leisten, sondern vielmehr den Mut entwickeln, ihr Menschsein in die Waagschale zu werfen? Und zwar gerade dann, wenn es darum geht, die Menschenrechte zu verteidigen, die eigenen und die von anderen Menschen.

Die deutsche „Kultur der Erinnerung“ gilt mit ihrem über die Jahrzehnte herausgebildeten negativen Gedächtnis (Reinhart Koselleck) als besonders vorbildlich und sie wird im Hinblick auf das bis dato singuläre Verbrechen des Holocaust als Erfolgsgeschichte mit Anschauungsfunktion für Staaten in der Übergangsphase nach einer Diktatur international gepriesen. Diejenigen, die „Im Kampf um des Menschen Rechte“ – so charakterisierte Fritz Bauer im Nachhinein seinen Lebensweg – ihr Leben riskierten, werden im Rahmen dieser nationalen Gedenkkultur als Opfer erinnert. Der Mut ihres Widerstands, des kleinen wie des großen, kommt hingegen schon länger nicht mehr in dem erinnerungskulturellen Geschichtsbild von einem „Land der Täter“ mit einer verallgemeinerten nationalen „deutschen Schuld“ vor.[2] Unangepasste Lebenswege wie der von

[2] Besonders deutlich wurde dies anlässlich des diesjährigen Holocaust-Gedenktages am 27. Januar.

Fritz Bauer werden in diesem Kontext relativiert. Anders als Raphael Lemkin in dem Film *Watchers of the Sky* oder Martin Luther King jr. in dem Film *Selma* wird Fritz Bauers in deutschen Büchern und Kinofilmen lediglich als Antiheld und Nazi-Jäger gedacht, während es in Wirklichkeit um seinen außergewöhnlichen Mut und Kampf für die Menschenrechte geht.[3]

Tatsächlich hat es sich im Rahmen der erinnerungskulturellen Geschichtsschreibung eingebürgert, kaum noch an den Widerstand zu erinnern und entsprechend wird noch seltener öffentlich darüber gesprochen; er ist unter der „deutschen Schuld" und ängstlichen Abwehr angeblicher Heldengeschichten schlicht begraben worden. Laut einer aktuellen Umfrage (2019) wollen nur noch 5,3 % der Befragten, dass der Widerstandskämpferinnen- und -kämpfer aus der Zeit des Nationalsozialismus gedacht wird, während 49,4 % finden, dass „aller Opfer" beziehungsweise „Opfergruppen" gedacht werden sollte.[4] Diese Entkonkretisierung der Opfergruppen, die während des Nationalsozialismus verfolgt wurden und Widerstand leisteten, wird zwar kommentiert und auch kritisiert.[5] Nach der deutsch-deutschen Wiedervereinigung von 1990 avancierte das damit verbundene ambivalente Geschichtsbild mit einem sich selbst überhöhenden kollektiven Negativgedächtnis jedoch zur viel gelobten bundesrepublikanischen Erfolgsgeschichte.

Erst in jüngster Zeit ist Verantwortlichen bewusst geworden, dass sich durch das „Verbrechen-Erinnern"[6] allein und das damit

---

3 Vgl. die in den USA produzierten Filme *Watchers of the Sky*, Regie: Edet Belzberg, 120", Produktion: Propeller Films, USA 2014. *Selma*, Regie: Ava du Vernay, 127", Produktion: Christian Colson u. a., USA 2014 und die in Deutschland produzierten Filme: *Der Staat gegen Fritz Bauer*, Regie: Lars Kraume, Produktion: Thomas Kufus, 105", Deutschland 2015 sowie *Die Akte General*, Regie: Stephan Wagner, Produktion: Benjamin Benedict und Nico Hofmann, 89", Deutschland 2016, die wiederum auf dem auf Gerüchte über Fritz Bauer aufbauenden Plot des umstrittenen Buches von Ronen Steinke beruhen: *Fritz Bauer: oder Auschwitz vor Gericht.* München: Piper, 2013.

4 Vgl. *Memo. Multidimensionaler Erinnerungsmonitor.* Studie II (2019). Hrsg. vom Institut für interdisziplinäre Konflikt- und Gewaltforschung: URL: https://www.stiftung-evz.de/fileadmin/user_upload/EVZ_Uploads/Projekte/EVZ_Studie_MEMO_2019_dt_20190423.pdf, zuletzt abgerufen am 30.01.2020.

5 Ebd., S. 12. Vgl. dazu Sabine Moller, *Die Entkonkretisierung der NS-Herrschaft in der Ära Kohl.* Hannover: Offizin 1998.

6 Vgl. Volkhard Knigge, Norbert Frei (Hrsg.), *Verbrechen erinnern. Die Auseinandersetzung mit Völkermord und Holocaust.* München: C.H. Beck, 2002.

verbundene Wiederaufleben von Gewalt und Ohnmacht weder ein Anwachsen von Rassismus und Nationalismus noch dessen Kehrseite, der Antisemitismus verhindern lassen. Ebenso wenig können durch bloße Appelle an Empathie und Mitgefühl mit Opfern und Überlebenden von Terrorherrschaften unsere freiheitlichen Werte und demokratischen Strukturen auf Dauer vor Auszehrung bewahrt und für alle Zukunft gesichert werden. Junge Menschen, die mit dem seit den 1990er Jahren vorherrschenden ambivalenten Geschichtsbild aufgewachsen sind – hier Täter und Zuschauer, dort Opfer und Überlebende – haben in nicht geringem Ausmaß den Bezug zur menschlichen Geschichte verloren. Wie könnte es auch anders sein, wenn man den überwiegenden Eindruck vermittelt bekommt, niemand konnte etwas gegen das Unrecht und die Verletzung der Menschenwürde tun und wenn es doch jemand tat, dann war es vergeblich. Oder umgekehrt formuliert, wer etwas gegen die Gewaltherrschaft getan hat, ist letztendlich doch ein Opfer geworden, und zwar entweder als einsamer und verlassener Antiheld – wie Fritz Bauer – oder als Märtyrer beziehungsweise Märtyrerin, wie Claus Schenk Graf von Stauffenberg und die Geschwister Hans und Sophie Scholl, die ihren Widerstand mit dem Leben bezahlten, wozu schließlich niemand verpflichtet werden könne.

Die amerikanische Psychologin Eva Fogelman zitiert vor diesem Hintergrund den Rabbiner Harold Schulweis mit der aufrührerischen Frage und Antwort: „In welchem Moralkodex steht, daß das Böse das Gute verdunkeln darf? Welche verdrehte Logik bringt uns dazu, die Erinnerung an das Noble im Menschen auszulöschen, um die Erinnerung an seine Entartung zu bewahren? Wenn wir die verbrecherischen Schandtaten ausgraben, dürfen wir die Tugenden der Menschheit deshalb noch lange nicht begraben.“[7]

Man kann dies auch so sagen: Die Geschichte von Verbrechen gegen die Menschlichkeit und Genozid dürfen nicht vergessen werden, schon gar nicht die ihrer Opfer, jedoch genauso wenig die Geschichte ihres Kampfes und des Widerstands gegen Menschenrechtsverletzungen. Ich hoffe, dass unsere Buchreihe dazu beitragen wird.

---

[7] Eva Fogelman, *Conscience and Courage: Rescuers of Jews During the Holocaust.* New York: Random House, 1995, S. 12.

Präsentation der spanischsprachigen Ausgabe

Joaquín González Ibáñez

Winston Churchill erklärte in einer BBC-Radiomeldung während des Zweiten Weltkriegs Ende August 1941, dass die Nazis ein „namenloses Verbrechen“ begingen. Churchill kannte dank der Dechiffrierung des Enigma-Codes zwar den Inhalt der von den Einsatzgruppen abgesetzten Nachrichten, in denen sie täglich die Zahl der Hingerichteten nannten, für ihre Gräueltaten fand er dennoch keine Worte. Bei einem Mittagessen zu seinen Ehren erwähnte Raphael Lemkin 1951 in New York, dass er sich zehn Jahre zuvor, als er Churchills Worte gehört hatte, der Suche nach einem angemessenen Begriff für die Verfolgung und Vernichtung nationaler, rassischer, ethnischer und religiöser Gruppen verschrieben hatte. Dank seiner Studien in Philosophie, Philologie und im Recht – Lemkin sprach neun Sprachen und verstand zwölf – gelang Lemkin 1943 die Prägung des Neologismus *Genozid*. In seinem ein Jahr darauf veröffentlichten Werk *Axis Rule in Occupied Europe* (dt. Die Herrschaft der Achse im besetzten Europa) erschien der Begriff *Genozid* in Kapitel 9 erstmals gedruckt.

Ohne Auftrag. Die Autobiografie von Raphael Lemkin erzählt vom Leben einer außergewöhnlichen Persönlichkeit in der Geschichte des zwanzigsten Jahrhunderts, von einem Menschen mit moralischer Vorstellungskraft und staatsbürgerlicher Überzeugung, der sein Leben der Aufklärung, Sensibilisierung und dem Kampf für einen völkerrechtlichen Vertrag widmete, der der Barbarei Einhalt gebieten würde: die Konvention über die Verhütung und Bestrafung des Völkermordes. Getreu der Maxime Tolstois, „an eine Idee zu glauben, erfordert, sie zu leben“, machte Lemkin die Verwirklichung seiner Idee zu seinem Lebensinhalt. Lemkins Moral ermöglicht im Diskurs über staatsbürgerliches Bewusstsein und Recht im zwanzigsten Jahrhundert das Verständnis eines verhängnisvollen Teils der Menschheitsgeschichte. 1950 und 1952 wurde

Lemkin für den Friedensnobelpreis nominiert. Sein Vermächtnis beweist uns, dass moralisches Gewissen und das Engagement für den Schutz der Menschenrechte keine Entelechie sind. Raphael Lemkin hatte Erfolg und lebte im Elend; er war großzügig und lebhaft, und zugleich ein frustrierter, gebrochener Mensch. Seine Intelligenz und seine persönlichen Erfahrungen ermöglichten ihm ein „großzügiges Denken" und eröffneten ihm einen Blick auf die Menschheit jenseits der von Nationalismus, Überlegenheitsdenken und Exklusion geprägten Vorstellungen des zwanzigsten Jahrhunderts, jedoch auch jenseits derjenigen des einundzwanzigsten Jahrhunderts. Paradoxerweise sind es vielleicht gerade das Desinteresse an seiner Person und die mangelnde Bekanntheit seines Vermächtnisses, die die Bedeutung seiner Geschichte und seines Engagements ausmachen.

Die Autobiografie wird den Leser mit der Leidenschaft des jungen Lemkin für die Natur und den Charme des ländlichen Polen anstecken, wo er sich mit seiner Familie illegal aufhielt. Der Leser spürt Lemkins außergewöhnlichen Drang zu verstehen, und seine intellektuelle Unruhe, den Rahmen der Ungerechtigkeit in seiner nächsten Nähe und weltweit zu durchbrechen. Insgesamt neunundvierzig Mitglieder der Familie Lemkin fallen der grässlichen Konstante der Menschheitsgeschichte, dem Genozid, zum Opfer, darunter seine in Treblinka ermordeten Eltern.

Der Leser kann sich Lemkins Beitrag zur Internationalen Konferenz zur Vereinheitlichung des Strafrechts 1933 in Madrid vor Augen führen, zu der er aufgrund eines vom polnischen Justizminister in letzter Minute verhängten Vetos nicht persönlich erscheinen konnte, bei der sein Vortrag den Teilnehmern jedoch vorgelegt wurde. Der Leser wird Lemkin in den Fluren des Justizpalastes während der Nürnberger Prozesse im Jahr 1946 vor sich sehen: den Rücken leicht gebeugt, die Ellbogen gegen die Wand gestützt – ein Bild des Bruchs mit und der stummen Empörung über eine internationale Justiz, die nicht begreift, dass ihre Verantwortung als Institution nicht nur in der Bestrafung vergangener, sondern auch in der Verhütung künftiger Verbrechen besteht. Insbesondere aber wird der Leser mit einer weitgehend unbekannten Größe der traditionsreichen Reihe unverstandener, marginalisierter Denker und

Visionäre und einem der herausragendsten Vertreter des europäischen Humanismus bekanntgemacht.

Lemkin erinnert an die literarisch-ethische Figur Primo Levis. In *Das periodische System* verweist der Turiner Schriftsteller auf das ausdrückliche Verbot für Juden, außerhalb von Städten zu leben, und darauf, dass Juden in Italien bis Mitte des neunzehnten Jahrhunderts nicht auf dem Lande hatten leben dürfen. Jedes Kapitel des hervorragenden Erzählbands bezieht sich auf ein chemisches Element des Periodensystems. Im Kapitel Silber bezeichnet Levi die Rassengesetze der Republik von Salò als Menschen veränderndes „reaktives Element", das sowohl als Katalysator für Ungerechtigkeit als auch für Aufrichtigkeit gedient und ihm geholfen habe, seine wahren Freunde zu erkennen – Freunde, an denen es Lemkin mangelte. In Lemkins sozialem Engagement für Gerechtigkeit, seinem Sinn für Menschlichkeit – der eines assimilierten europäischen Juden mit universeller Berufung – und in seinen kulturellen und sozialen Bezügen schwingen auch Simone Veil und ihre Maxime, Schmerz sei der Ursprung des Wissens, mit.

Die Schilderung von Lemkins Flucht während des Zweiten Weltkriegs steht Mario Rigoni Sterns *Alpini im russischen Schnee* und Giovanni Guareschis Tagebuch der Lagergefangenschaft *Il Grande diario. Giovannino cronista del Lager 1943–1945* in Dynamik und Sensibilität in nichts nach. Auf seiner fieberhaften Flucht in die Vereinigten Staaten entdeckt der sensible Lemkin seine Umgebung und skizziert treffend das Wesen der Länder, durch die er flieht. Lemkins Sinn für Humor ist dem Ryszard Kapuścińskis, Claudio Magris' und Tiziano Terzanis durchaus ebenbürtig. Sein Reisebericht ist großartig, die Analyse seiner Mitmenschen überaus gelungen.

Doch Lemkin ist auch unangenehm, unkonventionell, ungesellig und spartanisch; in seinen letzten Jahren lebt er in Einsamkeit und Armut. Javier Gomá Lanzón bespricht in seinem Buch *La imagen de tu vida* (dt. Das Bild deines Lebens) ein zentrales Motiv des zweiten *Don Quijote*-Teils: Ein Mensch mit einem Ideal lebt ein besseres Leben; das Ideal entspricht dabei einer „nicht vorhandenen Notwendigkeit". Lemkin machte die Verwirklichung seiner Idee zu seinem Lebensinhalt; daher wird seine im allgemeinen Diskurs zu staatsbürgerlichem Bewusstsein und Recht *nicht vorhandene* Figur zu einer *Notwendigkeit.* Lemkins Wirken und seine Biografie rufen die Worte Eduardo Chillidas in Erinnerung: Bei der Einweihung seiner Skulptur *Elogio del horizonte* (dt. Loblied auf den Horizont) an der Küste von Gijón im Norden Spaniens verkündete der Bildhauer und Visionär, dessen Perspektive in ihrer universellen Dimension der Lemkins gleicht, der Horizont sei die gemeinsame Heimat aller Menschen.

Raphael Lemkin ist eine *Notwendigkeit.* Sein Vermächtnis fordert die Schaffung einer allen Menschen gemeinsamen Heimat und gemahnt an die Verantwortung, die immer wiederkehrenden Genozide zu verhindern. Die Geschichte sagt sie uns für die Zukunft, unseren künftigen *Horizont*, vorher; unsere Verantwortung besteht darin, aus der allen Menschen gemeinsamen Heimat heraus antworten zu können. Dieses Buch ist dementsprechend auch ein Appell an die Notwendigkeit, die Menschheitsgeschichte zu kennen, da sie das Verständnis des *Horizonts* ethischer und rechtlicher Verpflichtungen ermöglicht, an die wir alle uns halten müssen, um das zu verhindern, was weder unsere Vorfahren noch unsere Zeitgenossen zu verhindern wussten – in Kambodscha, Guatemala, Irak, Ruanda, Darfur, Srebrenica, Syrien und an vielen weiteren Orten.

Der niederländische Schriftsteller Harry Mulisch wohnte dem Eichmann-Prozess in Jerusalem bei. Adolf Eichmann war als SS-Obersturmbannführer nicht nur mitverantwortlich für den europäischen Genozid an den Juden, sondern hatte zudem den niederträchtigen Euphemismus „Endlösung“ erfunden, um die Vernichtung der europäischen Juden zu verschleiern, die im Januar 1942 auf der Wannsee-Konferenz beschlossen wurde. Mulisch schrieb, die direkte Begegnung mit dem Bösen habe eine moralische Katharsis in ihm ausgelöst, die ihn von vielem befreit habe, unter anderem von „unverbindlicher Entrüstung“.

Lemkin mahnt uns mit seinem Werk, dass Wissen verpflichte: „Die Aufgabe des Gedächtnisses besteht nicht allein in der Aufzeichnung des Vergangenen, sondern auch in der Stimulierung des Bewusstseins.“ Die spanischsprachige Erstausgabe seiner Autobiografie, *Totalmente Extraoficial. Autobiografía de Raphael Lemkin*, Nr. 1 der Buchreihe Biblioteca de Literatura y Derechos Humanos des Berg Institute, steht im Dienste dieses Ziels. Die Wahl des

Erscheinungsjahres ist kein Zufall: Am 9. Dezember 2018 feiern wir den siebzigsten Jahrestag der Verabschiedung der Genozidkonvention durch die Generalversammlung der Vereinten Nationen. Einen Tag später jährt sich auch die Verabschiedung der Allgemeinen Erklärung der Menschenrechte, des zweiten unverzichtbaren Textes der ersten Hälfte des zwanzigsten Jahrhunderts, zum siebzigsten Mal. In der Überzeugung, dass dieses Werk vielen Menschen Anlass zu der Frage bieten wird, wie es möglich ist, dass wir keine Straßen, Parks oder Bibliotheken in unseren Städten und Dörfern haben, die Lemkins Engagement für Gerechtigkeit gedenken und ehren, heißen wir Raphael Lemkin hiermit in der spanischsprachigen Literatur herzlich willkommen. Vielleicht ist Lemkin in der Geschichte der Moral des zwanzigsten Jahrhunderts die *nicht vorhandene Notwendigkeit*.

Vorwort der spanischsprachigen Ausgabe

Der Herr über ein einziges Wort

Antonio Muñoz Molina

In einem seiner Essays sinnt Jorge Luis Borges über eine Literatur nach, die so sehr zu Kürze neigt, dass sie eines Tages nicht einmal mehr aus einem Buch oder einem Gedicht bestehen werde, sondern nur noch aus einem einzigen Wort. Zu anderer Gelegenheit sagte er, für ihn sei die schönste Art der Unsterblichkeit das Überleben eines einzigen Verses eines seiner Gedichte – ein einziger erinnerungswürdiger Vers, der anonym in den allgemeinen Sprachgebrauch übergeht, wie all die anderen schönen poetischen Wendungen, die einst von jemandem erfunden wurden, und die wir verwenden, ohne uns dessen bewusst zu sein.

Dieser Ruhm, wenn dieses Wort gestattet ist, ist Raphael Lemkin zuteilgeworden. Sehr wenige kennen seinen Namen, noch weniger sein Leben, aber uns allen ist das von ihm erfundene Wort bekannt. Lemkin war Zeit seines Lebens ein produktiver Schriftsteller; überliefert sind unter anderem seine unvollendeten Memoiren, die nun ins Spanische übersetzt worden sind. Sein gewaltiges, größtenteils in Vergessenheit geratenes Werk kreist um ein einziges Wort; ein Wort, das uns heute so natürlich, so unbestreitbar und so uralt wie jedes andere vorkommt, und das gleichzeitig wesentlich notwendiger ist als viele andere. Dieses eine Wort gäbe es nicht, wenn Raphael Lemkin es nicht geprägt und nicht alles daran gesetzt hätte, es zu verbreiten, wenn er nicht von einem Gerechtigkeitssinn besessen gewesen wäre, der für viele, die ihn kannten, an Wahnsinn grenzte.

Die meisten Worte, die wir kennen und gebrauchen, sind anonym. Das Wort *Genozid* jedoch, das wir leider überaus häufig gebrauchen und fast jeden Tag in der Zeitung lesen, hat einen Erfinder, ein genaues Erfindungsdatum und eine knappe Geschichte, die sich gegen ihre Verbannung in die Vergessenheit wehrt. Raphael Lemkin starb 1959, doch das Vermächtnis, das er uns mit seinem Wort hinterlassen hat, begleitet uns noch heute, meist im Bösen, gelegentlich im Guten. In einigen Fällen war es die Losung, die den Opfern der schrecklichsten von der Menschheit begangenen Verbrechen eine Chance auf Gerechtigkeit eröffnete.

Worte benennen die Realität: Das, was existiert, aber nicht benannt werden kann, kann nicht begriffen, geschweige denn verhindert werden. Seit Anbeginn der Geschichte der Menschheit, seitdem es menschliche Zusammenschlüsse gibt, die gut genug organisiert sind, um Gewalt in großem Maßstab auszuüben, sind ganze Gemeinschaften niedergemetzelt, vorsätzlich vernichtet oder, wie es in der alten kastilischen Bibel mithilfe eines schrecklichen Verbs aus dem Bereich der Landwirtschaft geschrieben steht, „ausgerodet" worden – nicht als summarisches Ergebnis einer simplen Addition einzelner Tötungen, sondern gemäß einem Plan, der erst dann als erfüllt gilt, wenn die gesamte Gemeinschaft vernichtet ist, möglichst einschließlich ihrer Kultur, ihrer Götter sowie ihrer materiellen und sprachlichen Spuren. Die Römer zerstörten nicht nur die Stadt Karthago, setzten ihre Paläste und Tempel in Brand und begingen Massenmord an ihren Bewohnern, sondern sie pflügten auch den Boden, auf dem die Stadt einst gestanden hatte, und säten ihn mit Salz, auf dass nie wieder jemand dort würde leben können.

Wie so viele engagierte, enthusiastische Erwachsene war auch Raphael Lemkin ein fantasiereiches Kind, das eine Unzahl an Büchern verschlang. Bereits in den Romanen seiner Kindheit entdeckte er die ersten Anzeichen der Grausamkeit, die ihn bis ans Ende seines Lebens beschäftigen würde. Im Roman *Quo Vadis* erkannte er in der Verfolgung der Christen einen antiken Archetyp der ungeheuerlichen Taten, die sich sowohl ganz in seiner Nähe als auch in weiter Ferne ereigneten und dieselbe Brutalität aufwiesen. Lemkin wuchs in einer Gegend auf, die von den schlimmsten barbarischen Akten des zwanzigsten Jahrhunderts heimgesucht und von dem Historiker Timothy Snyder treffend mit „Bloodlands" bezeichnet wurde. Die in der Gegend seiner Kindheit an den Juden begangenen Pogrome sensibilisierten Lemkin für die 1915 von der osmanischen

Regierung und Armee organisierten Massaker an den Armeniern. Sobald es Worte gibt, um Dinge zu benennen, ist es weitaus schwieriger, sie zu verheimlichen, zu beschönigen beziehungsweise so zu tun, als wären sie nie geschehen. 1915 war das, was der armenischen Bevölkerung widerfuhr, schwer zu verstehen, weil es unvorstellbar war und weil es keine Worte gab, um es zu beschreiben. Bis heute ist die Verwendung des Wortes *Genozid* in der Türkei verboten. Als die französische Regierung vor einigen Jahren beschloss, das Wort offiziell zu benutzen, um sich auf die armenische Tragödie zu beziehen, hatte dies einen diplomatischen Eklat zur Folge.[1] Worte müssen mit Vorsicht genossen werden, denn der Teufel lädt sie wie Patronen. In den Gesichtern derer, die sie verdienen, explodieren sie mit der rohen Gewalt der Wahrheit. Doch selbst die deutlichsten Worte können im Dienste der Lüge verbogen werden: In rechtsextremen Kreisen ist die Rede vom „Genozid an der weißen Rasse"; und auch in den Gebieten des wahnwitzigen katalanischen Nationalismus wird das Wort *Genozid* nur allzu leichtfertig in den Mund genommen.

Dass sich in Lemkins Moralvorstellung von klein auf die Pogrome an den Juden, die römische Verfolgung der Christen und die Massaker an den Armeniern miteinander verknüpften, ist ein Hinweis auf einen weiteren wesentlichen Charakterzug Lemkins: sein weiter Blick. Lemkin war Jude, und er war sich der humanistischen Seite des Judentums überaus bewusst; er war sensibel gegenüber dem kulturellen und menschlichen Reichtum des jüdischen Land- und Handwerkerlebens in Mitteleuropa, dessen sich die fantastischen Geschichten der Brüder Bashevis Singer, die Bilder Marc Chagalls und die Fotografien von Roman Vishniac bedienten. Die lesenswertesten Seiten dieser Memoiren sind zweifelsfrei die, die von Lemkins Kindheit in den *Schtetln* im polnischen Galizien und in der Ukraine handeln, und die, die einer der wichtigsten, erstaunlichsten und am treffendsten beschriebenen Figuren gewidmet sind: der jüdische Dorfbäcker, der die ihm und den Seinen drohende Gefahr nicht wahrhaben möchte, die

[1] A. d. Hrsg.: Im Deutschen Bundestag wurde 2016 beschlossen, dass die Vertreibung und Ermordung der Armenier durch das Osmanische Reich als Völkermord zu bezeichnen ist.

mit den deutschen Invasoren Einzug erhält. In New York lebte Raphael Lemkin im Nordwesten von Manhattan – Upper West Side, Morningside Heights –, eine Gegend, in der nach 1945 jüdische Flüchtlinge und Holocaustüberlebende wohnten. Lemkin lebte, wenn auch deutlich bescheidener, in nächster Nachbarschaft von Hannah Arendt und T. W. Adorno. Mit seiner Einstellung, Nachlässigkeit, Besessenheit, Erwartungshaltung und seinen unverrückbaren Standpunkten, die er bis zur völligen Erschöpfung zu verteidigen pflegte, war Raphael Lemkin geradezu der Prototyp eines New Yorker Juden mit mitteleuropäischen Wurzeln.

Und dennoch ließ Lemkin sich weder vom Zionismus verführen noch konzentrierte er sich ausschließlich auf die Vernichtung der Juden in Europa. Schon früh, vielleicht sogar als einer der Ersten, wurde er sich bewusst, dass die deutschen Überfälle auf Polen und die Sowjetunion sich von den Eroberungskriegen, die die Welt bis dahin kannte, unterschieden. Lemkin war einer jener spielverderberischen Propheten, die die Alliierten, vor allem die demokratischen Mächte, davor warnen wollten, dass die kriegerische Expansion in Richtung Osteuropa ein Programm zur Vernichtung menschlicher Völker beinhaltete, dessen Ausmaß in der Geschichte beispiellos war. Niemand wollte seinen Prophezeiungen Gehör schenken. Es galt, einen Krieg zu führen und zu gewinnen. Niemand hörte auf Lemkin oder diejenigen, die wie er aus dem Epizentrum der Grausamkeit entkommen waren. Und das aus einem einfachen Grund: In den Vernichtungslagern, den menschlichen Schlachthöfen Polens und Russlands, gingen derart unglaubliche Sachen vor sich, dass es schlicht menschenunmöglich war, sie für wahr zu halten.

Es fehlten die Worte. Es fehlte ein Wort. Raphael Lemkin bestand darauf, dieses eine Wort zu benutzen und zu verbreiten, erstens, damit es leichter würde, das nie Dagewesene zu beschreiben, zweitens, um zu verhindern, dass sich derartige Gräueltaten wiederholen und straffrei ausgehen würden. Das Wort *Genozid* musste in das Universalwörterbuch der Niedertracht aufgenommen werden, um bei Borges zu bleiben.[2] Es musste auch Eingang in juristische Texte finden. Wie war es möglich, fragte Lemkin sich bereits in

[2] A. d. Ü.: Muñoz Molina nimmt hier Bezug auf Jorge Luis Borges' Erzählband *Universalgeschichte der Niedertracht* von 1935.

jungen Jahren, dass der Mörder eines Menschen bestraft wurde, nicht jedoch der Mörder einer Million Menschen? Weshalb müssen Gesetze, die universelle Werte der Menschlichkeit verteidigen, sich widerwilligen nationalen Gerichtsbarkeiten unterwerfen? Lemkin war ein ruheloser Aktivist, der die Welt sowohl als Flüchtling als auch als Missionar seiner Idee bereiste. In seinem Wirken verlor er frühzeitig seine Gesundheit und sein Leben, erlebte, wenn auch in unterschiedlichem Maße, sowohl Erfolge als auch Niederlagen und bewies einen schier unerschütterlichen Enthusiasmus. Seine Memoiren blieben unvollendet, ebenso unvollendet wie sein großes Anliegen, dem er beinahe jede Minute seines Erwachsenenlebens widmete. Uns erscheinen sie gerade wegen ihrer Unvollständigkeit noch dringender notwendig. Lemkins unvollendete Memoiren lassen uns erschauern, weil sie sich die Unmittelbarkeit eines unbearbeiteten, ungeschliffenen Entwurfes bewahrt haben, gleicht doch das Leben mehr als einem perfekt vollendeten Werk einem unvollendeten Entwurf.

Da der Mensch auch weiterhin den Versuchungen des Despotismus, der Suche nach Sündenböcken und der Kriminalisierung ganzer Gemeinschaften erliegen wird, ist sein Anliegen unser Anliegen. Leider ist die Gefahr gering, dass das von Raphael Lemkin erfundene Wort in Vergessenheit geraten wird.

Vorwort der englischsprachigen Originalausgabe

Der „beharrliche Prophet"

Donna-Lee Frieze

Als Raphael Lemkin am 29. August 1959 an einer Bushaltestelle in der 42nd Street in New York zusammenbrach, kam er entweder gerade von einem Besuch der Curtis Brown Agency in der Madison Avenue oder er war auf dem Weg dorthin, um über seine Autobiografie zu sprechen, deren Manuskript fast fertig war. Laut Angaben seiner Bekannten wurde er vom NYPD zur nächstgelegenen Polizeistation gebracht, wo er dann starb. Abe Bolgatz, dem Sohn von Freunden Lemkins, kam die traurige Aufgabe zu, den Leichnam im Leichenschauhaus des Bellevue Hospital zu identifizieren. Bolgatz sagt, Lemkin habe nach seinem Zusammenbruch möglicherweise noch einmal das Bewusstsein erlangt, „da etwas über ein Verlagsbüro gesagt wurde. [Das NYPD] könnte ihn dorthin gebracht haben."

Nur wenige Wochen zuvor hatte Lemkins gute Freundin Nancy Ackerly (jetzt Nancy Steinson Ehrlich), eine Studierende, die im Rahmen eines Graduiertenprogramms Öffentliches Recht und Verwaltung an der Columbia University studierte, Lemkin nach Spring Valley zu einem Besuch bei Freunden der Familie begleitet. Steinson Ehrlich erinnert sich, dass Lemkin entspannt war und „Witze machte", während sie ihm bei der „sprachlichen Glättung" seines Manuskripts half. Die englische Sprache war keineswegs Lemkins Muttersprache: Sie war eine von mindestens zwölf Sprachen, die sich Lemkin auf den Wanderungen seines Lebens angeeignet hatte.

Lemkin war begierig auf die Veröffentlichung seiner Autobiografie. Die letzten zwei Jahre seines Lebens widmete er dem Schreiben, Redigieren und Versenden von Kapiteln an seine Agentin Naomi Burton bei Curtis Brown. Wahrscheinlich stammen die letzten Briefe an Lemkin von Burton. Am 6. August 1958, bevor ein gewisser Arthur Roth ihm vorschlug, sich an Curtis Brown zu wenden, hatte Lemkin zwei Kapitel seines Manuskripts („Genf“ und „Paris“) bei den Lower East Side Verlegern Duell, Sloan and Pearce eingereicht. Keine zwei Wochen darauf erhielt er ein Ablehnungsschreiben. Obwohl die Verleger die Kapitel „faszinierend“ fanden und als „wichtige Aufzeichnungen“ im Zusammenhang mit der Genozidkonvention der Vereinten Nationen erachteten, „wäre es unmöglich, … ein ausreichend großes Publikum für ein derartiges Buch zu finden.“ Daraufhin schickte Lemkin ein Konzept seines Buches an Curtis Brown. Von September 1958 bis kurz vor seinem Tod stand Lemkin in Schriftverkehr mit Burton. Sie war mit dem Konzept zufrieden und schickte es gemeinsam mit Kapitel Zwei von *Ohne Auftrag* an Simon and Schuster. Zwischen dem 7. November 1958 und dem 20. Juli 1959 schrieb Burton mehrere Briefe an Lemkin, in denen sie sich nach dem Manuskript und nach Lemkins Gesundheit erkundigte. Lemkins Leben war einer Autobiografie würdig: Er hatte nicht nur das Wort „Genozid“ erfunden, sondern auch jahrelang hart dafür gearbeitet, dass die damit bezeichnete Tat zu einem einflussreichen Bestandteil des Völkerrechts avancierte.

Raphael Lemkin kam am 24. Juni 1900 als zweites Kind von Joseph und Bella Lemkin (geb. Pomerantz) zur Welt. Er wuchs auf einem Bauernhof in Ostpolen (heute Weißrussland) auf, wo er mit seinen Eltern, seinen zwei Brüdern, Onkeln, Tanten und Cousins lebte. Die ersten zehn Jahre seines Lebens wohnte er am Stadtrand von Wołkowysk in einer Gemeinde aus Polen, Weißrussen und Juden, die die Gegend mit dem „Gefühl eines gemeinsamen Schicksals“ teilten. Passend für ein Kind, das zu einem Mann des Gesetzes heranwachsen würde, war seine Heimat Wołkowysk nach zwei Schurken benannt worden, die ihre Namen mit dem Berauben und Ermorden durch das Dorf kommender Reisender in der polnischen Geschichte verewigten.

Lemkin war ein leicht zu beeindruckendes Kind, das unbeschwert mit seinen Brüdern und Cousins spielte, die in die Rollen von Piraten und Eroberern schlüpften. Er konnte auch gemein und grausam sein, brach die Regeln seiner Eltern, wenn er aus Nachbars Garten Obst stahl, und prahlte vor den barfüßigen Kindern der Landarbeiter mit seinen neuen Schuhen. Nichtsdestoweniger formten eben diese kindlichen Taten, gemeinsam mit dem Singen der Sprüche biblischer Propheten und dem Erlernen der „Kürze der hebräischen Sprache“, Lemkins moralisches Gewissen. Seine frühe Kindheit war geprägt von Poesie, Musik und Literatur, die seine Liebe für die Kulturen der Welt entfachten.

Als Lemkin ungefähr elf Jahre alt war, las er Henryk Sienkiewicz' Roman *Quo Vadis*, der die Verfolgung der Christen durch Nero im Jahre 64 n. Chr. beschreibt. Das Buch beeindruckte das intellektuelle Kind, das von seiner hochgebildeten Mutter zunächst zu Hause unterrichtet wurde. Auch Pogrome gegen die Juden und die Invasionen von Russen und Deutschen in Ostpolen gingen nicht spurlos an Lemkin vorbei. Als er vierzehn Jahre alt war, geschahen zwei Dinge: Die Deutschen besetzten im Zuge des Ersten Weltkriegs Wołkowysk und das Osmanische Reich begann das, was Lemkin als „das düstere Panorama der Vernichtung des armenischen Volkes“ bezeichnete – eine gelungene Synopsis dessen, was er später als Erster als Genozid an den Armeniern bezeichnen sollte. Laut Steinson Ehrlich entfesselte die beabsichtigte Vernichtung der Armenier Lemkins moralisches Interesse am Schutz menschlicher Gruppen.

Später ging Lemkin in Vilnius zur Schule und studierte Philologie an den Universitäten Heidelberg und Lwiw, wo er schließlich 1926 seinen juristischen Doktorgrad erwarb. Dieses Potpourri aus Recht und Sprachen aktivierte sein Streben nach der Ratifikation der Genozidkonvention. Zwei Ereignisse der 1920er Jahre erwiesen sich als richtungsweisend für sein Denken: die Ermordung von Talaat Pascha durch Soghomon Tehlirian im Jahr 1921, und die Ermordung von Simon Petljura durch Scholom Schwartzbard im Jahr 1926. Talaat Pascha war als Innenminister der türkischen Regierung im Jahr 1915 zweifelsfrei der Hauptplanende des Genozids an den Armeniern gewesen; Simon Petljura hatte die Pogrome von Tausenden von Juden in der Ukraine beaufsichtigt. Lemkin empfand weniger die Morde an Talaat und Petljura als verwerflich als die Prozesse gegen ihre Mörder: Tehlirian, dessen Familie im Zuge des Genozids an den Armeniern umgebracht worden war, und Schwartzbard, dessen Eltern im Zuge der Pogrome ermordet worden waren. Als junger Jurastudierender war Lemkin zutiefst beunruhigt darüber, dass ein Mensch wegen Mordes an einer Einzelperson vor Gericht gezogen werden konnte, während eine Regierung, die versuchte, eine nationale Gruppe zu vernichten, ungestraft davonkam. Die Prozesse sorgten dafür, dass die Einzelheiten des Genozids und der Pogrome „der Welt wie eine offene Wunde vor Augen geführt" wurden. Sowohl Tehlirian als auch Schwartzbard wurden wegen der Traumata, die sie erlitten hatten, für geisteskrank befunden und dementsprechend freigesprochen. Nach dem Tehlirian-Prozess von 1921 stellte Lemkin fest, dass seine „Sorge über die Ermordung Unschuldiger an Bedeutung" gewann. Nach dem Schwartzbard-Prozess von 1927 schrieb Lemkin einen Artikel, in dem er „die Inexistenz einer Rechtsvorschrift zur Vereinheitlichung der moralischen Standards in Bezug auf die Zerstörung nationaler, rassischer und religiöser Gruppen" verurteilte.

Die nächsten zehn Jahre in Lemkins Leben waren von finanziellem und beruflichem Erfolg in Warschau geprägt: Lemkin wurde zum Stellvertretenden Generalstaatsanwalt Warschaus sowie zum Sekretär des Ausschusses für die Kodifikation des Rechts der Polnischen Republik berufen, und es gelang ihm, fast jedes Jahr ein Buch zu veröffentlichen. Doch diese Erfolge erschienen ihm vergänglich. Er schätzte einzig seine Arbeit für die Völkerbundkonferenz von 1933 in Madrid, mit der er das Ziel verfolgte, Genozid gesetzlich zu ächten. Auch wenn das Wort „Genozid" selbst noch nicht erfunden war, beschrieb Lemkin es mit zwei Worten, die seine Anfangsformen darstellen: „Barbarei" und „Vandalismus". Es war an der Zeit: Im Irak wurden Akte der „Barbarei" und des „Vandalismus" gegen die Assyrer begangen, in Deutschland war Hitler gerade Kanzler geworden und begann einen Nichtangriffspakt mit Polen zu verhandeln, um einem militärischen Bündnis zwischen Polen und Frankreich zuvorzukommen. Gemeinsam mit dem Druck einer antisemitischen polnischen Zeitung, die Lemkin unterstellte, er sei „lediglich am Schutz [s]einer eigenen Rasse interessiert", trugen diese internationalen Entwicklungen dazu bei, dass der polnische Justizminister sich gezwungen sah, Lemkins Teilnahme an der Konferenz in Madrid zu verhindern. Sein Papier wurde jedoch vorgelegt, veröffentlicht und europaweit verbreitet (auch wenn der Vorschlag selbst vertagt wurde). Kurze Zeit später trat Lemkin auf

Druck des polnischen Außenministers von seinem Amt als Staatsanwalt zurück und wurde als privater Rechtsanwalt tätig.

Am 1. September 1939 überfielen die Nazis Polen; am 6. September wurde Lemkins Haus in der Kredytowa-Straße in Warschau bombardiert. Der wohlhabende internationale Anwalt wurde von einem auf den anderen Tag zu einem Flüchtling in seinem eigenen Land. Nachdem Lemkin wochenlang durch das ländliche Polen geirrt war, um deutschen Bomben auszuweichen, musste er sich einem Verhör durch die Russen unterziehen. Um einer Inhaftierung zu entgehen, verbarg er seine intellektuelle Sensibilität, entledigte sich seiner Stadtkleidung, tauschte sein teures Brillengestell aus und nahm das Verhalten eines weißruthenischen Bauern an – überzeugend genug, um seine Freilassung zu erwirken. Im November erreichte er das Haus seiner Familie in Ostpolen und sah seine Eltern zum letzten Mal.

Anfang 1940 erreichte Lemkin das zu jenem Zeitpunkt noch neutrale Litauen. Er nahm das Chaos und die Unsicherheit in der Hauptstadt Vilnius wahr: Die Russen kauften unersättlich Konsumgüter, andere profitierten vom Menschenschmuggel aus Warschau und die Schwarzhändler trieben ihre Gewinne in die Höhe. Dies ist der Moment, in dem Lemkin seinem Wunsch Ausdruck verleiht, die materiellen Freuden aufzugeben und sein Leben der Ächtung der beabsichtigten Zerstörung menschlicher Gruppen zu verschreiben. Er schreibt, das Geld und die materiellen Vorteile hätten ihn nie glücklich gemacht: „Als Staats- und Rechtsanwalt diente ich der Macht und genoss falsches Prestige. Nur wenn ich für ein Ideal kämpfte, lebte ich wirklich. Den Rest meines Lebens werde ich meiner Berufung widmen – der gesetzlichen Ächtung der Zerstörung von Völkern."

Mithilfe seiner Kontakte in Verleger- und Juristenkreisen begann er, seine Flucht nach Schweden zu planen. Mitten in seinem Kampf gegen den für Flüchtlinge typischen „Verlust von Selbstwertgefühl" kam er eine Woche später in Riga, Lettland an. Dort verhalf ihm das Gespräch mit dem jüdischen Historiker Simon Dubnow zu einer weiteren Kristallisierung seiner Ideen zur Ächtung der beabsichtigten Zerstörung von Gruppen. Während die beiden vor Dubnows Kamin saßen, Wochen vor der Eingliederung

Lettlands in die Sowjetunion und anderthalb Jahre vor Dubnows Hinrichtung durch die Nazis, betonte Lemkin die Notwendigkeit, die Vernichtung von Völkern auf internationaler Ebene zu ächten. Dubnow pflichtete bei: „Ich war schon immer der Auffassung, dass die Geschichte zu Gericht sitzen muss." Innerhalb kürzester Zeit avancierte Lemkin vom machtlosen Flüchtling, der er in Litauen und Lettland gewesen war, zu einem selbstbestimmten Intellektuellen in Schweden. Er verbrachte einen Großteil seiner Zeit in der Stockholmer Bibliothek, um dem „namenlosen Verbrechen", das Europa heimsuchte, auf den Grund zu gehen.

Doch Lemkins Ziel war stets, die Vereinigten Staaten zu erreichen. Mithilfe seines amerikanischen Kollegen Malcolm McDermott von der Duke University reiste er über Russland und Japan nach North Carolina, um an der Duke Law School zu unterrichten. Bei seiner Ankunft im April 1941 war sein Eindruck der Vereinigten Staaten der eines großen, gastfreundlichen Landes, das vor Industrialisierung und Modernität nur so strotzte. Der väterliche, optimistische McDermott geleitete ihn durch sein erstes Jahr. Bei seiner Ankunft im geschäftigen Durham erfuhr Lemkin, dass er noch am selben Abend die Ansprache bei einem Abendessen in Anwesenheit des Universitätspräsidenten halten würde. Obwohl Lemkin nur gebrochen Englisch sprach, war seine Rede, eine tiefgründige Betrachtung vergangener und gegenwärtiger Genozide, inspirierend: „Wenn man hundert Meilen von hier Frauen, Kinder und alte Leute ermordete, würden Sie ihnen nicht zu Hilfe eilen? Wieso folgen Sie dieser Herzensentscheidung nicht, wenn es fünftausend statt hundert Meilen sind?"

Für den Rest seines Lebens machte Lemkin New York zu seinem Zuhause. Er wurde von renommierten Universitäten unter Vertrag genommen und war als Berater des US-Ausschusses für Ökonomische Kriegsführung tätig. Er beriet Robert Jackson, Richter am Obersten Gerichtshof der Vereinigten Staaten und Hauptankläger der Nürnberger Prozesse, und arbeitete für das US-amerikanische Kriegsministerium. Während seiner Tätigkeit beim Ausschuss für Ökonomische Kriegsführung in Washington, D.C. im Jahr 1942 war Lemkin entsetzt angesichts des „vollkommene[n] Unwissen[s], was den Plan der Achse anging, die Völker unter ihrer Kontrolle zu zerstören“, mit anderen Worten, einen Genozid zu begehen. Er enthüllte das Unvorstellbare – in Europa fand eine Massenvernichtung statt – und das Unzumutbare – die Alliierten waren sich der Gräueltaten bewusst, aber ignorierten die Meldungen. In einem Brief warnte Lemkin Präsident Franklin D. Roosevelt, dass Hitler beabsichtigte, Gräueltaten zu begehen, die weit über die traditionelle Kriegsführung hinausgingen. Roosevelts passive Antwort und sein Gemahnen an „Geduld“ kamen in Lemkins Augen grünem Licht für Hitlers Genozid gleich. Wie Lemkin schreibt: „‚Geduld‘ mag ein gutes Wort sein für jemanden, der auf einen Termin, die Zuweisung eines Budgets oder den Bau einer Straße wartet“ – nicht für jemanden, der versucht, einen Genozid zu verhindern.

Lemkins wegweisende Arbeit sollte erst noch folgen. Als die neu gegründeten Vereinten Nationen im Jahr 1946 die erste ordentliche Sitzung ihrer Generalversammlung eröffneten, war Lemkin vor Ort, bewaffnet mit seinem neuen Opus magnum *Axis Rule in Occupied Europe*, in dem das Wort „Genozid“ erstmals gedruckt erschien. Nach vielen Jahren intensiver Lobbyarbeit und mit der Unterstützung von Diplomaten und Organisationen aus aller Welt, wurde die Konvention über die Verhütung und Bestrafung des Völkermordes 1951 von den Vereinten Nationen in Kraft gesetzt, und Lemkin wurde in den 1950er Jahren gleich zweifach für den Friedensnobelpreis nominiert.

Die Kürze dieser Zusammenfassung mag den Eindruck erwecken, dass der Kampf für die Genozidkonvention unkompliziert war und Lemkin siegesgewiss oder gar mühelos durch die chaotische Zeit schritt, in der zu leben ihm bestimmt war. Dieser Eindruck entspricht selbstverständlich nicht der Wahrheit.

Nach dem Holocaust schenkten viele Nationen und Nichtregierungsorganisationen Lemkin endlich Gehör. Akteure mit Einfluss auf der internationalen Bühne der neu gegründeten Vereinten Nationen – Vertreter aus den Vereinigten Staaten, Frankreich, Ägypten, Chile, Indien, Kuba, Panama, der Tschechoslowakei, dem Vereinigten Königreich und schließlich auch aus der Sowjetunion – gelangten zu der Einsicht, dass Hitlers Verbrechen sich niemals wiederholen dürften. Neben Diplomaten unterstützten auch viele Frauen- und religiöse Organisationen das Anliegen. Dies veranlasste

Lemkin zu der Überlegung, ob er sich und anderen möglicherweise „Unrecht getan [hatte], indem [er] angenommen hatte, [er] wäre ein einsamer Kämpfer für diese Sache."

Die Folgen des Holocaust vermochten zwar das moralische und ethische Gewissen der internationalen Gemeinschaft zu erwecken, eine Erschütterung oder gar Verdrängung des realistischen Konzepts der staatlichen Souveränität blieb ihnen jedoch versagt. Eigennützige Nationalstaaten befürchteten, das Völkerrecht werde die Unantastbarkeit ihrer innerstaatlichen Gesetze unterminieren, und stellten sich gegen die Genozidkonvention. Lemkin betrachtete die Führungspersönlichkeiten und Sprecher dieser Staaten als Gegner. Er witterte ihre Sabotage-Versuche und litt persönlich darunter. Dokumente wie die Allgemeine Erklärung der Menschenrechte interpretierte Lemkin als Fluch für die Konvention. Da Lemkin den Großteil seines Lebens von Krankheit geplagt war (Bluthochdruck lag in der Familie), empfand er es körperlich oft als unmöglich, den Anforderungen seiner intensiven Arbeit gerecht zu werden. 1948, nach der Verabschiedung der Genozidkonvention durch die Vereinten Nationen, musste Lemkin sich in einem Pariser Krankenhaus erholen. Die Ärzte konnten ihm keine Diagnose stellen, also formulierte Lemkin sie selbst: „Genoziditis: Erschöpfung von der Arbeit an der Genozidkonvention."

Die intensive Lobbyarbeit erforderte viel Zeit und Energie, was Lemkin wiederholt dazu zwang, seine vertraglich gesicherten Positionen an Universitäten aufzugeben. Häufig verfügte er über keinerlei Einkommen und ernährte sich von ungenießbarem, ungesundem Essen. Außerdem litt er unter Isolation. Der einzige überlebende direkte Verwandte Lemkins, sein Bruder Elias (Eliyahu), lebte in Kanada. Abgesehen von einigen Cousins, Tanten und Onkeln, die über die Vereinigten Staaten verstreut lebten, war seine Familie dem Holocaust zum Opfer gefallen. Lemkins Eltern wurden in Treblinka vergast, kurz bevor er das Wort „Genozid" prägte. Lemkin hatte keine Frau (obwohl es ihm an Verehrerinnen nicht mangelte) und keine Kinder. Zu Steinson Ehrlich sagte er: „Ich habe weder die Zeit noch das Geld für ein Eheleben."

Intrigante, bissige Diplomaten neigten dazu, Lemkins politische Scharfsinnigkeit und psychische Stärke zu unterschätzen. Lemkin sah sich mit hartnäckigen Opponenten konfrontiert, doch die Diplomaten, die sich gegen ihn und seine Ideen stellten, sahen sich mit jemandem konfrontiert, der laut eigener Aussage „bis zum Ende [s]einer Tage zu einem ständigen Kampf verurteilt" war. Bei der Ausarbeitung der Genozidkonvention fühlte er sich oft „wie der Pilot einer Passagiermaschine, dem es gelungen war, ein paar tote Motoren wieder zum Laufen zu bringen." Lemkins Beschreibung seiner Gefühle mit Blick auf die UN-Generalversammlung von 1950 als „eine Mischung aus unschuldiger Freude, großem Erfolg, Bedrängnis, Täuschung und Gefahr für meine Gesundheit und mein Leben" kann als sinnbildlich für sein Leben nach 1946 angesehen werden. Es ist daher kaum verwunderlich, dass er den „müßigen Kampf der Wellen", den er auf einer Überseereise beobachtet, nachempfinden kann.

Heute könnten wir Lemkin als Holocaustüberlebenden bezeichnen, doch Lemkin widerstrebte es trotz seiner Erlebnisse und tragischen Verluste, Genozid nur anhand eines einzigen Falls zu definieren. Möglicherweise war es der Holocaust, der der Welt die nötige Motivation bot, Genozid zu ächten, aber Lemkin bestand darauf: „Ein Verbrechen kann nicht anhand eines einzigen Beispiels definiert werden." Seine Definition „muss beschreiben, wer welche Rolle einnimmt, und sämtliche Modalitäten seiner Begehung und mögliche Techniken antizipieren. Die Formulierung muss so gewählt werden, dass sie für jede Zeit, jede Situation und jede Kultur gilt." Lemkin betrachtete nicht nur die Gaskammern des Holocaust als Genozid, sondern auch die beabsichtigte Zerstörung von Gruppen. Wie er mit seiner komparativen Genozidforschung gezeigt hat, existieren viele Mittel und Wege, eine Gruppe zu zerstören. Die Leidenschaft, die ihn antrieb, wurde von seiner Fähigkeit, juristische Feinheiten zu interpretieren, und von seinem Wunsch, die beabsichtigte Zerstörung von Gruppen zu einem Teil des Völkerrechts zu machen, genährt.

Lemkins Intellekt und seine juristischen Fähigkeiten bewahrten ihn allerdings nicht davor, als naiv oder fanatisch abgestempelt zu werden. Tatsächlich sind diese Eigenschaften auch in *Ohne Auftrag* zu spüren. Einige seiner Charakterzüge wurden genutzt, um ihn auszugrenzen, andere, um ihn zu karikieren, wie zum Beispiel in

Genêts Beschreibung Lemkins als „trauriger, geistreicher Mann mittleren Alters.“ Doch Lemkin einzig auf diese Eigenschaften zu reduzieren, würde bedeuten, über seine Gewandtheit und Weisheit, seine scharfsinnige Intelligenz und seine brillanten Leistungen hinwegzusehen. *Ohne Auftrag* zeigt, wie Lemkin sich von den Menschen um ihn herum fesseln ließ. Tatsächlich ließ er sich auch von einer Person, die sich ihrer selbst weniger bewusst war, inspirieren. Als eine chilenisch-indigene Casinotänzerin in Montreux ihm prophezeit, dass er nach seinem Tod berühmt werde, interpretiert Lemkin dies nicht als Bestätigung seiner Leistungen, sondern als Ausdruck ihrer Tiefgründigkeit und der Kraft der Konvention: „Die zierliche Tänzerin aus Montreux mit der angeborenen Hellsichtigkeit einer erloschenen Rasse sah auf ihre Weise die Unsterblichkeit des Vertrages, an den ich so fest glaubte.“

Trotz seines Bedürfnisses nach Zurückgezogenheit, fühlte sich Lemkin wie neu geboren, wenn UN-Delegierte echte Begeisterung für die Ratifikation der Genozidkonvention an den Tag legten. Als er beispielsweise von der australischen Delegation „nicht als armer bittstellender Verwandter, sondern als vollwertiger Partner im schönsten aller erdenklichen Abenteuer“ empfangen wurde, wurden seine Leidenschaft und Überzeugung wiederbelebt. Bisweilen, wenn seine Unfähigkeit oder sein Unwille, Small Talk zu betreiben, beschrieben werden, oder seine Wahrnehmung, andere hätten das Gefühl, man könne nur äußerst „hochgestochen“ mit ihm sprechen, wird seine Zurückgezogenheit besonders deutlich. 1948 beschloss Lemkin kurzzeitig, bei gesellschaftlichen Anlässen jegliches Gespräch über die Genozidkonvention zu meiden. Wenn man ihn darauf ansprach, täuschte er spielerisch Unwissenheit vor – „Genozid, was ist das?“ – und stimmte in das Lachen der Delegierten ein. Doch er war nicht daran interessiert, Kontakte zu pflegen, sondern daran, strategisch zu planen und gesellschaftliche Anlässe zu nutzen, um relevante moralische und rechtliche Anliegen voranzubringen. Dennoch besteht kein Zweifel daran, dass die Zurückgezogenheit, nach der er sich sehnte, oftmals in Einsamkeit umschlug, und seine langjährige Forschung zu historischen Fällen beabsichtigter Zerstörung von Gruppen nicht spurlos an ihm vorbeiging. Er selbst schreibt, wie sehr er darunter litt, dass ein

Diplomat ihm drohte, „denn wenn ich eines hasse, mehr noch als Gewalt, dann sind es Drohungen. Gewalt richtet sich gegen den Körper, doch Drohungen wollen den Willen eines Mannes lähmen, der der Gewalt vielleicht hätte standhalten können. Wenn ich ihn fortan erblickte, sah ich durch ihn hindurch, als wäre er Luft."

Trotz seines starken, unerschütterlichen Willens beschreibt Lemkin sich selbst als „notorischen Pessimisten". In Anbetracht der Tatsache, dass er seine Familie und sein Zuhause verlor, gezwungen war, als Flüchtling umherzuirren und infolgedessen unter Armut und Hunger litt, liegt die Vermutung nahe, dass er an Depressionen litt. Er sah die Vorteile der Einsamkeit, denn „nur einsame Menschen könnten die Grenzen des Unbewusstseins und den Grad an Intuition erreichen, die so dringend nötig waren, um Situationen auf der Stelle einschätzen und schnell handeln zu können"; nichtsdestoweniger brauchte er Mittel und Wege, um diesem Gemütszustand Abhilfe zu schaffen.

Es gibt wenige Hinweise darauf, ob Lemkin religiös war. Es besteht aber kein Zweifel daran, dass er in die Spiritualität, hohen Künste, Poesie, Philosophie und Ästhetik eintauchte, und diese ihm die Last seiner Forschung zur Zerstörung nationaler Gruppen erträglicher machten. Möglicherweise betrachtete er – wie ein Bürger des postrevolutionären Frankreichs etwa – den Fortschritt als „neue Religion des modernen Mannes" und der modernen Frau. Er bedauerte, dass der „westliche Mann [nur einem einzigen Teil] Schönheit zugestanden hat[te]." Während seines Kampfes für die Genozidkonvention begegnete Lemkin vielen Personen, die ihn geistig erleuchteten, insbesondere Diplomaten ferner Länder und Kulturen. Eine dieser Personen war Richter Riad aus Ägypten, der Lemkin half, „die Größe der Spiritualität, die dem arabischen Geist […] innewohnt", zu verstehen und der davon überzeugt war, dass die Genozidkonvention wie „die wahren geistigen Werte einer Epoche" in der Geschichte fortleben würde. Eine weitere Person war Sir Zafarullah Kahn aus Pakistan, Lemkins Kompass, über den er schreibt: „Es gibt Begegnungen, nach denen man das Gefühl hat, etwas Wertvolles sei auf einen übergegangen." Sir Zafarullah schlug vor, die Genozidkonvention Lemkin-Konvention zu nennen.

Das von Marcel Raval herausgegebene Buch *Rainer Maria Rilke: His Last Friendship*, das Lemkin Nancy Steinson Ehrlich überreichte, bietet einen Schlüssel zu Lemkins Innerem. Es war viel gelesen worden und enthielt zahlreiche Hervorhebungen, die mit Lemkins dickem Rotstift getätigt worden waren. Das Buch besteht aus einer Reihe editierter Briefe von Rilke an Nimet Eloui Bey, eine junge Ägypterin, zu der Rilke in seinen letzten Lebensjahren eine platonische Freundschaft unterhielt. Lemkins Beziehung zu Steinson Ehrlich ähnelte der Rilkes und Beys sehr. Rilkes Poesie und Prosa verkörperte die Sensibilität der intellektuellen Moderne, Romantik und Spiritualität des Europas der Mitte des zwanzigsten Jahrhunderts, mit der Lemkin sich identifizierte. Lemkins Gedanken zum Kosmos gehen aus der markierten Beschreibung Rilkes durch Raval deutlich hervor (die kursiv gedruckte Stelle wurde von Lemkin hervorgehoben):

> Weder erschauerte er unter übernatürlichen Schrecken noch versuchte er, sich selbst zu täuschen. Es lag nicht in seiner Natur, an das Leben oder an den Tod als etwas Absolutes zu glauben; für ihn waren *Leben und Tod die zwei Seiten einer Medaille, Vergangenheit, Gegenwart und Zukunft eins, und jeder Beweis dafür, dass unsere Existenz als Lebewesen untrennbar mit der Anwesenheit der Verstorbenen verbunden ist, war kostbar für ihn.* Dies war gewissermaßen eine experimentelle Sichtweise, die ihm ebenso eigen war wie die grüne Farbe seiner Augen oder die melodische Sanftheit seiner Stimme. Die *Duineser Elegien* und *Die Sonette an Orpheus* sind schillernde Beweise für diese Lebensauffassung.

„Unsere Existenz als Lebewesen [ist] untrennbar mit der Anwesenheit der Verstorbenen verbunden" – der Geist seiner Eltern und der Genozidopfer, die Lemkin nicht hatte retten können, lebten in seinem Innersten fort und trieben ihn im Kampf für die Genozidkonvention an. Lemkins Unterstreichung von Ravals Beobachtung, dass Rilke „sein ganzes Leben lang lebte, als hätte er weder Land noch Familie, weder Problem noch Religion", spricht Bände. Beneidete Lemkin Rilke, weil dieser die Wahl hatte, sich für ein Leben zu entscheiden, das Lemkin zu leben auferlegt wurde, oder verstand er lediglich, dass sich auch Rilke diese Trennungen im Leben zu eigen machte?

Lemkins metaphysisches Leben wird in *Ohne Auftrag* nicht explizit beleuchtet, und selbst die ersten Kapitel des Buches verschweigen komplizierte persönliche Details. Da Lemkin starb, bevor er das Manuskript fertiggestellt hatte, waren einige Kapitel noch nicht redigiert, andere noch nicht geschrieben. Hätte er länger gelebt, hätte er möglicherweise in Betracht gezogen, mehr Details hinzuzufügen. So bleiben einige Details seines Lebens strikt verborgen und jene Leser, die sie kennen, müssen sich zwangsläufig fragen, warum Lemkin nichts über den Tod seines kleinen Bruders Samuel schrieb, der laut Lemkins Neffen um 1918 an der Spanischen Grippe starb. Und wie steht es mit seinem Leben als Studierender und Doktorand? Barg der Alltag im Warschau der 1930er Jahre Gefahren für einen jüdischen Staatsanwalt? Warum gibt es keinerlei Hinweis auf eine Beziehung oder auf seinen überlebenden Bruder Elias? Was meint er mit den „Katastrophen [s]eines Erwachsenenlebens“? Warum die große zeitliche Lücke zwischen Kapitel Sieben, das mitten im Krieg spielt, und Kapitel Acht, das mit dem Ende der Nürnberger Prozesse beginnt? Um diese und andere Mysterien zu lösen, möchte ich die Theorie vorschlagen, dass *Ohne Auftrag* teils Autobiografie, teils Biografie, teils Memoirenband und teils Bericht ist.

Erstens: Dieses Buch ist nicht nur eine Autobiografie. Lemkin betrachtete es auch als Biografie der Genozidkonvention, und diese wiederum als lebendiges, atmendes Wesen, das die Fähigkeit besaß, das Völkerrecht und die Gesellschaften der Welt für immer zu verändern. Gelegentlich schreibt Lemkin über die Konvention, als wäre sie ein Kind. Es ist nur passend, dass der Vater dieses Vertrages die Geschichte seiner Entstehung beschreibt und darüber berichtet, wie seine Gegner seine „Abtreibung“ forderten. Die Darstellung der Festlegung der einzelnen Bestandteile der Genozidkonvention, einschließlich Lemkins Argument, dass genozidale Techniken „nicht alle namentlich aufgeführt werden [können], da man Gefahr liefe, andere wichtige Instrumente im Dienste des Genozids auszulassen“, ist aufschlussreich. Besonders bemerkenswert ist jedoch Lemkins methodischer Ansatz zur Erlangung von Ratifikationen: Seine erste Zielgruppe ist der lateinamerikanische Kontinent wegen seiner Größe und seines „neuen Humanitarismus.“ Lemkin wusste, dass er das Interesse der Lateinamerikaner mittels ihres konzeptuellen, philosophischen Intellektualismus würde gewinnen können. In den späten 1940er Jahren änderte er seine Strategie: Von nun an würde er „mehr arbeiten als sprechen [...] müssen." Wenn persönliche Geschehnisse oder soziale Begegnungen mit seinem Streben nach der Ächtung des Genozids zusammenhingen, berichtet Lemkin auch von diesen: Ein Beispiel hierfür ist sein Gespräch mit der Casinotänzerin, ein weiteres der Erhalt des letzten Briefes seiner Eltern, der mit dem Einmarsch der Deutschen in seine osteuropäische Heimat zusammenfällt. Lemkin erwähnt auch seinen schlechten Gesundheitszustand, da er seine Arbeit an der Konvention verzögert. Das Buch ist insofern eine Autobiografie (oder, mit den Worten des Autors, ein „erzählerischer Bericht"), als dass es eine Parabel von Lemkins Hang zu Idealismus, Weisheit, Engagement und Leidenschaft darstellt, die mittels Gesprächen und Anekdoten über alte Freunde, Kollegen, Delegierte und Diplomaten erzählt wird.

Lemkins Bericht wird um zentrale Ereignisse der Geschichte der Mitte des zwanzigsten Jahrhunderts bereichert: Er beschreibt die Nachkriegszeit als eine Welt, die „unter Beben der Veränderung, Ungeduld, Sorge und Angst erzittert." Manch einer mag es auffallend finden, dass Lemkin bereits 1948 sagt, das goldene Zeitalter der Vereinten Nationen in Bezug auf die Menschenrechte sei vorbei. *Ohne Auftrag* macht den Leser mit bedeutenden Persönlichkeiten aus diesem goldenen Zeitalter bekannt, deren Beiträge, wie Lemkin großzügig feststellt, grundlegend oder sogar notwendig für die Ratifikation der Konvention waren. Würdevoll gedenkt Lemkin ihrer historischen Beiträge. Auf beinahe elegische Weise fasst er die Geschichte der Qualen Haitis, die mit der Figur des haitianischen Botschafters in den Vereinigten Staaten Gestalt annimmt, in Worte; in einem Versuch, die von Menschenrechtsverletzungen geschändete Vergangenheit der Haitianer zu verstehen, näherte er sich mit dem Innersten seiner Seele „ihren Wunden, ihrem Schweiß, ihren Ängsten und Sehnsüchten." Dies sind die Momente des Buches, in denen Lemkin eher Memoirenschreiber als Autobiograf zu sein scheint.

Auch wenn *Ohne Auftrag*, abgesehen von den bewegenden autobiografischen Erinnerungen an Lemkins Kindheit, viele Details des Lebens seines Autors im Verborgenen lässt, offenbart es doch auffallende Züge seiner Persönlichkeit. Zeitweise ist das Buch das, was Jaume Aurell als konstruktivistische Autobiografie bezeichnet: eine Autobiografie, in der der Autor eine „kritische Distanz zum eigenen

Leben" einnimmt, um es „objektiv darzustellen." Konstruktivisten „betrachten ihre Autobiografien als kleinere Geschichten, die zu einer größeren Geschichte beitragen." Zu Beginn von *Ohne Auftrag* ist Lemkins Leben das dominante Thema, als jedoch die Genozidkonvention das Licht der Welt erblickt, verschmelzen beide miteinander. Alles, was in Lemkin ist, ist in der Genozidkonvention und vice versa. Da *Ohne Auftrag* teils Memoiren, teils Autobiografie, teils Biografie ist, ist es größer als Lemkins Leben. Oder, wie Sigrid Arne 1947 schrieb: „In Raphael Lemkins Geschichte gibt es keine Bombe, keine Patrone, keinen Torpedo, und dennoch ist sie eine der fantastischsten Geschichten des Zweiten Weltkriegs. Lemkins Geschichte ist die Geschichte einer Idee und eines Wortes." Seine Auslassungen müssen vergeben werden.

Hazel Rowley schreibt: „Eine Biografie ist kein Leben; ein Leben kann nicht wiederhergestellt werden. … Permanent überarbeiten wir unsere Erinnerungen und Hoffnungen, rationalisieren unsere Enttäuschungen und verändern die Art und Weise, wie wir uns vor uns selbst und Anderen geben. Alles, was wir tun, hält etwas im Verborgenen; jedes Ereignis kennt verschiedene Versionen; jeder Moment unseres Lebens ist auf unsichtbare Weise an unsere verwickelte Vergangenheit gebunden und durch diese geprägt." Keine Memoiren sind vollständig, keine autobiografische Erzählung ist die echte Version des eigenen Lebens: Erinnerungen sind vielfältig, Menschen kompliziert. Lemkin mag Details seines Privatlebens meiden und es ist offensichtlich, dass er beschlossen hat, sein Leben so zu erzählen, dass es die Geburt seines „Kindes" vervollständigt. Nichtsdestoweniger: Seine Gefühle der Freude und des Leids sind eklatant offen, seine Beobachtungen scharf.

Als Philologiestudierender schätzte Lemkin Sprachen für ihre Fähigkeit, kulturelle Nuancen zum Ausdruck zu bringen. Neue Sprachen erlernte er im Nu. Obwohl Englisch wahrscheinlich erst Lemkins zehnte oder elfte Sprache war, ist nicht von der Hand zu weisen, dass er auch in dieser Sprache ein ausgezeichneter Chronist des Details war. Am deutlichsten wird dies in den Kapiteln Zwei und Drei, in denen er seine Flucht aus Warschau schildert, möglicherweise die kontemplativsten Kapitel des Buches. In dieser anschaulichen Momentaufnahme von Polen in den ersten

Kriegswochen bringt Lemkin das Chaos des Nazi-Blitzkrieges zum Stillstand und gewährt uns kluge Einblicke in die Menschen um ihn herum. Einmal genehmigt er sich eine Pause vom Aufruhr des Krieges, um die vor ihm auf dem Boden krabbelnden Ameisen zu beobachten, in dem Aberglauben, ihr Verhalten könne sein Schicksal „voraussagen." Er erwähnt profane Gegebenheiten: die Unmöglichkeit, sich zu rasieren, zu baden oder seine Kleidung zu waschen. Er wird Zeuge intimer Momente unter Fremden, verspürt dabei weder Unmut noch Scham, sondern analysiert scharfsinnig und sorgsam. Lemkin erweckt die Katastrophe des Krieges zum personifizierten Leben: Die Sonne kennt weder Freud noch Leid oder ist ihnen gegenüber gleichgültig; der mit landeseigenen Flüchtlingen ohne Zufluchtsort („Nomaden") überfüllte Zug bewegt sich „wie ein müder Greis"; ein bombardierter Zug liegt „wie ein totes schwarzes Pferd […] auf dem Hang"; andernorts hört man das „Ächzen der verwundeten Bäume." Er ist ein aufmerksamer Beobachter der Natur: ihrer Kunstfertigkeit, ihrer Gleichgültigkeit und ihrer Grausamkeit.

Die Niederlage der polnischen Armee 1939 (*vor* der Schlacht) ist für Lemkin gleichbedeutend mit dem moralischen und geistigen „Zerfall" des polnischen Staates als äußeres „Symbol der gesellschaftlichen Ordnung." Trotz ihrer Verzweiflung, Angst und ihres Hungers überlassen die „Nomaden" einem hungrigen Kind das letzte Essen und kaufen einer großzügigen armen Frau eine Kuh. In dieser Phase des Krieges verleihen Mitglieder aus Lemkins Nomadengruppe ihrer Wut über die Schande der polnischen Nation und ihr blindes Vertrauen in die Diktatur Ausdruck; andere erklären stolz ihren unerschütterlichen Patriotismus. Mit der Konzentration eines gelehrten Professors labt Lemkin sich an den intellektuellen Diskussionen. Nachdem er die Gruppe verlassen hat, wird seine Reise gefährlicher, insbesondere während seiner kurzzeitigen Inhaftierung durch die russische Armee. Doch sein Intellekt, seine Kenntnis vieler Sprachen, Kulturen und Bräuche, seine Erfahrung als Staatsanwalt und sein schauspielerisches Talent retten ihn. Als es später darum geht, Diplomaten von der Notwendigkeit der Ächtung des Genozids zu überzeugen, bedient Lemkin sich derselben Mittel.

In den Kapiteln Fünf und Sechs, als Lemkin Schweden verlässt, um sich auf die Reise in die Vereinigten Staaten zu begeben, stellt er seine scharfsinnige Beobachtungsgabe und sein unstillbares Interesse an fremden Kulturen erneut unter Beweis. Seine Reise führt ihn durch Russland, Japan und Kanada. In Russland (wo er der mongolischen Invasionen Russlands, Polens, Schlesiens und Ungarns im dreizehnten Jahrhundert gedenkt) nimmt er Notiz von den russischen Beamten ohne „jeglichen Ausdruck" und von den Bewohnern Moskaus: „Ihre Bewegungen waren langsam, ihre Gesichter voller Sorge, Angst und schwerlastender Verantwortung – wie bei Männern und Frauen, die seit Langem eine traurige Bürde schulterten." In Kyoto faszinieren ihn die in Kimonos gehüllten Menschen, die durch die Straßen wandeln: „Sie blieben voreinander stehen, und nachdem sie sich langsam und feierlich verneigt hatten, setzten sie ihren gemächlichen Gang fort." Schließlich erreicht Lemkin Amerika. Seine eloquenten Schilderungen des gesellschaftlichen Lebens und der akademischen und politischen Kultur in Washington, D.C. sind die Eindrücke eines aufmerksamen, frisch eingetroffenen Emigranten. Lemkin vergleicht die amerikanischen und europäischen Studierenden und Rechtssysteme. Teils mit Leichtigkeit, teils nur mit Mühe und Ungeduld, gewöhnt er sich an die amerikanischen kulturellen Gepflogenheiten und Bräuche, von gesellschaftlichen Ritualen bis hin zu Gesprächsthemen. So gelingt es Lemkin als europäischem Intellektuellen der Mitte des zwanzigsten Jahrhunderts beispielsweise nicht, zu ergründen, warum sich amerikanische Tischgespräche darum drehen, „welcher Kühlschrank oder Staubsauger der beste ist."

Der Gedanke an Genozid folgt Lemkin auf Schritt und Tritt. Jahrelang – sogar vor der Erfindung des Wortes – hatte er das Phänomen erforscht; nun befürchtete er, dass sich ein Genozid ereignen könnte, und verbrachte die Kriegsjahre mit vergeblichem Flehen. Er glaubte nicht daran, dass die Geburt der Genozidkonvention ein wirksames Gegenmittel gegen genozidale Zerstörung ist. Wie er selbst erklärt, stellt sie nur „einen Rahmen, einen Treffpunkt zum Denken und Handeln." Kurz, Lemkin hegte die Hoffnung, dass die Konvention die „moralische Verurteilung [des Verbrechens] leichter" machen würde. Dabei war ihm das moralische Gewicht der Konvention ebenso wichtig wie das rechtliche.

Diese permanente Dringlichkeit veranlasste Robert Merrill Bartlett dazu, Lemkin als „beharrlichen Propheten" zu beschreiben. Damit unterstrich er Lemkins unermüdliches, unerschütterliches Streben nach einer einstimmigen Ratifikation der Genozidkonvention und seinen tiefen, metaphysischen Blickwinkel. Selbst als Lemkin die rechtlichen Möglichkeiten, die die Konvention eröffnete, sah, prophezeite er, die Welt werde erneut in Selbstgefälligkeit verfallen, vergangene Genozide vergessen und aktuelle Gräueltaten ausblenden. Wir bewundern Lemkins lebenslanges Beharren darauf, dass es immer wieder zu Genoziden kommen werde, aber der Kampf für eine völkerrechtliche Konvention, ganz gleich, wie schwach ihre präventiven Kräfte auch sein mögen, weiser sei als der Verfall in das Leben eines halbherzigen Idealisten.

In Kapitel Zwei von *Ohne Auftrag* erleben wir Lemkin bei der Arbeit: In der polnischen Provinz Wolhynien versucht er, einen religiösen Bäcker vor der Vernichtung der Juden zu warnen und führt ihm die verheerenden Auswirkungen dieses „Krieges" auf die Kulturen bestimmter nationaler, rassischer, ethnischer und religiöser Gruppen vor Augen. Lemkins detaillierte Beschreibung des Bäckers, der Welt des *Schtetl* und des religiösen Lebens verarmter Juden offenbart nicht nur seine Trauer um eine vergangene Welt, sondern gibt auch Einblick in den Verlust von Kultur und Religion im Zuge des Genozids. Lemkin benutzte Begriffe wie „Gemeineigentum der Menschheit" und „wesentliche Lebensgrundlagen", um die Verluste zu beschreiben, die die Menschheit im Zuge genozidaler Zerstörung erleidet.[1] In diesem Kapitel offenbart Lemkin

1 1933 argumentierte Lemkin in seiner Beschreibung der Akte des Vandalismus, dass ein Kampf gegen eine Gemeinschaft „seinen Ausdruck [auch] in der planmäßigen Zerstörung von Werken [finden kann], in denen sich die geistige Leistungsfähigkeit der Gemeinschaft auf dem Gebiete der Wissenschaft, Kunst oder Literatur offenbart. Der Beitrag jeglicher Gemeinschaft zur Gesamtkultur bildet unbeschadet aller Besonderheiten der Einzelkulturen, ein unveräußerliches Gemeineigentum der Menschheit." Rund zehn Jahre später erklärte Lemkin, sein neues Wort solle „die Summe verschiedener, einheitlich geplanter Handlungen bezeichnen, welche darauf gerichtet sind, die wesentlichen Lebensgrundlagen von bestimmten Volksgruppen […] zu vernichten."

A d. Ü.: Vgl. preventgenocide.org und digital.cjh.org (deutsche Versionen).

mittels Betrachtungen von Kultur, Ritualen, Literatur und Religion gekonnt seine tief verwurzelte jüdische Identität. Sein geistiges Ringen mit dem Bäcker, um ihn davon zu überzeugen, dass Genozid und Krieg nicht dasselbe sind, deutet auf seine späteren Kämpfe voraus, in denen er versucht, die Menschen davon zu überzeugen, dass Genozid ein in allen Zeiten der Menschheitsgeschichte immer wiederkehrendes Muster ist.

Auf seiner Flucht aus Polen spricht Lemkin an verschiedenen Stellen ähnliche Warnungen aus: in einem Gespräch mit dem Präsidenten des Bezirksgerichts Kaunas, in einem Gespräch mit dem berühmten jüdischen Historiker Simon Dubnow und im letzten persönlichen Gespräch mit seinen Eltern. Er versucht, seine Zuhörer davon zu überzeugen, dass das Übel, das sie heimsucht, nicht der Krieg, sondern ein anderer Alptraum ist. Mit seiner anschaulichen Beschreibung des kulturellen, religiösen und ethnischen Lebens von Polen und Juden am Vorabend des Genozids haucht er den Menschen, denen er begegnet, neues Leben ein. Lemkin schreibt, er fühle sich schuldig, weil es ihm nicht gelang, den Genozid zu verhindern, obgleich er anerkennt, dass dieses Gefühl trügerisch ist: „Ich schämte mich meiner Ohnmacht gegenüber den Mördern der Menschheit – eine Schmach, die mich bis heute begleitet. Unberechtigte Schuldgefühle sind zerstörerischer als berechtigte Schuldgefühle, denn eine Katharsis ist unmöglich." Was Bartlett als Lemkins „Beharrlichkeit" beschrieb, war sein Segen, die „Prophezeiung" seine Bürde.

Der Titel, den Lemkin seiner Autobiografie gab, stammt aus einem Leitartikel, der 1957 in der *New York Times* erschien und die Frage stellte, warum die Vereinigten Staaten die Genozidkonvention noch nicht ratifiziert hatten (die Ratifikation erfolgte erst im November 1988).[2] Der Leitartikel riet, dass man „von diesem überaus geduldigen Mann ohne Auftrag, Prof. Raphael Lemkin, möglicherweise etwas lernen könnte."[3] Da der Titel *Totally Unofficial* auf der Kopie des

2 William Proxmire, demokratischer Senator des US-Bundesstaats Wisconsin, plädierte zwischen 1957 und 1989 in über dreitausend Reden vor dem Senat für die Ratifikation der Genozidkonvention durch die Vereinigten Staaten.

3 A. d. Ü.: Vgl. das englischsprachige Original: „[Something] might be learned from that exceedingly patient and *totally unofficial man*, Prof. Raphael Lemkin.", eig. Hervorhebung.

Manuskripts steht, die seiner Agentin vorlag, habe ich mich dazu entschieden, ihn beizubehalten, auch wenn es Hinweise darauf gibt, dass Lemkin die Titel „Totally Unofficial Man" und „The Unofficial Man" in Betracht zog (siehe Anhänge).

Den Konzepten der Kapitel nach zu urteilen, entschied Lemkin sich irgendwann dazu, die Kapitel Eins und Zwei zu einem Kapitel zusammenzufassen (siehe ebenfalls Anhänge). Seine Kindheit und sein Leben als junger Staatsanwalt in Warschau sollten mittels Rückblicken während seiner Flucht aus Polen enthüllt werden. Methodisch-philosophisch kann ich Lemkins Gedankengang nachvollziehen: Seine letzten Monate als Flüchtling im eigenen Land symbolisieren den Übergang von einem relativ sicheren, sesshaften Leben in eine unsichere, nomadische Zukunft. Aus zweierlei Gründen habe ich mich dennoch dagegen entschieden, die Kapitel zu vereinen: Erstens sind beide Kapitel zusammen schlicht zu umfangreich. Zweitens unterscheiden sich Lemkins Erzählungen über seine frühe Kindheit von seinen anderen Erzählungen, denn er erinnert sich an seine Kindheit als eine Zeit der Unschuld. Wir wissen, dass Lemkin vierzehn oder fünfzehn war, als er sich die Ächtung der Zerstörung menschlicher Gruppen zur Lebensaufgabe machte. Die Zeit vor diesem Erwachen wird dementsprechend als frei und unbelastet empfunden. Außerdem erschien es mir wichtig, Lemkins Liebe zur Natur und seine Kindheit auf dem Lande hervorzuheben. Kapitel Eins offenbart nicht nur all das, was er später auf traumatische Weise verlieren wird, und hilft uns, eine andere Seite Lemkins zu verstehen, sondern es ist auch eine Beschreibung der jüdisch-polnischen Kindheit vor dem Holocaust und stellt damit ein wichtiges Geschichtszeugnis dar. Möglicherweise ist die Erinnerung an eine „Ganzheit", wie Lemkin sie beschreibt, der Schlüssel zum Leben für Genozidüberlebende.

Da für die meisten Kapitel verschiedene Entwürfe vorliegen, habe ich versucht, jeweils Lemkins letzte Version zu transkribieren und zu redigieren. Dies war allerdings nicht immer möglich, da einige der maschinengeschriebenen Manuskriptseiten längst verblasst sind, große Lücken zwischen oder innerhalb von Sätzen aufweisen oder unleserlich mit Tinte bekritzelt sind. Bisweilen war es einfacher, den ersten getippten Entwurf einer Seite oder sogar eines

Kapitels zu verwenden, als Lemkins Handschrift über den durchgestrichenen Zeilen zu entziffern. Um eine kohärente Erzählung zu erstellen, musste ich aus den verschiedenen Entwürfen jedes Kapitels wählen und bisweilen sogar Sätze oder Absätze, die von Lemkin oder einem Lektor gestrichen worden waren, wieder aufnehmen. Einige Kapitel hatten Titel; diese habe ich beibehalten. Für Kapitel, die keinen Titel hatten, habe ich selbst einen gewählt. Das gesamte Manuskript weist immer wieder Lücken zwischen Wörtern auf. Wie die meisten Schriftsteller schrieb Lemkin weiter, wenn er die Lücken nicht füllen konnte. Dass Lemkin sich die Nacherzählung einer komplexen Geschichte zur Aufgabe machte, mag als Entschuldigung dienen, dass er einige Namen falsch schrieb oder sich in Daten irrte. Wir sollten uns zudem in Erinnerung rufen, dass er den größten Teil seines Textes schrieb, während er unter Krankheit, Armut und Einsamkeit litt. Wo immer es mir möglich war, habe ich Anmerkungen zu den zahlreichen von Lemkin erwähnten Personen und internationalen Entscheidungsträgern hinzugefügt.

Beim „Glätten“ von Lemkins Englisch habe ich versucht, den „retrospektiven Charme“ seines Sprachgebrauchs zu bewahren, um die Zeit der 1950er Jahre zu spiegeln, in der er den Großteil seiner Autobiografie verfasste.

Dreiundzwanzig Jahre nach Lemkins Tod spendete Alexander Gabriel von der Transradio News Agency beim UN-Büro im August 1982 einige Arbeiten Lemkins an die New York Public Library, darunter *Ohne Auftrag*. Ein Meyor Burston-Stipendium des Jewish Holocaust Centre in Melbourne brachte mich in die New York Public Library in der 42nd Street – die Straße, in der Lemkin 1959 zusammenbrach –, um die Entwürfe von *Ohne Auftrag* in Augenschein zu nehmen. Dies war das erste Mal, dass ich mit Lemkins Stimme und seiner außergewöhnlichen Reise in Berührung kam; es war der Beginn von vier Jahren des Redigierens, Recherchierens und Transkribierens der Autobiografie, vieler Stunden des Starrens auf verblasste Manuskriptseiten und Entzifferns undeutlicher maschinengeschriebener Wörter oder hastig getätigter handschriftlicher Überarbeitungen. Das Lesen des Manuskripts erweckte Lemkin zum Leben. Er war als eindimensional abgetan worden: ein Fanatiker oder Träumer – Bezeichnungen, mit denen er schon 1933 unterschätzt worden war. Ich hoffe, diese Autobiografie bietet den Lesern ein vielschichtigeres, echteres Bild des Menschen, der Lemkin wirklich war.

In Gesprächen über Genozid und Lemkins Leben wimmelt es von Gerüchten, Anekdoten und Wiederholungen. Verschiedene Arbeiten und Veranstaltungen haben zur Minderung dieser Probleme beigetragen, darunter John Coopers detaillierte Biografie *Raphael Lemkin and the Struggle for the Genocide Convention* (dt. Raphael Lemkin und der Kampf für die Genozidkonvention) und die von Judith Siegel organisierte, im November 2009 im Center for Jewish History in New York veranstaltete eintägige Konferenz „Genocide and Human Experience: Raphael Lemkin's Thought and Vision" (dt. Genozid und die menschliche Erfahrung: Raphael Lemkins Denkart und Vision). Im November 2009 eröffnete das Yeshiva University Museum eine sechsmonatige Ausstellung über Lemkin. Die American Jewish Historical Society digitalisierte Lemkins Archive. All diese Aktivitäten, die auf Siegels weitblickende Entscheidung zurückgehen, haben, so Alex Hinton, zu einer Renaissance der Lemkin-Forschung beigetragen. Die Wissenschaft ist auch Jim Fussel zu tiefem Dank verpflichtet für seine PreventGenocide.org-Webseite, auf der viele Originaldokumente von Lemkin zu finden sind, von denen einige akribisch von Fussel ins Englische übersetzt wurden. Steven Jacobs veröffentlicht seit Jahren Lemkins akademische und private Arbeiten, einschließlich eines kleinen Teils von *Ohne Auftrag*. Doch der Schleier um Lemkins Person bleibt: Der Großteil seiner Unterlagen ist über drei Institutionen in den Vereinigten Staaten verteilt; viele Forschungsberichte und Briefe stammen eindeutig von Lemkin, andere nicht; viele sind nicht unterzeichnet oder mehrdeutig. Vermutlich wurden sie von einem der Forschungsassistenten verfasst, auf deren Arbeit Lemkin bei seiner umfassenden Studie des Genozids im Zuge der Geschichte angewiesen war. Doch auch wenn verschiedene Freunde ihm beim Redigieren seiner Autobiografie behilflich waren – zuletzt eine junge enthusiastische Nancy Steinson Ehrlich –, ist eines gewiss: *Ohne Auftrag* ist Lemkins Leben, in der Version, in der er es erzählt wissen wollte.

Ohne Auftrag

Die Autobiografie von Raphael Lemkin

Prolog

Kaum konnte ich lesen, da begann ich auch schon Bücher zur Verfolgung religiöser, rassischer und anderer Minderheitengruppen zu verschlingen.[1] Die Beschreibung der Vernichtung der Christen durch Nero erfüllte mich mit Entsetzen. Lachend saß der Kaiser in der römischen Arena, während seine Opfer den Löwen zum Fraß vorgeworfen wurden. *Quo Vadis,* das Buch des polnischen Schriftstellers Henryk Sienkiewicz zu diesem Thema, beeindruckte mich sehr. Ich las es mehrfach und sprach häufig davon.[2] Mir wurde nur allzu bewusst, dass einem Christen, selbst wenn er einen Polizisten um Hilfe hätte bitten können, keinerlei Schutz zugekommen wäre. Ich sah eine Gruppe von Menschen, die kollektiv zum Tode verurteilt wurden, aus keinem anderen Grund als dem, dass sie an Christus glaubten. Und niemand konnte ihnen helfen.

Meine Faszination für diese Erzählung war so groß, dass ich schon bald sämtliche ähnliche Fälle der Geschichte nachschlug, wie die Zerstörung Karthagos, die Vernichtung der Hugenotten, der Katholiken in Japan oder unzähliger Europäer durch Dschingis Khan. Ich war empört darüber, wie der französische König die Erhängung der Hugenotten von seinem Balkon aus beobachtete und seinen Dienern befahl, in der Nähe des Podests ein Feuer zu entfachen, damit er die gequälten Gesichter der Sterbenden besser erkennen könne. Mein Gewissen meldete sich lautstark, als ich las, dass in Lyon die Hugenotten lebendig verbrannt wurden. Man

[1] A. d. Ü.: Im allgemeinen deutschen Sprachgebrauch ist die Verwendung des Begriffs „Rasse“ bzw. seines Adjektivs „rassisch“ in Bezug auf die Klassifizierung von Menschen heute verpönt. Der Grund für seine Verwendung in dieser Übersetzung ist die zeitgeistige Verwendung in Lemkins Original. Für eine ausführliche Anmerkung der Herausgeber zum Begriff „Rasse“ und seiner Entwicklung als juristisches Konzept siehe Kapitel Sechs.

[2] *Quo Vadis?* (1895) von Henryk Sienkiewicz (1846–1916), Literaturnobelpreisträger des Jahres 1905.

zwang sie, sich nackt auf glühende Eisen zu setzen. Die Mauren wurden auf Schiffen deportiert. An Deck wurden sie ihrer Kleider beraubt und stundenlang schutzlos der Sonne ausgesetzt, die sie schließlich umbrachte. Wieso sollte die Sonne, die Leben auf unseren Bauernhof brachte und die Kirschen an unseren Bäumen reifen ließ, zum Mörder gemacht werden? Die Häufigkeit solcher Fälle, das große Leid der Opfer, die Unentrinnbarkeit aus ihrem Schicksal und die Unmöglichkeit, den Schaden an Leben und Kultur jemals wiedergutmachen zu können, faszinierten mich.

Als ich älter wurde, begriff ich, dass eine derartige Verfolgung nicht endlos weitergehen kann. Wer andere vernichtet, vernichtet auch sich selbst – vielleicht nicht körperlich, aber seelisch. Ich mag ein leicht zu beeindruckender Jugendlicher gewesen sein, dessen Gesinnung von der Unzahl an Büchern genährt wurde, die er las, und doch trug ich die seltsame und tiefe Überzeugung in mir, dass das Mitgefühl für meine Mitmenschen Taten erforderte. Meinem Herzen zu folgen, war von klein auf selbstverständlich für mich. Ich versuchte stets, die Distanz zwischen Herz und Tat zu mindern. Ich lebte getreu dem Motto, eine Idee nicht nur zu fühlen und über sie zu sprechen, sondern sie zu leben. Damit war meine Lebensaufgabe bestimmt: Ich würde einen völkerrechtlichen Vertrag ins Leben rufen, um nationale, rassische und religiöse Gruppen vor der Vernichtung zu schützen. Die Notwendigkeit des Schutzes Unschuldiger löste eine Kettenreaktion in mir aus. Sie sollte mich mein Leben lang begleiten.

Nachdem ich die Vernichtung von Gruppen einmal als Verbrechen wahrgenommen hatte, konnte ich nicht mehr tatenlos dasitzen. Ebenso wenig konnte ich aufhören, darüber nachzudenken. Meine spätere Prägung des Wortes „Genozid“ verhalf mir nicht nur zu einem Begriff für den persönlichen Gebrauch, sondern auch zu der Bereitschaft, für seine wirksame Beförderung zum Gegenstand eines völkerrechtlichen Vertrages zu kämpfen.[3]

[3] A. d. Ü.: Der Begriff „Vertrag“ wird i. S. d. Wiener Übereinkommens über das Recht der Verträge vom 23. Mai 1969 verwendet. Laut Art. 2 Abs. 1 „bedeutet ‚Vertrag‘ eine in Schriftform geschlossene und vom Völkerrecht bestimmte internationale Übereinkunft zwischen Staaten, gleichviel [...] welche besondere Bezeichnung sie hat.“ Zitiert nach Bundesgesetzblatt, Jahrgang 1985, Teil II, S. 926.

Nun, da die Parlamente von einundvierzig Nationen diesem Vertrag zugestimmt haben, bin ich dem Schicksal dankbar, dass es mich zum Boten dieser lebensrettenden Idee auserwählt hat.[4] Mein Auftrag war kein leichter: Ich musste Menschen dazu inspirieren, sich der Idee anzunehmen, was bisweilen große moralische Überzeugungsarbeit erforderte. Hatte ich das Gefühl, dass es mir nicht gelang, andere zu inspirieren, ging ich in mich, begegnete meinem Gewissen und zog moralische Kraft aus der Meditation. Um bei der Überzeugung unseres Nächsten erfolgreich zu sein, müssen wir lernen, uns vollkommen unabhängig in der erhabenen Gefühls- und Glaubenswelt zu bewegen. Indem ich Hindernisse als Prüfungen meiner moralischen Kraft ansah, lernte ich sie lieben. Ich glaube inbrünstig an diese moralische Kraft. Sie ist stärker als jegliche weltliche Macht, stärker als Technologien und Regierungen. Sie ist das Leben selbst.

Um der Wortschöpfung des Autors Rechnung zu tragen, wurde in der gesamten Übersetzung der von Lemkin geprägte Begriff „Genozid" verwendet, anstelle des im deutschen Sprachraum gängigeren, synonym gebrauchten Begriffs „Völkermord".

[4] Sofern Lemkin hier Ratifikationen meint, muss er den Prolog zwischen dem 16. Dezember 1954, an dem die Ukraine als einundvierzigstes Land ratifizierte, und dem 12. Mai 1955, an dem Albanien als zweiundvierzigstes Land ratifizierte, verfasst haben.

Kapitel Eins

Die ersten Jahre

In einem Teil der Welt, der als Litauen oder Weißrussland in die Geschichte einging, hatten Polen, Russen (beziehungsweise Weißrussen) und Juden Jahrhunderte lang gemeinsam gelebt. Obwohl sie einander nicht mochten und sogar gegeneinander kämpften, teilten sie doch eine tiefe Liebe zu ihren Städten, Hügeln und Flüssen. Es war wohl das Gefühl eines gemeinsamen Schicksals, das sie davor bewahrte, einander vollends zu vernichten. In dieser Gegend, die im Westen an Polen, im Norden an Ostpreußen, im Süden an die Ukraine und im Osten an Großrussland grenzte, wurde ich geboren.

Die Russen und Polen hatten in dieser Region Jahrhunderte lang um die politische Vorherrschaft gekämpft, die Juden um das blanke Überleben. Ein gängiges Sprichwort unter den Juden lautete: „Wenn sich drei Menschen in einem Bett die Decke teilen und der Rechte die Decke nach rechts, der Linke die Decke nach links zieht, kann der Mittlere sicher sein, zugedeckt zu sein."

Die ersten zehn Jahre meines Lebens verbrachte ich auf einem Bauernhof namens Ozerisko, ungefähr zwanzig Kilometer von Wołkowysk entfernt.[1] Die Stadt war nach Wołk und Wysk benannt, zwei Banditen, die im siebzehnten Jahrhundert in einem mächtigen Wald ein Dorf unter ihrer Kontrolle hatten, von dem aus sie Leute anstifteten, Reisende und Händler zu berauben und zu ermorden. Wołk und Wysk wurden schließlich gefasst und gehängt.[2]

[1] Siehe *Yizkor Volkowysk Memorial Book* für eine Geschichte der Stadt Wołkowysk (im heutigen Weißrussland) und ihre verschiedenen Schreibweisen.

[2] Ein Yizkor-Buch über Wołkowysk erzählt eine ähnliche Geschichte:

„Dort, wo sich heute Wołkowysk befindet, gab es einst einen dichten Wald, in dem sich zwei Banditengruppen versteckt hielten. Der Anführer der einen wurde Wołko genannt,

Diese Schmach hielt sie allerdings nicht davon ab, sich, wenn auch in bescheidenem Maße, namentlich auf der Weltkarte zu verewigen.

Die Stadt, die am Ort ihrer mörderischen Großtaten errichtet wurde, sollte später Schauplatz vieler historischer Ereignisse werden: Sowohl die schwedische als auch die napoleonische Armee zogen durch sie, und sie war Austragungsort unzähliger Scharmützel zwischen Russen und Polen, Litauern und Ukrainern und zuvor zwischen Mongolen und Tartaren.

Ozerisko lag auf einer großen Lichtung zwischen gigantischen Wäldern. Der Bauernhof wurde von zwei Familien gepachtet: der meines Vaters und der meines Onkels. Wir Kinder waren alle ungefähr im selben Alter und verbrachten unsere Tage gemeinsam als fröhliche Bande. Wenn unsere Mütter und Väter auf dem Bauernhof beschäftigt waren, insbesondere in den Sommermonaten, entkamen wir Kinder der Kontrolle der acht elterlichen Augen und konnten jeden Winkel des Bauernhofs erkunden und zu unserem Spielplatz erklären.

Die Sommertage auf dem Bauernhof begannen bei Sonnenaufgang. Als Wecker dienten die Hähne, die mit erstaunlicher Pünktlichkeit den Tag herbeikrähten. Sie geleiteten den Bauernhof in seiner täglichen Wiederbelebung aus traumverlorenem Schlaf in den schnellen Rhythmus der harten Feldarbeit. Die Erde war kühl, ein Überbleibsel der nächtlichen Kälte, und glitzerte vor Tauperlen. Die Tiere frühstückten in aller Eile. Um die Kühe beim morgendlichen Melken vom Ausschlagen abzuhalten, wurden sie mit Futter abgelenkt. Erneut hießen die Felder ihre Besucher für den Tag willkommen: die Landarbeiter und Schäfer, die Schafe, Pferde und Kühe. Wir Kinder durften nicht so früh aufstehen, aber von unseren Fenstern aus beobachteten wir regelmäßig den Exodus unserer

der Anführer der anderen Wisek. Diese Gruppen griffen Reiter an und raubten sie aus. […] Ein Mann namens Zavieka nahm beide Anführer fest und ließ sie hängen. Er ordnete an, die Häuser, in denen sie sich versteckt hatten, zu überbauen. Diese neue Siedlung nannte er Wołkowysk. […] Dort, wo die beiden Namensgeber gelebt hatten, wurde ein großes Denkmal errichtet. Später wurde es zerstört und als Fundament einer Kirche verwendet."

A. d. Ü.: Sofern nicht per Quellenangabe gesondert gekennzeichnet, handelt es sich in Text und Fußnoten um eigene Übersetzungen auf der Grundlage von Lemkins englischsprachigem Original bzw. den englisch- und spanischsprachigen Anmerkungen der Herausgeber der jeweiligen Ausgaben.

Freunde. Wir waren so sehr eins mit ihnen, dass wir diesen großartigen Moment auf keinen Fall verpassen konnten.

Sobald die schüchternen morgendlichen Sonnenstrahlen der hellen Flut lebendigen Goldes wichen, rannten wir auf die Felder, um uns den Landarbeitern anzuschließen. Die Vorhut bildete unser Freund und treuer Begleiter, ein Hund namens Riabczyk, der bis auf eine schwarze Knopfnase komplett weiß war. Von den frühen Morgenstunden bis in die Nacht hinein leistete er uns Gesellschaft. Für gewöhnlich fällt es Hunden leichter, die Launen von Kindern einzufangen als die von Erwachsenen. Hunde drängen sich in das Leben der Kinder, getragen von deren Spontaneität. Riabczyk schien seine Bewegungen stets unserem Lebensrhythmus anzupassen. Manchmal kam es uns fast so vor, als wären wir es, die mit seinen weißen Pfoten sprangen oder mit seiner freundlichen Stimme bellten. Der Hund und wir waren unzertrennlich.

Ab und an wurde dieser gleichmäßige Fluss geschäftiger Fröhlichkeit von Katastrophen unterbrochen. Eines Tages folgte Riabczyk einem Reiter, der über die Straße hinter unserem Bauernhof ritt. Aus irgendeinem Grund begann er, ihn anzubellen. Plötzlich hörten wir einen Schuss von der Straße und unser Hund kam mit blutverschmiertem Maul angerannt. Mehrere Tage lang jaulte Riabczyk, dann starb er. Wir weinten bitterlich, trugen ihn auf die Kuppe eines Hügels und begruben ihn an einer Stelle, die wir von unseren Fenstern aus sehen konnten.

Die Landarbeiter behandelten uns wie lästige Fliegen, und doch vermissten sie uns, wenn wir nicht um sie herumschwirrten. Manchmal halfen wir ihnen. Wir liebten es, dem metallischen Flüstern der schwingenden Sensen und dem Seufzen des heroisch fallenden Klees und Roggens zu lauschen. Die Arbeiter lachten, wenn wir vor Schmerz aufschrien, weil uns die spitzen Stoppeln des frisch geernteten Getreides in die nackten Füße stachen.

Mittags, wenn die Sonne den Zenit erreicht hatte, wurde die Arbeit für eine Essens- und Ruhepause unterbrochen. Das Essen war dürftig: Schwarzbrot, rohe Zwiebeln, Kartoffelkuchen und gelegentlich kalter Tee oder Wasser. Danach betteten die erschöpften Arbeiter ihre Köpfe auf Roggengarben und versanken in Windeseile in einen tiefen Schlaf. Wir beobachteten, wie die Sonne auf ihren Nasen tanzte und sie im Schlaf mit den Flöhen kämpften, die in ihre offenen Münder zu gelangen versuchten. Während die Landarbeiter schliefen, liefen wir zu den Pferden, die gerade ihr Mittagsmahl aus Gras verspeisten. Wir tätschelten ihre Beine, vergruben unsere Finger in ihren Mähnen und hatten großen Spaß daran. Mit etwas Glück konnten wir vorsichtig eine seidige Pferdenase streicheln. Wenn das Tier mit einem Blick liebevoller Gleichgültigkeit schnaubte oder seine Ohren aufstellte, waren wir sicher, dass unsere Freundschaft erwidert wurde.

Ein weiteres Ventil für unsere kindlichen Energien war das Reiten. Tagsüber durften wir die Landarbeiter bei der Arbeit nicht stören, aber sobald die Sonne unterging und sie für die Rückkehr zum Hof bereit waren, liefen wir zu ihnen aufs Feld. Ich erinnere mich mit Stolz daran, wie ich mit drei Jahren das erste Mal auf einem Pferd ritt. Meine Spielgefährten behaupteten, ich sei für diesen heldenhaften Sport noch zu klein. Ich fühlte mich gedemütigt und fand diese Ungleichbehandlung ungerecht. Da ich nicht ewig darauf warten konnte, groß zu werden, ergaunerte ich mir von einem unserer Landarbeiter mit einem Croissant als Bestechungsmittel meinen ersten Ausritt. Mit einer Hand aß er das Croissant, mit der anderen setzte er mich auf den Rücken des Schimmels. Kaum hatte ich seine Mähne gepackt, da zog die Welt auch schon wie in einem Strudel an mir vorbei. Die Sonne blendete mich. Das einzige, was ich sehen konnte, war der Pferdenacken. Als ich mich dem Hof und den Ställen näherte, kamen mir meine sichtlich erschrockene Mutter und unsere bellenden Hunde entgegen. Ich stieg vom Pferd; die herbeigesehnte Ebenbürtigkeit mit meinen Spielgefährten war errungen. Von nun an ritt ich täglich auf dem Schimmel. Je häufiger ich ritt, desto erhabener war mein Glücksgefühl. Und wie ich da so stolz vom Rücken des Pferdes auf die Erde herabblickte, wurde meine Wahrnehmung der Welt ganz unbewusst um eine neue Dimension erweitert.

Bei Sonnenuntergang erreichte das Leben auf dem Bauernhof mit der Rückkehr aller Tiere seinen Höhepunkt. Der Bauernhof empfing jeden einzelnen von uns wie eine liebevolle Mutter. Zuerst kamen die Schafe und die Kühe in einer ernsten Prozession getrottet, einige von ihnen käuten gerade noch das letzte Maul voll Gras wieder. Wenn der ungeduldige Schäfer seine Herde drängelte, brach sie in einer Staubwolke über den Bauernhof herein.

Die erste abendliche Pflicht bestand darin, die Durstigen zu versorgen. Unsere fröhliche Kinderbande half geschäftig mit Eimern, die wir selbst aus dem Brunnen gezogen hatten, beim Tränken der Tiere. Nie werde ich die Gier vergessen können, mit der sie tranken. Es war, als strömte neues Leben in jedes einzelne ihrer Körperteile. Ihre Nüstern waren aufgebläht und ihr Blick starr, als sie das Wasser einsaugten. Es gibt einen Unterschied zwischen dem Löschen des Durstes bei Mensch und Tier: Während der Mensch für gewöhnlich dann trinkt, wenn er möchte, trinkt das Tier nur dann, wenn der Mensch möchte, dass es trinkt. Extremer Durst ist der ständige Begleiter des Tieres und ihn zu stillen überwältigend.

Jahre später wurde ich in Paris, als ich das Bild „Sie sind durstig" von Daumier sah, an diesen Unterschied erinnert.[3] Es besteht aus zwei Teilen: Im oberen trinken Männer, die Tasse nonchalant in der Hand, ihre Gesichter ein Ausbund an Gleichgültigkeit, eine Tasse Kaffee in einem Pariser Caféhaus. Im unteren trinken ein Arbeiter und ein Pferd gierig direkt aus einem Fluss.

Der Empfang unserer vierbeinigen Freunde war wie eine riesige Cocktailparty: Es war voll und laut und die Tiere buhlten in der schwindenden Abendsonne um Aufmerksamkeit. Die Sonnenstrahlen erleuchteten die Fenster unseres Hauses und warfen verspielte Lichtreflexe auf die Hörner der Kühe und den glänzenden Stahl der ruhenden Sensen. Die Stalltore standen weit offen und ließen den Geruch nach Dung und Schweiß in die Abendluft entweichen. Dann wurden die Kühe und Pferde in ihre Ställe geführt, wo sie fraßen und schliefen.

Ein Bild der Ganzheit

Die Erwachsenen auf dem Bauernhof waren von ihrer täglichen Arbeit so sehr vereinnahmt, dass sie die Schönheit, die allem inne-

[3] Die schwarz-weiße Lithografie von Honoré Daumier (1808–1879) trägt den Titel *Buvant pour se désennuyer – Ayant réellement soif* (dt. Trinken als Zeitvertreib – Wirklich durstig sein).

wohnte, gar nicht bemerkten. Sie sahen nur das, was sie mit ihren Händen und Sinnen fassen konnten. Wir Kinder hingegen wollten sämtliche Wunder unserer Welt auf einmal entdecken. Wir kletterten auf Baumwipfel und Heuwagen. Wenn die Heu- und Kleeernte eingefahren wurde, saßen wir ganz oben auf den Wagen. Von dort sahen wir die fernen Grenzen der Felder, die Nachbardörfer und Straßen. Die Freude, uns von unserem Aussichtspunkt auf dem Heuberg aus Raum zu erobern, war einzig mit dem Zauber des Duftes nach frischem Heu und Klee vergleichbar.

Eine weitere Möglichkeit, die Welt von oben zu bestaunen, war das Klettern. Wenn die Kirschsaison kam, verlagerten wir wie die Vögel fast unser ganzes Leben in die Bäume. Zwischen den Blättern versteckten wir uns vor unseren Eltern. Wer kann schon der dunklen Üppigkeit einer reifen Kirsche widerstehen, die einem aus dem grünen Blätterwerk heraus verführerisch zulächelt? Von dort oben sahen wir die dunkelgrünen Kartoffelfelder und die gelben Blumenteppiche, die die Weiden zu erobern begannen. Die Straßen glichen den Falten eines freundlichen Gesichtes, der Wald dem Schopf eines Riesen.

Der Wald

Der Wald bildete das Herz des Bauernhofs. Aus ihm bezogen wir einen Großteil unserer Nahrung: Pilze, Brombeeren, Himbeeren, Nüsse und Wild. Auch mit seinem Holz, das wir als Brennstoff nutzten, spendete der Wald dem Bauernhof Leben. Im Winter ersetzte es uns die Wärme der Sonne.

Viele Wege und Pfade führten vom Bauernhof in den Wald. Wir nutzten jeden einzelnen. Für uns Kinder, vor allem für mich, war der Wald ein Ort der tausend Wunder, die es jeden Tag aufs Neue zu entdecken galt und deren Quellen nie versiegten.

Die Bäume waren alt und hatten teilweise so dicke Stämme, dass es einen Kreis von fünf oder sechs sich an den Händen haltender Kinder brauchte, um sie einmal vollständig zu umfassen. Unsere Herzen an den Stamm einer Eiche gepresst war es, als lauschten wir dem Geheimnis des Baumes und verrieten ihm die unseren.

Besonders gefielen mir die kleinen Lichtungen im Wald, wo Schatten und flackernde Sonnenstrahlen miteinander rangen. Das immerwährende Ringen malte grüne Teppiche auf das grüne Unterholz. Hier im Dickicht zwischen den Eichen und Nusssträuchern fanden wir gut versteckte Pilze und schüchterne Himbeeren. Was für ein Spaß, hoch oben eine Handvoll dicht zusammenhängender Nüsse zu entdecken und einen Plan zu schmieden, wie wir die Äste am besten zu unseren gierig ausgestreckten Händen herabbiegen könnten.

Der Waldboden bot ein Bett aus Laub und Piniennadeln, das nur darauf wartete, kleine traumhungrige Entdecker in Empfang zu nehmen. Dies war die Welt, die mir zum ersten Mal das Alleinsein nahebrachte. Schon früh verschaffte es mir einen besonderen Genuss, allein zu sein, um ungestört denken und fühlen zu können. Zu jener Zeit verstand ich zwar Sinn und Zweck dieses Gefühls noch nicht, doch die Freuden der Kontemplation genoss ich in vollen Zügen. Fernab von meinen Spielgefährten verbrachte ich Stunden im Wald, wo ich mit meinem dritten Ohr der Geschichte des Lebens lauschte, angestimmt von Spatzen, Rotkehlchen, Krähen, Amseln, unzähligen Mücken und Insekten. Obwohl die Instrumente nicht wirklich zueinander passten, ergab das Ganze doch harmonische Melodien.

Der See

An einem Ende des Bauernhofs lag ein See, der in den Sommermonaten friedlich im Schatten einer Reihe weißer Birken ruhte. Wie ein begonnenes, jedoch nie fertig erzähltes Märchen zog er uns Kinder in seinen Bann. Wenn wir ins Wasser blickten und den Grund nicht sehen konnten, hatten wir das Gefühl, der See bewahre ein wohlbehütetes Geheimnis, das er uns nicht offenbaren würde. An diesem See bauten meine Brüder, meine Spielgefährten und ich Flöße.

Die Flöße waren klein, aber wenn wir darauf standen, kamen sie uns riesig vor. Wir steuerten sie, indem wir uns gegen lange Stöcke lehnten, mit denen wir uns unter Wasser im Schlamm abstießen. Wir spielten Piraten oder moderne Wikinger und eroberten fremde Länder und Schlösser, die wir mit viel Fantasie prachtvoll ausschmückten.

Auf unseren Flößen fühlten wir uns erwachsen. Der Wunsch zu beweisen, dass wir uns wie Erwachsene verhielten, begleitete uns die meiste Zeit des Tages.

Einmal zog ich für unser Seefahrabenteuer meine neue Hose an und fiel ins Wasser. Dieser Vorfall brachte mir die erste Tracht Prügel von meiner Mutter ein, die eigentlich gegen Gewalt war. Anscheinend wollte sie ihren Sohn vor künftigen Galgen bewahren, wie Dr. Samuel Johnsons Lehrer es beim Verprügeln seines Schülers gesagt hatte.[4]

Die Birke

Irgendwo zwischen unserem Haus und dem See stand eine einsame Birke, die sich im Sommer einem Roggenfeld entgegenneigte. Die Birken auf unserem Bauernhof, und insbesondere diese, waren etwas Besonderes, denn sie enthielten einen aromatischen weißen Saft, der manchmal den Stamm herab und bis in den Boden hineinfloss. Wir schlugen kleine Löcher in den Stamm und sahen schon bald zu, wie sie sich mit Flüssigkeit füllten. Wir benutzten Strohhalme, um die Limonade zu trinken. Diese eine Birke hatte es mir besonders angetan. Nachdem ich meinen Durst gestillt hatte, lag ich stundenlang in ihrem Schatten im Gras. Für mich war diese Birke mehr als nur ein Baum. Ich hegte eine tiefe Liebe für sie und fühlte mit ihr, wenn sie mit den Elementen in Konflikt geriet. Von unserem Haus aus beobachtete ich, wie sie mutig den Angriffen von Stürmen und Blitzen trotzte und im Winter halbnackt in der Kälte stand. Viele Jahre später, als ich auf der Suche nach Kraft meine

[4] Samuel Johnson (1709–1784) aus England. „Tatsächlich war sich Johnson sehr bewusst, wie viel er Herrn Hunter verdankte. Als Herr Langton ihn einmal fragte, wie er solch präzise Kenntnisse der lateinischen Sprache erlangt hatte, die meines Wissens von keinem seiner Zeitgenossen übertroffen wurden, antwortete er: ‚Mein Lehrer gab mir erfolgreich die Peitsche. Ohne die Peitsche, mein Herr, hätte ich gar nichts getan.' Während er seine Schüler gnadenlos auspeitschte, soll Hunter gesagt haben: ‚Und dies tu ich, um euch vor dem Galgen zu bewahren', so Johnson zu Langton."

Erinnerungen an die Jugend durchsuchte, verfasste ich das folgende Gedicht: […].[5]

Klauen

Im weiteren Sinne ist die Welt der Natur ein Ganzes. Die Natur schert sich nicht darum, weshalb der Mensch ein Roggenfeld oder einen Lehmboden unter zwei Besitzern aufteilt oder weshalb er die Grenzen seines Besitzes mit Steinen kennzeichnet. Auf beiden Seiten der Grenze wachsen dieselben Blumen; über beide Seiten ziehen derselbe Himmel, dieselbe Sonne und derselbe Regen. Kinder folgen den Gesetzen der Natur. Der Eigentümer des Bauernhofs verpachtete unseren Eltern zwar den Hof, behielt aber die beiden Obstgärten für sich, womit für uns nur wenige, über den gesamten Hof verstreute Obstbäume blieben. Wenn der Sommer nahte, übten die beiden Gärten mit der prallen Reife schwarzer Kirschen und saftiger gelber Äpfel und Birnen eine starke Anziehungskraft auf uns aus. Sobald die Luft rein war, kletterten wir auf die Bäume und pflückten die Früchte. Unsere Eltern baten uns mit Nachdruck,

[5] Das Gedicht ist in Lemkins Manuskript nicht enthalten. Nancy Steinson Ehrlich, eine Freundin Lemkins, erhielt einige anonyme Gedichte, von denen man vermutet, dass Lemkin sie geschrieben hat. Das folgende Gedicht sowie einige Gedichte zum Genozid erhärten diesen Verdacht.

Die Birke

Seit ich krabbeln kann,
erinnere ich mich unter all den Bäumen
an eine Birke, stolz und weiß,
die auf dem Lande stand.
Tagträumend im September,
klagend im November,
wuchs ans Herz sie mir
und einer Biene.
Um ihre saftige Milch zu trinken,
durchstach ich ihres Stammes Seide.
Bald kam eine Biene,
ein Nebenbuhler mir.
Oh, du, Mutter Baum,
beide tranken wir aus dir das Leben.

diesen Unfug zu unterlassen. Mehrmals wurden wir von dem bestohlenen Eigentümer erwischt, manchmal just in dem Moment, als wir unsere Hände nach einer verführerischen Kirsche oder Pflaume auszustrecken wagten. Für uns war dieses Verbot wider die Natur. Es war uns schlicht nicht möglich, die Früchte hinter dem Zaun gleichgültig anzusehen, und so erlagen wir immer wieder der Versuchung.

Im Schutz eines Gebüsches entfernten wir eine Latte aus einem der Gartenzäune. Durch dieses Loch schlüpften wir hinein. Mein Herz raste und mir wurde fast schwindelig vom Kitzel der Gefahr. Doch meine Augen liebkosten bereits die üppige Fülle einer Birne oder eines Apfels. Im Nu waren die Äpfel gepflückt und in unseren Mützen verschwunden, die wir extra zu diesem Zwecke trugen. Und schon rannten wir zurück zu unserem Loch im Zaun, unsere Gesichter glühend vor Aufregung. Ich erinnere mich ganz deutlich, wie die Gefahr beim Klauen mich unter Wellen des Vergnügens erschaudern ließ, meinen Puls beschleunigte und meine Fantasie beflügelte.

Ich glaube, ich war drei oder vier Jahre alt, als ich mich den Raubzügen meiner Spielgefährten anschloss. Ich war zwar gern allein, doch wollte ich auch die Aufregung und strebte nach Gleichbehandlung. Als jüngstes Mitglied unserer Gruppe musste ich mir das Recht erkämpfen, auf Augenhöhe mit meinen Kameraden zu spielen. Meine Teilnahme an den Raubzügen durch die Obstgärten war der Preis, den ich für diese Anerkennung zahlte.

Eines Tages brachten meine Eltern das Thema zur Sprache. Mein Vater eröffnete meinem älteren Bruder und mir, dass Gott das Klauen verbiete und uns dafür bestrafen werde. Ich fragte mich, wie Gott sehen sollte, was wir taten, doch uns wurde erklärt, dass Gott alles sehe. Anfangs dachten wir, das Verbot zu klauen sei lediglich eine Erfindung unserer Eltern wie das Verbot, auf selbstgebauten Flößen zu fahren. Erst später, als wir zu lesen begannen und man uns in der Bibel die Worte „Du sollst nicht stehlen“ zeigte, glaubten wir an seine Echtheit. Die Schriftform muss wohl symbolische Wirkung gehabt haben, denn unsere Raubzüge fanden ein jähes Ende. Vor den Augen Gottes gab es kein Entkommen.

Die Ernte

Die sommerlichen Arbeiten fanden ihren krönenden Abschluss im Erntefest. Zu dieser denkwürdigen Gelegenheit wurden den Arbeitern Unmengen an Wodka und Würsten serviert. Sie tranken und sangen. Die Frauen schmückten ihr Haar mit Kränzen aus blauen Wildblumen. Ein Roggengürtel wurde geflochten und demjenigen umgelegt, der zum Erntekönig ernannt wurde. Jedes Jahr gab es einen anderen „König“, um den alle herumtanzten. Ich erinnere mich, dass auch mir diese Ehre einmal zuteilwurde. Es kam so plötzlich, dass ich rot anlief und vor Freude fast zu weinen begann. An diesem Tag verschmolz die gesamte Gemeinde zu einem einzigen Lied, einer einzigen Freude und einem einzigen großen Stolz.

Die Kinder der Landarbeiter

Wir spielten nicht nur auf unserem Bauernhof, sondern erledigten auch sinnvolle Aufgaben. Eine Aufgabe, der wir mit feierlichem Ernst nachkamen, war die Auswahl von Legehennen. Jede Henne musste einer Untersuchung unterzogen werden, bei der ihr ein Finger in eine intime Körperöffnung gesteckt wurde, um festzustellen, ob sie in der Nacht wohl ein Ei legen würde. Für gewöhnlich übernahmen meine Mutter oder eine der Arbeiterinnen diese Aufgabe. Nach der Untersuchung trugen wir die auserwählten Legehennen in eine andere Scheune und setzten sie ins Stroh. Am nächsten Morgen sammelten wir die zerbrechlichen rosigen Eier ein und brachten sie ins Haus.

Eine weitere Aufgabe und große Freude war das Kartoffelsetzen. Zunächst mussten die Kartoffeln so geschnitten werden, dass jedes einzelne Stück eine Knospe auf der Schale aufwies. Wenn das Setzen begann, folgten wir, mit Körben bewaffnet, dem Pflug und steckten in regelmäßigen Abständen Kartoffelstücke in die frisch gepflügte Furche. Dann wechselte der Pflug die Richtung und grub die nächste Furche. Die dabei ausgehobene Erde bedeckte die Stücke, die wir gerade gesetzt hatten. Der Vorgang war einfach und doch Zeugnis einer naturgegebenen eisernen Logik, die die Erde von alters her zur Haupternährerin der Menschheit auserkoren hatte.

Unweit von unseren Häusern standen die Quartiere der Landarbeiter. Wir unterhielten freundschaftliche Beziehungen zu ihnen – nicht zuletzt, weil das Reiten und unsere Teilhabe an jeglicher Arbeit auf dem Bauernhof ganz wesentlich von ihrer Erlaubnis abhingen. Gelegentlich spielten wir mit ihren Söhnen und Töchtern, waren uns aber stets der Unterschiede bewusst: Während wir uns täglich die Haare mit Seife waschen mussten, hatten sie keine Seife und waren gezwungen, sich den Kopf von Läusen säubern zu lassen. Zu diesem Zweck legten die Jungen und Mädchen jeden Sonntagmittag vor versammelter Mannschaft ihre Köpfe in die Schöße ihrer Mütter. Wenn wir wochentags mit den Kindern spielten, teilten wir unsere Brote mit ihnen, denn ihre Eltern ließen sie häufig den ganzen Tag ohne Essen zurück, wenn sie für uns arbeiteten.

Nichtsdestoweniger ließen wir sie auf ziemlich grobe Weise unseren Stolz spüren. Wir prahlten mit unserer neuen Kleidung, insbesondere mit neuen Schuhen. Wir machten uns einen Heidenspaß daraus, sie quietschen zu lassen. Ich war von der Wichtigkeit dieser neuen Schuhe so begeistert, dass ich am liebsten in ihnen geschlafen hätte. Während wir zum Spaß barfuß liefen, taten die Kinder der Landarbeiter dies aus Not. Im Sommer waren ihre Füße dauerhaft braun vor Schmutz, im Winter hüllten sie sie in Lumpen und trugen aus Borke gefertigte Sandalen.

Obwohl ich später unter dem Hochmut und der Eitelkeit Anderer litt, machte ich mich den armen Kindern der Landarbeiter gegenüber desselben Unrechts schuldig.

Das Recht auf Leben erkaufen

Unser Bauernhofleben richtete sich nach dem Rhythmus der Natur. Wir waren wahrhaftig ein Teil von ihr. Der Hof lieferte die Grundzutaten meiner Persönlichkeit und machte mich zu einem Produkt der Lebensenergien meiner Eltern und der Naturelemente, auf deren Befehl hin ich in diese Welt entlassen wurde.

Und dennoch waren mein Leben und das unserer beiden Familien auf dem Bauernhof wider das Gesetz. Viele Jahre zuvor hatten die russischen Zaren der jüdischen Bevölkerung gesetzlich verboten, auf Bauernhöfen zu leben, geschweige denn sie zu besitzen. Juden durften nur in Städten und Dörfern ab einer bestimmten Größe leben. Dieses Gesetz wurde allerdings mittels Bestechungen der Behörden, insbesondere der lokalen Polizei, umgangen. Meine Eltern sahen sich gezwungen, zusätzlich zur Pacht des Bauernhofs eine gewisse Summe an einen Polizeibeamten zu entrichten. Regelmäßig kam er geritten, stieg von seinem Pferd und band es an einen Zaun in der Nähe des Hauses. Häufig beobachteten wir, wie er darauf wartete, dass unsere Eltern von den Feldern zurückkehrten. Wir bewunderten sein prächtiges Pferd und seine Uniform, insbesondere seine glänzenden hochschaftigen Stiefel. Er trug einen langen Schnauzbart, sein Gesicht strotzte vor Arroganz, und er wartete. Sein Warten hatte etwas Verhängnisvolles, Beklemmendes, denn später erfuhren wir den Grund für sein Kommen und wussten, dass unsere Eltern meist kein Geld hatten. Wenn sie ihn mit überschwänglicher Freundlichkeit und schuldbewussten Mienen begrüßten, hatten wir instinktiv Mitleid mit ihnen. Früh lernten wir, diesen Mann zu verabscheuen und ihn als Sinnbild unserer Fesseln zu fürchten.[6]

Erste Liebe und frühe Bildungsjahre

Die frühesten Erinnerungen an mein Gesicht und meinen Körper stammen aus einer Zeit, in der ich ungefähr fünf Jahre alt war und mich in einem großen gesprungenen Spiegel an unserer Wohnzimmerwand das erste Mal sah. Neugierig und aufgeweckt blickte mir der kleine Junge mit kurzen Hosen, weißem Hemd und blonden Locken entgegen. Doch etwas beunruhigte mich zutiefst: Zu beiden Seiten meiner Nase entdeckte ich große Flächen voller

[6] Laut Yizkor-Buch waren im Jahre 1891, das heißt neun Jahre vor Lemkins Geburt, die meisten Kaufleute in Wołkowysk und Umgebung Juden, „da es ihnen nicht gestattet war, andere Berufe zu ergreifen. Juden war es verboten, Land zu besitzen oder Regierungspositionen zu bekleiden."

Sommersprossen. Als ich erfuhr, dass es keine Heilung gab, war ich entsetzt und befürchtete, mein Leben lang entstellt zu sein. Meine Spielgefährten machten sich diesen Makel zunutze und nannten mich schon bald „den Sommersprossigen". Mein Bruder, dessen Haut etwas dunkler war, erhielt den Titel „der Zigeuner". Jedes Mitglied unserer Bande hatte einen Spitznamen, der einzig dazu erdacht worden war, ihn zu verspotten. Damit waren nicht nur wir beiden jungen Männer, sondern auch alle anderen fürs Leben gezeichnet. Doch selbst das vermochte mir die Sorgen um meine Sommersprossen nicht zu nehmen.

Eines Nachmittags bekamen wir Besuch aus dem Nachbardorf. Die beiden Erwachsenen brachten zwei Kinder mit: einen Jungen im Alter meines Bruders und ein Mädchen in meinem Alter. Während die Erwachsenen ihre Pläne besprachen, einen Lehrer für unsere Unterweisung im Hebräischen zu engagieren, schloss sich die jüngere Generation uns an.

Ich war hingerissen. Das Mädchen war wunderschön. Ihre Haare waren von einem rötlichen Gold, sie hatte große blaue Augen und, so wahr mir Gott helfe, ein Gesicht voller Sommersprossen. Bellas Sommersprossen waren meine Heilung: Sie befreiten mich von der Verzweiflung über meine eigenen, denn nun verstand ich, dass man auch mit Sommersprossen schön sein konnte. Als wir zu spielen begannen, spürte ich, dass meine Bewegungen ihrer gewohnten Leichtigkeit und Freiheit entbehrten. Da ich Bella immerzu ansah, wusste ich gar nicht genau, was ich tat. Das war der Beginn meiner ersten Liebe. Schüchtern stellte ich ihr meinen Hund vor und erzählte ihr von den Wundern unseres Bauernhofes.

Bella konnte mit nichts Wunderbarem im Gegenzug dienen. Ihre Eltern betrieben im Nachbardorf eine Kombination aus Herberge und Gaststätte. Sie hatte weder Pferde noch Kühe oder Schafe mit Glocken um den Hals, die sie hätten aufheitern können, und sie hatte Angst vor den Dorfbewohnern, die sich regelmäßig bei ihr zu Hause betranken. Wenn ein Kind ein anderes trifft, spricht es meist kaum über sich, sondern eher darüber, was es in seinem Leben alles gibt. Meine Welt hatte mehr zu bieten als Bellas und sie war sichtlich beeindruckt. Genau das war mein Ziel gewesen. Als sie weg war, dachte ich weiter an sie. Wie schön es doch wäre, morgen wieder gemeinsam mit ihr über die Felder zu rennen, auf einem Floß über den See zu fahren und vielleicht sogar ihr goldenes Haar zu berühren.

Als ich erfuhr, dass wir Bella und ihre Eltern in der kommenden Woche wiedersehen würden, errötete ich. Im Karren auf dem Weg zu Bella pochte mein Herz. Auf den zweiten Blick war sie sogar noch schöner und ich war sicher, ich war verliebt. Beim Abendessen wurden wir an unterschiedlichen Enden des Tisches platziert und schauten in unterschiedliche Richtungen. Dennoch setzte ich alles daran, dass unsere Blicke sich kreuzten.

Als wir zurück zum Bauernhof fuhren und sich der sommernächtliche Himmel über uns herabsenkte, kam mir der Gedanke, dass Gott es gut mit mir gemeint hatte, indem er mir Bellas Bruder als Lernpartner zugewiesen hatte, denn so würde ich sie wieder und immer wieder sehen können.

Irgendwie fanden meine Freunde und meine Familie heraus, was ich für Bella empfand. Mit ernsten Gesichtern zogen sie mich auf. Da der Name der jungen Dame derselbe wie der meiner Mutter war, würde ich sie nicht heiraten können. Das Einzige, was diese Aussichtslosigkeit allerdings bewirkte, war, dass ich sie umso mehr liebte. Der Gedanke an Bella machte mir manch persönliches Problem erträglicher, sogar die Sorge wegen meiner Sommersprossen.

Als der Winter kam, zogen wir in Bellas Haus, in dem auch unser Lehrer wohnte. Den gemeinsamen Unterrichtsstunden schlossen sich nun weitere Jungen aus dem Dorf an. Da unsere Eltern uns beigebracht hatten, gut Hebräisch zu lesen, konnten wir am Unterricht fortgeschrittener Gruppen teilnehmen.

Der Lehrer war ernst und streng. Die Bibel war seine Welt und er hegte die aufrichtige Hoffnung, dass sie auch unsere Welt werden würde. Einige ihrer Kapitel sang er uns vor, und Lieder werden von Kindern bekanntlich nur selten vergessen.

Im Winter begann der Unterricht um sechs Uhr morgens. Der Raum war kalt, die Kerosinlampe die einzige Wärmequelle. Die melodiöse Stimme unseres Lehrers bildete den Grundton. Die Kürze der hebräischen Sprache mit ihren bedeutungsschweren Worten prägt bis heute meine Art, in anderen Sprachen zu schreiben und zu sprechen. Auf jeder Seite entdeckten wir in der lebendigen, bilderreichen Sprache neue Szenarien pulsierenden Lebens. Über die Bilder meines Bauernhofes erlangte ich Zutritt zur Bilderwelt der Bibel.

Bella sah ich für gewöhnlich beim Essen. Sie wurde immer hübscher, und der einzige Wermutstropfen in meiner Freude war, dass sie nicht an unserem Unterricht teilnahm. Ich wünschte, Bella würde wissen, wie der Lehrer vor allen meinen Fortschritt lobte. Zu meiner großen Freude fand ich bald heraus, dass ihr Bruder ihr darüber berichtet hatte. Bellas Liebe erweckte nicht nur meine Gefühle, sondern auch meinen Geist. Sie half mir, zu einem gescheiten Schüler heranzuwachsen, der nicht nur sie, sondern auch die vergilbten Seiten des uralten Buches zu lieben lernte.

Die Abende waren das reinste Vergnügen. Mutter versammelte uns in der Nähe des warmen Ofens und lehrte uns Lieder und Gedichte in Liedform. Wir begleiteten die Sonette der Dichter mit Musik, die wir selbst erfanden, oder bedienten uns der Melodien bekannter Lieder. Die Melodien waren einfach, die Verse schwebten klar und ergreifend gen Himmel. Da es arglose Worte waren, gelang es ihnen, meinen Geist zu befruchten und Samen zu pflanzen, die später Früchte trugen.

Nun, da ich versuche, mich an den Inhalt dieser Sonett-Lieder zu erinnern, ergibt sich folgendes Weltbild: Es gibt viel Böses und Ungerechtigkeit auf der Erde. Die Unschuldigen und Armen leiden. Oft werden sie kaltblütig ermordet. Menschen machen sich falschen Göttern untertan: denen der Gier und der Macht. Den Armen und Unschuldigen muss geholfen, die Leidenden müssen geliebt und aus ihrer Not befreit werden. Die Lieder gaben Hoffnung auf eine bessere Welt, auf ein Ende des Bösen und den Schutz der Schwachen.

Millionen von Eltern erzählten ihren Kindern dieselbe Geschichte, doch die Macht des gesprochenen Wortes vermag nicht an die des gesungenen heranzureichen. Das mag auch die alten Griechen dazu bewogen haben, ihre Gesetze singend zu verkünden. Das Lied einer Mutter für ihr Kind wird aller Wahrscheinlichkeit nach großen Einfluss auf das Kind haben, insbesondere dann, wenn sie es ihm immer wieder vorsingt. Es dringt in alle Sinne ein und lebt im kindlichen Bewusstsein, das beim Zuhören entsteht, für immer fort. Wie eine Blüte, die die Strahlen der Sonne einzufangen hofft, öffnet sich das Bewusstsein für die Noten der Lieder.

> Mein teurer Bruder, der du geliebt wirst und doch leidest,
> Wer immer du sein magst, verzage nicht,
> Wiewohl Unwahrheit und Böses die Welt beherrschen
> Und die Erde im Leid zu ertrinken droht;
> Wiewohl die heiligen Ideale verunglimpft werden
> Und der Unschuldigen Blut fließt,
> Vertraue auf die Zerstörung Baals
> Und die Liebe wird zur Erde zurückkehren.[7]

Dieses Lied des russischen Poeten Nadson, der im Alter von vierundzwanzig Jahren an Tuberkulose verstarb, wurde zu unserer zweiten, in unseren Augen überzeugenderen Bibel: Während Nadson sämtliche Gewalt ausnahmslos ablehnte, enthielt die Bibel Berichte über Morde, die unsere Lehrer in Erklärungsnot brachten.[8] Kinder schätzen klare Bilder, die keiner aufwendigen Erklärung bedürfen.

Im darauffolgenden Winter begannen wir mit den Propheten. Wie ein Magnet zogen mich ihre Worte in den Bann. Sie waren schon Tausende Jahre alt und doch klangen sie noch heute auf den Hügeln Judäas nach und waren bis in unser Dorf hinein zu hören. Ihre Berichte waren so langlebig, weil sie in Worte gekleidete Taten waren. Rannte Jesaja unbekleidet durch die Straßen Jerusalems oder trug er einen verrotteten Gürtel, dann tat er dies, um zu zeigen, wie Gott Israel zerstören und für seine Sünden untergehen lassen würde.

„Lasst ab vom Bösen! Lernt Gutes tun, helft den Unterdrückten, schafft den Waisen Recht, führt der Witwen Sache!"[9] Jesajas Forderung klang so eindringlich, dass es mir beinahe so vorkam, als stünden die Unterdrückten just in jenem Moment vor unserer Tür. Der Aufruf, durch das Umschmieden von Schwertern zu Pflugscharen Frieden zu schaffen, schien seine Präsenz heraufzubeschwören. Ich

---

[7] A. d. Hrsg.: Baal. Die Zerstörung des kanaanäischen Gottes ist der Sieg über die Idolatrie.

[8] Semjon Jakowlewitsch Nadson (1862–1887).

[9] A. d. Ü.: Unvollständiges Zitat aus Jesaja, 1, 17.

dachte an die Kraft unserer eigenen Pflüge, die uns anstelle von Zerstörung Leben brachten.

Ich war voller Mitgefühl für die Propheten, die für das, woran sie glaubten, großes Leid ertragen mussten. Meine Gedanken waren beim Propheten Uria, der aus Ägypten floh, um König Jojakim zu entkommen, jedoch von seinen Verfolgern zurückgebracht und hingerichtet wurde.[10] Ich sah, wie Zacharias im Hof des Tempels gesteinigt und Jeremia vor seiner Rettung wie ein Schaf zur Schlachtbank geführt wurde. Das Leben und die Taten bescheidener Männer, deren innerer Glaube sie dazu veranlasste, Könige und Priester herauszufordern, entfachten Feuer im Herzen eines kleinen Dorfjungen, der sich dem Studium der Bibel widmete.

Die Nachricht eines Pogroms in der Stadt Białystok, einige Kilometer entfernt im Süden Russlands, erreichte unseren Bauernhof. Die Meute hatte die Mägen ihrer Opfer aufgeschlitzt und sie mit Federn aus Kopfkissen und Bettdecken gestopft. Gedichte des hebräischen Poeten Bialik zu den Pogromen wurden bekannt.[11]

Ein blutgetränkter roter Faden führte von der römischen Arena über die französischen Galgen bis hin zum Pogrom von Białystok. Zwar gelang es meinem kindlichen Geist nicht, die Geschichte in Worte zu fassen, aber ich sah sie doch deutlich und lebensecht vor mir: Sie war ein gigantischer Ort der Folter Unschuldiger, über den meine Mutter uns Nadsons Gedichte vorsang.

Ein weiterer Name, der mir in den Sinn kommt, ist Krylow. Der russische Schriftsteller schrieb wunderschöne Fabeln, die von den Fabeln des französischen Autors Jean de la Fontaine und des griechischen Dichters Aesop inspiriert sind.[12] Meist ging es darin um das Leben von Tieren, die bestimmte Tugenden oder Laster des Menschen verkörperten. Viele enthielten eine halb verborgene Moral – verborgen genug, um den Zauber der Geschichte nicht in Mitleidenschaft zu ziehen und dabei nicht zu verborgen, sodass

---

[10] A. d. Hrsg.: Gemäß Jeremia 26, 21 floh Uria nach Ägypten, wo er von seinen Verfolgern aufgegriffen wurde, die ihn zurück nach Jerusalem brachten.

[11] Der Białystok-Pogrom ereignete sich im Juni 1906. Lemkin war zu jener Zeit fast sechs Jahre alt. Chaim Nachman Bialik (1873–1934) war ein russisch-jüdischer Dichter.

[12] Iwan Andrejewitsch Krylow (1769–1844) war ein russischer, Jean de la Fontaine (1621–1695) ein französischer Fabelautor.

auch Kinder sie erkennen konnten. Diese grundlegenden Lehren waren im Prinzip nichts anderes als das, was man als menschlichen Gerechtigkeitssinn bezeichnen könnte. Letztlich ging es darum, das Gleichgewicht zweier Waagschalen zu bewahren: In der einen lagen Tugend oder Laster, in der anderen Belohnung oder Strafe. So lud ein Fuchs einen Storch zum Mittag ein und ließ ihn von einem flachen Teller essen. Der Storch revanchierte sich, indem er den Fuchs aus einer enghalsigen Flasche speisen ließ. Unfairness und Ungerechtigkeit zahlen sich langfristig nicht aus. Die Göttin des gerechten Zorns holt die Schuldigen ein.

Nachdem unsere Mutter uns die Fabeln vorgelesen hatte, konnten wir sie selbst vortragen, beinahe auswendig. Sie bildeten die dringend notwendige Ergänzung zu Nadsons naivem Idealismus. Fairness, Gerechtigkeit und Ehrenhaftigkeit sind die Grundelemente der Vernunft. Da der Ungerechte die vernunftbasierte Grundlage des Lebens zerstört, wird er als Narr dargestellt. – Ungerechte Menschen sind Narren, das war für uns die unmissverständliche Moral dieser Fabeln.

Dass die Hauptfiguren Tiere oder Vögel waren, die die kindliche Fantasie in besonderem Maße beflügeln, machte den Einfluss der Lehren umso größer. Ich wuchs in der tiefen Überzeugung auf, dass Verfolgung aufhören muss und Gerechtigkeit und Liebe letztlich siegen werden. In meiner eigenen kleinen Welt aus Hunden, Vögeln, Pferden und Spielkameraden konnte ich diese Idee in die Tat umsetzen. Als ich zum ersten Mal Tolstoi las, begriff ich, dass an eine Idee zu glauben heißt, sie zu leben. Ich beschloss, Vegetarier zu werden. Da ich die Hühner und anderen Tiere sehr liebte, konnte ich ihr Fleisch nicht essen. Es gelang mir nur drei Monate lang, meiner Überzeugung Folge zu leisten. Es wurde immer schwieriger, speziell für mich vegetarisches Essen zuzubereiten. Aber für die Ernsthaftigkeit, mit der meine Familie dem kurzlebigen Vegetarierdasein meines siebenjährigen Ichs begegnete, werde ich ihr ewig dankbar sein.

Eines Tages fand ich im Gras eine Eule mit gebrochenem Flügel. Sie war hilflos. Ich brachte sie zum Dach und baute ihr ein Nest. Ein ganzes Jahr lang fütterte ich sie jeden Morgen. Sie war so sehr an mich gewöhnt und wartete so sehnsüchtig auf die Fütterung, dass ich das starke Gefühl hatte, einer Pflicht nachgekommen zu sein. Zu jener Zeit unterschied ich nicht zwischen Menschen, Tieren und Vögeln. Das Gefühl, gebraucht zu werden, verschaffte mir Genugtuung. Die Überzeugung, dass ich ein Leben rettete, machte mich glücklich. Ich hatte nicht das Gefühl, dass meine Fürsorge für die Eule von außen kam, vielmehr war sie mit meinem Inneren verbunden.

Im Jahr 1913 wurde ein Jude namens Beilis wegen Mordes an einem christlichen Kind angeklagt, dessen Blut er für das Pessachfest habe nutzen wollen.[13] Der Fall machte weltweit Schlagzeilen und sorgte für Empörung. Er war eine Feuerprobe für das Rechtssystem. Unsere Familie sprach jeden Tag darüber. Zu jener Zeit hatten wir unseren Bauernhof bereits verlassen und waren in die Stadt Wołkowysk gezogen. Unsere Eltern hatten entschieden, dass wir Kinder eine ordentliche Schulbildung brauchten. Wir wurden an einer städtischen Schule angemeldet, die den ersten vier Jahren einer amerikanischen Highschool entsprach.

Der Druck des angespannten politischen Verhältnisses auf das Schulleben war kaum zu ertragen. Alle jüdischen Schüler erhielten den kollektiven Rufnamen Beilis. Dasselbe geschah auch außerhalb der Schulmauern in der Stadt, wo die Spannungen wuchsen und die jüdische Bevölkerung Gefahr lief, einem Pogrom zum Opfer zu fallen. Es war, als würde der gesamten jüdischen Bevölkerung Russlands der Prozess gemacht. Beilis' Freispruch entspannte die Lage kurzzeitig, vermochte aber nicht die Wolken in meinem Geist beiseitezuschieben. Ich sah deutlich, dass das Leben von Millionen von Menschen vom Votum der Geschworenen abhing. Und während diese sich noch berieten, wurden außerhalb des Gerichtssaals schon Äxte, Hämmer und Waffen bereitgelegt. Ich konnte mir nicht vorstellen, wie eine derartige Situation noch lange tragbar sein sollte.

---

[13] Menachem Mendel Beilis (1874–1934) war ein ukrainischer Jude, der 1911 wegen Mordes an dem zwölfjährigen Andrej Juschtschinskij angeklagt wurde. Vermeintliches Motiv war die Blutgier des Angeklagten, um Rituale im Rahmen des Pessachfests durchzuführen. In der Folge entstand eine anti-jüdische Hysterie. Beilis befand sich bereits zwei Jahre in Haft, als im Herbst 1913 der Prozess gegen ihn begann.

Die Jahre vergingen und ich dachte weiter über diese Probleme nach – manchmal so angestrengt, dass ich den Druck meines Blutes in den Adern förmlich spürte.

1915 besetzten die Deutschen die Stadt Wołkowysk und ihre Umgebung. Um herauszufinden, ob nationale, religiöse oder rassische Gruppen als solche vernichtet wurden, befasste ich mich eingehender mit der Geschichte. Die Wahrheit kam erst nach dem Krieg ans Licht: In der Türkei waren mehr als 1,2 Millionen Armenier ermordet worden, aus keinem anderen Grund als dem, dass sie Christen waren. Nachdem sie aus ihren Häusern am Euphrat vertrieben worden waren, eröffneten die Gendarmen plötzlich von beiden Enden des langen Zuges das Feuer auf die Deportierten. Nur einige wenige überlebten, verborgen unter den Leichen ihrer Gefährten. Später behaupteten die Türken, die unbewaffneten Armenier hätten die Schießerei angezettelt.

Frühe Erwachsenenjahre

Nach dem Krieg wurden rund hundertfünfzig türkische Kriegsverbrecher festgenommen und von der britischen Regierung auf der Insel Malta interniert. Die Armenier entsandten eine Delegation zur Friedenskonferenz in Versailles, um Gerechtigkeit zu fordern. Eines Tages las ich in der Zeitung, dass sämtliche türkische Kriegsverbrecher freigelassen werden sollten. Ich war schockiert. Eine Nation wurde ermordet und die Schuldigen gingen straffrei aus. Warum wird ein Mensch, der einen anderen ermordet, dann bestraft? Ist denn die Ermordung einer Million Menschen ein geringeres Verbrechen als die Ermordung eines einzelnen? Die freigelassenen türkischen Verbrecher zerstreuten sich von Malta aus in alle Himmelsrichtungen. Der fürchterlichste, Talaat Pascha, der türkische Innenminister, dessen Name im gleichen Atemzug wie die Vernichtung des armenischen Volkes genannt werden sollte, fand Zuflucht in Berlin. Eines Tages wurde er von einem jungen Armenier namens Tehlirian auf der Straße angehalten. Nachdem Tehlirian sich davon überzeugt hatte, dass es sich bei seinem Gegenüber um Talaat Pascha handelte, sagte er: „Das ist für meine Mutter“, und erschoss ihn. Als einer der wenigen Überlebenden des Massakers an den Armeniern war Tehlirian nur deshalb verschont geblieben, weil der leblose Körper seiner Mutter auf ihn gefallen war. Sein Prozess wurde de facto zu einem Prozess gegen die türkischen Täter. Die zahlreichen Zeugen, die die armenische Seite zu Gericht lud, zeichneten das düstere Panorama der Vernichtung des armenischen Volkes. Damit erlangte die Welt endlich ein wirklichkeitsgetreues Abbild der tragischen Ereignisse, die sich in der Türkei zugetragen hatten. Dieselbe Welt, die während der Ermordung der Armenier bequem geschwiegen und diese Tatsache mit der Freilassung der türkischen Kriegsverbrecher zu vertuschen gehofft hatte, war nun gezwungen, der schrecklichen Wahrheit Gehör zu schenken.

Das Berliner Gericht sprach Tehlirian frei. Es beschied, er habe unter „innerem Zwang" gehandelt. Der Mann, der für die moralische Ordnung der Menschheit eintrat, wurde für geisteskrank befunden, unfähig, die moralische Natur seiner Tat zu erkennen. Er hatte als selbsternannter Rechtsvertreter für das Gewissen der Menschheit gehandelt. Doch darf ein Mensch sich selbst dazu berufen, für Gerechtigkeit zu sorgen? Wird eine solche Gerechtigkeit nicht von der Leidenschaft beeinflusst und damit zu einem Zerrbild der Gerechtigkeit? Zu jenem Zeitpunkt gewann die Sorge über die Ermordung Unschuldiger an Bedeutung für mich. Ich hatte nicht alle Antworten, aber das Gefühl, dass die Welt diese Art des rassischen oder religiösen Mordes ächten musste.

An der Universität Lwów, wo ich mich für ein Jurastudium eingeschrieben hatte, diskutierte ich diese Angelegenheit mit meinen Professoren.[14] Sie argumentierten mit der Souveränität von Staaten. „Aber die Souveränität von Staaten besteht in einer unabhängigen Innen- und Außenpolitik, im Bau von Schulen und Straßen, kurz, in jeglicher Maßnahme, die auf das Wohlergehen des Volkes abzielt", erwiderte ich. „Sie kann doch unmöglich als Recht, Millionen von unschuldigen Menschen zu ermorden, gedacht sein."

---

[14] Heute die Nationale Iwan-Franko-Universität Lwiw, in der Ukraine.
A. d. Hrsg.: Zur Stadt Lwiw und ihrem je nach Besitzer wechselnden Namen (Ukrainisch: L'viv, Polnisch: Lwów, Deutsch: Lemberg), siehe die „Mitteilung an den Leser" in Philippe Sands *Rückkehr nach Lemberg*, S. Fischer, Frankfurt am Main, 2018.

1926, kurz nachdem mir der juristische Doktorgrad verliehen worden war, schlug eine neue Bombe ein. In einem seltenen Moment der Klarheit, wie ihn nur echte Entrüstung hervorzubringen vermag, offenbarte sich mir ein tieferes Verständnis des Verbrechenskonzepts, das ich später einzuführen versuchte.

In Paris erschoss Scholom Schwartzbard, ein jüdischer Schneider, dessen Eltern 1918 bei einem Pogrom in der Ukraine ums Leben gekommen waren, den ukrainischen Kriegsminister Simon Petljura, der allgemein für die Massaker an den Juden verantwortlich gemacht wurde.[15] Wie vor ihm Tehlirian wurde auch Schwartzbard vor Gericht gestellt und das schreckliche Schicksal Hunderter Juden wurde der Welt wie eine offene Wunde vor Augen geführt. Die Pariser Geschworenen fanden sich in derselben moralischen Zwickmühle wieder, in der schon die Berliner Geschworenen gesteckt hatten: Sie konnten Schwartzbard weder freisprechen noch konnten sie ihn verurteilen. Den Rächer des Todes Hunderttausender seiner unschuldigen Brüder, darunter seine Eltern, zu bestrafen, war mit ihrem Gewissen unvereinbar. Doch genauso wenig konnten sie es gutheißen, dass er das Gesetz in seinem Kampf für die moralischen Standards der Menschheit in die eigene Hand genommen hatte.

Die gewieften juristischen Köpfe kamen zu einem Kompromiss, der dem Urteil des Tehlirian-Prozesses ähnelte: „Der Täter ist geisteskrank und muss daher freigesprochen werden."

Weltweit muss der einfache Bürger, der über denselben angeborenen Gerechtigkeitssinn verfügt wie die Tiere in den Fabeln von Aesop und La Fontaine, die Lehre aus dieser Anomalie gezogen haben.

Nach dem Ende des Schwartzbard-Prozesses schrieb ich einen Artikel, in dem ich seine Tat als „wunderschönes Verbrechen" bezeichnete. Ich bedauerte die Inexistenz einer Rechtsvorschrift zur Vereinheitlichung der moralischen Standards in Bezug auf die Zerstörung nationaler, rassischer und religiöser Gruppen.

Langsam reifte die Entscheidung in mir, dass ich etwas unternehmen musste. Ich wusste jedoch, dass ich eine geeignete Plattform

---

[15] Scholom Schwartzbard (1886–1938), auch Samuel Schwartzbard, wurde in Bessarabien im Russischen Reich geboren; Simon Wassyljewitsch Petljura (1879–1926).

brauchte. Um erhört zu werden, muss man seine Stimme im richtigen Umfeld erheben, und ich war nur ein junger Doktor des Rechts, der sich gerade erst auf eine Karriere bei den Warschauer Gerichten vorbereitete. Bereits während meines Studiums hatte ich ein Buch zum Recht veröffentlicht. Ich begann hart zu arbeiten und veröffentlichte jedes Jahr ein neues Buch. Meine Werke erhielten positive Kritiken und ich gewann schon bald eine Anhängerschaft und Einfluss.

1929 wurde ich zum Stellvertretenden Staatsanwalt der Stadt Warschau ernannt. Weitere Bestellungen ließen nicht lang auf sich warten: Ich war Sekretär für Strafrecht beim Polnischen Ausschuss für die Kodifikation des Rechts, eine Position, in der ich am polnischen Strafgesetzbuch mitarbeitete, polnischer Vertreter beim Internationalen Büro für die Vereinheitlichung des Strafrechts, das jedes Jahr in einer anderen europäischen Hauptstadt tagte, und Generalsekretär der Polnischen Landesgruppe der Strafrechtsgesellschaft. Schon bald pflegte ich ein freundschaftliches Verhältnis zu den angesehensten Rechtsexperten und führenden Intellektuellen in ganz Westeuropa. Zu den Konferenzen all dieser Gruppen reichte ich Beiträge ein. Es gab feierliche Eröffnungsreden, Abendessen und Empfänge mit Delegierten, auf deren Brust es vor Orden nur so wimmelte.

Endlich hatte ich eine Plattform zum Handeln, doch ich stieß auf Hindernisse. Im Oktober 1933 sollte in Madrid eine internationale Konferenz zur Vereinheitlichung des Strafrechts stattfinden.[16] Auf der Tagesordnung standen Verbrechen, die eine zwischenstaatliche Gefahr darstellen. Es sollten Vorschläge eingereicht werden, welche Verbrechen zu dieser Kategorie gezählt und welche davon zu internationalen Verbrechen gemacht werden sollten.

Der Augenblick war gekommen, meine seit vielen Jahren herangereifte Idee mit der Öffentlichkeit zu teilen. Jetzt war der Moment, die Vernichtung nationaler, rassischer und religiöser Gruppen zu ächten. Das Verbrechen war so schwer, dass die einzig angebrachte Art, ihm zu begegnen, meiner Meinung nach die war, es zu einem internationalen Verbrechen zu erklären, und zwar in Form eines

[16] Die Fünfte Internationale Konferenz für die Vereinheitlichung des Strafrechts in Madrid, Oktober 1933.

völkerrechtlichen Vertrages oder einer Konvention. Hitler hatte seine Blaupause der Zerstörung bereits bekannt gemacht. Viele dachten, es sei nur Großtuerei, aber ich war davon überzeugt, er würde seine Pläne verwirklichen, wenn man ihn nur ließe. Die Welt verhielt sich, als würde sie in Hitlers Pläne einwilligen. Die polnische Regierung verhandelte einen Nichtangriffspakt mit Deutschland. In Völkerbund-Kreisen machten meine Freunde sarkastische Bemerkungen über den Pakt, der ihrer Meinung nach die kollektive Sicherheit untergraben würde. Es war an der Zeit, ein System der kollektiven Sicherheit zu errichten, um das Leben der Völker zu schützen.

Ich handelte schnell. Im September 1933 übersendete ich dem Sekretariat des Büros für die Vereinheitlichung des Strafrechts einen zweiten Bericht zum selben Thema. Darin formulierte ich zwei Verbrechen: das Verbrechen der Barbarei und das Verbrechen des Vandalismus.[17] Das erste definierte ich als die Vernichtung nationaler und religiöser Gruppen, das zweite als die Zerstörung kultureller Werke, die als Sinnbild für die einzigartige schöpferische Geisteskraft dieser nationalen und religiösen Gruppen standen. Ich wollte sowohl die physische Existenz als auch das geistige Leben dieser Gruppen schützen.

In meinem Bericht wies ich darauf hin, dass das Gewissen der Welt seinen Ausdruck im Schutz der Menschheit vor Übeln wie der Sklaverei, dem Handel mit Frauen und Kindern, dem Drogenhandel, der Verbreitung obszöner Veröffentlichungen, der Piraterie und sogar der Beschädigung von Unterseekabeln finde. All diese Taten waren bereits geächtet worden, von zivilisierten Nationen, die sich dazu verpflichteten, sie nach Maßgabe völkerrechtlicher Verträge zu bestrafen. Ist die Vernichtung einer religiösen oder rassischen Gruppe denn nicht weitaus schädlicher für die Menschheit als die Zerstörung eines U-Bootes oder der Raub eines Schiffes? Wenn eine Nation vernichtet wird, dann geht nicht nur die Fracht eines Schiffes verloren, sondern ein wesentlicher Bestandteil der Menschheit mit einem Kulturerbe, an dem die ganze Welt hätte

17 „Les Actes Constituant un Danger General (Interétatique) Considérés Comme Délits de Droit des Gens“, Rapport spécial présenté à la V-me Conférence pour l'Unification du Droit Pénal à Madrid (14–20.X.1933) (explications additionnelles) par Raphaël Lemkin“.

teilhaben können. Diese Menschen werden aus keinem anderen Grund vernichtet als dem, dass sie einer bestimmten Religion oder Rasse angehören. Sie werden nicht in ihrer Eigenschaft als Individuen vernichtet, sondern als Mitglieder einer Gemeinschaft, die dem Unterdrücker missfällt. Die Opfer sind die unschuldigsten Menschen der Welt. Sie sind die Unschuldigen, die meine Mutter in den Liedern Nadsons besang.

Ich schickte den Bericht nach Madrid und bat mein Verlagshaus Pédone, das auch Verleger des Völkerbunds war, um seine Veröffentlichung. Der Bericht ging an viele wichtige Institutionen auf der ganzen Welt.

Ich war bereit, nach Madrid zu reisen und den großen Kampf auszutragen. Doch eines Abends läutete mein Telefon. Ein Richter des Obersten Gerichts Polens, mein Kollege bei sämtlichen internationalen Konferenzen, war am anderen Ende der Leitung. Er war der Chefdelegierte für die Madrid-Konferenz. Freundlich und ein wenig peinlich berührt teilte er mir mit, dass der Justizminister gegen meine Reise nach Madrid sei. Er erwähnte auch Artikel der einflussreichen antisemitischen Zeitung *Gazeta Warszawska*, in denen mein Vorschlag, Akte der Barbarei und des Vandalismus zu ächten, heftig kritisiert worden war. In einem Artikel, der vielerorts in Warschau Thema war, hieß es, ich sei lediglich am Schutz meiner eigenen Rasse interessiert. Der Artikel hob meine Position als Staatsanwalt hervor und unterstellte, man könne den falschen Eindruck gewinnen, ich handle im Namen der Regierung.

Noch am selben Abend sandte ich Briefe an meine Freunde in Westeuropa, in denen ich sie darum bat, meinen bereits veröffentlichten Vorschlag zu unterstützen. Ich war froh, dass ich die Initiative ergriffen hatte, ihn im Vorfeld der Konferenz drucken zu lassen. Damit war ich seiner Unterdrückung zuvorgekommen. Mein Vorschlag wurde von den Konferenzteilnehmern diskutiert und, wie sollte es auch anders sein, vertagt. Unterstützen konnten sie ihn nicht, ablehnen jedoch ebenso wenig.

Obgleich ich die Schlacht in Madrid nicht gewonnen hatte, so hatte ich doch immerhin Ideen angestoßen, die in die richtige Richtung gingen.

Kapitel Zwei

Die Flucht, 1939

Am 6. September 1939 ging ich durch die menschenleere Marszalkowska-Straße zum Warschauer Bahnhof. Obwohl es erst sechs Tage her war, dass die Nazis Polen angegriffen hatten, waren die Abwehrkräfte des Landes bereits in Auflösung begriffen. Die Luftwaffe flog gleichzeitig Angriffe auf verschiedene Ziele im ganzen Land, insbesondere auf die Bahnhöfe. Die Bedeutung des Wortes „Blitz" wurde jedem Polen klar, nicht anhand einer Wörterbuchdefinition, sondern dadurch, dass die Decke des öffentlichen und privaten Lebens über ihm einstürzte.[1]

Nazi-Panzer donnerten aus dem Westen, Norden und Süden über polnische Landstraßen. In einem dieser selbstzerstörerischen Akte, die sich nicht nur auf Individuen, sondern auch auf Nationen auswirken, hatte die polnische Regierung 1938 durch ihre Unterstützung der Aufteilung der Tschechoslowakei, von der sie den Distrikt Cieszyn für sich beanspruchte, selbst dabei geholfen, die Nazi-Kriegsmaschinerie an der Südgrenze ihres Staatsgebietes zu positionieren.

Eine halbe Stunde zuvor hatten die polnischen Behörden angeordnet, alle körperlich tauglichen Männer hätten Warschau umgehend zu verlassen. Ich gehorchte. An mehreren Stellen der Straße brannten Häuser; wie Kerzen erleuchteten sie mir den Weg.

---

1 A. d. Hrsg.: Das Wort „Blitzkrieg" ging als Germanismus in viele andere Sprachen ein und bezeichnet eine militärstrategische Innovation der Wehrmacht, die im Zweiten Weltkrieg die Offensivtaktiken revolutionierte. Die Blitzkrieg-Taktik besteht in einer Ballung von Panzertruppen, Kampfflugzeugen und Artillerieeinheiten an einer schmalen Frontlinie. Ziel ist es, eine Lücke in die gegnerischen Verteidigungslinien zu schlagen und so das schnelle Eindringen und ungehinderte Vorankommen der Panzerdivisionen im gegnerischen Gebiet zu ermöglichen.

Als ich das Bahnhofsgebäude betrat, sah ich ein Meer aus menschlichen Köpfen. Es war unmöglich, die dazugehörigen Körper zu sehen, so dicht waren die Menschen aneinandergedrängt. Aufregung und Angst standen ihnen in die Augen geschrieben. Ich trug nur mein Rasierzeug und einen Sommermantel über dem Arm, so war es für mich leichter, mich durch die Masse zu den Bahnsteigen zu kämpfen, von denen die Züge abfuhren.

Nach Stunden des Wartens wurde ich von einer aufgewühlten Menge mitgerissen und in ein Zugabteil gestoßen. Wie ein nasser Sack fiel ich zwischen die anderen Passagiere. Im blassen Licht des Morgengrauens, das bereits zaghaft das Dunkel der Nacht ablöste, fand ich einen Eckplatz und begann, meine Mitreisenden zu mustern. Da war eine Frau mit einem Kind in den Armen, das schon bald einschlief, erschöpft vom stundenlangen Weinen. Eine andere junge Frau murmelte ständig den Namen eines Mannes vor sich hin: „Stasio“. Nahm sie innerlich Abschied oder flehte sie Gott an, ihn am Leben zu erhalten? Der Mann zu meiner Rechten lehnte sich mit seinem ganzen Gewicht gegen mich. Sein Gesicht konnte ich nicht sehen, aber ich erhaschte einen Blick auf eine schwere goldene Uhrkette, die er über seiner Weste trug, und hörte seinen schweren Atem. Es saßen bereits Menschen auf dem Boden, aber es wollten immer noch mehr einsteigen. Die, die es bereits geschafft hatten, protestierten lautstark.

Die Septembersonne ließ ihre verspielten Strahlen über diese armen Teufel tanzen. Es befremdete mich, dass an jenem Tag dieselbe Sonne schien wie an allen anderen Tagen. Das Leben all dieser Menschen hatte sich über Nacht so gravierend verändert, und doch zollte die Natur dieser Veränderung keinerlei Tribut. Machte sie das zu einem schrecklichen oder zu einem unendlich gescheiten Wesen? Die Natur schenkt dem, was sie schon seit Anbeginn der Zeit gesehen hat, keine Beachtung. Dieselbe Sonne wie heute schien schon vor fünftausend Jahren auf die Metallhaken herab, die die Lippen unzähliger Gefangener durchstachen und sie mit den Ketten in den Händen ihrer assyrischen Eroberer verbanden. Wie unparteiisch die Sonne doch sein konnte!

Der Zug bewegte sich langsam und vorsichtig, wie ein müder Greis. Wir passierten die Gärten der Vororte und Dörfer und konnten dahinter schon das Gold der reifen Roggenfelder erahnen. Für eine gewisse Zeit legte sich eine unnatürliche Gelassenheit über das Zugabteil. Jemand nahm belegte Brote aus einem Bündel und bot sie der Frau mit dem Kind an. Die natürliche Geselligkeit der Polen kehrte zurück. „Zwei Deutsche – eine Armee", so lautet das Sprichwort, „zwei Polen – ein Parlament."

Plötzlich erschütterte eine gewaltige Explosion den Zug. „Alle Mann auf den Boden!", schrie jemand. Wir gehorchten. Es folgte eine weitere Detonation, dieses Mal näher und stärker. Ein lauter Ruf ließ uns alle erzittern: „Der Zug wird bombardiert. Raus hier!" Wir sprangen aus Türen und Fenstern. Aufschreie in polnischer Sprache ertönten: „*O Boże*" (Oh Gott), „*O Jezu*" (Oh Jesus).

Ich presste meinen Körper flach auf den Boden. Die erfrischende Kühle der Erde verschaffte meinen glühenden Wangen eine unverhoffte Erleichterung. Die Flugzeuggeräusche erstarben. Es folgte eine Minute trügerischer Stille, als hielte die Welt den Atem an. Jemand jammerte und stöhnte. Ein Frosch sprang über meinen Kopf hinweg. Vorsichtig richtete ich meinen Blick in Richtung des Zuges. Er war entzweigebrochen; zwischen den Teilen brannte etwas. Wie ein totes schwarzes Pferd lag die Lokomotive auf dem Hang.

Unweit von dem motorisierten Kadaver befand sich ein Wald. Als ich in den Schatten der Bäume trat, hörte ich viele Stimmen. Ich setzte mich unter einen Baum und versuchte, einen klaren Gedanken zu fassen. Der Wald war voller Menschen, die aufgeregt durcheinanderredeten und hin- und herrannten.

Die Menschen waren gekommen, um mit den Tieren im Wald zu leben. Sie beneideten sie sogar, denn die Tiere waren dort zu Hause und den Menschen in ihrem Sicherheitsempfinden überlegen. Sicher hatte auch niemand vor, alle Tiere auf einmal umzubringen. Ich war erschöpft; ein stechender Hunger quälte mich. Es war vierundzwanzig Stunden her, dass ich zuletzt etwas gegessen hatte. Inmitten meiner Gedanken an Essen fiel ich in einen tiefen, traumlosen Schlaf.

Ich muss mehrere Stunden geschlafen haben, denn als ich aufwachte, ging bereits die Sonne unter. Es war kühl im Wald und der Himmel strahlte in einem wütenden Rot. Ich konnte nicht ausmachen, ob die Röte von der untergehenden Sonne herrührte oder von einer Stadt, die in der Ferne brannte. Ich fühlte mich ausgeruht und wesentlich kräftiger. Das Stechen war verschwunden, aber mein Hunger war größer. Ich musste schnell und entschlossen denken: Woher bekam ich etwas zu essen und in welche Richtung sollte ich gehen? Die Bilanz des ersten Tages meines Exodus war deutlich: Ich hatte zwar das Bombardement des Zuges überlebt, aber einen Tag verloren. Auf der Flucht ist Zeit ein besonders kostbares Gut.

Am Waldrand entdeckte ich eine kleine Gruppe Menschen, die sich um ein Feuer versammelt hatten. Etwas in meinem Magen befahl mir: „Geh hin, sie kochen etwas." Als ich mich näherte, begrüßte mich ein Mann mittleren Alters mit einer blauen Baskenmütze auf dem Kopf und einem freundlichen Lächeln im Gesicht vergnügt: „Und noch ein leerer Magen. Setzen Sie sich, Sie kriegen wir auch noch satt." Den Mittelpunkt der Gruppe bildete ein Pärchen mit einem Kind, ein kleines Mädchen, und einem großen vollgestopften Koffer. Jemand grub Kartoffeln aus einem Feld in der Nähe. Stolz und mit einer Aura heiterer Verantwortlichkeit kochte unsere Gastgeberin sie. Um nicht die Aufmerksamkeit der Flugzeuge auf uns zu ziehen, war das Feuer klein und die Kartoffeln mussten langsam gekocht werden. Während wir warteten, versuchten wir, unseren Hunger mit Gesprächen zu unterdrücken. Instinktiv spürten wir, dass die Gespräche hungriger Menschen nicht allzu ernst sein sollten. Wir betrieben Small Talk, fast wie auf einer Cocktailparty. Mit hoffnungsvoller Ungeduld äußerte von Zeit zu Zeit jemand den Verdacht, die Kartoffeln könnten nun fertig sein. Ein Messer, das in den harten Erdäpfeln stecken blieb, machte diese verfrühten Hoffnungen zunichte. Noch nie in meinem Leben war ich Zeuge eines derart langwierigen Kartoffelkochens gewesen. Endlich waren sie durch. Mit der ernsten Miene einer antiken Priesterin und dem unparteiischen Auge eines Richters fischte unsere Gastgeberin die Kartoffeln aus dem Wasser und zählte sie. Sie verkündete, jeder würde anderthalb erhalten. Wir aßen sie mit den Fingern, langsam und in dem vollen Bewusstsein, dass sie uns das Leben retteten. Dann öffnete unsere Gastgeberin ihren Koffer und bot jedem ein belegtes Brot an. Unwillkürlich richteten wir den Blick auf ihre kleine Tochter und entschieden einstimmig: „Nein, vielen Dank."

Nachdem wir gegessen hatten, wandte sich unser Gespräch der Frage zu, wohin wir nun gehen sollten. Obwohl wir uns erst vor wenigen Stunden kennengelernt hatten, sprachen wir miteinander wie alte Freunde. Der gemeinsame Hunger hatte uns zusammengeschweißt. Einige argumentierten, es ergebe keinen Sinn, sich allzu weit von Warschau zu entfernen, da die Nazis ohnehin bald den Rückzug aus Polen antreten würden. England und Frankreich hatten Deutschland den Krieg erklärt, meinten sie, und ihr Einmarsch stünde kurz bevor. Ich war anderer Meinung. Ich erinnerte mich an ein Gespräch, das ich im Vorjahr während der Sudetenkrise mit meinen englischen Freunden in London geführt hatte. An dem Tag, an dem Neville Chamberlain von seinem Treffen mit Hitler in Bad Godesberg zurückgeflogen kam, aß ich mit Richter du Parcq vom Appellationsgericht im Reform Club zu Abend.[2] Zu später Stunde betrat Lord Simon, Schatzkanzler des Chamberlain-Kabinetts, den Speisesaal. Gespannt auf Neuigkeiten ging Richter du Parcq zu ihm. Als er zu unserem Tisch zurückkehrte, sagte er: „Wir verhandeln mit Hitler, weil wir nicht auf einen Krieg vorbereitet sind. Wir werden vielleicht noch zwei Jahre oder sogar länger nicht dazu in der Lage sein, Hitler etwas entgegenzusetzen."

Ich erklärte meine Sicht der Dinge und drängte meine neuen Freunde, unverzüglich aufzubrechen. Um den Tieffliegern zu entgehen, müssen wir nachts laufen und tagsüber im Wald rasten. Lasst uns gen Süden in Richtung Siedlce gehen. Die Stadt und ihren Bahnhof müssen wir meiden; sie ist ein wichtiges Kommunikationszentrum und steht sicher unter massivem Bombenbeschuss. Wenn wir in der Nähe von Siedlce sind, können wir weiterplanen. Ein Mann stimmte mir zu, denn Siedlce liege auf dem Weg nach Rumänien. Eine Möglichkeit, unser Leben zu retten, sei die Überquerung der rumänischen Grenze, um von dort aus nach Frankreich zu gelangen. Ich entgegnete, dass es noch eine andere Fluchtroute gebe: Litauen war neutral, und von dort aus wäre es möglich, nach Schweden zu gelangen. Außerdem waren wir näher an Litauen.

---

2 A. d. Hrsg.: Im Rahmen der Sudetenkrise traf sich Chamberlain am 22. September 1938 mit Hitler in Bad Godesberg. Bei diesem Treffen wurde die Zustimmung zur Abtretung der sudetendeutschen Gebiete der Tschechoslowakei an das Deutsche Reich überbracht.

Ich stand auf und ein paar Männer entschieden, sich mir anzuschließen. Wir dankten unserer Gastgeberin für das Kartoffelabendessen und begannen unseren Marsch Richtung Süden. Ich schlug vor, die Hauptstraße zu meiden. Die vielen Fahrzeuge würden unsere Flucht erschweren. Wir würden die Nebenstraßen zwischen den Dörfern nutzen und uns Essen von den Bauern beschaffen.

Unsere Gruppe bestand aus fünf Männern. Im ersten Dorf, das wir erreichten, weckten wir einen Bauern und überzeugten ihn davon, uns für einen guten Preis mit seinem Karren ins nächstgelegene Dorf zu bringen. Aus Angst, er könne sich verirren oder das Pferd könne vom Militär beschlagnahmt werden, erlaubte ihm seine Frau keine längere Reise.

Ich legte mich ins Heu des Karrens, wo meine Gefährten schon tief und fest schliefen. Einer schnarchte und störte meine Gedanken und Ruhe. Die beste Medizin gegen Schnarchen ist die, sich daran zu gewöhnen. Und wahrhaftig: Als das Schnarchen eine Zeit lang ausblieb, fehlte es mir sogar. Ich schmiedete Pläne, um das Land zu verlassen. Instinktiv bevorzugte ich Litauen und Schweden. Karl Schlyter, der frühere schwedische Justizminister, war ein langjähriger Freund.[3] Wenn es mir gelänge, ihm ein Telegramm ins Ausland zu senden, würde er meine Einreise erleichtern. Außerdem stand fest, dass ich meine Eltern sehen musste, bevor ich das Land verließ. Sie lebten noch immer in Wołkowysk, im östlichen Teil Polens, mit dem Zug ungefähr acht Stunden von Warschau entfernt. Diese Entfernung erschien mir nun unüberwindbar. Meine Eltern waren sicher in Sorge um mich. Sie wussten, ich war in Gefahr. Ich musste zu ihnen und beweisen, dass ich noch am Leben war. Ich hegte keine großen Hoffnungen, sie überzeugen zu können, das Land mit mir zu verlassen. Dennoch musste ich sie sehen; ich muss, ich muss… Mit diesem Entschluss schlief ich ein.

Mitten in der Nacht erreichten wir unser Ziel. Der Bauer rief mehrfach, um uns zu wecken. Ich stieg vom Karren. Einer meiner

3 Karl Schlyter (1879–1959). Sein Beitrag war entscheidend für das Erlangen der schwedischen Unterzeichnung der Genozidkonvention. Am 31. Dezember 1949 dankte Lemkin Schlyter schriftlich für seine Unterstützung und ermunterte andere skandinavische Länder, die Konvention zu unterzeichnen. Ferner bat er Schlyter, für die Ratifikationen Schwedens und Dänemarks „und den Beitritt Finnlands“ zu sorgen.

Gefährten versuchte, sich die Gier des Bauers zunutze zu machen: „Hören Sie“, sagte er, „warum bringen Sie uns nicht noch ins nächste Dorf? Lassen Sie uns eine neue Vereinbarung treffen. Sie werden immer noch pünktlich vor Tagesanbruch zurück zu Hause sein.“ Der Bauer kratzte sich am Kopf, dachte eine Weile nach und fragte dann: „Zahlen Sie mir für die nächste Strecke denselben Preis?“ Wir stimmten zu und lauschten schon bald erneut dem monotonen Pferdetraben auf der unebenen polnischen Straße. Aber der Bauer war gewitzter als wir. Das nächste Dorf war nur wenige Meilen entfernt, die Strecke viel kürzer als die vorige. Wir mussten vom Karren steigen, den Bauern bezahlen und unsere Reise zu Fuß fortsetzen.

Bei Nacht zu Fuß zu gehen ist nicht ein Abenteuer, sondern mehrere zugleich, denn jeder Gegenstand erzeugt nicht ein Bild, sondern zwei. Er erscheint einem auf höchst rätselhafte Weise vor Augen und nimmt eine Gestalt und Größe an, die nichts mit dem zu tun hat, was er wirklich ist. Ein Karren sieht aus der Ferne aus wie ein Pferd, ein Haus wie ein Hügel, ein kleiner Tümpel, der den Mond spiegelt, wie ein gewaltiger See. Bei meinen nächtlichen Wanderungen durch Polen genoss ich dieses Spiel der doppelten Realität. Ich beschäftigte meinen Geist mit dem Rätselraten, worum es sich beim nächsten Gegenstand wohl wirklich handelte. In dunklen Nächten ohne Mondschein war dieses Spiel besonders erquicklich.

Im Morgengrauen klopften wir, erschöpft von unserer nächtlichen Wanderung, an das Fenster eines Bauernhauses. Wir waren hungrig und begannen die „Verhandlungen“ über das Frühstück. Mein Körper und mein Geist waren müde. Mein noch junges Nomadendasein erweckte in mir die Sehnsucht, einen Blick auf das sesshafte Leben zu erhaschen. Ich wollte mir in Erinnerung rufen, wie Menschen lebten, die ein Zuhause hatten. Ich ging mit dem Bauern auf den Hof und sah mich neugierig und neidisch zugleich um.

Der Bauernhof war wunderschön, insbesondere, als er am Morgen zum Leben erwachte. Durch die geöffnete Scheunentür sah ich zwei Pferde, die sich in aller Ruhe ihrem Frühstück widmeten. Von Zeit zu Zeit scheuchten sie sich die morgendlichen Fliegen mit einem Schlag ihres Schweifes vom Rücken. Im Hof molk die Bauersfrau die Kuh. Laut gackernde Hühner setzten alles daran, jedem ihren morgendlichen Hunger in Erinnerung zu rufen. Ein Hund spazierte mit dem Selbstbewusstsein eines Wächters und Beschützers quer über den Hof. Ein intensiver Duft nach Dung und tierischem Schweiß, gemischt mit einer frischen Morgenbrise, lag in der Luft. Irgendwo stimmte ein Vogel vorsichtig seinen musikalischen Morgengruß an, hielt aber gleich inne, ganz, als wollte er die „vielbeschäftigten Leute" nicht stören.

Das Gefüge aus Gestern, Heute und Morgen bot allen darin lebenden Wesen so viel grundlegende Logik und friedliche Abhängigkeit. Ich hingegen war ein Mann ohne Morgen. Ich frühstückte schweigend und dachte an den Bauernhof, auf dem ich zur Welt gekommen und aufgewachsen war.

Nach dem Frühstück baten wir unseren Gastgeber, uns für den Tag in einem seiner Heuschober zu verstecken. Ich fand keinen Schlaf und schwelgte weiter in Erinnerungen an meine Kindheit auf unserem Bauernhof in Ostpolen. Die Ähnlichkeit wurde jeden Moment verblüffender.

An jenem unvergessenen Tag ließ ich, auf Heu gebettet, die Gefühle, Träume, Taten und Kämpfe von knapp dreißig Jahren meines Lebens Revue passieren. Doch ich lag noch immer im Heu und nun war nicht der Moment für bittere oder süße Erinnerungen. Ich musste überleben und meinen Kampf fortführen.

Es wurde schon dunkel, als meine Gefährten langsam auf die Beine kamen. Der Bauer trat ein und warnte uns eindringlich, der Landstraße nicht zu nahezukommen. Am Morgen seien deutsche Panzer gesichtet worden, habe ihm jemand gesagt. Er berichtete von Bombendetonationen, die in der Umgebung zu hören seien. Wir fragten ihn, wie weit wir von Siedlce entfernt seien. „Sie sind schon in unmittelbarer Nähe der Stadt. Deshalb sollten Sie besonders vorsichtig sein", sprach er eine weitere Warnung aus. Die Deutschen müssen gewusst haben, dass die Überbleibsel der polnischen Armee und viele Zivilisten, darunter Regierungsmitglieder, sich in diese Richtung aufgemacht hatten.

Wir waren ungefähr eine Stunde in bedrückender Stille gelaufen, als uns plötzlich ein riesiger Suchscheinwerfer in gleißendes Licht hüllte. Sofort warfen wir uns in der Nähe der Straße flach auf den Boden. Als eine ganze Stunde nichts weiter passiert war, erhoben wir uns und setzten unseren Marsch vorsichtig fort. Wir beschlossen einen Richtungswechsel: Wir würden zunächst in Richtung Osten und dann in Richtung Süden weitergehen.

Dies erwies sich als weise Entscheidung, denn am nächsten Tag ereignete sich bei Siedlce ein großes Massaker, das das Leben unzähliger Juden forderte.[4]

Wir waren ausgeruht und kamen schnell voran. Die Gerüchte, die unser letzter Gastgeber weitergegeben hatte, trieben uns voran. Im Morgengrauen erreichten wir einen Wald und trafen auf eine andere kleine Gruppe von Flüchtlingen. Wir machten einander bekannt und beschlossen, den Tag gemeinsam zu verbringen. Auf einer Waldlichtung ließen wir uns nieder. Ich musterte meine neuen Gefährten. Mit den alten sprach ich wenig. Da wir immerzu liefen oder schliefen, blieb kaum Zeit zum Sprechen. Die neue Gruppe hatte einen klaren Anführer. Er stamme aus Łódź, dem Industriezentrum Polens, wo er eine große Textilfabrik besitze, in der einige Tausend Arbeiter für ihn schuften, erzählte er. In erster Linie sprach er mit sich selbst und verlieh seinen Ängsten und Hoffnungen Ausdruck. Einige Wochen vor Kriegsausbruch habe er Textilien ins Ausland verschickt. Sobald er neutralen Boden erreicht habe, werde er Kontakt zu seinen Kreditgebern aufnehmen, sagte er. Dann würde das wahre Leben wieder anfangen. Hoffnungsvoll und auf der Suche nach Bestätigung sah er uns an, hier, im Dunkel eines fremden Waldes, wo wir uns alle in der Schwebe zwischen Leben und Tod befanden.

Ich hatte seine Stadt nie gemocht. Łódź war die Stadt mit der geringsten Geschichte und Persönlichkeit ganz Polens; eine Stadt ohne Gesicht, ein Körper ohne Kopf. In Łódź, so schien es, verfügte keine Straße über besondere Merkmale. Zufällig aneinandergereihte Häuser bildeten barackenartige geometrische Linien. Es gab kein einziges ansehnliches Gebäude. Anders als in anderen Städten sprachen die Bewohner nie über Literatur oder Kunst. Sie sprachen stets über Textilien, Rechnungen und Devisen. Man erzählte sich die Geschichte, dass zwei Männer in einer Cafeteria in Łódź über

---

[4] Laut Jewish Virtual Library marschierten die Deutschen am 11. September 1939 in Siedlce ein.

Textilien sprachen, als ein Fremder eintrat. Zwischen den Männern brach ein Streit darüber aus, aus welchem Material der Anzug des Neuankömmlings wohl sei. Da sie zu keinem Ergebnis kamen, gingen sie auf ihn zu, betasteten seinen Anzug, zogen und zerrten an den Ärmeln und schrien einander an. Der Fremde floh mit dem Eindruck, er sei in einer Art Irrenanstalt gelandet.

Der Mann aus Łódź stellte sich als freundlich und überaus hilfreich bei der Beschaffung des Frühstücks heraus. Er führte einige Mitglieder unserer Gruppe zu einem Feld in der Nähe, um Kartoffeln zu holen. Wir gruben ein Loch, entfachten ein Feuer und buken unsere Kartoffeln. Als wir mit unserem Mahl fertig waren, wurde uns bewusst, dass wir im wahrsten Sinne des Wortes mit dem Feuer gespielt hatten: Ein verräterisches Rauchwölkchen schwebte über dem Wald. Der Hunger hatte unser Gespür für Gefahr stumpf gemacht.

Das Gewicht unserer Fehleinschätzung lastete umso schwerer auf unseren Herzen, als meine Gefährten berichteten, auf ihrem Rückweg mehrere entlang der Straße geparkte unbesetzte Militärfahrzeuge und eine Feldküche entdeckt zu haben. Angsterfüllt fragten wir uns, ob die deutschen Soldaten wohl gerade den Wald durchsuchten.

Unser Zufluchtsort war einer der vielen alten Wälder Polens. Die Bäume waren ungeheuer dick. Viele waren mit zähflüssigem Holzteer bedeckt. Zu ihren Füßen warteten breitkrempige Pilze nur darauf, gesammelt zu werden. Unter anderen Umständen hätten sie uns ein schmackhaftes Mahl geboten, aber nun scherte sich niemand um sie. Das gedämpfte Summen der Bienen und Fliegen setzte einen musikalischen Kontrapunkt in der stillen Welt der kühlen Düfte.

Wir legten uns im Schatten der Bäume zur Ruhe. Eine starke Erschütterung und das Geräusch eines umstürzenden Baumes schreckten uns aus dem Schlaf. Weitere Detonationen folgten. Wir stoben in sämtliche Richtungen auseinander. Ich legte mich auf die bebende Erde und lauschte dem Ächzen der verwundeten Bäume. Jemand wurde getroffen. Deutlich vernahm ich seine Schreie. Es schrie ein Zweiter, dann ein Dritter. Offensichtlich wurden viele verwundet. Mit rasender Geschwindigkeit fielen die Bäume um uns herum. Mir erschien es das Beste, still liegen zu bleiben. Um gegen meine Angst anzukämpfen, konzentrierte ich mich auf das Gras vor mir: Ameisen trugen winzige Ladungen zu ihrem im Bau befindlichen Ameisenhaufen. Ihre Bewegungen waren unkoordiniert; ich beobachtete, wie sie immer wieder aufeinandertrafen, nur um sich dann im selben Winkel zurückzuziehen. Ich beschloss, mein Schicksal in die Hände des Aberglaubens zu legen: Würden sich die Ameisen ein drittes Mal treffen und wieder im selben Winkel auseinandergehen, würde mir nichts passieren. Sie taten es. Ich entspannte mich; inmitten der fallenden Bäume und verwundeten Menschen hatte ich eine dringend benötigte Sicherheit erlangt.

Nach dem Bombardement entdeckten wir, dass drei unserer Gefährten gefallen waren, darunter der Mann aus Łódź. Da wir keine Schaufeln hatten, um ein Grab für sie auszuheben, betteten wir sie nebeneinander und bedeckten sie mit Blättern und Ästen, die wir gesammelt hatten. Dann liefen wir wortlos in einen anderen Winkel des Waldes und warteten auf den Einbruch der Nacht. Wir tauschten weder Worte noch Blicke aus, bis die Zeit gekommen war, unseren Marsch fortzusetzen.

Als es dunkel wurde, liefen wir Richtung Osten und fragten uns, wann und wo wir uns wohl in Richtung Süden wenden sollten. Wir würden einen Ortsansässigen um Rat bitten müssen.

Die Straße führte unweigerlich in irgendein Dorf. Vor uns tauchte eine lange Reihe anderer Flüchtlinge auf. Leise unterhielten wir uns mit ihnen und fanden heraus, dass wir die richtige Richtung eingeschlagen hatten. Außerdem wurden wir mit Radionachrichten versorgt. Ein junger Mann mit Brille berichtete, dass die Alliierten außer ihrer Kriegserklärung an Deutschland nichts weiter getan hätten. Die Franzosen hielten sich weiterhin hinter der Maginot-Linie versteckt.[5] „Polen ist sich selbst überlassen“, war sein bitteres Fazit.

Aus der Dunkelheit der Nacht ertönte eine weitere Stimme: „Die polnische Regierung ist auf dem Weg nach Lublin und muss mittlerweile an der rumänischen Grenze sein.“

5 Die in Frankreich befindliche, nach dem französischen Verteidigungsminister André Maginot (1877–1932) benannte Maginot-Linie wurde als Verteidigung gegen die Deutschen errichtet und bestand aus Befestigungsanlagen und anderen Grenzverteidigungseinrichtungen.

Noch jemand anders sagte: „Wir müssen nun jeden Tag damit rechnen, dass Russland aus dem Osten in Polen einmarschiert. Angesichts des Pakts, den Deutschland und Russland am 23. August 1939 geschlossen haben, ist das wohl unvermeidlich.[6] Sie müssen Polen untereinander aufgeteilt haben. Russland wollte schon immer unsere östlichen Gebiete und den Distrikt Lwów."

Wir hatten alle Redebedarf und wollten unserem Ärger Luft machen. Alles fing ganz natürlich an.

„Wie dumm sich unsere Regierung in den letzten Jahren verhalten hat", warf eine weibliche Stimme ein. „Anstatt Tag und Nacht an unserer Verteidigung, der Stabilisierung unserer Nation und der Stärkung unserer internationalen Position zu arbeiten, haben wir im Völkerbund dazu beigetragen, das System kollektiver Sicherheit zu zerrütten; wir haben einen Nichtangriffspakt mit den Deutschen geschlossen; wir haben zur Zerstückelung der Tschechoslowakei beigetragen und unsere Beziehung zu Litauen ruiniert.[7] Nun sind uns keine Freunde mehr geblieben. Ein Großteil unserer nationalen Energie wurde auf die Unterdrückung von Minderheiten verwendet: Juden, Ukrainer und Weißrussen. In unseren Universitäten haben wir sogar ein Ghetto für jüdische Studierende errichtet und sie gezwungen, in den Vorlesungssälen auf speziellen Bänken zu sitzen."

Im Dunkel der Nacht konnte ich nur die Blässe ihres Gesichtes erahnen, die Bitterkeit ihrer Anklage hingegen war für alle greifbar.

„Wir nennen uns gern die Iren des Ostens", fuhr sie fort. „Das ist vermutlich unserer Liebe zur nationalen Freiheit geschuldet. Unsere Liebe zur individuellen Freiheit hingegen gelang es uns nicht unter Beweis zu stellen. Mit Premierminister Paderewski, dann Piłsudski und seinem Nachfolger General Rydz-Śmigły haben wir der Welt bewiesen, dass wir eine Nation der Musiker und Generäle sind.[8] Nachdem wir erst 1918 unsere Unabhängigkeit erlangt

[6] A. d. Hrsg.: Deutsch-Sowjetischer Nichtangriffspakt, auch Hitler-Stalin- oder Ribbentrop-Molotow-Pakt vom 23. August 1939.

[7] A. d. Hrsg.: Deutsch-Polnischer Nichtangriffspakt, auch Piłsudski-Hitler-Pakt vom 26. Januar 1934.

[8] Ignacy Jan Paderewski (1860–1941) war ein berühmter Pianist, Komponist und polnischer Premierminister; Józef Klemens Piłsudski (1867–1935) war der erste Marschall und Staatschef Polens; Edward Rydz-Śmigły (1886–1941) war Feldmarschall Polens.

hatten, gestatteten wir Piłsudski schon 1926 die Errichtung einer Diktatur. Es ist wahr, dass Piłsudski ein Nationalheld und ein Mann mit grundsätzlich guten Absichten war. Es ist aber ebenso wahr, dass jeder Diktator sich schon bald für einen Gott hält und von der gesamten Nation fordert, sich seiner göttlichen Macht zu beugen. Mit unserer Billigung der Verhaftung von Oppositionsführern und ihrer Verurteilung wegen Volksverhetzung haben wir vor den Augen der Welt Schande über uns selbst gebracht. Sogar unsere Gerichte haben wir Piłsudski geopfert. Einen Diktator verlangt es zunächst nach dem Körper eines Volkes, dann nach seiner Seele."

„Wagen Sie es ja nicht, schlecht über Piłsudski zu sprechen!", protestierte ein Mann. „Er war der größte Patriot, den Polen je hatte."

„Was Sie nicht verstehen", fuhr die Dame fort, „ist, dass die Existenz einer ganzen Nation nicht von einem einzelnen Mann abhängen darf. Nationen haben einen kollektiven Geist, der durch die Kraft vieler großartiger Individuen wächst. Was passiert, wenn Sie alles auf eine Karte setzen und die Karte verliert? Was geschah mit Piłsudskis Erbe? Ihm folgten kleinere Diktatoren, Verwirrung und Korruption. Jetzt bezahlen wir alle den Preis dafür, dass wir die Regierung in die Hände eines einzigen Mannes gelegt haben: Wir sind eine Nation auf der Straße, wie der wandernde Jude, der uns stets als Sündenbock für alles Übel herhalten musste."

„Alle Polen sind Patrioten", kam der Einwand einer Stimme. „In Westerplatte bei Danzig haben polnische Soldaten an den ersten Kriegstagen die Nazis gestoppt, indem sie sich mit Gürteln aus Granaten vor die fahrenden Panzer warfen."[9]

„Und haben sie mit dieser Heldentat die polnische Nation gerettet oder die Armee?", fragte die Frau.

Diese Menschen waren intelligent und sahen die Dinge klar und deutlich. Unsere Situation war hoffnungslos, doch anstelle von Angst schwangen Trotz und Selbsthinterfragung in ihren Stimmen mit. Die jüngere Generation schien des Schlafens auf Matratzen und des Witzeerzählens in der Cafeteria müde. Die meisten Flüchtlinge der neuen Gruppe sprachen überhaupt nicht. Zweifel,

[9] A. d. Hrsg.: Die Westerplatte ist eine in der Ostsee gelegene, zum polnischen Pommern gehörige Halbinsel. Der deutsche Angriff auf die Westerplatte am 1. September 1939 gilt als Auftakt des deutschen Überfalls auf Polen und Beginn des Zweiten Weltkriegs.

Heimweh und Unsicherheit zerfraßen sie. Wie wir alle hatten sie Hunger und Durst und dachten häufig an ihr Zuhause.

Wir setzten unseren Marsch fort und unterhielten uns leise. Wir waren alle aufgewühlt und hatten Schwierigkeiten, einen klaren Gedanken zu fassen. Das Gespräch glich tröpfelndem Wasser. Jeder wurde von Dingen heimgesucht, die er lange Zeit zu unterdrücken versucht hatte.

„Ich war Gymnasiallehrer in einem Dorf in den Karpaten", meldete sich ein Mann zu Wort. „Ich besuchte meine Schwester in Warschau und war plötzlich vom Krieg eingeschlossen. Ich weiß nicht, was unsere Regierung dagegen hätte unternehmen können, aber ich kann Ihnen versichern, dass ich Kinder unterrichten musste, die Hunger litten. Sie waren nicht dumm. Eines Morgens brachte ich Butterbrote mit in die Schule und gab allen Schülern zu essen. Ihre Augen leuchteten, ihre Stimmen wurden kräftiger und sie lösten ihre Additionsaufgaben im Mathematikunterricht wesentlich besser. Ich erfuhr, dass in diesem Dorf nur einmal am Tag gegessen wurde und dieses eine Mahl, meist Suppe und eine Scheibe Brot, am Abend gereicht wurde. Ich versuchte, meinen Unterricht in die Abendstunden zu verlegen, doch der Versuch scheiterte. Dann bemühte ich mich darum, die Essenszeit auf den Morgen zu verschieben, doch auch damit hatte ich keinen Erfolg. Der Schulinspektor war nicht bereit, den Unterricht zu verlegen und die Mütter konnten es sich nicht leisten, extra für ihre Kinder zu kochen. Sie wissen schon, wie festgefahren die Bauern in ihren Gewohnheiten sind. Ich war erstaunt, wie gering die Reaktion auf das Buch *Die Grippe wütet in Neprava* und seine Anklage gegen die Armut ausfiel.[10] Der Autor, ein Lehrer wie ich, wie Sie sicher wissen, schrieb darüber, wie den Bauern das Salz zum Kochen verwehrt wurde, und wie sie Streichhölzer vierteilen mussten, um sie mehrfach zu verwenden."

„Glauben Sie denn ernsthaft, dass ein Buch die Armut ausmerzen kann?", fragte jemand mit sarkastischem Unterton.

Mir kam eine Geschichte in den Sinn, die ein Freund mir kürzlich erzählt hatte. Er war vom amerikanischen Botschafter zu einem Wochenendausflug der besonderen Art eingeladen worden. Mit

---

[10] *Grypa szaleje w Naprawie* von Jalu Kurek (1904–1983).

dem Zug reisten die zweihundert Gäste in den Süden zu einem größeren Landgut, wo sie von einem Mitglied der polnischen Aristokratie fürstlich bewirtet wurden. Mit den Essensresten dieser Party hätte man die hundert Kinder der Dorfschule viele Monate lang ernähren und ihre Leistungen bei den Additionsaufgaben dauerhaft verbessern können, dachte ich bei mir. Und noch eine Geschichte fiel mir ein: Auf eben einem solchen großen Landgut kam nach dem Mittagessen ein Pferd in den Speisesaal des Schlosses getrabt und hielt vor dem Tisch. Jeder Gast reichte ihm einen Würfel Zucker. Dann applaudierten die Gäste dem Pferd und seinem einfallsreichen Besitzer.

Erst wenige Tage zuvor hatte ich mich an die Lieder meiner Mutter über die Armen und Unschuldigen erinnert. Nun, in der schwierigsten Stunde ihres Lebens, wuschen all diese unglücklichen Menschen ihr Gewissen rein, dachte ich bei mir. Mit Entsetzen wurde mir noch etwas anderes bewusst: Das Gewissen der Menschheit ist wie das eines Sterbenden. In seiner letzten Stunde, wenn es nicht mehr in seiner Macht steht, noch etwas in Ordnung zu bringen, fallen all seine Sünden auf einmal über seinen Geist her!

Eines Nachts ergab sich ein Problem. Wir näherten uns einem breiten Fluss. Er war am einfachsten zu überqueren, indem man einer Landstraße folgte, die zu einer Brücke führte. Sofern die Luftwaffe die Brücke nicht zerbombt hatte, könnten wir sie nutzen. Wir beschlossen, der Straße zu folgen. Darauf befand sich bereits eine polnische Truppe auf dem Rückzug. Bei Nacht Seite an Seite mit Militärfahrzeugen zu laufen, war nicht sonderlich gefährlich und diente uns als Orientierung. Eine andere Wahl bot sich uns ohnehin nicht. Die Kolonne kam nur langsam voran und stoppte häufig. Meine Füße schmerzten.

Als die Kolonne ein weiteres Mal hielt, kletterte ich vorn in ein Fahrzeug und nahm neben einem dösenden Soldaten Platz. Er war bewegungslos und sagte kein Wort. Da die Nacht nicht dunkel war, konnte ich sehen, dass sein müdes, fahles Gesicht Ton in Ton mit seiner abgetragenen Uniform war, als wäre beides aus einem Stück Stoff gefertigt. Ich sah zu den ausgemergelten Pferden, deren letzte ordentliche Fütterung viele Tage zurückliegen musste. Gespräche gab es keine; zu hören war einzig das monotone Klappern der Räder auf der Straße.

Ich habe Truppen auf dem Rückzug erlebt. Für gewöhnlich sind sie zwar nicht enthusiastisch, aber sie erhalten sich doch den Lärm eines Versprechens auf ein Leben nach dem Krieg. Selbst Soldaten geschlagener Armeen befinden sich in einem Zustand der Erregung ob ihrer vollbrachten Großtaten und überlebten Gefahren. Sie genießen es, ihre Erfahrungen miteinander zu teilen und sind meist überaus talentiert darin, maßlos aufgebauschte Geschichten zum Wunder ihres Überlebens zum Besten zu geben. Doch die Männer der polnischen Armee im Jahr 1939 wurden mit einigen wenigen Ausnahmen kampflos in die Niederlage gezwungen. Sie waren wie lose Glieder eines Körpers mit gelähmtem Hirn. Auch wenn einzelne Teile für sich gelegentlich siegreiche Schlachten kämpften, gab es keine funktionierende Kommandozentrale. Kampflose Niederlage war das demoralisierendste aller militärischen Missgeschicke und zugleich das tiefere Ziel des deutschen Blitzkrieges, dessen Taktik darin bestand, sämtliche Verbindungen innerhalb der gegnerischen Armee zu durchtrennen und sie auf diese Weise mit einem Schlag kopflos zu machen.

Mit der Kopflosigkeit einher ging ihr Unvermögen zu denken. Wie jede Körperschaft hat jede Armee ihre eigene Denkart. Sie hat ihre eigene Logik, die sich von der anderer Körperschaften unterscheidet. Über die Qualität dieser Logik lässt sich nicht streiten. Sie ist schlicht anders. Bewusst wurde mir dies zum ersten Mal im Zuge meiner eigenen militärischen Ausbildung in Grodno. Ich war nicht der einzige Universitätsabsolvent in meiner Truppeneinheit. Wir hatten einen harten Feldwebel, der besonders darauf erpicht war, seine Überlegenheit gegenüber Intellektuellen unter Beweis zu stellen. Mit ernstem Gebaren tadelte er uns, der Logik der militärischen Übungen nicht zu folgen.

„Ihr seid hier nicht in der Universität. Ihr müsst denken.“ Das hieß, zu denken, wie die Armee denkt.

Mir kam es so vor, als bewegte sich die Kolonne planlos, ohne Sinn und Verstand. In der Armee ist der Geist ein kollektiviertes Gut: Ein Soldat ist wie der andere. Deshalb werden sämtliche Soldaten dasselbe hölzerne Gesicht gehabt haben wie der neben mir.

Beim nächsten Halt erwachte der Soldat neben mir und wies mich an, das Fahrzeug zu verlassen. Er war nicht mal überrascht, mich neben sich vorzufinden. Ich lief erneut neben der Kolonne her. Nach der Blässe des Himmels zu urteilen, würde wohl bald der Tag anbrechen.

Wenig später erreichten wir den Fluss. Die Kolonne stoppte, unsicher, wie es weitergehen sollte. Nur ein einziger schmaler Balken reichte noch zum anderen Ufer hinüber. Der Rest der Brücke war zerbombt. Man sagte uns, zu Fuß könnten wir es riskieren. Im Licht des Morgengrauens sah die verstümmelte Brücke aus wie ein im Sterben liegendes Monster. Mit in Fetzen gerissenen Trägern hing sie hoch oben in der Luft; tief unter ihr floss morastfarbenes Wasser. Wir beschlossen, unser Glück mit den jämmerlichen Brückenresten zu versuchen. Da der Eisenbalken schon unter dem Gewicht einer einzelnen Person zu beben begann, mussten wir einer nach dem anderen gehen. Wenn man sich an den Trägern festklammerte, würde man das Gleichgewicht halten können. Doch beide verbliebenen Teile, Balken und Träger, waren nur bedingt vertrauenserweckend. Allein die Vorstellung, den Fluss unter diesen Bedingungen überqueren zu müssen, ließ uns erschaudern.

Doch wir hatten keine Wahl. Um uns unsere Angst nicht anmerken zu lassen, versuchten wir, uns mit Wagemut gegenseitig zu überbieten. Es war so kalt, dass wir unser Zittern leicht auf den eisigen, flussaufwärts fegenden Wind schieben konnten.

Einer unserer Gefährten machte den Anfang. Bevor er den Balken betrat, bekreuzigte er sich und sprach ein Gebet. Er bewegte sich wie eine Katze. Wir beobachteten ihn, um aus seiner Erfahrung zu lernen. Unser Schicksal hing so sehr von seinem Erfolg ab. Wir sahen, wie er wohlbehalten am anderen Ufer angelangte und uns zuwinkte. Ich war der nächste. Ich hielt den Atem an und versuchte, nur an zwei Dinge zu denken: den Balken unter meinen Füßen und die hängenden, gebogenen Träger. Das trübe Wasser unter mir blendete ich aus. Es existierte nicht mehr. Mir war, als hörte ich das Pochen meines Pulses. Nur noch wenige Schritte und ich würde den Boden des anderen Ufers unter meinen Füßen spüren. In Gefahrensituationen wird der Mensch zum menschlichen Tier: Er erwirbt die hochentwickelten Sinne und Schutzinstinkte aller anderen Tiere. Nie zuvor hatte Schlamm so wunderschön ausgesehen wie der Schlamm, der meine Schuhe umschloss, als ich von der Brücke stieg.

Wir liefen auf ein großes Kleefeld zu, an dessen Rand ein Haus stand. Auf unser Klopfen am Fenster erhielten wir eine ungewöhnliche Antwort: „Wir haben kein Essen und keinen Schlafplatz." Darauf schloss sich das Fenster mit einem lauten Knall. Wir folgten der Straße bis ins nächste Dorf.

Nach einer weiteren Stunde stießen wir auf ein typisches Bauernhaus. Es bestand aus einem einzigen Raum. Ein Viertel davon wurde von einem riesigen Ofen eingenommen, dessen hinterer Teil von oben eingedellt war. Aus meiner Kindheit wusste ich, dass das der beliebteste Platz in einer Bauernfamilie war. Jeder wollte im Winter dort schlafen. Der Boden bestand aus Erde, die die Polen, da sie sich keine Holzdielen leisten konnten, mithilfe eines speziellen Prozesses zu festigen wussten. An den Wänden standen Holzbänke. Um die schmutzigen Fenster herum surrten Hunderte Fliegen. Aus einer Ecke starrten uns neugierig zusammengesteckte Kindergesichter an.

„Unsere Kuh ist vor zwei Wintern gestorben, daher habe ich keine Milch", erklärte die Hausherrin. „Diesen Sommer wollten wir eigentlich eine neue holen", fuhr sie fort, „aber wir hatten nicht genug Geld. Mit dem Verkauf von Eiern kann man nicht genug sparen. Ich könnte zwar die Hühner verkaufen, aber dann hätte ich keine Eier mehr."

Dieses finanzielle Kopfzerbrechen war unter polnischen Bauern üblich, insbesondere dann, wenn sich ein Unglück wie der Tod eines Pferdes oder einer Kuh ereignete. Den ganzen Sommer über hatte diese arme Familie nichts anderes gegessen als Kartoffelkuchen mit Zwiebeln. Sie brieten den Kuchen in Öl an, das sie aus den Samen ihrer Pflanzen gewannen. Und nun war unsere Gastgeberin bereit, ihre bescheidene Ration Kartoffelkuchen mit uns zu teilen.

Hungrig nahmen wir ihr Angebot an. Dann fragten wir die Frau, wie viel Geld sie brauche, um ihrer Familie eine Kuh zu kaufen.

„Dreißig Złoty."

Wir machten eine schnelle Rechnung in unserer Runde. Wenn sie die Kuh jetzt nicht kaufte, würde sie sie später erst recht nicht kaufen können, denn die erste Folge des Untergangs Polens wäre der Wertverlust des Geldes.

Wir überreichten der Frau einhundert Złoty, zu denen jeder beisteuerte. Wir rieten ihr, die Kuh so schnell wie möglich zu kaufen, da die Tiere möglicherweise beschlagnahmt würden, wenn sie noch länger wartete. Entgeistert blickte sie auf das Geld. Ihr größter Traum war wahr geworden. Und das Geld kam ausgerechnet von jenen, die ihre eigenen Träume und ihre eigene Realität verloren hatten. Der polnische Adler auf den Banknoten war tödlich verletzt. Er verlor bereits Blut, und doch würde er die Kinder einer armen Frau noch vor dem Hungertod retten können.

Als die Frau uns für den Tag in ihrer Scheune einquartiert hatte, schliefen wir mit dem Gefühl ein, dass dies unsere sinnvollste Tat gewesen war, seit wir unser Zuhause verlassen hatten. Außerdem schien es uns, als hätten wir zumindest einen Teil unserer moralischen Schuld gegenüber den unbekannten Bauern beglichen, die mit ihrem Schweiß und ihren Tränen das moderne Polen errichtet hatten.

Kapitel Drei

Die Flucht, 1939–1940

Das Unglück, das Polen erschütterte, setzte sich in einem der schönsten Septembermonate fort, die das Land je gesehen hatte. Für gewöhnlich beginnt in diesem Monat die Regenzeit, in der sich die schlechten Straßen in eine zähe Masse aus Lehm und Schlamm verwandeln. Dies hätte den Vormarsch der deutschen Panzer erschwert, aber das Wetter ergriff Partei für die Nazis: Tagsüber war der Himmel wolkenlos, nachts sternenklar. Gleichgültig funkelten die Sterne auf unser Schicksal herab. Die einzige Hilfe, die uns zuteilwurde, kam vom Großen Bären, der uns den Weg Richtung Osten und Süden wies.

Tagsüber beherrschten die Flugzeuge mit furchterregendem Zorn den Himmel. Erbarmungslos ließen sie Feuer und Zerstörung auf die Erde niederprasseln. Hunger, Durst und eine animalische Angst hatten uns ausgelaugt. Dieselbe Erde, die unseren Eltern bei unserer Aufzucht behilflich gewesen war, wollte nichts mehr von uns wissen. Wir waren ihre verstoßenen Kinder.

Die Leute beharrten mit verbissener Entschlossenheit darauf, ihre menschlichen Verhaltensmuster aufrechtzuerhalten. Es war nicht leicht. Der Zerfall des Staates, Symbol der gesellschaftlichen Ordnung, hatte Folgen für sämtliche anderen Institutionen: Die Bräuche und Familien, die Währung, das Eigentum und die Moralität starben einen langsamen Tod. Alles begann mit der äußeren Erscheinung von Mann und Frau. Da die Anordnung, die Städte zu verlassen, nur für körperlich taugliche Männer galt, gab es unter den Flüchtlingen mehr Männer als Frauen. Für manche blieb diese Anordnung ein Rätsel; sie interpretierten sie als Schachzug einer geschickten fünften Kolonne. Denn welchen Sinn ergab es schon, die Städte, von denen einige wie Warschau bis Ende September weiter verteidigt werden sollten, von körperlich tauglichen Männern zu leeren? Stefan Starzyński, der Bürgermeister Warschaus, der bis zu seiner Internierung in ein Konzentrationslager die Verteidigung seiner Stadt leitete, wurde zu einem legendären Helden.[1]

Die meisten Frauen, die Warschau allein verließen, zog es in die Provinzstädtchen des Ostens zurück zu ihren Familien. Einige verließen die Städte mit ihren Ehemännern oder Partnern. Ihr Erscheinungsbild veränderte sich schnell. Warmes Wasser und Seife waren ein seltenes Gut, sodass die Gelegenheit einer Wäsche zu einem feierlichen Anlass wurde. Wenn es warm war, wuschen wir in aller Hast Unterwäsche und Socken und ließen sie in der Sonne trocknen. Rasieren konnten wir uns nicht. Lange Bärte wurden immer gängiger – eine aus der Not geborene Mode. Schon bald glichen die Männer Mitgliedern einer Räuberbande. Einzig ihre Brillen erinnerten an einen früheren zivilisierten Status. Die Männer lehnten diese äußerlichen Veränderungen im Allgemeinen nicht offen ab. Bei den Frauen verhielt es sich anders: Als ihre Lippenstifte zu verschwinden begannen, gestanden sie, sich nackt zu fühlen. In den ersten Tagen waren sie alle noch damit beschäftigt, ihre Strümpfe intakt zu halten. Der Verlust von Parfüms machte ihnen den natürlichen Geruch ihres Körpers bewusst. Die Märsche, der Hunger, die Angst und das ständige Fliehen vor Bombardements erschöpften sie. Im Gespräch mit Männern versuchten sie, ungewöhnlich viel Abstand zu halten. Das Kokette, ein essentieller Bestandteil ihrer Weiblichkeit, starb einen schnellen Tod. Und dennoch sahen sie mit Mitleid und Fassungslosigkeit auf die barfüßigen Bauersfrauen herab, die den Geruch nach Stall mit sich brachten, wenn sie uns Essen vorsetzten.

Wir verbrachten eine Nacht auf dem mit Stroh ausgelegten Boden einer verlassenen Polizeiwache nahe der Straße. Wir waren zwanzig oder dreißig. Einige Männer und Frauen waren sich in den vergangenen Tagen auf der Flucht begegnet und schnelle

[1] Stefan Starzyński (1893–1939). Eine Woche nach seinem Tod berichtete das *Time Magazine*, dass er „der Anker in Warschaus aussichtsloser zwanzigtägiger Verteidigung" gewesen sei. „Wie ein Kapitän, der mit seinem Schiff untergeht, oder ein wildes Tier, das bei der Verteidigung seines Nestes sein Leben lässt, meinte Bürgermeister Starzyński, was er sagte, als er über das Warschauer Radio ausrief: ‚Wir kämpfen bis zum Tod.'"

Freundschaften eingegangen. Sie brauchten einander, um sich zu schützen. Im Dunkel der Nacht suchten sie, vom blinden Willen ihres unglücklichen Schicksals in intime Nähe getrieben, Trost in der Liebe. Die Trostlosigkeit ihrer Umgebung und der Mangel an Privatsphäre störten sie nicht. Und doch war ihre gedämpfte Liebe von Schuldgefühlen und Gewissensbissen geprägt. Vielleicht trieb sie auch die Wut, tief verletzt worden zu sein, oder die Angst, morgen noch tiefer verletzt zu werden. Wo sind die Psychologen, die behaupten, so viel über die menschliche Natur zu wissen? Haben sie je die Untiefen des Gefühls analysiert, das einen Mann und eine Frau durch Angst vor Tod und Leid einander in die Arme treibt? Welche menschliche Bedeutung hat der sogenannte Schöpfungsakt im Angesicht der drohenden Vernichtung der beiden Handelnden?

Am nächsten Morgen hatten einige Frauen tiefgründigere und ausdrucksstärkere Augen. Wir alle wussten, wie diese neuen Blicke geboren worden waren; wir waren die Hebammen ihrer Geburten gewesen.

Diebstahl erhielt Einzug in unsere Nomadengemeinschaft. Eines Morgens fand ein Mann ein fremdes Paar Schuhe neben seinem Schlafplatz vor. Ein Blick auf die löchrigen Sohlen verriet den Grund für den Tausch. Der Eigentümer der kaputten Schuhe war extra eine Stunde früher aufgestanden, um sich der kostbaren heilen Schuhe des Schlafenden zu bemächtigen. Da es dem Bestohlenen nicht gelang, seine Füße in die Schuhe zu zwängen, die ihm als Trost zurückgelassen worden waren, musste er um Lumpen betteln, die er sich um die Füße wickelte. Wir alle fühlten mit dem Opfer, aber in seinen improvisierten Schuhen sah er so komisch aus, dass wir unsere grausamen Lachanfälle kaum zurückhalten konnten.

Auf unserem Weg Richtung Süden bemerkten wir, dass die Häufigkeit der Bombardements abnahm. Eines Tages verstummten sie ganz und wir beschlossen, größere Strecken bei Tage zurückzulegen. Auf der Flucht aus unserem eigenen Land entdeckten wir die Schönheit einiger seiner Breiten.

Jemand, der mit dem Zug oder dem Auto von A nach B hetzt, hat keine Zeit, seine Eindrücke aufzunehmen und zu verarbeiten; sie hinterlassen keine bleibende Erinnerung. Man muss zumindest kurz innehalten, um einen schönen Ort anzusehen, und dann noch einmal hinsehen. Jeder Mensch, der hinzusehen lernt, wird Direktor einer bezaubernden Galerie bildlicher Erinnerungen, die ihm sein ganzes Leben bleibt. Ich würde stets die blaue Schönheit Taorminas, die kokette Insel Margareta in Budapest, die neblige Mischung aus Sonne und Regen der Küste Amsterdams und die winkelreiche Erhabenheit des Trocadéro-Palais in Paris in voller und frischer Wirklichkeit aus meiner Vergangenheit heraufbeschwören können.

Die wechselnden, in Sonnenlicht gebadeten Täler und Hügel erweckten das Bild einer am Boden liegenden Schönheit, die ihr Gesicht im langen Haar ihrer Wälder zu verstecken versuchte, um die Scham ihrer Niederlage und Vergewaltigung zu verbergen. Schweigend trugen die Flüsse ihre Tränen hinfort. Ich hatte das Gefühl, meinem Land gleichzeitig zur Begrüßung und zum Abschied zu winken. Für einige meiner Mitbürger war dies eher ein intellektuelles Konzept als eine greifbare Realität. Doch um ein Land lieben zu lernen, muss man es in seiner reichen Nacktheit sehen, wie eine geliebte Frau. Es reicht nicht, es durch das aufwendig konstruierte Abbild seiner Institutionen und Geschichte zu lieben.

Eines Tages erfuhren wir, dass die Russen in Polen einmarschiert waren. Das erklärte das ominöse Schweigen am Himmel, das uns die letzten Tage begleitet hatte. Ich würde meine Fluchttaktik anpassen müssen. Ich hatte bereits die Provinz Polesien erreicht. Die hiesigen Bauern, die sogenannten Poleschuken, sprachen Weißruthenisch. Sie waren arm und misstrauisch. Krankheiten dezimierten ihre Bevölkerung. Bei *kołtun* oder Weichselzopf, der bekanntesten Krankheit, verfilzten die Haare mit Blut und verklebten zu einem perückenartigen Gebilde. Die Bauern heilten die Krankheit mithilfe eines Pflanzenextrakts.

Mit Neugierde und Feindseligkeit beäugten die Bauern den unerwarteten Besuch aus Warschau. Sich für ein Dach über dem Kopf und Essen dauerhaft auf sie zu verlassen, war unmöglich. Ich beschloss, in den kleinen Städtchen Halt zu machen, deren teils polnische, teils jüdische Einwohner uns gegenüber aufgeschlossener schienen. Die dort lebenden Christen konnten ihre ethnische Herkunft oder Nationalität nicht definieren. Über sich selbst sagten sie schlicht: „Wir sind von hier", was ihre geopolitischen Ansichten bemerkenswert einfach machte. Ich hatte das Gefühl, mich irgendwo niederlassen zu müssen, bis die Züge wieder fahren würden. Mit dem Zug könnte ich die Stadt meiner Eltern erreichen und von dort aus nach Wilno weiterreisen. Im Radio hörte ich, dass Vilnius, so der litauische Name der Stadt, in einer Vereinbarung zwischen der litauischen und der russischen Regierung Litauen versprochen worden war. Wenn es mir gelänge, die Stadt zu erreichen, bevor sie von den Litauern übernommen wurde, wäre ich automatisch auf neutralem Boden. Soweit der Plan, doch seine Ausführung lag noch in weiter Ferne.

Ich musste vorsichtig sein. Mit meiner städtischen Kleidung und meiner Brille sah ich aus wie ein Großstädter. Gerüchten zufolge hielten die Russen Menschen an, untersuchten ihre Hände auf proletarische Spuren und befragten sie zu ihren Berufen und früheren Tätigkeiten. Einige wurden beim Passieren einer Brücke in Richtung einer Stadt in der Nähe von Kowel, einem wichtigen Kommunikationszentrum, verhaftet.

Einige Kilometer vor Kowel beschlossen wir, unsere Gruppe aufzulösen; jeder würde sein Glück allein versuchen. In der Nähe der Brücke befand sich ein Polizeiposten, der von mehreren russischen Soldaten bewacht wurde. Ich war für einige Tage bei einer jüdischen Familie in einer anderen Stadt untergekommen. Meine Gastgeber rieten mir, Bauernkleidung zu kaufen. Meine Stadtkleidung könnte ich bei ihnen lassen und jemanden zum Abholen schicken, sobald ich die andere Seite erreicht hätte.

Als ich einige Stunden später in den Spiegel sah, blickte mir ein bärtiger Bauer entgegen. Ich war unsicher, ob ich meine Brille behalten sollte. Das teure Gestell würde leicht Verdacht erregen. Ich beschloss, es austauschen zu lassen und ging zum Optiker der Stadt. Am nächsten Tag brach ich auf und wurde unweit der Brücke von einem russischen Soldaten gestoppt. Er fragte, wer ich sei und wohin ich gehe. Ich antwortete auf Weißruthenisch, einer Sprache, die ich in meiner Kindheit gut gesprochen hatte, dass ich von der polnischen Armee aus meinem Dorf verschleppt worden und nun auf dem Weg zurück nach Hause war. Die Antwort schien ihn nicht zufriedenzustellen.

„Wie heißt dein Dorf?“

„Ozerisko.“

„Wie heißt die nächste Stadt?"

„Wołkowysk."

„Du gehst aber nicht in Richtung deines Dorfes; du gehst Richtung Kowel. Dein Zuhause liegt im Nordosten."

„Ich weiß, aber ich wurde von der Armee Richtung Süden verschleppt und möchte in Kowel den Zug nach Hause nehmen."

Er war nicht überzeugt. Er hieß mich, meine Hände zu zeigen und befand sie für zu glatt und zu weich für die Hände eines Bauers.

„Aber ich arbeite als Sekretär im Dorfbüro. Ich bin zur Schule gegangen und kann lesen und schreiben. Sie können gern mein Dorfbüro anrufen und nachfragen."

„Es gibt zurzeit keine Telefonverbindung."

„Dafür kann ich nichts", entgegnete ich. Er befahl mir, in einen Raum hinter dem Büro zu gehen und mich auf das Stroh zu legen. Ich musste schnell denken. Mir war klar, wenn sie mich nicht bald freiließen, wäre alles verloren. Ich klopfte an die Tür. Der Soldat erschien.

„Hören Sie, Sie sind gekommen, um die Bauern und Arbeiter zu befreien, um ihnen Brot und Freiheit zu bringen. Ich habe seit zwei Tagen nichts gegessen. Wenn Sie mir schon nicht die Freiheit schenken können, dann geben Sie mir doch eine Scheibe Brot."

Er sah nachdenklich drein.

„Hast du wirklich Hunger?"

„Ja, großen Hunger."

Er dachte gründlich nach. Einige Zeit später brachte er mir ein Stück Brot.

„In meinem Dorf essen wir Brot immer mit Zwiebeln und Salz", sagte ich, „aber dieses hier schmeckt wirklich gut."

Obwohl ich erst zwei Stunden zuvor bei meinem Gastgeber eine Hähnchenkeule gegessen hatte, begann ich, das Brot wie ein hungriger Wolf hinunterzuschlingen. Ich spielte einen Mann, der seit geraumer Zeit unterwegs war.

Der Soldat sagte nichts, aber er blickte auf meine Kleidung, dann erneut auf meine Hände, und dachte nach.

Mitten in der Nacht fiel ein Bauer wie ein nasses Bündel neben mir auf das Stroh. Er war aus dem Büro zu mir hineingestoßen worden.

„Warum haben sie dich hier reingesteckt?", fragte er mich.

„Ich weiß nicht."

„Woher kommst du?"

„Ozerisko."

„Wo ist das?"

„Im Distrikt Wołkowysk."

Ich schwieg. Kurz darauf setzte er seine Befragung fort.

„Hast du Familie?"

„Eine Frau und vier Kinder, und du?"

„Zwei Kinder."

„In meinem Dorf kostet es zehn Złoty, ein Kind taufen zu lassen. Was kostet es in deinem?", fragte ich.

Als er nicht antwortete, dämmerte mir, dass er in meine improvisierte Zelle gesteckt worden war, um herauszufinden, wer ich wirklich war.

Ich begann zu schnarchen. Mein Zellengenosse weckte mich auf.

„Weißt du, wie spät es ist?"

„Ich habe keine Uhr, aber lass mich aus dem Fenster schauen. Ich versuche zu schätzen." Glücklicherweise hatte ich meine Uhr gemeinsam mit meiner Kleidung in der Stadt zurückgelassen.

Am Himmel zeichnete sich eine silberne Linie ab, also sagte ich mit einem breiten Gähnen, wie es für die Bauern in der Nähe meines Heimatdorfes typisch war: „Der Tag wird bald anbrechen." Mein Zellengenosse sprach weiter.

„Diese Bolschewiken werden uns zerstören. Sie werden unser Essen wegnehmen und Soldaten aus uns machen."

„Ich glaube, wir werden jetzt mehr zu essen haben", antwortete ich.

Stille. Ich konnte nicht schlafen. Während ich so tat, als würde ich mit der für weißruthenische Bauern typischen sturen Stumpfheit meine Stiefel anstarren, musterte ich heimlich das Gesicht meines Zellengenossen. Im blassen Morgenlicht sah er anders aus. Sein Kopf war quadratisch und er trug einen seltsamen Haarschnitt, den ich unter den Bewohnern Wołkowysks nur selten gesehen hatte. Ich versuchte, mir in Erinnerung zu rufen, ob ich etwas gesagt hatte, das ich nicht hätte sagen sollen. Dann plötzlich, als wäre ihm bewusst geworden, dass er im Begriff war, das Spiel zu verlieren, sagte er: „Es gibt viele polnische Offiziere, die sich als Bauern verkleiden und so versuchen, der Gefangenschaft zu entgehen."

Ich erwiderte nichts, gähnte nur und kratzte mich gleichgültig am Kopf.

Dann sah er mich lange an, als würde er um eine Entscheidung ringen. Während mein Herzschlag sich beschleunigte, stellte ich mich schlafend.

Als ich meine Augen öffnete, war mein Zellengenosse verschwunden. Später ging die Tür auf. Der Soldat trat ein, rief mich zu sich ins Büro und sagte nur ein Wort, einen Befehl auf Russisch: „*Prochodi.*" – „Geh weiter."

Ich ging langsam. Ich war der typische phlegmatische weißruthenische Bauer. Man durfte mir weder Aufregung noch Eile anmerken. Der Soldat beobachtete noch immer jede meiner Bewegungen.

Als die Brücke hinter mir zu verschwinden begann, stieß ich einen tiefen Seufzer aus. Ich wusste, ich war einer Gefahr entgangen, die der, die ich während der Bombardements im Zug und im Wald erlebt hatte, in nichts nachstand.

Von dem, was ich von Menschen erfahren hatte, die von der russischen Polizei in Russland verhaftet worden waren, wusste ich, dass viel von der Persönlichkeit des befragenden Offiziers und vom Verhalten des Befragten abhing. In den allermeisten Fällen jedoch war das Ergebnis der Befragung reiner Zufall. Meine Erfahrung als Staatsanwalt erwies sich als überaus nützlich und hatte mich möglicherweise gerettet. Diese Episode blieb mir viele Jahre in Erinnerung – als Lektion in Selbstkontrolle und Vorsicht.

Nun befand ich mich in der Provinz Wolhynien, in einer kleinen Stadt, die mithilfe amerikanischer oder westeuropäischer Maßstäbe nur schwer zu beschreiben ist. In Polen und Westrussland gibt es Hunderte solcher Städte. Mehrere Jahrhunderte lang waren sie mehrheitlich von Juden bewohnt worden. Die russischen Zaren hatten in dieser Gegend den sogenannten Ansiedlungsrayon errichtet, ein Gebiet, in dem Juden leben durften. Sie duften nur in den Städten, nicht auf dem Land leben. Durch Bestechung der Polizei gelang es jedoch vielen, dem Gesetz zum Trotz, auf Bauernhöfen zu leben.

Das Leben der Bewohner dieser kleinen Städte drehte sich um die Synagoge und den Marktplatz. Die älteren Generationen und die mittleren Alters verbrachten einen Großteil ihres Lebens mit dem Gebet und dem Studium der Religion. Da sie auf Hebräisch beteten, einer Sprache, die sie verstanden, waren ihre Gebete äußerst intensiv. In ihnen verliehen sie ihrer Verzweiflung, ihrer Hoffnung und ihrem Kampf Ausdruck. Das Gebet eines Mannes war das Abbild seines ganzen Lebens. Die jüdische Religion ist die einzige Religion der Welt, die auf einem Bündnis zwischen dem Individuum und seinem Gott, Jahwe, beruht. In einer persönlichen, wechselseitigen, beinahe vertraglichen Beziehung tritt der Mensch seinem Gott von Angesicht zu Angesicht gegenüber. Der jüdische Gott geht mit jedem Mitglied der jüdischen Religion eine solche wechselseitige Beziehung ein. Der Jude schuldet Gehorsam und das Versprechen, rechtschaffen und gemäß dem Pakt zu leben, der ausdrücklich sozioethischen Inhalt hat. Die Verpflichtung, die er eingeht, ist sowohl religiöser als auch ethischer Natur. Nur, wenn er den Pakt verletzt, rechnet ein Jude mit Bestrafung und Leid. Aufgrund dieser besonderen wechselseitigen Beziehung war es möglich, dass sich ein Jude Jahwe widersetzte, bestraft wurde und dennoch seine Religion beibehielt, ohne zum Ketzer zu werden. Jahwe konnte die Juden bestrafen, aber er würde sie nie vollständig aufgeben; schließlich hatte er Israel zu seinem Fahnenträger auserwählt. Nach einem Streit versöhnten sich die Parteien. Dieser speziellen Ich-Du-Beziehung kam große Bedeutung zu: Der einzelne Jude ging nicht in der Masse seiner Glaubensgenossen unter, sondern konnte seine Individualität entfalten.[2] Es war eben jene beinahe fatalistische, doch nie dem blinden Fatalismus verfallende Beziehung, die dem religiösen Juden half, der schwersten aller Prüfungen, dem Tod, besonnener entgegenzutreten. Die Nazis machten sich diese philosophische Haltung zunutze: Nie zuvor in der Geschichte der Menschheit waren sechs Millionen Menschen so stoisch und ohne ihren Mördern unnötige Unannehmlichkeiten zu bereiten, gestorben. Die Ausnahme, der Aufstand im Warschauer Ghetto, kann über diese historische Tatsache nicht hinwegtäuschen.[3]

2 Die Ich-Du-Beziehung wurde zur bekannten philosophischen These des jüdischen Philosophen Martin Buber (1878–1965) und gründet auf der chassidischen religiösen Tradition.

3 Nach Lemkins Tod haben Jahrzehnte der Holocaust-Forschung mithilfe von Video- und Audiozeugnissen den Mythos der „Schafe auf dem Weg zur Schlachtbank" infrage

Ein jüdischer Mann verbrachte den Großteil seiner Zeit auf dem Marktplatz, einem rechteckigen Hof im Herzen der Stadt. (Gelegentlich übertrug er diese Aufgabe auch seiner Frau und widmete sich den gesamten Tag dem Gebet und dem Studium des Talmuds.) Ein- oder zweimal wöchentlich wimmelte es an diesem Fleckchen von Wagen, Pferden und Bauern, die kamen, um ihre Produkte feilzubieten und Salz, Gewürze, Kerosin und landwirtschaftliche Produkte zu kaufen. Der unerträgliche Lärm war Musik in den Ohren beider Parteien, versprachen die Verhandlungen doch Spannung und finanziellen Gewinn.

Allgemein war der Lebensstandard sehr gering. Die Juden lebten von fast gar nichts. Die gesamte Woche über aßen sie kaum, um genug Essen für das feierliche Sabbat-Abendessen am Freitag und das große Mittagsmahl am Samstag aufzusparen. Da beide Essen heilig waren, durfte an diesen Tagen niemand in der Stadt Hunger leiden. Um ein Sakrileg des heiligen Sabbats durch Hunger zu verhindern, gab es alle möglichen Arten der Wohlfahrt. Da es verboten war, am Sabbat Feuer zu machen, füllten sich am Freitagnachmittag die Öfen der Bäckerei mit großen Töpfen voller Kartoffeln, Fleisch und Suppe, die jede Familie vorbeibrachte. Am Samstagmittag wurde dieses traditionelle, *Tscholent* genannte Gericht (das sogar Eingang in Heines Gedichte fand) abgeholt und mit heiliger Feierlichkeit und großem Appetit verspeist.[4] Unter guten Leuten war es üblich, den Topf eines armen Mannes, der kein Fleisch für den Sabbat hatte, heimlich zu öffnen und eine Hähnchenkeule, einen Hühnerflügel oder gar ein üppiges Stück Fleisch hineinzugeben. Nach dem *Tscholent* machten die Eltern zwangsläufig einen Mittagsschlaf. Die Jugend versammelte sich im Wald oder in der Bibliothek, um in hitzigen Debatten die strittigsten Fragen

---

gestellt. Auch das Konzept des „Widerstandes" erfuhr eine Neudefinition: Heute werden auch temporäre Konvertierungen und das Untertauchen dazu gezählt. Außerdem kann argumentiert werden, dass Lemkin mit seiner Beschreibung der jüdischen „Selbstverteidigungsräte" weiter unten im Kapitel seiner eigenen Theorie widerspricht.

4 *Tscholent* ist die jiddische Bezeichnung für das langsam geschmorte Eintopfgericht, das am Sabbat gegessen wird. Das Gedicht, auf das Lemkin sich bezieht, ist Heines *Prinzessin Sabbat*.

der Menschheit zu klären. Am späten Nachmittag pflegte die gesamte Gemeinde in ihren besten Sabbat-Kleidern zu flanieren.[5]

Das Gefühl gesellschaftlichen Zusammenhalts und gegenseitiger Hilfe war ungemein stark. Jeder kannte den anderen beim Vornamen. Manchmal wurden Leute sogar bei ihrem Vornamen in Kombination mit dem Beruf eines ihrer Elternteile gerufen, zum Beispiel Chaim-der-Schuhmachersohn.

Der Schriftsteller Leib Perez erzählt in „Höher als der Himmel" eine klassische Geschichte der jüdischen Literatur: Der Rabbi einer Stadt pflegte mitten in der Nacht aufzustehen, sich als Bauer zu verkleiden und Holz zu hacken. Das Holz brachte er zusammen mit etwas Milch einer kranken Witwe, in deren Haus er den Kamin befeuerte. Wenn man über einen Rabbi sagte, er sei in seiner persönlichen Nächstenliebe hoch wie der Himmel, dann sagte man über den erstgenannten Rabbi, er sei „höher als der Himmel".[6]

Die Juden spionierten einander aus, um herauszufinden, wie arm ihre Nachbarn tatsächlich waren und den Mittellosen diskret helfen zu können. Sie lasen jiddische, manchmal auch hebräische Zeitungen. Da jeder für sich genommen zu arm war, um eine Zeitung zu kaufen, organisierten sie sich in Gruppen, legten zusammen und ließen die Zeitung durch mehrere Hände wandern. Lernen war angesehen. Junge Männer, die den Talmud studierten, wurden von verschiedenen Familien der Stadt mit kostenfreien Mahlzeiten

---

5 Diese Beschreibungen des Sabbats waren integraler Bestandteil von Lemkins Erinnerung und seinem kulturellen Erbe. Eine ähnliche Beschreibung findet sich im *Yizkor Volkowysk Memorial Book*:

„Von Donnerstag auf Freitag herrschten in Wołkowysk Harmonie und Schönheit. Sie brannten sich für alle Zeiten in Erinnerung und Seele jedes einzelnen Juden der Stadt ein. Die Symphonie des *Erev Schabbat* (Sabbat-Vorabend) begann bereits am Donnerstagmorgen. … Noch vor Sonnenaufgang wurde das Fleisch vom Schlachter oder Metzger geholt … heute ist Donnerstag, morgen ist Freitag – *Erev Schabbat!* Der Aufruhr in den Straßen ist der Aufruhr des *Erev Schabbat*, der Lärm ist der des *Erev Schabbat*, der Radau sind die Vorbereitungen auf den Sabbat."

6 Jizchak Leib Perez (1852–1915) schrieb zahlreiche jiddische Fabeln und Erzählungen. Lemkin bezieht sich auf „Ojb Nischt Noch Hechler", das er mit „Higher Than the Sky" (dt. „Höher als der Himmel") übersetzt, das aber mit „If Not Higher" (dt. „Wenn nicht höher") treffender übersetzt wäre; die wörtliche Übersetzung lautet: „If Not Even Higher" (dt. „Wenn nicht noch höher").

A. d. Hrsg.: In Deutschland sind in den letzten Jahren neue Übersetzungen unter dem Titel „Wenn nicht noch höher" erschienen.

unterstützt. Diese Art der Hilfe galt als ehrenhaft für den Wohltäter, der zudem das Gefühl hatte, persönlichen Anteil am Leben der Gelehrten zu haben.

Der Wunsch nach einem stabilen gesellschaftlichen Leben mit möglichst geringen Veränderungen war stark. Doch nicht alle Veränderungen ließen sich vermeiden. Kinder wurden früh in Religionsschulen geschickt, manche bereits mit vier Jahren. Im Alter von fünf oder sechs konnten sie schon Teile der Bibel auf Hebräisch rezitieren. Die begabteren jungen Männer widmeten sich vollständig den religiösen Studien.

Kurz vor dem Zweiten Weltkrieg war die Zahl nicht-religiöser Schulen über die religiöser hinausgewachsen. Eltern gaben ihr Bestes, ihren Kindern wenigstens eine säkulare Bildung zu ermöglichen. Zu jener Zeit besuchte ein wesentlicher Teil der Kinder säkulare Schulen, insbesondere in den größeren Städten. Die ältere Generation war alles andere als begeistert, schloss aber mit dem Teil der säkularen Bildung Frieden, der in modernem Hebräisch gelehrt wurde. Alle sprachen Jiddisch, eine Sprache, die aus dem Mittelhochdeutschen hervorgegangen war und mit zahlreichen Ausdrücken aus dem Hebräischen, den slawischen und anderen Sprachen gespickt ist. Das Jiddische brachte eine reiche Literatur hervor. Einige Schulen verwendeten Jiddisch als Unterrichtssprache, andere Hebräisch. Mittelgroße Städte verfügten über Schulen in beiden Sprachen.

Es war faszinierend, wie schnell das Hebräische, eine tote Sprache, wiederbelebt und wie geschickt das Jiddische durch Literatur und Poesie verfeinert wurde. Seine bemitleidenswerten, gefährdeten Sprecher verfügten über die einzigartige Gabe, Kultur aufzusaugen und zu verarbeiten. Sie ging ihnen direkt ins Blut. In ihrer kulturellen Begabung und Empfänglichkeit ähnelten sie den Armeniern, von denen 1915 mehr als eine Million dem Genozid in der Türkei zum Opfer gefallen waren.

So gut wie jede jüdische Familie hatte Verwandte in Amerika. Sie waren unter der Herrschaft der Zaren ausgewandert, um dem Militärdienst zu entgehen oder nach Arbeit zu suchen und sich ein neues Leben aufzubauen. Die Auswanderer standen in regem Schriftkontakt mit den Daheimgebliebenen, fragten nach den alten

Nachbarn und schickten Dollarnoten nach Hause. Das Geld triefte vom Schweiß und den Tränen junger Männer und Frauen, die einsam und deprimiert ihr neues Leben in Brooklyn oder der Bronx fristeten. Die Familien, die in den kleinen europäischen Städten zurückgeblieben waren, hatten dementsprechend eine zusätzliche Treuepflicht: Brüder, Schwestern und Eltern hielten starke emotionale Beziehungen zu denen aufrecht, die gegangen waren, und ersparten ihnen keinen Rat. Sie sollten zumindest koscher essen, am Sabbat nicht arbeiten und natürlich die Richtige oder den Richtigen heiraten.

So viel zum allgemeinen Hintergrund meiner neuen Umgebung. Ich betrat ein kleines jüdisches Heim, berichtete von meiner Flucht vor den Nazis und bat darum, einige Tage dort unterkommen zu können. Ich musste mich auf meine Intuition verlassen und meine Lage so schnell wie möglich erklären. Als die Hausfrau mich an ihren Ehemann verwies, befürchtete ich, die Sache könnte kompliziert werden. Doch ich ließ mehrere hebräische Zitate in meine Rede einfließen und gewann ihn für mich. Gastfreundlichkeit ist eine jüdische Tradition, insbesondere in Zeiten der Gefahr. Mein Gastgeber ließ meine Kleidung aus dem Nachbarort holen. Einige Stunden später nahm ich mein erstes Bad, seit ich Warschau verlassen hatte, und schon bald darauf saß ich mit der neuen Familie um einen Tisch und trank Tee, der aus einem Samowar serviert wurde. Von allen Seiten gleichzeitig wurde mir Gelee gereicht.

Mein Gastgeber war Bäcker. Der Duft nach Brot verlieh dem Haus eine einladende Wärme und ging in Fleisch und Blut, Knochen und Herz über. Doch er weckte auch meinen Appetit, der zu jenem Zeitpunkt schon groß genug war, um selbst eine gut laufende Bäckerei zu ruinieren.

Mein Gastgeber fragte mich, ob der Entschluss der Juden, die vor den Nazis flohen, berechtigt sei. „Warum fliehen, wenn das Leid der Juden doch nichts Neues ist?“, argumentierte er, „insbesondere zu Kriegszeiten. Mein Großvater erzählte mir stets Geschichten über Pogrome durch die Kosaken. Das Beste, was ein Jude tun kann, ist Ruhe zu bewahren und seine Feinde zu überleben. Ein Jude muss abwarten und beten. Der Allmächtige wird ihm helfen; er hilft immer.“

Ich fragte: „Haben Sie je von Hitlers Buch *Mein Kampf* gehört? Darin verkündet er prahlerisch, die Juden zu vernichten, wie Ratten."

„Nein, davon habe ich nicht gehört", antwortete der Bäcker, „aber selbst wenn ich es lesen würde, würde ich seinen Worten keinen Glauben schenken. Wie kann Hitler die Juden vernichten, wenn er mit ihnen Handel treiben muss? Um einen Krieg zu führen, braucht man Leute. Zugegeben, einige Juden werden unter Hitler leiden, aber das ist nun mal das Schicksal der Juden, zu leiden und abzuwarten."

„Aber dieser Krieg ist nicht wie andere Kriege", wiederholte ich beharrlich. „Sein Ziel ist nicht die Eroberung von Gebieten, sondern die Vernichtung ganzer Völker und ihre Ersetzung durch Deutsche. Hitler ist wie Assur aus der Bibel. Sicher erinnern Sie sich, dass Assur viele Nationen zerstörte und ihre Gebiete mit seinen Verbündeten besiedelte." Ich führte ihn durch die bekannte Geschichte, aber er hielt weiter dagegen.

„Im letzten Krieg lebten wir von 1915 bis 1918, drei Jahre, unter den Deutschen. Es ging uns nie gut, aber irgendwie haben wir überlebt. Ich verkaufte den Deutschen das Brot, das wir mit ihrem Mehl buken. Wir Juden sind ein ewiges Volk, wir können nicht vernichtet werden. Wir können nur leiden."

Dieser Mann verlieh vielen Generationen eine Stimme. Dass der Genozid Realität war, konnte er schlicht nicht begreifen, lief er doch der Natur, der Logik, dem Leben selbst zuwider, dem warmen Duft nach Brot in seinem Haus und seinem ärmlichen, aber bequemen Bett. Mein Gastgeber war gelassen, er war sich sicher. Was hatte es für einen Sinn, ihn mit Tatsachen zu verwirren oder zu beunruhigen, wenn er sich bereits entschieden hatte? Er hatte einen privaten, wechselseitigen Pakt mit Gott. Bei seiner Geburt war der Pakt von seinem Vater auf ihn übergegangen. Würde er ihn mit unredlichem Handeln brechen, wäre er bereit, seine Strafe entgegenzunehmen; er würde sich nicht beklagen. Auf eine Sünde folgte gerechterweise eine Bestrafung. Manch Vergehen wurde vergeben, anderes nicht, doch die Strafe musste stets mit Ruhe und Würde angenommen werden. Als wir uns spät am Abend vom Tisch erhoben, war ich des Argumentierens müde. Die Philosophie meines Gastgebers war simpel, deutlich und nicht zuletzt in sich stimmig.

In dieser Nacht dachte ich erneut nach; die Gedanken schossen mir tief und eindringlich kreuz und quer durch den Kopf. Spät in der Nacht oder früh am Morgen vernahm ich einen immer lauter werdenden Singsang. Jemand betete – es war der Bäcker. Seine Stimme erinnerte mich an jemanden, den ich kannte. Sein Gesang war wie eine persönliche, intime Geschichte, mitgeteilt im Vertrauen. Es schien, als würde er den gesamten Inhalt seiner Seele aus der Kehle fließen lassen. Darauf folgte eine gewisse Stille, als bräuchte sein Herz eine Pause oder als würde es in sich hineinhorchen. Dann wieder ein Crescendo: Überreden, Flehen, das zarte Murmeln einer Erklärung. Wieder Stille. Und dann – hörte ich da Wut in seiner Stimme? Stritt er mit Gott? Drohte er seinem Gott etwa? Was geschah da? Mir dämmerte, dass ich einen auf dem Pakt beruhenden Dialog mit Gott belauschte. Sämtliche jüdische Gebete sind Dialoge. Wie könnte es auch anders sein? Der Bäcker hatte seinen eigenen Pakt, einen Vertrag für ein rechtschaffenes Leben. Und ein Pakt bedarf der Verteidigung, der Diskussion und der Erklärung. Genau das tat der Bäcker, seit er bei Tagesanbruch das volle Bewusstsein zurückerlangt hatte.

Bei Sonnenuntergang am Freitagabend saß ich mit meinem Gastgeber und seiner Familie am Sabbat-Tisch. Zu diesem Anlass hatten sich alle extra gewaschen und feierlich gekleidet. Die Gastgeberin sprach beim Anzünden der Kerzen ein Gebet. Die Sorge in ihrem Gesicht verblasste. Sie bewegte sich mit einer Aura der Feierlichkeit, Selbstsicherheit, diskreten Güte und vielleicht sogar Heiligkeit. Zwei mit einem weißen Tuch bedeckte große weiße Rollen lagen vor meinem Gastgeber. Er sprach das Gebet und reichte jedem ein Stück des weißen Brotes. Wir aßen es mit einem Gebet. Das Essen endete mit Gesang und einem Dankesgebet. Ruhe und Gelassenheit lagen in diesem zeremoniellen Mahl. Die Teilnehmer schienen andere Personen zu sein; ihre Bewegungen waren rhythmisch und zeugten von unterwürfiger Würde. Ihre Gesichter strahlten. Sie sprachen wenig, nur das Nötigste, als würden sie etwas äußerst Kostbares bewahren wollen: ihr Erbe. Das war der Moment, in dem sich mein Gastgeber von einem armen Bäcker in einen König verwandelte.

Nach dem Abendessen betrat ich die Veranda vor dem Haus und betrachtete eine Weile die vier um den riesigen rechteckigen

Marktplatz stehenden Häuserreihen. Sämtliche Juden der Stadt waren bei ihrem Rendezvous mit der Königin Sabbat. Helle Lichter strahlten aus ihren Fenstern. Sie waren Teil einer Jahrtausende alten Entschlossenheit, an einem uralten Glauben festzuhalten, der ihrem Leben Berechtigung verlieh und außerhalb dessen es kein Leben gab. Am wolkenlosen Firmament funkelten unzählige Sterne. Jedem Menschen auf der Erde, doch insbesondere jedem Juden dieser Stadt, muss es so vorgekommen sein, als strahlten die Sterne einzig für ihn. Letzterem müssen sie wohl gesagt haben: „Der Allmächtige ist erfreut, dass du den Pakt heute Abend erfüllst."

In jedem jüdischen Haus dieser Stadt gab es ein solches Königreich. Und in jedem einzelnen nannte sich heute und für vierundzwanzig Stunden ein Mann König, der gestern hungrig, mittellos und ungeschützt gewesen, gejagt und gedemütigt worden war – aber das war gestern.

Am nächsten Morgen betrat der Sohn meines Gastgebers, ein Jugendlicher von etwa zwanzig Jahren, mein Zimmer. Er war augenscheinlich beunruhigt. Mit bitterer Stimme begann er zu sprechen: „Ich verstehe die Haltung meines Vaters und all der gleichgesinnten Leute in der Stadt nicht. Ihr gesamtes Schicksal in Gottes Hände zu legen, taugt nur für eine einzige Situation: wenn der Tod unmittelbar bevorsteht. Was für wunderbare Leichname sie alle abgeben würden: Diszipliniert und gehorsam würden sie in aller Ruhe geordnet und feierlich einen gemeinsamen Tod sterben. Und Schuld an allem, was passierte, trügen in ihren Augen natürlich einzig sie selbst und ihre Sünden."

Ich erwiderte: „Es ist schwierig, die Denkweise von Generationen und Generationen auf einen Schlag zu ändern. Jeder muss um sein eigenes Leben kämpfen. Das kann man nicht mit Worten lehren; das Leben selbst lehrt es einen, wie es ein Entenküken das Schwimmen lehrt. Der Lebenstrieb ist ein überaus guter Ratgeber. Während der Pogrome zu Beginn des Jahrhunderts organisierten sich die Juden in Selbstverteidigungsräten. Einige kämpften – sogar die jüdischen Kinder beteiligten sich. Als die Bauern mit ihren Heuwagen in die Dörfer kamen, um zu morden und die geplünderten Besitztümer der Juden mitzunehmen, steckten jüdische Kinder mit Kerosin befüllte Flaschen in das Stroh und zündeten die Wagen an.

Die Pferde flohen, die Mörder ebenfalls. Diese ‚kindischen' Streiche verhinderten mehr als nur einen Pogrom."

Sechs Jahre später, als ich in Nürnberg an den Prozessen gegen die Nazis mitarbeitete, drängte sich mir unweigerlich das erregte Gesicht des Bäckerssohnes in Erinnerung, als ich die folgende eidesstattliche Erklärung las, die die Ermordung der Juden in Dubno beschrieb – in der Gegend, in der ich an jenem unvergessenen Samstagmorgen mit dem Jungen gesprochen hatte. Die Erklärung stammte von Hermann Gräbe, war auf den 10. November 1945 datiert und beschrieb eine Massenhinrichtung, die sich am 5. November 1942 in Dubno zugetragen hatte:

> Jetzt hörten wir kurz nacheinander Gewehrschüsse hinter einem der Erdhügel. Die von den Lastwagen abgestiegenen Menschen, Männer, Frauen und Kinder jeden Alters, mussten sich auf Aufforderung eines SS-Mannes, der in der Hand eine Reit- oder Hundepeitsche hielt, ausziehen... Ohne zu schreien oder zu weinen entkleideten sich diese Menschen, standen in Familiengruppen beisammen, küssten und verabschiedeten sich und warteten auf den Wink eines anderen SS-Mannes, der an der Grube stand und ebenfalls eine Peitsche in der Hand hielt... Da rief schon der SS-Mann an der Grube seinem Kameraden etwas zu. Dieser teilte zwanzig Personen ab und wies sie an, hinter den Erdhügel zu gehen... Ich ging um den Erdhügel herum und stand vor einem riesigen Grab. Dicht aneinandergepresst lagen die Menschen so aufeinander, dass nur ihre Köpfe zu sehen waren... Die Grube war bereits zu zwei Dritteln voll. Nach meiner Schätzung lagen darin ungefähr tausend Menschen... Schon kam die nächste Gruppe heran, stieg in die Grube herab, reihte sich an die vorherigen Opfer an und wurde erschossen.[7]

Es vergingen zwei Wochen. Meine Gastgeber berichteten mir, am nächsten Tag gehe der erste Zug seit dem Einmarsch der Sowjets. Noch gebe es polnische Zugfahrer und keinerlei System, um die Passagiere zu kontrollieren. Fahrkarten brauche man nicht, denn so etwas wie gedruckte Fahrkarten gab es nicht.

---

[7] Dass Lemkin sich im Datum geirrt haben könnte, ist nachvollziehbar. In Gräbes Zeugenaussage werden Massaker beschrieben, die sich am 5. Oktober 1942 ereigneten. Nichtsdestoweniger entspricht Lemkins Übersetzung/ Erinnerung/ Transkription beinahe wörtlich der eidesstattlichen Erklärung Hermann Gräbes.

A. d. Ü.: Hermann Friedrich Gräbe (1900–1986). Für die Übersetzung wurde Gräbes Erklärung zwar hinzugezogen, aber sie hält sich an Lemkins Fassung. Vgl. NS-Archiv. Dokumente zum Nationalsozialismus, 2992-PS.

Ich hatte in meinem Leben viele Wechsel territorialer Herrschaft erlebt: Im August 1915 wurde meine Heimatstadt von den Deutschen eingenommen, 1918 war sie Niemandsland, dann wurde sie zu einem Teil Polens, 1920 marschierten die Polen und Russen ein, einige Zeit später gingen die Russen und die Polen kehrten zurück.

Nun war das Spiel von vorn losgegangen. Aus Erfahrung wusste ich, dass es in diesem Teil der Welt dauerte, bis eine Herrschaft gefestigt war. Meine Chance war gekommen, mich im Zuge der allgemeinen Verwirrung davonzuschleichen. Ich beschloss, aufzubrechen.

Mit dem Segen und den guten Wünschen meiner Gastgeber als Geleit wurde ich wie eine Sardine in einen vollen Zug gequetscht. In einer bitterkalten Novembernacht erreichte ich die Stadt Wołkowysk, in der meine Eltern und mein Bruder lebten. Ich musste mich entscheiden: Sollte ich bei Nacht in die Stadt gehen und Gefahr laufen, von sowjetischen Soldaten angehalten zu werden, oder bis zum Morgengrauen warten? Sicher war in der Stadt eine Ausgangssperre verhängt worden. Ich sah meine Vermutung bestätigt und musste warten, aber wo?

Ich versteckte mich auf der Herrentoilette des Bahnhofs. Als die Uhr am Morgen sechs schlug, machte ich mich auf den Weg. Dies war meine Stadt und ich musste mich wie ein Dieb in sie hineinschleichen. Ich musste die Hauptstraße meiden. Meine Schritte kamen mir furchtbar laut vor, als ich über Nebenstraßen zum Haus meines Bruders lief, das sich näher am Bahnhof befand. Ich hielt den Atem an und klopfte sanft an das Fenster. Dann hauchte ich meinen Namen durch die gefrorene Scheibe.

Als Antwort ertönten die Laute der Freude meiner Mutter, die leise meinen Namen in Koseform schluchzte. Mein Vater rief aus: „Gott sei Dank, er ist hier!“ Kurz darauf hielt ich meine Eltern fest in den Armen. Lange Zeit blickte ich in ihre Gesichter und küsste ihre Tränen fort. Dann begrüßte ich meinen Bruder und seine Frau. In diesem Moment wünschte ich mir nichts sehnlicher, als wieder Kind zu sein – ein sorgenfreies, glückliches Kind wie in den goldenen Zeiten, in denen ich der Verbote zum Trotz auf dem Rücken eines Pferdes geritten war und meine Hose beim Kirschenpflücken in Fetzen gerissen hatte. Da die Kinder meines Bruders noch schliefen, gelang es mir, für eine Weile ihren Platz einzunehmen. Mein

Wunsch, in den Erinnerungen an die Vergangenheit Schutz zu finden und dem traurigen Rahmen der Gegenwart zu entkommen, war ungeheuer stark. Vielleicht war dies eine unbewusste Flucht vor den Katastrophen meines Erwachsenenlebens oder das Bedürfnis eines Kindes nach dem Schutz seiner Eltern. Ein wenig betrübt lachten wir gemeinsam über meine Kindheitserinnerungen.

Vorsichtig erkundigte ich mich nach der Gesundheit meiner Eltern. Ein Schatten huschte über ihre Gesichter; sie wollten jetzt nicht darüber sprechen. Das war mir Antwort genug.

Nach dem Frühstück wurde ich ins Bett gesteckt. Nach dem Aufwachen würde es Pfannkuchen geben, genau wie früher: Pfannkuchen mit Sauerrahm oder Marmelade; ich würde die Wahl haben. Lasst uns die Welt da draußen aussperren – für eine Stunde, einen Tag, wie viel Zeit auch immer uns geschenkt wird. Lasst uns die Armeen aussperren, die Bombardements, die Polizei, die Jagd auf Menschen, die düsteren Wendungen der Geschichte, die auf einem blutroten Teppich feierlich begangen werden. Ich glitt in das warme Bett, aber konnte nicht gleich einschlafen. Wie ich dort unter der vertrauten Decke mit dem geliebten altmodischen Muster lag, zog ich Bilanz aus dem umfassenden Unglück, friedlich und frei von Groll.

Der Taifun, der Geschichte genannt werden will, hatte die Schlösser, die ich schnell und erfolgreich erbaut hatte, umgestoßen. Alles war überflutet. Über dem Wasser konnte ich einzig die liebevollen Gesichter meiner Eltern ausmachen. Aus der Ferne blickte mich eine blaue Wolke herausfordernd an. Sie schien das Symbol meiner Hoffnung und Entschlossenheit zu sein, die Zerstörung menschlicher Gruppen zu ächten. Sie erschien mir wie ein Ozean. Ich musste ihre Flut nicht fürchten. Seit Anbeginn der Zeit war Wasser das Symbol der Schöpfung. Zwei Quellen der Sicherheit waren mir verblieben: meine Eltern. Und auch sie könnte ich verlieren, wenn sie sich – wie ich befürchtete – dagegen entschieden, mit mir zu fliehen.

Am späten Nachmittag lief das Gespräch unweigerlich auf einige Entscheidungen hinaus. Ich sah, wie schwach meine Eltern waren und wie gefährlich die Reise für sie wäre. Mein Vater argumentierte: „Ich bin krank und deshalb schon seit zehn Jahren im

Ruhestand. Ich bin kein Kapitalist. Die Russen werden mich nicht behelligen." Mein Bruder pflichtete ihm bei: „Ich habe meinen Laden aufgegeben und mich als Angestellter angemeldet, bevor ihn die neue Regierung übernommen hat. Mich werden sie auch in Ruhe lassen."

In ihren Augen las ich eine einzige Bitte: Versuch bloß nicht, uns davon zu überzeugen, unser warmes Heim, unsere Betten, unsere Essensvorräte, die Sicherheit unserer Gewohnheit … zurückzulassen. Ja, uns wird Leid widerfahren, aber wir werden irgendwie überleben. Und was hatte ich ihnen schon zu bieten? Ein Nomadenleben, das Schicksal eines Flüchtlings, Armut. Damit klärte sich die Frage von selbst: Ich würde meine Reise nach Litauen schnellstmöglich fortsetzen – allein.

Ich blieb einen weiteren Tag. In diesen einen Tag versuchte ich das Leben eines ganzen Jahres hineinzupressen. Ich wollte mir Zeit von der Zukunft erschleichen und die Seele meines Zuhauses restlos in mir aufsaugen. Eingehend betrachtete ich die Gesichter meiner Familie. So, wie sie jetzt waren, wollte ich sie für immer in Erinnerung behalten.

Als sie begriffen und sich ihre Augen mit Tränen zu füllen begannen, lachte ich unsere quälenden Gedanken fort, aber ich hatte das Gefühl, ich würde sie nie wiedersehen. Sie waren noch am Leben, aber es fühlte sich an, als wäre ich auf ihrer Beerdigung. Das Beste von mir starb, und ich war mir dessen grausam bewusst.

Ich weihte meine Familie in meine Pläne ein, erst nach Schweden und dann in die USA zu gehen.

Meine Mutter unterbrach mich: „Vor drei Jahren verhinderte ich mit meinen Tränen, dass du nach Amerika gehst, und nun scheint es der einzige Ausweg zu sein."

„Mein Bruder in Amerika könnte dir helfen", sagte mein Vater, „aber ich bin sicher, du wirst deinen eigenen Weg gehen. Du weißt, ich glaube an dich", versicherte er mir.

Wir saßen am Tisch. Meine Mutter ließ die Gabel sinken und ergriff erneut das Wort: „Raphael, ist dir bewusst, dass nicht wir, sondern du derjenige bist, der jetzt Schutz braucht? Von uns allen sieben – du, dein Bruder, deine Schwägerin Lisa, unsere beiden Enkel, dein Vater und ich – bist du der einzige, der ein Leben ohne

Liebe lebt. Du bist der Einsame ohne Liebe. Und doch trägst du seit geraumer Zeit die Bürde deiner Idee – eine Idee, die auf Liebe gründet. All diese Jahre erreichten dich unsere Liebe und Unterstützung aus der Ferne, nun wird auch dieser Kontakt vielleicht bald unterbrochen." Sie seufzte. „Wir wissen, du wirst weiter für den Schutz der Völker arbeiten. Unglücklicherweise ist er jetzt nötiger als je zuvor."

Ich wusste, worauf sie mit der Betonung meiner Einsamkeit hinauswollte. Ich machte mich sogar schon bereit, Goethes *Hermann und Dorothea* zu zitieren, wie ich es zu derartigen Gelegenheiten bereits mehrfach getan hatte: „Nimm eine Frau, dass dir werde die Nacht zur schönen Hälfte des Lebens."[8] Aber meine Mutter unterbrach mich und erfüllte mich mit Scham: „Bisher hast du dich stets mit Witzen herausgewunden, wenn ich über eine Hochzeit gesprochen habe. Aber Mütter möchten, dass ihre Kinder heiraten. Da sie Leben geben, wissen sie um die Bedeutung der Ehe. Außerdem möchten sie den Schutz ihrer Kinder auf eine andere Frau übertragen, eine Schwester im Geiste, die ihre Mission der Liebe teilt. Niemand ist unsterblich, auch wir nicht."

Eine Träne fiel von ihrer Wange auf die Serviette.

„Bitte, Raphael", fuhr sie beharrlich fort, „bisher hattest du keine Zeit. Du hast fast jedes Jahr ein Buch geschrieben. Aber bist du sicher, dass all diese Bücher wichtiger sind als eine Freundin, eine geistesverwandte Gefährtin, die dir helfen könnte, das Leben des Herzens zu entfalten? Wenn es dein Ziel ist, die Welt dem Leben des Herzens näherzubringen, dann muss es doch in deinem Herzen auch Platz geben für eine geistesverwandte, intelligente Frau."

---

8 Lemkin hatte womöglich die folgenden Verse im Kopf:

Ist wohl der ein würdiger Mann, der, im Glück und im Unglück,
Sich nur allein bedenkt, und Leiden und Freuden zu theilen
Nicht verstehet, und nicht dazu von Herzen bewegt wird? (II, 99–101)
Sohn, mehr wünschest du nicht, die Braut in die Kammer zu führen,
Daß dir werde die Nacht zur schönen Hälfte des Lebens
Und die Arbeit des Tags dir freier und eigener werde,
Als der Vater es wünscht und die Mutter. (IV, 198–201)

A. d. Ü.: Zitiert nach Goethe, Johann Wolfgang von: *Hermann und Dorothea*, Heidelberg: Bernd Platzdasch, 2009, S. 32 und 62.

Ich stand auf, legte behutsam meine Hände auf ihr weiches Haar, küsste ihre tränengefüllten Augen und sagte: „Ich weiß, wie sehr du recht hast, Mutter, insbesondere jetzt. Die Ereignisse der letzten Zeit waren so einschneidend, dass ich vielleicht auch in dieser Angelegenheit eine Entscheidung treffen muss." Und dann fügte ich halb im Witz hinzu: „Vielleicht habe ich als Nomade mehr Glück denn als Mitglied der sesshaften Gesellschaft."

Der Abend des letzten Tages kam entsetzlich schnell. Bei Nacht würde ich die Stadt in einem Karren verlassen. Mit zitternden Händen bereitete meine Mutter etwas Essen zu und band es in einem Bündel zusammen. Unsere Bewegungen waren beinahe mechanisch; wir waren entschlossen, nicht zu viel Gefühl zu zeigen. Der Abschied war ganz anders als zu früheren Gelegenheiten. Zuvor hatte mein Vater mich stets herzlich geküsst. Der Kuss meiner Mutter war nachdenklich, als wollte sie die Endgültigkeit verleugnen.

Ich brach auf mit der Erinnerung an die geliebten Gesichter – liebevoll, beunruhigt, besorgt, und doch besänftigt durch die Freude, dass wir alle noch am Leben waren. Ich hatte mir meinen Wunsch erfüllt: Ich hatte meine Familie gesehen. Weder die deutsche noch die russische Armee hatten mich davon abgehalten.

Hatte nicht Konfuzius gesagt: „Steht die Liebe auf dem Spiel, ergib dich keiner Armee"?

Kapitel Vier

Ein Flüchtling in Litauen, Lettland und Schweden

Ich erreichte Vilnius ein paar Wochen bevor die Litauer die Regierung übernahmen.[1] In der Stadt wimmelte es von Flüchtlingen, die die Vorteile der Neutralität nutzen wollten und sie wie Manna erwarteten, das vom Himmel fällt.

Währenddessen zerlegten russische Truppen in einigen Fabriken und Druckereien die Maschinen. Sie kauften alles: Uhren im Dutzend, Schuhe, Hosen, Hemden, Hüte, Unterwäsche, Geigen, Nägel. Ihr Verlangen nach Konsumgütern schien unersättlich. Es wurden Gerüchte laut, nach denen sie ihre Abreise aus der Stadt aufschoben, um noch mehr zu kaufen. Dies war nach dem Krieg mit Polen im Sommer 1920 ihre zweite Gelegenheit, als Individuen auf einem großen Konsumgütermarkt einzukaufen.

Russische Frauen, die die Armee begleiteten, kauften bestickte Nachtgewänder, die sie irrtümlicherweise für Abendkleider hielten. Sie trugen sie zu Treffen mit ihren männlichen Begleitern in einem der schicken Restaurants der Stadt. Dies war noch Monate, nachdem sie Vilnius verlassen hatten, Stadtgespräch.

Insgesamt schien die russische Armee eher eine wirtschaftliche als eine politische Besatzung zu verfolgen, doch auch an Propaganda mangelte es nicht. Eines Morgens unterhielt sich ein russischer Politoffizier an einer Ecke mit einem Passanten. „Wir verlassen die Stadt und übergeben sie ihren rechtmäßigen Eigentümern", verkündete er. „Wir sind nicht am Territorium anderer interessiert.

[1] Lemkins Ankunft muss im Oktober 1939 erfolgt sein. Litauen übernahm die Macht in Vilnius (polnisch: Wilno) am 30. Oktober.

Den Pakt mit den Deutschen sind wir eingegangen, weil er der proletarischen Revolution dient.“

„Inwiefern?“, wurde er gefragt.

„Die Briten wollten, dass die Deutschen uns bekämpfen, aber wir haben den Spieß umgedreht“, antwortete er. „Die Armeen der Westalliierten und der Deutschen werden sich bis zu ihrer beider Zerstörung bekämpfen. Dann werden wir kommen und die Macht übernehmen.“

„Woher wollen Sie wissen, dass nicht eine Seite stärker sein wird als die andere?“

„Wir haben unsere Quellen. Die Deutschen mögen jetzt mehr Waffen haben, aber die Westalliierten haben mehr Geld und werden Waffen aus Amerika kaufen. Es wird ein langer, zermürbender Krieg. Wir werden viele Jahre lang neutral sein. Wenn in Europa der Moment für die Weltrevolution gekommen ist, dann übernehmen wir die Macht, ohne auch nur einen einzigen Schuss abzufeuern.“

Er sprach voller Zuversicht. Er träumte den uralten Traum aller Nationen: Während die Rivalen einander im Konflikt zerstören, häufen sie die politischen und wirtschaftlichen Vorteile ihrer Neutralität an. Was könnte leichter sein, denn als glücklicher Erbe aus der Asche anderer Nationen emporzusteigen? Gelegentlich mag dieser Plan für eine Weile aufgehen, doch für gewöhnlich holt die Geschichte die Intriganten ein.

Polnische Flüchtlinge, unter denen innerlich ruhige Exemplare eine Seltenheit waren, streiften in der Stadt umher. Sie sorgten sich um ihre Frauen oder Freundinnen, die sie hinter deutschen Linien zurückgelassen hatten. Es entstand ein neues Geschäft: Professionelle Schmuggler wurden nach Warschau geschickt, um Menschen nach Vilnius zu holen. In dieser Geschäftskette gab es mehrere Glieder, von denen jedes einen bestimmten Preis für seine Dienstleistung verlangte. Zu jener Zeit gab es noch kein Ghetto in Warschau und es war verhältnismäßig leicht, Menschen aus der Stadt zu schmuggeln. Die ersten Geretteten waren bereits in Vilnius eingetroffen. Sie waren heiß begehrte Gesprächspartner für all jene, die mehr Informationen wollten.

Die Flüchtlinge sorgten sich auch um ihr polnisches Geld, das sie den ganzen Tag in kleinen Säckchen, die ihnen vom Nacken zum Gürtel herabhingen, mit sich herumtrugen. Die sichere physische Verwahrung hielt die Banknoten allerdings nicht davon ab, stündlich an Wert zu verlieren. Auch die Flüchtlinge kauften allerlei Konsumgüter, die sie später in neue Währung würden eintauschen können.

Der Schwarzmarkt auf der Rudnicka-Straße erlebte eine beinahe offizielle Blütezeit.[2] Schmugglerbanden brachten in Käse und Butter versteckte polnische Banknoten auf die andere Seite der russischen Zone und importierten in ihren Schuhsohlen versteckte Dollarnoten. In der weißruthenischen Zone außerhalb von Vilnius und in anderen Teilen des ehemaligen Polen war der polnische Złoty noch gesetzliches Zahlungsmittel. Deshalb wurden Złoty aus Vilnius exportiert und Dollar, die armen Juden abgekauft wurden, die sie in Briefen von Verwandten aus Amerika erhalten hatten, nach Vilnius importiert.

Die Flüchtlinge sorgten sich auch um Einwanderungsvisa. Sie wollten wissen, wohin es von hier aus für sie weiterging. Einige schrieben im Ausland lebenden Verwandten und Freunden; andere wandten sich an Schwarzhändler. Ein weiterer Handel schoss aus dem Boden: Visa in unterschiedliche Länder zu den unterschiedlichsten Preisen, in Dollar. In fast jedem Haus in Vilnius lebten Flüchtlinge. Durch die dünnen Wände meines Zimmers hörte ich permanent Wörter und Satzfetzen wie „Dollar“, „Visa“, „Honduras“, „Ecuador“ und „Guatemala“, „gerade aus Warschau angekommen“ und „in der Nähe von Białystok erwischt“. Manchmal hörte ich auch das Wort „Nudeln“, das mittlerweile für „Dollar“ verwendet wurde. All diese Menschen diskutierten leidenschaftlich über einen Zufluchtsort und das Leben. Ihre Kämpfe trugen sie an neu gezogenen Verteidigungslinien aus.

Einige Tage nach meiner Ankunft in Vilnius schickte ich Telegramme ins Ausland: Eins ging an Karl Schlyter, den ehemaligen Justizminister Schwedens, ein anderes an Graf Carton de Wiart, den Präsidenten der Internationalen Strafrechtsgesellschaft und ehemaligen Präsidenten des Völkerbunds.[3] Wir hatten viele Jahre lang bei

---

2 Die Rudnicka-Straße war später die Hauptstraße des Großen Ghettos in Vilnius.

3 Der Beitrag von Henri Carton de Wiart (1869–1951) war entscheidend für die Unterzeichnung der Genozidkonvention durch Belgien.

internationalen Konferenzen zusammengearbeitet. Ich berichtete über mein Vorhaben, in die USA zu gehen, und fragte, ob sie eine vorübergehende Einreise nach Schweden beziehungsweise Belgien für mich arrangieren könnten. Ein weiteres Telegramm schickte ich an meine langjährigen Freundinnen, die Pédones, ein Mutter-Tochter-Gespann, das ein großartiges französisches Verlagshaus leitete. Ich ließ sie wissen, dass ich am Leben war und fragte, was aus meinem Manuskript zum Thema internationale Zahlungen geworden war, das ich ihnen einige Wochen vor Kriegsbeginn aus Warschau geschickt hatte. Ich machte deutlich, dass seine Veröffentlichung mir dabei behilflich wäre, an einer Universität Fuß zu fassen. Außerdem schrieb ich einen Brief an Professor Malcolm McDermott an der Duke University in North Carolina. McDermott führte für die amerikanische Regierung eine Studie zur Justizverwaltung in Europa durch, unter anderem in Polen. 1926 hatte ich ihm bei seinem Besuch in Warschau assistiert. Wir hatten uns angefreundet und sogar gemeinsam ein Buch zum polnischen Strafgesetz geschrieben, das 1939 vom Verlag Duke University Press veröffentlicht wurde.[4]

Ich ging zur Universität in Vilnius, um Freunde zu besuchen. Es waren zwar keine Vorbereitungen zur Eröffnung des akademischen Jahres getroffen worden, aber einige Seminare für treue Postgraduierte fanden dennoch statt. Hungrige, verunsicherte Professoren wussten nicht, ob es ein Morgen für sie gäbe.

Ich besuchte den Kriminologen Bronisław Wróblewski in seinem Haus. Seine Frau war Malerin. Gemeinsam saßen sie in einem unbeheizten Zimmer. Das Essen, das ihnen verblieben war, hatten sie in kleine gleich große Rationen geteilt und aßen jeden Tag einmal davon. Das Gesicht des Professors hatte die Farbe einer Wachspuppe, seine Augen starrten wie kaltes Glas ausdruckslos durch mich hindurch. Wohin schaute er? Kraftlos tätschelte er einen riesigen

---

A. d. Hrsg.: Mit der Internationalen Strafrechtsgesellschaft bezieht Lemkin sich auf die 1924 als Nachfolgerin der Internationalen Kriminalistischen Vereinigung (IKV) gegründete Association Internationale de Droit Pénal (AIDP) bzw. die International Association of Penal Law (IAPL).

4 A. d. Ü.: Lemkin bezieht sich auf folgendes Buch: Lemkin, Raphael; McDermott, Malcolm: *The Polish Penal Code of 1932 and the Law of Minor Offenses*, Durham: Duke University Press, 1939.

Hund, der vom Hunger derart geschwächt war, dass ihm permanent die Augen tränten. Wróblewski beteuerte, der Hund habe Verständnis für die Situation: Jeden Tag werde das Essen in drei Portionen geteilt und jeder esse seine schnell und schweigend. Der Hund rühre die Portionen seiner Freunde nicht an, selbst wenn er unbeobachtet war.

Vergeblich versuchte ich, den Professor aus seiner Apathie zu rütteln. Ich schlug vor, mich um die Beschaffung eines Visums zu bemühen, sobald ich in Schweden angekommen war. Er ließ nicht mit sich reden. „Das ist meine Stadt; hier möchte ich sterben." Er sprach über den Tod, als stünde er kurz bevor und sei genauso greifbar wie ein Artikel, den er für eine Zeitschrift schreiben würde oder ein Vortrag, den er halten müsste. Dieser zutiefst moralische Mann sah das Ende jeglicher Moral für mindestens hundert Jahre vorher. „Dieses Jahrhundert ist das gewaltsamste, amoralischste aller", wiederholte er immer wieder. „Wann auch immer der Krieg endet, die Menschen werden ihre verlorenen moralischen Standards nicht wiedererlangen, sondern sich auch in Friedenszeiten weiter wie Barbaren verhalten."

Ich erwiderte: „Wir befinden uns in einem Jahrhundert des Übergangs zu einer anderen Art Kultur und anderen Werten in Regierung, Wirtschaft, Denken und Fühlen. Noch können wir die Veränderungen lediglich erahnen. Wir spüren sie eher, als dass wir sie vollständig begreifen." Für einen Moment schwieg ich und tätschelte den armen Hund.

„Moralische Standards brechen in allen Übergangsperioden zusammen", fuhr ich fort. „Das bedeutet nicht, dass wir das untätig hinnehmen sollten. Wir müssen versuchen, sie wieder aufzurichten, und wir müssen sie stärker errichten. Wir können die Veränderungen nicht ignorieren; wir müssen sie berücksichtigen."

„Wurden Sie nicht 1933 davon abgehalten, Ihre neuen Definitionen für die internationalen Verbrechen der Barbarei und des Vandalismus zu etablieren?", warf der Professor ein.

„Ich werde es wieder versuchen", entgegnete ich. „Vielleicht werde ich wieder abgehalten, aber dann werde ich es wieder versuchen." Ich konnte sehen, dass er skeptisch war. „Menschen mit Ideen sind wie Cleopatra-Zellen in der Botanik. Ihre Samenzellen dringen in den Boden ein und werden zerstört. Mit ihrem Tod ebnen sie jedoch den Weg für andere Zellen, die zu einer Pflanze heranwachsen."

Wróblewski schüttelte den Kopf. Er war ein gebrochener Mann mit gebrochenem Glauben. Ich hingegen hatte mir inmitten der Flut meinen Optimismus bewahrt. Wir sprachen unterschiedliche Sprachen.

Zu einem späteren Zeitpunkt, in Freiheit im Ausland, stellte ich Nachforschungen zum Schicksal des Professors an und erfuhr, dass er eines Tages bei einem Spaziergang von seinem Hund angefallen worden war. Der Hund war plötzlich durchgedreht und hatte ihn tödlich verletzt.

Ich machte viele lange Spaziergänge in Vilnius. Vor langer Zeit hatte ich hier ein Gymnasium besucht, das der amerikanischen Highschool und dem Junior College entsprach. Diese wunderschöne Stadt war einst die Hauptstadt des Polnisch-Litauischen Reiches gewesen. Die Hochzeit der polnischen Königin Hedwig von Anjou mit dem litauischen König Jogaila baute die romantische Beziehung der beiden Herrscher zu einem persönlichen Bündnis der beiden Staaten aus. Diese Romanze scheint der Geschichte der polnisch-litauischen Beziehungen einige Zutaten des Ehelebens beigemengt zu haben: Liebe, gemischt mit Hass.

Ich bestieg den Berg in den Außenbezirken der Stadt und blickte in die Ferne. Mit seiner ruhigen Gelassenheit und reinen Luft verriet der Berg nichts über die deprimierende Atmosphäre, die an seinem Fuße vorherrschte. Er verschaffte mir einen Blick aus der Vogelperspektive, im wörtlichen und übertragenen Sinn, den ich zu jener Zeit besonders brauchte. Von hier oben waren nicht nur die ganze Stadt, sondern auch die Täler, Hügel, Wälder und Seen zu erkennen, die sich friedlich bis zum fernen Horizont erstreckten. Wenn nur Menschen und Nationen sich bemühen könnten, für eine Weile in derartiger Harmonie vereint zu bleiben.

Plötzlich fiel mir ein, dass ich auf eben jenem Berg vor Jahren mein erstes Rendezvous mit einem Mädchen gehabt hatte. Ich dachte an ihre braune Schulmädchenuniform und ihre kühle zarte Wange, die ich schüchtern mit meinen Lippen gestreift hatte. In jenem Moment, und auch jetzt, erinnere ich mich lebhaft an ihren rätselhaften Blick, der auf einen Punkt in der Ferne gerichtet zu sein schien. Ich erinnere mich auch daran, wie sehr ich sie auf den Mund küssen wollte, und wie dieser Wunsch in mir erstickt wurde durch etwas, das ich nicht verstand.

Die Leute jubelten. Endlich war Litauen neutral. Am nächsten Tag ging ich zum militärischen Befehlshaber, um eine Reiseerlaubnis in die Hauptstadt Kaunas zu beantragen, wo ich in engerem Kontakt mit den Konsulaten anderer Länder würde stehen können. Er riet mir, Geduld zu bewahren und abzuwarten.

Ich erhielt einen Brief von meinen Eltern. Sie schrieben, wie sehr sie sich gefreut hatten, dass wir alle noch einmal zusammengekommen waren. Alles sei gut – der übliche gedämpfte Optimismus mit den kaum verhohlenen Sorgen. Über traurige Dinge schrieben sie nie, doch ich konnte zwischen den Zeilen lesen. Ein Flüchtling aus Warschau war bei ihnen vorbeigekommen und hatte gesagt, er sei mein Freund und Kollege. Sie hatten ihn eingeladen, bei ihnen unterzukommen. Bald werde er nach Vilnius kommen und habe im Gegenzug für ihre Gastfreundschaft versprochen, ein Päckchen mit dem Kuchen meiner Mutter und ein Glas Marmelade mitzubringen.

In hohen Stiefeln und mit unzähligen Kuchen beladen erreichte Benjamin Tomkiewicz wie angekündigt Vilnius. Er brachte die Wärme meines Elternhauses und ein Kuchenpaket mit sich, das den vertrauten Duft des Ofens meiner Mutter verströmte.

Die Ungezwungenheit unserer gemeinsamen Vergangenheit und unseres beruflichen Lebens im heiteren Warschau stellte sich schnell wieder ein. Es war ein Fest zu Ehren der Nostalgie, das einzig von den häufigen Seufzern meines Freundes unterbrochen wurde. Er war ein unglücklicher Mann. Er hatte seine alte Mutter zurückgelassen, mit der und für die er gelebt hatte. Ich wollte ihn ablenken, doch er war sowohl ein brillanter Anwalt als auch ein notorischer Pessimist und versuchte hartnäckig, mich davon zu überzeugen, dass es sehr schlecht aussah und wir nie wieder so glücklich sein würden wie wir es in Warschau gewesen waren. Mir war sehr wohl bewusst, dass diese Tage der Vergangenheit angehörten; ich hatte bereits eine neue Meinung zu persönlichem Glück entwickelt.

„Es ist zwecklos, in Erinnerungen zu schwelgen", sagte ich ihm. „Die großzügigen Anwaltshonorare, das leere Geschwätz über unsere endlose berufliche Weisheit, die teuren Möbel und das Landhaus werden nie zurückkehren. Sollten sie jemals wieder an meine Türe klopfen, werde ich sie nicht hereinbitten. Sie machten mich nie wirklich glücklich; sie berauschten mich nur für eine Weile. Als Staats- und Rechtsanwalt diente ich der Macht und genoss falsches Prestige. Nur wenn ich für ein Ideal kämpfte, lebte ich wirklich. Den Rest meines Lebens werde ich meiner Berufung widmen – der Ächtung der Zerstörung von Völkern."

„Klingt gut", sagte er zweifelnd, „und ich wünsche Ihnen Glück dafür, aber wieso können Sie nicht beides haben?"

„Sie wissen, dass das unmöglich ist", sagte ich. „Die eigene Gier und der Machtinstinkt, die dieser Lebensstil unweigerlich hervorbringt, würden mir im Weg stehen. Man kann nicht zwei Göttern gleichzeitig dienen. Wie ein antiker Gott verlangt ein Ideal stetige Aufopferung, ungeteilte Loyalität, vollständige Hingabe und Selbstverleugnung."

Plötzlich hatte ich das Gefühl, einem engen Freund eine Moralpredigt zu halten und hielt beschämt inne.

Eine Woche später stieg ich in einen Zug nach Kaunas. Da ich ein Visum für Schweden erwartete, wollte ich mich in unmittelbarer Nähe des schwedischen Konsulats aufhalten. Ich kam im Haus eines Anwalts unter, an den mich Freunde aus Vilnius verwiesen hatten.

Die Familie meines Gastgebers war in der Schweiz. Er hatte viel Zeit und wie die meisten Anwälte genoss er es, in Monologen zu sprechen. Ich erlebte eine Neuinszenierung meines Lebens als Warschauer Anwalt – in Kaunas-Version. Wie oft hatte ich mir schon Anekdoten zu Gerichtsfällen anhören müssen, die eigentlich nur für den erzählenden Anwalt von Interesse waren? Ein schwieriger Fall, ein großzügiges Honorar, der erstklassige Eindruck, den man auf den Richter hinterlassen hatte – und all das dank einer einzigartigen Kenntnis des Gesetzes. Während der zweite Anwalt dem ersten zu lauschen scheint, bereitet er innerlich schon seine eigene Geschichte vor – ein noch komplizierter Fall mit noch größerer juristischer Genialität und daher einem noch großzügigeren Honorar.

Ist ein Anwalt reich oder des Einstreichens von Honoraren müde, geht er in die Politik. Manchmal tut er auch beides gleichzeitig. Hin und wieder nimmt er sich eines aussichtslosen Falls an und hält vor Gericht flammende Reden. Zu solchen Gelegenheiten schmückt sich die gesamte Anwaltschaft mit den Lorbeeren seines Idealismus. Ich kann nur davon abraten, sich mit einem Anwalt anzulegen: Im Kampf entgeht ihm kein Detail. Man muss ihn wohl einfach nehmen, wie er ist. Auch wenn der Anwalt beträchtlichen Einfluss auf die Gesellschaft ausübt, entbehrt er im Allgemeinen eines sozialen Bewusstseins und der Leidenschaft und ist deshalb außerstande, größere Veränderungen in der Geschichte zu bewirken. Gelegentlich kann man einen Anwalt für eine gute Sache gewinnen, solange es einem gelingt, ihn davon zu überzeugen, dass es seine Idee war oder er danach noch wichtiger sein wird als vorher. Ich hatte in meinem Leben viele Schwierigkeiten mit Anwälten und nur, weil ich selbst Anwalt bin, konnte ich die Hindernisse, die sie mir in den Weg legten, überwinden.

Zum ersten Mal seit ich Warschau verlassen hatte, lebte ich unter Menschen, die selbst keine Flüchtlinge waren. Sie wussten nicht, was die Zukunft für sie bereithielt. Ich sah mich gezwungen, meine gegenwärtige Lebenssituation mit ihrer zu vergleichen. Schon als ich permanent auf der Flucht gewesen war und einer konkreten Gefahr nach der anderen entkommen musste, hatte ich mich Flüchtling genannt. Aber erst jetzt, da meinem Leben und meiner Freiheit keine direkte, unmittelbare Gefahr drohte, wurde ich zu einem wahrhaftigen Flüchtling. Nun drohte mir der Verfall meiner Persönlichkeit, durch Untätigkeit, Apathie, den Verlust von Selbstwertgefühl und Selbstbestimmung, und nicht zuletzt auch durch die Tatsache, immerzu vom Tisch Anderer essen zu müssen. Dante, ein Flüchtling aus seiner Heimatstadt Florenz, beschrieb, wie bitter das Salz des Brotes eines Anderen schmeckt, und wie hart es ist, die Stufen eines Anderen hinauf- und hinabzusteigen.[5]

---

[5] Lemkin bezieht sich auf Dantes *Göttliche Komödie:*

Du wirst dich Allem, was du liebst, entwinden,
Und wirst, wenn dies dir bittern Schmerz erweckt,
Darin den ersten Pfeil des Banns empfinden.
Wie fremdes Brod gar scharf versalzen schmeckt,
Wie hart es ist, zu steigen fremde Stiegen,
Wird dann durch die Erfahrung dir entdeckt.
Doch wird so schwer nichts deinen Rücken biegen,

War ich in der Vergangenheit Flüchtlingen begegnet, hatte mich ihr geistiger Zustand stets mehr mitgenommen als der körperliche. Flüchtling zu sein ist in erster Linie ein Geisteszustand. Flüchtlinge, die vor allem kulturellen Tätigkeiten nachgegangen sind, verlieren mit der Flucht den geografischen und menschlichen Kontext ihrer Inspiration: Dem Maler fehlen die heimatlichen Landschaften, dem Dichter die weißen Birken, dem Staatsmann die Formen lokaler Ungerechtigkeit; sogar dem Arzt fehlen die lokalen Krankheiten. Der Flüchtling wird zu einem gebrochenen Stift; es gelingt ihm nicht, die verlorenen Werte seiner Vergangenheit mit den konfusen, feindseligen Werten seines gegenwärtigen Zustands der Enteignung und Aberkennung zu vereinen. Flüchtling zu sein ist die *Capitis Diminution*, der Fall des modernen Mannes, manchmal auch das Ende des geistigen Lebens und der kreativen Schöpfung. Der Flüchtling wird zum Phantom. Dem Nichtgeistigen ergeht es besser, denn der Wert körperlicher Arbeit ist universellerer Natur. Das von heftigen gesellschaftlichen und moralischen Umwälzungen geprägte zwanzigste Jahrhundert ist das Jahrhundert des Flüchtlings, der mit einer Lunge und einer Niere lebt. Die beständige Unbeständigkeit, die Außerkraftsetzung seiner Werte, die Enttäuschung seiner Hoffnungen, die quälende Unsicherheit und die Sehnsucht nach Normalität verwüsten seine Seele, Stück für Stück.

Drei Dinge hatte ich im Leben vermeiden wollen: eine Brille zu tragen, mein Haar zu verlieren und zu einem Flüchtling zu werden. Nun waren alle drei Dringe erbarmungslos in eben dieser Reihenfolge eingetreten.

Als die Gesellschaft jener schlechten Schaar,
Mit welcher du dem Bann wirst unterliegen.
Ganz toll, und ganz verrucht und undankbar,
Bekämpft sie dich; doch zeiget bald, zerschlagen,
Ihr Kopf, nicht deiner, wer im Rechte war.
Wie dumm sie ist, das wird ihr Thun besagen;
Und daß du für dich selbst Partei gemacht,
Wird dir erwünschte, schöne Früchte tragen.

(*Das Paradies*, Siebzehnter Gesang)

A. d. Ü.: Zitiert nach Alighieri, Dante: *Die Göttliche Komödie*, Streckfuß, Karl (Übers.), Halbleinen: Wegweiser-Verlag, 1922.

Ich wusste, ich würde meine Stellung als Flüchtling nur mithilfe meines Verstandes zu ändern vermögen: indem ich meine intellektuelle Arbeit fortsetzte und die Konzepte meiner Welt erweiterte – es bedurfte eines Bewusstseins für die Einheit der Welt, ungeachtet ihrer aussichtslosen Teilung zu jener Zeit.

Ich erhielt einen Brief von den Pédones, meinen Pariser Verlegerinnen, mit der ersten Korrekturfahne meines Buches. Der Brief war wie ein Schiff mit Essensvorräten, das einen ausgehungerten Teufel erreicht. Die Pédones schrieben, wie sehr sie sich freuten, mein Buch zu veröffentlichen und damit einem Freund der Familie helfen zu können. Sie schickten mir Kopien meines Madrider Entwurfs von 1933 zur Etablierung von Akten der Barbarei und des Vandalismus als internationale Verbrechen. Ich begann mit der Überarbeitung des Textes. Das Ergebnis waren neue Vorschläge zur Ächtung des Genozids, die ich 1944 in meinem Buch *Axis Rule in Occupied Europe*[6] unterbreitete, 1945 bei der Londoner Konferenz, bei der ich den Genozid in die Anklageschrift der Nürnberger Prozesse einbrachte, und seit 1946 vor der Generalversammlung der Vereinten Nationen.

Ich stattete Mr. Zalkauskas, dem Vorsitzenden des Bezirksgerichts Kaunas, einen Besuch ab. 1935 hatte ich seine Frau und ihn bei der Konferenz zur Vereinheitlichung des Strafrechts in Kopenhagen kennengelernt.

„Wie konnte das so schnell passieren?", fragte er mich, als wir in seinem Büro saßen. „Wie kann ein Staat innerhalb von nur drei Wochen verschwinden?"

Damals klang seine Frage für mich wie: „Wie ist es möglich, dass Herr X gestern gestorben ist? Wir haben doch vor einer Woche noch gemeinsam zu Abend gegessen." Es war unmöglich, es ihm zu erklären; Europa war zu jener Zeit zweigeteilt: in diejenigen, denen es schon passiert war, und diejenigen, denen es noch nicht passiert war. Mr. Zalkauskas sollte es einige Zeit später passieren. Als ich 1951 in Chicago am Inkrafttreten der Genozidkonvention arbeitete, klopfte es morgens um halb sechs an meiner Zimmertür

---

[6] A. d. Ü.: Dt. *Die Herrschaft der Achse im besetzten Europa.*
A. d. Hrsg.: Lemkin bezieht sich auf die Achse Berlin-Rom-Tokio.

im Morrison Hotel.[7] Ein Mann entschuldigte sich für die frühe Störung; er arbeite bis spät in die Nacht als Fahrstuhlführer in einem Hotel und könne nur zu dieser Zeit kommen, um mich zu sehen. Dieser Mann war Mr. Zalkauskas.

In Kaunas traf ich über Mr. Zalkauskas männliche und weibliche Mitglieder der hauptstädtischen Regierung und Gesellschaft und erlangte einen Einblick in das Leben dieser Nation, der es in der Zwischenkriegszeit gelungen war, eine späte und mittlerweile wieder verlorene Unabhängigkeit zu erreichen.

Die Litauer waren im Grunde genommen ein demokratisches Volk. Sie hatten keinen eigenen Adel. Der litauische Landadel war polnischer Herkunft und wurde wegen seiner etwas zu freundlichen Beziehungen zu Warschau mit Argwohn betrachtet; man gewährte ihm kaum Einfluss. Die Litauer entwickelten sich als eine Nation der Landwirte – tüchtig, sparsam, bodenständig, stur, religiös, erfolgreich. Sie verstanden ungemein viel von landwirtschaftlichen Genossenschaften.

Und doch wuchs eine Mischung aus Bürokraten und Militärs allmählich zu selbsternannten Mavericks der Nation heran.[8] Dieser Evolutionsstrang begann bei Premierminister Voldemaras 1927 und verlief bis zu Premierminister Merkys 1939–40.[9]

In kultureller und sprachlicher Hinsicht war die litauische Nation bemerkenswert. Litauisch ist die einzige Sprache Europas, die sich eine lebhafte Verbindung zum altertümlichen Sanskrit bewahrt hat. Sie stammt aus der Zeit, als die Arier die Welt von der Ostsee

---

[7] A. d. Ü.: Der vollständige deutsche Titel des Vertrages lautet „Konvention über die Verhütung und Bestrafung des Völkermordes", die geläufigste Kurzform „Völkermordkonvention". Um Lemkins Wortschöpfung Rechnung zu tragen, wurde jedoch (in Analogie zur Verwendung von „Genozid" statt „Völkermord", s. o.) in der gesamten Übersetzung der v. a. in wissenschaftlichen Publikationen gebrauchte Begriff „Genozidkonvention" verwendet. Teile der Konvention, die im Text zitiert werden, werden nach der Übersetzung zitiert, die im Rahmen der Bekanntgabe des Gesetzes über den Beitritt der Bundesrepublik Deutschland am 12. August 1954 im Bundesgesetzblatt, Jahrgang 1954, Teil II, S. 729–739 veröffentlicht wurde.

[8] A. d. Hrsg.: *Maverick*. Nonkonformist, Dissident. Abgeleitet vom Namen des Unterzeichners der Unabhängigkeit von Texas, Samuel Augustus Maverick (1803–1870). Im englischen Sprachgebrauch bezeichnet *maverick* eine Person, die in ihrem Handeln Eigeninitiative und Unabhängigkeit beweist und sich nicht an die Vorschriften einer Gruppe hält.

[9] A. d. Hrsg.: Augustinas Voldemaras (1883–1942) und Antanas Merkys (1887–1955).

bis zum Mittelmeer und zum Indischen Ozean beherrschten. Es war faszinierend, Restaurantschilder zu lesen, die dieselben Namen trugen wie in den uralten Aufzeichnungen der hethitischen Könige. Da ich Philologie studiert hatte, bevor ich meine Seele dem Teufel des Rechts verkaufte, beherrschte ich etwas Sanskrit und Litauisch. Ich kaufte mir ein Wörterbuch und begann, jeden Tag Zeitung zu lesen. Langsam arbeitete ich mich von den Überschriften zu den Inhalten vor. Es war eine lohnende Erfahrung, die mir dabei half, die Menschen um mich herum und insbesondere ihre uralte Kultur, die nichts an Vitalität eingebüßt hatte, schätzen zu lernen.

Ich besuchte Professor Karsawin, der an der Universität Kaunas tätig war.[10] Der in Russland geborene und sozialisierte Professor war nach der bolschewistischen Revolution nach Kaunas gekommen, wo er Slawische Literatur lehrte. Er war ein großer Mann mit aufrechter Haltung und einem hübschen Gesicht mit langem schmückenden Bart und lebhaften Augen. Seine Schwester war die berühmte russische Balletttänzerin Karsawina. Karsawin war kreativ und gebildet und hatte es zum Theoretiker der Eurasischen Bewegung gebracht. Er war davon überzeugt, dass Europa nur eine asiatische Halbinsel ist, Europa und Asien eine Kulturgemeinschaft bilden und dies besonders für Russland gilt. Als ich 1941 durch Sibirien reiste, stellte ich fest, wie viel Wahrheit in Karsawins Vision steckte.

Das schwedische Konsulat rief an. Mein Visum war eingetroffen. Zu jener Zeit waren die Konsulate die Götter und erhabenen Herrscher über die Flüchtlinge. Die Flüchtlinge studierten ihre Götter, von deren Eigenheiten und Gesprächsgepflogenheiten sie von Leuten erfahren hatten, die bereits von ihnen empfangen worden waren. Die Wartezimmer wurden zu Treffpunkten, an denen die Flüchtlinge immer wieder zusammenkamen – die Macht der Gewohnheit. Danach gingen sie weiter in die Cafés Monica oder Konrad, wo sie ihren Freunden berichteten, dass sie gerade aus dem Konsulat kamen und ihr Visum noch nicht eingetroffen war. Für eine geraume Zeit bestand die Beziehung zwischen Flüchtling und Konsulat de facto in nichts anderem als Warten.

---

10 A. d. Hrsg.: Lew Platonowitsch Karsawin (1882–1952).

Der schwedische Konsul setzte einen gewaltigen königlichen Stempel auf meinen Pass und wünschte mir Glück. Am nächsten Tag saß ich im Zug nach Riga, der Hauptstadt Lettlands, eines weiteren neutralen baltischen Staates, wo ich mehrere Tage auf einen Flug nach Schweden warten musste.

Riga hatte mehr zu bieten als Kaunas. Die Gebäude waren majestätischer, die Frauen eleganter. Das lettische und das litauische Volk mögen verwandt sein, aber die Letten sind wandelbarer und weltgewandter, insbesondere in der Hauptstadt. Sie sind ein unabhängig denkendes Volk, stolz und effizient wie die Litauer. Als ich Udrie besuchte, ein alter Freund und Generalstaatsanwalt des Obersten Gerichts, war er unverblümter als meine litauischen Freunde und wies der ungeschickten polnischen Außenpolitik offen die Schuld am Unglück Polens zu. Seit diesem Gespräch habe ich nie wieder von ihm gehört. Ich weiß nicht, was aus ihm wurde, als es vorbei war mit der Neutralität seines Landes.

Der berühmte jüdische Historiker Professor Simon Dubnow lebte bei Riga.[11] Ich besuchte ihn in seinem Haus in Kaiserwald, nahe der Hauptstadt. Es war ein frostiger Wintertag mit einem stechenden, eisigen Wind, der von der Ostsee her wehte. Weiße Vögel mit schwarzen Schnäbeln zogen über den Bäumen um sein Haus ihre Kreise. Als ich sein helles Arbeitszimmer betrat, spürte ich Wogen der Wärme, die sich von einem Kamin mit knisternden Holzscheiten im ganzen Raum ausbreiteten. Das rosige Gesicht des Professors war freundlich und lebhaft. „Um sich von der Kälte des Baltikums zu erholen, braucht es mehr als einen Kamin. Sie sollten sich auch von innen wärmen." Er bot mir eine willkommene Tasse Tee an.

„Es ist so angenehm friedlich hier", bemerkte ich.

„Die Ruhe vor dem Sturm", erwiderte er.

„Wo, meinen Sie, wird er beginnen?"

„Nun, da sich Hitler Polen einverleibt hat, plant er, während wir hier gemütlich vor dem Kamin sitzen, seinen nächsten Zug. Es ist schon erstaunlich, wie die Vorstöße von Diktatoren die Staatsmänner demokratischer Nationen faszinieren und sogar paralysieren, und wie ungeschoren sie sie mit ihren dreisten Taten davonkommen lassen."

---

11 Simon Dubnow (1860–1941).

„Das galt auch eine Zeit lang für Napoleon", warf ich ein und steuerte unser Gespräch dann vorsichtig in Richtung meines Planes, die Zerstörung von Völkern zu ächten.

Seine Reaktion war lebhaft: „Der grundlegende Wert Ihres Planes besteht darin, die Tat zu einem Verbrechen zu erklären", sagte er. „Wenn schon die Ermordung eines Menschen ein Verbrechen ist, dann muss die Ermordung ganzer Rassen und Völker selbstverständlich ein noch größeres Verbrechen sein."

„Die Ermordung eines Individuums ist ein innerstaatliches Verbrechen, mit dem sich jede Nation auf ihre eigene Initiative mit ihren eigenen Gerichten auseinandersetzt", sagte ich. „Die Ermordung eines ganzen Volkes hingegen muss als internationales Verbrechen anerkannt werden, das nicht nur eine Nation, sondern die ganze Welt angeht. Um die Verbrecher zu bestrafen und künftige Massenmorde zu verhindern, werden die Nationen zusammenarbeiten müssen. Sollte sich so etwas noch einmal abzeichnen, müssten die Nationen handeln. Darüber hinaus wird sich der Täter nicht nur dem Urteil seiner Zeitgenossen, sondern auch dem der Geschichte stellen müssen."

„Das Schrecklichste an dieser Art des Mordes", sagte Dubnow, „ist, dass er in der Vergangenheit nicht länger als Verbrechen angesehen wurde, wenn nur genügend Menschen darin verwickelt waren, die alle zufällig derselben Nationalität, Rasse oder Religion angehörten. Über diese Dinge muss offen gesprochen werden. Man sollte den Nationen die Wahl lassen, ob sie der zivilisierten Weltgemeinschaft angehören wollen. Ich war schon immer der Auffassung, dass die Geschichte zu Gericht sitzen muss", sagte Dubnow.

Auch als die Nazis ihn anderthalb Jahre später zu seiner Hinrichtung führten, dachte der großartige Historiker offenbar an das Urteil der Geschichte. Freunde berichteten mir, dass er mit seinem letzten Atemzug den Zeugen des Geschehens zurief: „Schreibt es auf, schreibt es auf!" – das Testament eines Historikers.[12]

---

[12] Zu Dubnows Ermordung im Zuge des Genozids und seinen letzten Worten schreibt Koppel Pinson:

> „Rigaer Flüchtlinge kennen verschiedene Versionen zu Dubnows letzten Tagen. Sie unterscheiden sich in Details, aber das Hauptgeschehen muss wohl wie folgt abgelau-

Am Vortag meiner Abreise aus Riga besuchte ich mit Freunden das Kunstmuseum. Ich erinnere mich deutlich an eine Skulptur namens *Die Mutter*. Aus dem Gesicht der Statue sahen mir Liebe und Vergebung entgegen. Noch heute blickt die Skulptur auf viele Söhne und Töchter, die so schnell durchs Leben hetzen, dass sie diejenigen, die es ihnen schenkten, vergessen. Doch eine Mutter vergibt immer. Als ich am nächsten Tag durch die eisigen Lüfte des Baltikums nach Stockholm flog, hatte ich das Gefühl, dass ich diesen Teil Europas womöglich für immer zurückließ und meine Eltern jeder ihnen drohenden Gefahr allein würden begegnen müssen. Die Vision der lettischen Mutter schien mich zu drängen, meine eigene Mutter um Vergebung zu bitten.

Als ich am nächsten Morgen in Stockholm aufstand, frühstückte ich schnell und ging spazieren, um die Stadt einzuatmen und in mir aufzusaugen. Stockholm ist nicht wie New York, Paris oder Berlin, die einen auf den ersten Blick mit ihrer hohen Geschwindigkeit und ihren vielen Lichtern überwältigen. Die Stadt wächst einem langsam, aber stetig und fest ans Herz. Viele Elemente spielen in ihren Charme hinein: der eheliche Bund von Stadt und Wasser; das gespenstische Farbenspiel, wenn die Sonnenstrahlen durch Dunst und Nebel brechen oder bei Sonnenuntergang das Dunkelblau des Wassers auf den Schnee reflektieren; die Sonne,

fen sein: Als die Nazis in Riga einmarschierten, warfen sie Dubnow aus seinem Haus und konfiszierten seine gesamte Bibliothek. Sie luden ihn zur Befragung im Gestapo-Hauptquartier vor und verfrachteten ihn dann in ein Altersheim. Nach einer kurzen Phase der Ghetto-Organisation lösten die Nazis das Rigaer Ghetto Ende Oktober 1941 auf. Einen Monat darauf führten sie ihre erste ‚Aktion' gegen die Rigaer Juden durch. Dubnow war schwer krank, aber Freunden gelang es, ihn für eine Weile versteckt zu halten. In der Nacht vom 7. auf den 8. Dezember führten die Nazis ihre zweite ‚Aktion' durch: Alle Alten, Kranken und Hochschwangeren wurden in Bussen zusammengepfercht. Auch Dubnow wurde nach draußen gezerrt, um in einen der überladenen Busse gestopft zu werden. Er hatte hohes Fieber und war kaum in der Lage, seine geschwächten Beine zu bewegen. Ein lettischer Milizionär trat vor und schoss Dubnow in den Rücken. Der heilige Märtyrer starb an Ort und Stelle. Am nächsten Tag beerdigten ihn einige Freunde auf dem alten Friedhof im Rigaer Ghetto. Man erzählte sich, die letzten Worte, die Dubnow gemurmelt habe, als er zum Bus geführt wurde, seien gewesen: „Brüder, vergesst nicht! Erzählt, was ihr hört und seht! Brüder, schreibt alles auf!" Nicht einmal in der Stunde seines bitteren Endes verließen ihn sein Gespür für die Geschichte und der Geist von *Nahpesa v'nahkora* [der hebräische Titel eines seiner Essays]."

die über das uralte metallische Grün der Dächer tanzt und dabei sowohl ein Gefühl von Alter als auch von Jugend hervorruft; die aufrechten, wohlgeformten Körper von Männern und Frauen in den Straßen – modern gekleidete nordische Götter –; die attraktiven Schaufenster, insbesondere die vielen Buchläden – Zeugnisse einer Stadt, die nicht nur mit ihrem guten Stil, sondern auch mit ihrem hohen Intellekt zu beeindrucken weiß.

In einem dieser Läden kaufte ich ein Buch, um Schwedisch zu lernen. Eine lächelnde Verkäuferin übersetzte mir einige der zahlreichen Titel. Ich erzählte ihr, wie ich mithilfe von Zeitungen und einem Wörterbuch Litauisch gelernt hatte. Sie riet mir, hier dasselbe zu tun, aber dabei nicht die Suche nach einem wandelnden Wörterbuch mit Grübchen zu vernachlässigen, das meinen sprachlichen Studien mehr Anreiz bieten würde. Alles in allem vermittelten mir die Schweden den Eindruck, die morbiden Bräuche der Wikinger längst hinter sich gelassen zu haben und sich nicht mehr den Gedanken eines heldenhaften Todes, sondern dem ausgiebigen Genuss des Lebens hinzugeben.

Die Schweden essen gern und gut. In unzähligen Speiselokalen mit glänzenden Schmortöpfen an den Wänden wurde selbst am Tage das Essen im Kerzenschein serviert. An jedem Tisch kann man seiner ganz persönlichen *saga* lauschen und endlos viel *smörgås* verspeisen, bevor man überhaupt einen Blick in die Karte wirft. Es ist schwedischer Brauch, dass nur das Hauptgericht kostet; das *smörgås* ist kostenlos. Im Winterkrieg, als die schwedische Regierung den Deutschen das Recht gewährte, auf dem Weg nach Finnland schwedisches Staatsgebiet zu durchqueren, hatte dieser Brauch beinahe einen diplomatischen Eklat zur Folge, da die Deutschen stets am Bahnhof in Stockholm Halt machten, sämtliches kostenfreies *smörgås* aßen und dann ihre Reise fortsetzten. Das Restaurant beschwerte sich – vergebens.

Im Großen und Ganzen genossen die Schweden ihre Neutralität. Anders als bei der angespannten zeitweiligen Neutralität der baltischen Staaten herrschte hier keinerlei Unbehagen. Für die Schweden war die Neutralität etwas Natürliches. Gelegentlich rechtfertigten sie sie so: „Wir haben Kriege geführt, Imperien gegründet und sie verloren. Unter Karl XII. sind wir bis Poltawa vorgedrungen.[13] Was bringt es, Kriege zu führen, wenn man dabei Werte zerstört, ohne etwas Dauerhaftes an ihrer statt zu schaffen? Welchen Sinn ergibt die Zerstörung von Städten und Völkern? Wir werden uns nicht am Wahnsinn Anderer beteiligen." Um ihre neutrale Position zu bestärken, zitierten sie gern Chamberlain, der 1938 nach Bad Godesberg geflogen war, um mit Hitler übereinzukommen. Nach seiner Rückkehr sagte er, wenn der Krieg vorbei sei, sei seine Ursache nicht länger relevant, weil sich das Gesamtbild geändert habe. Ich fragte sie, ob Chamberlain sich später wohl darüber bewusst wurde, was England und dem Rest der Welt geblüht hätte, wenn sich das Land nicht in seiner eigenen Existenz bedroht gefühlt hätte. Allerdings konnte ich die Argumentation kaum ernsthaft weiterführen, da auch ich mein Leben der Neutralität verdankte.

Die Besetzung Dänemarks und Norwegens durch die Nazis am 9. und 10. April 1940 forderte die skandinavische Solidarität heraus. Die Neutralität begann am Gewissen der Schweden zu nagen. Als bekannt wurde, dass der deutsche Gesandte in Norwegen im Vorfeld des Einmarsches Gäste von hohem Rang, darunter Mitglieder der norwegischen Regierung, in das Gesandtschaftsgebäude eingeladen hatte, um einen deutschen Film über die Eroberung Polens durch die Nazis zu schauen, waren sie tief entrüstet. Der Film zeigte grausame Bilder der Bombardements Warschaus mit dem Begleittext: „Das haben sie ihren englischen und französischen Freunden zu verdanken." Die Gäste waren schockiert. Es wurde angenommen, die Filmvorführung war zur Terrorisierung der norwegischen Regierung genutzt worden. Als ich diese Geschichte hörte, dachte ich unweigerlich an die Nacht des 6. September 1939 zurück – weniger als ein Jahr zuvor –, als ich durch die brennenden Straßen Warschaus zum letzten Zug lief, der die Hauptstadt verlassen sollte.

Ich erhielt einen Brief von Graf Carton de Wiart, in dem er mir mitteilte, dass mich in der belgischen Gesandtschaft ein Visum erwarte. Ich plante, Belgien als Zwischenstopp zu nutzen, hatte aber noch nichts Endgültiges von Professor McDermott zu einer

[13] A. d. Hrsg.: Die Schlacht bei Poltawa zwischen Russland unter Zar Peter I. und Schweden unter Karl XII. wurde am 8. Juli 1907 in der Nähe der gleichnamigen Stadt im Osten der Ukraine ausgetragen. Der überwältigende Sieg der Russen bedeutete für Karl XII. das moldawische Exil und für Schweden das Ende als europäische Militärmacht.

Lehrtätigkeit an der Duke University gehört. Beim Besuch der Landesvertretung hatte ich Gelegenheit, den belgischen Gesandten kennenzulernen, der mir sein Mitgefühl zum Unglück Polens aussprach und den Verlust an menschlichem Leben und menschlicher Schaffenskraft unter den Flüchtlingen beklagte.

Am 10. Mai 1940 marschierten die Nazis in Belgien und in die Niederlande ein. Zur selben Zeit stießen sie auch Richtung Paris vor. Belgien war innerhalb weniger Tage vollständig besetzt. Nun war es an mir, dem belgischen Gesandten mein Beileid auszusprechen: Nun teilte sein Land das Schicksal Polens, und der Graf war zu einem Flüchtling der Extraklasse mutiert.

Einige Tage später besuchte ich das polnische Konsulat. In den Fluren wimmelte es von polnischen Flüchtlingen. Besonders aufgeregt waren die in Stockholm gestrandeten ehemaligen Offiziere der polnischen Armee, die von der jähen Schwäche der Alliierten entgeistert waren. Doch als Militärs ließen sie es sich nicht nehmen, die traurige Rehabilitation der Ehre ihrer Armee zu genießen: „Unsere Verbündeten sind innerhalb weniger Tage außer Gefecht gesetzt worden; bei uns hat es drei Wochen gedauert", prahlten sie.

Mittlerweile war mein Buch zu internationalen Zahlungen in Paris erschienen. Auch die schwedische Fachpresse druckte es. Mein Freund Karl Schlyter, ehemaliger schwedischer Justizminister, schlug vor, dass ich doch an der Universität Stockholm Vorträge zum Thema halten könne. Ich traf mich mit Gösta Eberstein, dem Vizepräsidenten der Universität. Wir waren uns einig und er sprach mir eine Einladung aus. „In welcher Sprache werden Sie vortragen?", fragte er.

„In welcher Sprache soll ich denn vortragen?", lautete meine Gegenfrage. „Ich kann ein bisschen Schwedisch – ich lerne jeden Tag."

Eberstein stellte mein Schwedisch auf die Probe. Er verstand mich zwar, war aber unzufrieden mit meiner Aussprache. Freunde riefen eine ehemalige Schauspielerin an, die sich dazu bereit erklärte, ein paar Stunden pro Woche mit mir an meiner Aussprache zu arbeiten.

Ich begann mit der Vorbereitung meiner Vorträge. Dabei stützte ich mich maßgeblich auf mein französisches Buch, aus dem ich mit etwas Hilfe Auszüge ins Schwedische übersetzte. Immer, wenn ein Vortrag fertig war, las ich ihn meiner Lehrerin vor. Es lief gut – sie war sehr zufrieden. Als meine Vorträge schließlich angekündigt wurden, konnte ich immer noch nicht glauben, dass ich mich nach nur fünf Monaten Aufenthalt in diesem Land auf Schwedisch an ein Publikum wenden würde. Es kamen rund dreihundert Menschen, um mich sprechen zu hören, darunter viele Mitglieder des Lehrkörpers sowie der Vizepräsident der Universität.

Mir wurde vorgeschlagen, meine Vorträge in schwedischer Sprache zu veröffentlichen, und bereits kurz darauf erschien mein erstes Buch auf Schwedisch unter dem Titel *Exchange Control and Clearing.*[14] Dieser linguistische Erfolg bedeutete mir viel. Er verschaffte mir intellektuelle Selbstsicherheit und half mir dabei, mich geistig vom Fall des modernen Mannes zum Flüchtling zu erholen. Doch am meisten freute ich mich darüber, meine intellektuelle Schatzkammer um das Verständnis einer neuen Kultur erweitern zu können. Stets erinnerte ich mich an die Worte Victor Hugos: „Wie viele Sprachen du sprichst, sooft mal bist du Mensch."[15]

Oft aß ich mit schwedischen Freunden zu Abend. Abendessen sind in Schweden formeller als andernorts in Europa. Beim Essen, und vor allem beim Trinken, gilt es viel Etikette zu beachten. So gibt es für Gäste eine ganz spezielle Reihenfolge des Anstoßens: erst mit der Gastgeberin, dann mit dem Nachbarn zur Rechten und schließlich mit dem zur Linken. Das Glas darf dabei nicht höher erhoben werden als der obere Hemdknopf und man muss demjenigen, auf den angestoßen wird, direkt in die Augen sehen. Jeder Trinkspruch wird mit dem Wort *skål*, schwedisch für „Schädel", beendet. Dies rührt von der alten Gewohnheit der Wikinger her, die Schädel ihrer geschlagenen Feinde als Trinkgefäße zu verwenden. Für einen Gast aus dem Ausland wäre es allerdings wenig ratsam, diese historischen Reliquien während eines schwedischen Abendessens zur Sprache zu bringen.

---

14 Eine Kopie dieses Buches gibt es bei der American Jewish Historical Society (AJHS). A. d. Ü.: Dt. *Kontrolle und Clearing des Devisenhandels.*

15 A. d. Ü.: Victor Hugo (1802–1885). Die Worte scheinen eher Johann Wolfang von Goethe (1749–1832) zugeschrieben zu werden. Ebenfalls in Verbindung gebracht werden sie, historisch später und auf Goethe verweisend, mit einem tschechischen Sprichwort und Tomáš Garrigue Masaryk (1850–1937).

Die Schweden verwenden Titel, die den beruflichen und gesellschaftlichen Status einer Person präzise beschreiben. So wird etwa die Frau eines am Bahnhof arbeitenden Kassierers mit folgendem vollständigen Titel angesprochen: „Frau Fahrkartenkassierer-am-Bahnhof". Die Länge des Titels spielt keine Rolle; auf Vollständigkeit und Genauigkeit kommt es an. Die Wichtigkeit, die Titeln beigemessen wird, scheint Ausdruck einer übertriebenen Ernsthaftigkeit zu sein, die das Verhalten der Schweden beherrscht. Wenn Schweden beschließen, sich zu amüsieren, dann in Form einer formell verkündeten Entscheidung: „Lassen Sie uns eine gute Zeit haben."

Doch falls jemand denkt, Schweden sei zu jener Zeit ein glückliches Land gewesen, so täuscht er sich. Zwar regnete es keine Bomben auf die Köpfe der Bevölkerung, aber angesichts der ständigen schlechten Nachrichten lagen ihre Nerven blank. Am 20. Juni 1940 marschierten russische Truppen in die drei baltischen Staaten Litauen, Lettland und Estland ein und verleibten sie in Windeseile der Sowjetunion ein.

Ich sorgte mich weiterhin um die Menschen in Polen. Ich wollte herausfinden, was die Nazis dort trieben. Als Anwalt wusste ich um die Bedeutung offizieller Dokumente für das Verständnis der Politik. Die Absichten der Nazi-Regierung würde ich einzig in ihrer Rechtssetzung, ihren Erlassen und Verordnungen nachlesen können. Ein Erlass ist ein objektiver und unwiderlegbarer Beweis.

Zentral- und Westeuropa waren mittlerweile beinahe vollständig besetzt. Eine Neuordnung des Kontinents wurde ausgerufen. Gab es unter Hitler überhaupt noch Platz für Nicht-Deutsche? Hitler war einer der wenigen Politiker der Geschichte, die ihre Absichten bereits viele Jahre vor der Machtübernahme verkündeten. Doch entweder lasen die Staatsmänner der demokratischen Länder seine Texte nicht oder sie schenkten seinen Worten keinen Glauben. Sie glichen meinem Freund, dem Bäcker in der kleinen wolhynischen Stadt, der sich weigerte, Hitlers Absichten für wahr zu halten, da sie seinem altmodischen Denken zuwiderliefen.

Doch Hitlers Überzeugungen – oder, besser, seine Idiosynkrasien – waren sehr stark. In *Mein Kampf* schreibt er, dass er sie bereits in der frühen Jugend, insbesondere in seinen Wiener Jahren, entwickelt hatte. Er schrieb: „Widerwärtig war mir das Rassenkonglomerat, das die Reichshauptstadt zeigte, widerwärtig dieses ganze Völkergemisch von Tschechen, Polen, Ungarn, Ruthenen, Serben und Kroaten usw., zwischen allem aber als ewiger Spaltpilz der Menschheit – Juden und wieder Juden.“[16] Er versprach, sie wie Schädlinge zu vernichten.

Ich beschloss, Hitlers Pläne von meinem Beobachtungspunkt in Stockholm im Auge zu behalten. Ich hatte Freunde in einem schwedischen Konzern, dessen Warschauer Büro gelegentlich meine Dienste als Anwalt in Anspruch genommen hatte. Ich besuchte ihre Zentrale und bat sie um einen Gefallen: Sie sollten ihre Niederlassungen in den von den Deutschen besetzten Ländern, in denen sie noch arbeiteten, um die Zusendung der offiziellen Amtsblätter bitten. Es war keine schwierige Aufgabe, denn die Amtsblätter waren genauso öffentlich wie die Namen der Länder. Ich begann mit der Lektüre und ergänzte sie um Amtsblätter des Deutschen Reiches, die ich in den Sammlungen der Stockholmer Bibliothek auftat.

Die Lektüre enthüllte folgendes Bild: In *Mein Kampf* sprach Hitler sich dafür aus, dass Deutschland sich nicht außerhalb, sondern innerhalb Europas nach Kolonien umsehen sollte. „Die einzige Möglichkeit zur Durchführung einer gesunden Bodenpolitik [lag] in der Erwerbung von neuem Lande in Europa selber.“ Diese 1924 formulierte Strategie wurde mit dem Erlass vom 8. Oktober 1939, sechs Wochen nach dem Überfall auf Polen, offiziell in die Tat umgesetzt: Die westlichen und nördlichen Gebiete Polens wurden in Deutschland eingegliedert und es wurden Vorbereitungen für ihre Germanisierung getroffen – alles unter der Prämisse, dass nur der Boden, nicht der Mensch germanisierbar sei. Die Polen dieser Gebiete würden gehen müssen.[17] Die Bevölkerung des restlichen

16 A. d. Ü.: Zitiert nach Hitler, Adolf: *Mein Kampf*, Zentralverlag der NSDAP, 1943, S. 135.

17 A. d. Hrsg.: Laut Lemkin unterschied Hitler verschiedene Volksgruppen: Die erste Gruppe, zu der er unter anderem die Holländer, Norweger und Luxemburger zählte, sei mit den Deutschen blutsverwandt; die zweite Gruppe, zu der er unter anderem die Polen, Slowaken und Serben zählte, sei nicht mit den Deutschen blutsverwandt; die dritte Gruppe, zu der er die Juden zählte, solle der Vernichtung zugeführt werden. Während die Völker aus der ersten Gruppe für der Germanisierung würdig befunden wurden, galt bei der zweiten Gruppe lediglich der Boden als germanisierbar; die dritte Gruppe schließlich sollte vollständig vernichtet werden, siehe Raphael Lemkin (1944): *Axis Rule in Occupied Europe*,

Polen würde kopf- oder hirnlos gemacht werden: Die Intelligenz würde liquidiert, die Masse der Bevölkerung hauptsächlich zu körperlicher Arbeit umorganisiert werden. Entnationalisierung, gefolgt von Entmenschlichung. Dies wäre der Tod der Nation im geistigen und kulturellen Sinn. Was das Schicksal der Juden anging, so deuteten unheilverkündende Zeichen auf ihre stufenweise vollständige Vernichtung hin.

Der erste Schritt der Nazis bestand darin, die Juden per Aufnahme in ein Verzeichnis und per Davidstern-Flecken, die sie auf dem rechten Arm zu tragen hatten, zu identifizieren. Das Gesetz legte fest, wer Jude war, und die Definition wurde in die Erlasse der besetzten Länder integriert. Der Erlass, mit dem 1940 das Warschauer Ghetto geschaffen wurde, und der für diejenigen, die es ohne Erlaubnis verließen, die Todesstrafe verfügte, erschütterte mich. Warum die Todesstrafe? War dies nur ein Mittel, das zu beschleunigen, was ihnen ohnehin drohte?

Jüdisches Eigentum wurde konfisziert. Die Menschen wurden in die Mittellosigkeit und die vollständige Abhängigkeit von Lebensmittelrationen getrieben. In der Hungerkur der Juden waren immer weniger Kohlenhydrate und Proteine und beinahe gar kein Fett vorgesehen. Sie wurden zu lebendigen Leichnamen heruntergehungert, ihrem eigenen Leben gegenüber apathisch und mit gebrochenem Willen. Eine besondere Form der Zwangsarbeit wurde eingeführt: Sämtliche jüdische Bewohner im Alter zwischen vierzehn und sechzig Jahren unterlagen der Bestimmung, die als „erzieherische Maßnahme" galt und bis auf die beabsichtigte Vernichtung der Arbeiter wirtschaftlich nutzlos war. Viele kamen um.

In der friedlichen Stockholmer Bibliothek sah ich, wie eine ganze Rasse eingesperrt und zum Tode verurteilt wurde. Die Entmenschlichung und die Zerstörung hatten bereits begonnen. Wann würde die Stunde der Hinrichtung schlagen? Würde die blinde Welt erst dann begreifen, wenn es schon zu spät war? Hilfe konnte einzig von Amerika kommen, dem Land, das selbst aus moralischer Entrüstung gegenüber der Unterdrückung geboren worden war und

---

Carnegie Endowment for International Peace, Division of International Law, Washington, Kapitel 9. Eine deutsche Übersetzung des Kapitels ist in der Online-Sammlung der AJHS einzusehen.

das bereits mehrfach in seiner Geschichte gemäß diesen Gefühlen gehandelt hatte.

Meine Ungeduld, nach Amerika zu gelangen, wuchs. Obwohl die Vereinigten Staaten offiziell neutral waren, versorgten ihre Bekundungen menschlicher Besorgnis ähnlich wie der Golfstrom Europa mit Wärme. Doch ich war machtlos, ein Gefangener auf dieser Insel zwischen Russland und Deutschland.

Kapitel Fünf

Von Schweden in die Vereinigten Staaten

Zu Beginn des Jahres 1941 verhalfen mir zwei Ereignisse zum Ausbruch aus meiner schwedischen Isolation: Ich bekam einen Lehrauftrag an der Duke University und das Gerücht war laut geworden, dass die Sowjetunion Flüchtlingen die Reise durch ihr Staatsgebiet gestatten könnte. Meine Freunde in der polnischen Gesandtschaft in Stockholm, die wiederum mit der polnischen Exilregierung in London in Verbindung stand, berichteten mir, dass sich die Beziehung zwischen Russland und Deutschland stetig verschlechtere und eine Annäherung der Alliierten (einschließlich Polen) und der Sowjetunion möglich sei. Da Russland die polnische Exilregierung noch nicht anerkannte, sei eine der Voraussetzungen für ein russisches Visum ein schwedischer Pass für Staatenlose.

Unter den Flüchtlingen in Stockholm machte sich das Gefühl breit, dass der Moment, in die USA zu gehen, gekommen war, da im Sommer erneut etwas „passieren“ könnte. In den ersten beiden Kriegsjahren verhielt sich die Welt wie ein Bär: Im Winter hielt sie Winterschlaf, im Sommer war sie nicht zu bändigen.

Ich schrieb meinen Eltern, dass die Tore der Vereinigten Staaten sich zu öffnen schienen. Sie antworteten und baten mich – in einem ihrer letzten Briefe – inständig, zu gehen. Mein Gemütszustand glich dem Hamlets. Obwohl ich meinen Eltern von Stockholm aus nicht wirklich helfen konnte, beschlich mich das Gefühl, sie auf einem Pulverfass zurückzulassen. Es war eine jener Zerreißproben des Herzens, die nur schwer zu ertragen und kaum logisch zu erklären sind. Auch wenn es nur eine geografische Selbsttäuschung war, hatte ich, solange ich in Europa war, das Gefühl, über meine Eltern zu wachen.

Andererseits war es mein größter Wunsch gewesen, in die Vereinigten Staaten zu gehen. Von dort aus hoffte ich, den Alliierten und wohlgesonnenen Neutralen die wahre Absicht hinter der Nazi-Kriegspolitik erläutern zu können. Ihnen musste vor Augen geführt werden, dass die Nazis diesen Krieg nicht nur führten, um die Grenzen, sondern auch um das „Menschenelement" innerhalb dieser Grenzen zu verändern. Diese Veränderung bedeutete, dass bestimmte Gruppen von Menschen vernichtet und durch Deutsche ersetzt werden würden. Ihre Vernichtung wäre unwiderruflich, ihre Kulturen für immer ausgelöscht. Mir wurde bewusst, dass in diesem Krieg nichts Geringeres als die Zivilisation auf dem Spiel stand, nicht in Form eines Propagandaspruchs, sondern als greifbare Realität.

Der Plan der Nazis war derart haarsträubend, dass ihm niemand rechtzeitig Glauben schenken würde, um ihn zu vereiteln. Es war nicht das erste Mal in der Geschichte, dass Polen einem Genozid zum Opfer fiel: 1241, auf das Jahr genau siebenhundert Jahre zuvor, waren zunächst Russland, dann Polen, Schlesien und Ungarn von den Mongolen überrollt worden. In den bedeutenden polnischen Städten Lublin, Sandomierz und Krakau wurden große Bevölkerungsteile niedergemetzelt; dreißigtausend polnische Mädchen und Jungen wurden in die russische Stadt Wladimir verschleppt und dort verkauft; das ländliche Polen wurde verwüstet. Als die Mongolen den Rückzug antraten, war die Bevölkerungszahl so sehr zusammengeschrumpft, dass der polnische Herzog Leszek Menschen aus anderen Ländern importieren musste, vor allem aus Deutschland. 1287 schrieb er: „Da unser Land vom Schwert des Feindes entvölkert, mit dem Blut Unschuldiger befleckt und weder mit dem Pflug bearbeitet noch bepflanzt wurde, ist es unser Wunsch, es mit anderen Bewohnern und Bauern zu besiedeln und wiederaufzubauen."[1]

Zur selben Zeit fiel auch Ungarn einem der größten Blutbäder der Geschichte zum Opfer. Auch hier waren die Massaker geplant und systematisch. Da die Mongolen die Kleider der Ungarn ohne Blutflecken wollten, zwangen sie sie, sich zu entkleiden, bevor sie sie mit Pfeilen durchlöcherten. Um den Händlern die Verstecke ihrer

---

[1] Leszek II., auch Leszek der Schwarze starb im Jahr 1288.

Besitztümer zu entlocken, verbrannten sie sie auf kleiner Flamme. Auch die mongolischen Frauen beteiligten sich an den Massakern: Sie schnitten gutaussehenden ungarischen Frauen die Nasen ab und unterwiesen ihre Kinder im Ermorden der einheimischen Kinder. Die ungarischen Kinder wurden in einer Linie aufgereiht, ihnen gegenüber die mongolischen Kinder mit Stöcken in den Händen. Auf ein Zeichen ihrer Mütter knüppelten die mongolischen Kinder auf die Köpfe der ungarischen Kinder ein. Die Invasoren betrieben auch sexuellen Kannibalismus: Sie schnitten schönen Frauen die Brüste ab und aßen sie.

Besonders deutlich wurde die Absicht der Mongolen, das ungarische Volk zu vernichten, bei dem Versteckspiel, das sie in den Städten betrieben: Die Ungarn, die nach dem ersten Angriff mit dem Leben davon gekommen waren, flohen aufs Land oder versteckten sich während der Überfälle unter den Leichnamen. Die Mongolen zogen sich in die Wälder zurück, nur um sich einige Tage später erneut auf die Städte zu stürzen und diejenigen zu töten, die in dem Glauben, verschont worden zu sein, in ihre Häuser zurückgeschlichen waren. Auf diese Weise gelang es ihnen, die Städte bis auf den letzten Bewohner zu leeren. Auch in Ungarn mussten nach dem Rückzug der Mongolen Pläne für die Wiederbevölkerung des Landes gefasst werden.

Diese Dezimierung der polnischen, ungarischen, schlesischen und russischen Völker ist möglicherweise einer der entsetzlichsten Fälle multiplen Genozids, die es je gegeben hat.

Russland befand sich mehr als zweihundert Jahre unter mongolischer Herrschaft. Beim ersten Überfall auf die großen Städte wurden die Menschen erbarmungslos umgebracht. Ein übliches Vorgehen bestand darin, Kirchen anzuzünden, nachdem die Menschen darin Zuflucht gesucht hatten. Später errichteten die Mongolen eine Kontrollregierung der Goldenen Horde in Sarai an der unteren Wolga. Die mongolische Invasion hatte einen derart großen Einfluss, dass die Russen das mongolische Besteuerungs- und sogar das Postsystem, das Pferde nutzte, übernahmen. Die Verwaltung war erfolgreich, denn die Mongolen brachten fähige Beamte aus dem zuvor überfallenen China mit. Da Russland über keine Zentralregierung verfügte, spielte die Goldene Horde die verfeindeten Prinzen gegeneinander aus und unterwarf den Teil der Bevölkerung, der übrig geblieben war, einem System konfiskatorischer Steuern und der Folter. Möglicherweise ist diese lange Periode des Leids und Kummers die Hauptquelle des russischen Fatalismus. Auf jeden Fall erklärt sie die Melancholie, die der russischen Folklore und Literatur seit jener Zeit innewohnt.

Als ich in der Stockholmer Bibliothek den Nazi-Sturm mit dem Mongolen-Sturm auf Europa verglich, musste ich unweigerlich an den Versuch der damals sogenannten „westlichen Welt" denken, Polen und Ungarn vor den Mongolen zu retten. Mein Vergleich verhieß nichts Gutes für die Gegenwart. Zwar erhob Papst Innozenz IV. zu seiner Zeit die Stimme gegen die Mongolen, aber der deutsche und der österreichische Prinz stritten mit dem Papst, und eine Einigung auf ein gemeinsames Vorgehen schlug fehl. Der österreichische Prinz marschierte, anstatt dem Land zu Hilfe zu kommen, sogar in Ungarn ein. *The Cambridge Medieval History* berichtet zudem, Papst Innozenz habe 1248 den mongolischen Gesandten in Rom zum Angriff auf Vatatzes, den griechisch-orthodoxen Kaiser Nikaias, geraten.[2] Ich fragte mich, ob sich die Tragödie der Spaltung und Uneinigkeit des Westens angesichts der neuen Barbarei wohl wiederholen würde.

Ich begann, von meinen Stockholmer Freunden Abschied zu nehmen. Die Ebersteins gaben ein Abendessen zu meinen Ehren, bei dem mir ein bedauerlicher Fauxpas unterlief: Ich war so niedergeschlagen, dass ich die weiß-roten polnischen Fähnchen, mit denen meine Freunde extra den Tisch geschmückt hatten, gar nicht bemerkte. Als ich am Ende des Abendessens diskret darauf aufmerksam gemacht wurde, war ich beschämt und dankbar zugleich, wie ein Kind, das für sein schlechtes Benehmen nicht gemaßregelt, sondern mit einer Nascherei belohnt wurde.

Eilig trug ich die nötigen Visa zusammen: das amerikanische, das russische und das japanische. Am nächsten Morgen flog ich nach Moskau. Bei einem Tankstopp am Rigaer Flughafen war der Wind genauso eisig, wie er es auf meinem Flug nach Stockholm ein Jahr zuvor gewesen war. Das kantige Gesicht des russischen Offiziers

[2] Johannes III. Dukas Vatatzes (1193–1254) regierte von 1222 bis 1254 als byzantinischer Kaiser im Exilreich Nikaia.

entbehrte beim Studieren unserer Pässe jeglichen Ausdrucks. Alle Flughäfen und Bahnhöfe teilen eine in besonderem Maße unpersönliche Atmosphäre. Dieses Mal war ich dankbar dafür. Ich hatte zwar einen Pass und ein ordnungsgemäß ausgestelltes russisches Visum, dennoch verspürte ich eine beklemmende Unruhe, am Rande der Angst.

Als ich das Flugzeug wieder bestieg, wandte sich mein Blick instinktiv gen Südwesten, die ungefähre Richtung, in der die Stadt meiner Eltern lag. Was sie wohl gerade taten? Spielten sie mit ihren Enkeln oder sprachen sie voller Sorge über ihren Sohn, der nun die erste Etappe seiner amerikanischen Odyssee antrat? Zurück an Bord wurde uns mitgeteilt, dass wir in vier Stunden Moskau erreichen würden. Meine Neugierde, die russische Hauptstadt und ihre Menschen zu sehen und kennenzulernen, verdrängte meine Ängste und Erinnerungen an die Vergangenheit.

Es war ein grauer Tag – grau wie die Gesichter der Flüchtlingspassagiere und das der Stadt Moskau, auf die wir am frühen Nachmittag unseren Landeanflug begannen. Es gab weitere Kontrollformalitäten, weitere kühle Blicke in unsere Pässe. Kein Wort wurde verloren, kein Lächeln an uns verschwendet.

Intourist, die staatliche russische Reiseagentur, kümmerte sich um das Organisatorische. Wir wurden in ein Hotel gebracht. Es war ein altmodisches Gebäude mit einer kalten Empfangshalle und langen, unfreundlichen Fluren. Mein Zimmer war riesig und hatte eine hohe Decke. Wäre es kleiner gewesen, wäre ich mir vielleicht weniger verloren vorgekommen. Ich legte mich auf das Bett und versuchte, meine eisigen Gedanken aufzuwärmen. Ich dachte über die Menschen dieser Stadt nach. Ich wollte gewöhnliche Menschen sehen, keine Soldaten und keine Polizisten. Als menschliche Wesen mussten sie doch alltägliche Sorgen haben wie jeder andere auch. Die Sorgen gewöhnlicher Leute – um Nahrung, Kleidung, Gesundheit, ein schützendes Dach über dem Kopf – sind allen Menschen gemein und haben etwas Heiliges. Ich wollte mit einer russischen Mutter, einem Kind, einem Großvater, einem Studierenden oder einem Eisenbahner sprechen. Als ich zum Abendessen hinunterging, hegte ich die Hoffnung, einem solchen Menschen zu begegnen. Der Speisesaal des Hotels war spärlich beleuchtet. An vielen

Tischen saßen Gäste in Uniform. Ihre Gesichter schienen das Abbild einer kollektiven Sorge zu sein. Solche Gesichter waren mir schon einmal begegnet – in meinem eigenen Land, unmittelbar vor dem Angriff durch die Nazis.

Einsame Menschen fühlen sich in jedem Hotel elend, doch in manchen Städten werden sie sich allmählich einer gewissen Kommunikation mit den Fremden bewusst: Ein Lächeln hier, ein Lächeln da, ein zaghafter Gruß, und schon fühlt man sich als Teil der menschlichen Gemeinschaft. Doch hier war kein Platz für ein Lächeln. Als ich mich im weitläufigen Speisesaal umsah, begriff ich, wie angespannt die Weltlage wirklich war, und ich war ein Fremder aus einem Land, das von meinen gegenwärtigen Gastgebern erobert und besetzt worden war. Zu jener Zeit wusste ich nicht, dass es möglich ist, das Lächeln zu reglementieren oder sogar ganz zu verbieten.

Nach meinem unwirtlichen Abendessen versuchte ich zu schlafen, aber spürte, wie mich etwas stach. Ich warf die Decke zurück, knipste das Licht an und sah, dass mein Körper voller Flöhe war. Jeder Versuch, sie loszuwerden, erwies sich als nutzlos. Schließlich zog ich mich an und verbrachte den Rest der Nacht auf der Decke statt darunter. Die Flöhe hatte die Revolution von 1917 also nicht abgeschafft.

Am nächsten Morgen spazierte ich zum Roten Platz vor dem Kreml und blickte auf die Zwiebeltürme der Basilius-Kathedrale an der Ecke. Die Türme faszinierten mich. Als Kind hatte ich sie häufig in Büchern gesehen und schon damals hatten sie mein Herz gestohlen. Ich denke, der russischen Nation muss es in ihrer farbenfroheren Jugend ähnlich ergangen sein.

Die Basilius-Kathedrale beeindruckt nicht nur als Struktur, sondern auch als Konzept. Im Grunde genommen ist sie eine Fantasie, ein Puppenhaus, ein Spielzeug für Kinder, das sich durch eine Laune der Geschichte in eine Realität für Erwachsene verwandelt hat. Deshalb fesselt ihr Wesen die Menschen so sehr.

Ich lief um die Kremlmauern herum und blickte auf den Moskwa-Fluss hinab. Schon Iwan der Schreckliche und Napoleon hatten hier gestanden und auf den Fluss hinabgeschaut – mit einer Vorahnung des Untergangs? Doch auch Tolstoi und Tschechow hatten diesen Ausblick genossen – mit hoffnungsvolleren Gedanken für die Menschheit?[3] An diesem grauen Tag war der Kreml besonders düster. Während die Moskauer Sonne versuchte, Wolken und Dunst zu durchdringen, streifte ich durch die Straßen und beobachtete die Menschen. Ihre vor Jahren gewendeten altmodischen Mäntel waren offensichtlich schon bei ihrer sorgfältigen Änderung nicht mehr die jüngsten gewesen. Die Mützen der Männer waren schäbig; die Frauen trugen keine Hüte, nur die Babuschkas; dicke Strümpfe lugten aus ihren abgewetzten Schuhen hervor. Sie glichen Menschen, die schon seit geraumer Zeit keine Arbeit mehr hatten. Ihre Bewegungen waren langsam, ihre Gesichter voller Sorge, Angst und schwerlastender Verantwortung – wie bei Männern und Frauen, die seit Langem eine traurige Bürde schulterten. Obwohl hier bisher noch kein Kampf ausgetragen worden war, konnte man die Auswirkungen des Krieges schon erkennen. Es waren fast keine jungen Menschen zu sehen. Das verlieh den Moskauer Straßen einen besonders trostlosen Anblick. Erst mehrere Tage später und hinter dem Uralgebirge sah ich die ersten russischen Kinder.

Wir Flüchtlinge, mehrere Hundert an der Zahl, setzten unsere Reise mit der Transsibirischen Eisenbahn fort. Die Reise von Moskau nach Wladiwostok sollte zehn Tage dauern. Wir reisten zu viert in Zugabteilen, deren Sitze bei Nacht zu schmalen Liegeplätzen ausgeklappt wurden. Ich teilte mir das Abteil mit einem polnischen Pärchen und seinen zwei Kindern, einem siebenjährigen Jungen und einem ungefähr einjährigen Baby, das zu einer meiner schwersten Geduldsproben jener Zeit wurde. Es weinte unaufhörlich und setzte immer genau dann an, wenn ich gerade dabei war, im Schlaf zu versinken oder, schlimmer noch, wenn ich versuchte, mich auf einen Gedanken zu konzentrieren.

Im Speisewagen traf ich zwei Frauen, Mutter und Tochter, die aus Berlin geflohen waren. Wir schlossen Freundschaft und sie luden mich in ihr Abteil ein. Als ich sie zum ersten Mal besuchte, war ich entsetzt, als ich auch dort in der Ecke eine Wiege mit einem kleinen blonden Baby entdeckte. Dieses schien allerdings nicht zur Gattung der Schreikinder zu gehören. Bei späteren Besuchen erfuhr

[3] A. d. Hrsg.: Vermutlich Anton Pawlowitsch Tschechow (1860–1904).

ich, dass es sich um das uneheliche, in Schweden gezeugte Kind der Tochter handelte. Vielleicht war das Kind deshalb so ruhig, weil es sich die Anerkennung der Welt verdienen wollte.

Aus den Fenstern des Zuges heraus betrachtete ich Russland, als würde ich versuchen, den Schleier über dem Gesicht des Landes zu lüften. Obwohl der Zug nur an wenigen der kleinen trostlosen Bahnhöfe hielt, gelang es mir, ihre Stimmung einzufangen: eine tiefe Melancholie. Von einer Station zur nächsten vergingen viele Stunden, in denen ich nichts anderes als hohen Schnee und gelegentlich die strohgedeckten Dächer eines Dorfes in der Ferne sah. Hinter dem Uralgebirge hielten wir an einer Station, die mir noch heute lebendig in Erinnerung ist. Dort sah ich zum ersten Mal russische Kinder. Dutzende von ihnen baten mit blassen Gesichtern laut rufend um „*Chleba! Chleba!*“ – „Brot! Brot!“ Wir hatten kein Brot, aber ich hatte Süßigkeiten, die ich ihnen zuwarf. So wie sie sich darauf stürzten, erinnerten sie mich an hungrige Tauben.

Wir ließen die Kinder zurück und setzten unsere Reise durch Sibirien fort. Je mehr asiatische Gesichter unter dem Eisenbahnpersonal zu sehen waren, desto interessanter wurden die Bahnhöfe für mich. Auf diesem Teil unserer Reise stiegen mehr Russen zu. Sie waren freundlich und gesprächig und wir hatten Gelegenheit, mit ihnen über ihre Arbeit und ihr Leben zu sprechen. Da gab es zum Beispiel einen motivierten jungen Schullehrer, der versuchte, mir die besonderen Privilegien nahezubringen, die Leuten gewährt wurden, die freiwillig in Sibirien arbeiteten. Meine Russischkenntnisse erwiesen sich als überaus nützlich, als er ein eloquentes Loblied auf die Wunder Sibiriens sang. Stolz erzählte er mir, Sibirien sei das Rückgrat Russlands. „Wenn Sie in Nowosibirsk ankommen, schauen Sie sich die Stadt an“, riet er mir. „Sie ist das Wunder unter unseren Industriestädten.“

Sein Enthusiasmus schien zu gleichen Teilen von Nationalstolz und Interesse herzurühren. Ich fragte, was er von der in Sibirien weitverbreiteten Legende halte, dass Zar Alexander I., der Napoleon aus Russland vertrieben hatte, nie gestorben war und noch heute als alter Pilger verkleidet unter dem Namen Fedor Kusmitsch über das sibirische Tiefland wandelte. „Meinen Sie“, fragte ich ihn, „die Legende hat ihren Ursprung in dem Gefühl, dass Russland unbesiegbar ist?" Nachdenklich blickte er aus dem Fenster auf das weite sibirische Tiefland, als hielte er nach Kusmitsch Ausschau, und sagte: „Zum jetzigen Zeitpunkt unserer Geschichte glauben wir daran."

Ich ging regelmäßig in den Speisewagen und wartete, bis ein russischer Fahrgast allein an einem Tisch Platz nahm. Dann setzte ich mich ihm gegenüber und sagte mit einem Blick aus dem Fenster ganz beiläufig auf Russisch: „Was für eine interessante Landschaft." Daraus ergab sich meist ganz natürlich ein Gespräch. Die Russen scheinen beim Essen besonders gesellig und gesprächig zu sein. Meine Begleiter sprachen frei heraus und ich erfuhr vieles über die Entwicklungen in Sibirien. Vor meinen Augen nahm die Einheit des asiatischen und europäischen Russlands, wie sie mir Professor Karsawin in Kaunas mit seinen eurasischen Theorien geschildert hatte, Gestalt an. Russland ballte sein industrielles Potential in Sibirien. Ich erfuhr, dass Grundsteine gelegt worden waren, um Fabriken aus dem Westen des Uralgebirges herbeizuschaffen und hier zu positionieren. Mir wurde klar, warum sich Moskau wie eine belagerte Stadt angefühlt hatte: Anscheinend rechneten die Russen mit einem Angriff der Nazis auf den europäischen Teil Russlands und konzentrierten ihre Verteidigungskräfte im „Äußeren Westen" des Landes.

Der Bahnhof in Nowosibirsk war genauso geschäftig wie die Gare du Nord in Paris oder die Victoria Station in London. Nachdem wir die Station verlassen hatten, brauchten wir beinahe eine Stunde, um den Stadtrand zu erreichen. Die Gebäude waren groß und neu. Das Leben, das hier pulsierte, ließ Moskau in weite Ferne rücken.

An einem strahlend sonnigen Tag erreichten wir den Baikalsee, einen der größten Seen der Welt. Seine Fläche entspricht der der gesamten Schweiz, und genau wie dieses Land ist auch der See von Bergen eingerahmt. Natürlich gab es über einen derart gewaltigen See keine Brücke, weshalb der Zug sich an seinem Ufer entlangschlängeln musste. Meine hungrigen Augen verschlangen die unwirkliche Schönheit der Blautöne des Sees – eine Farbpalette von schillerndem Hellblau bis hin zu dunklem Marineblau, die der See wohl dem reichen Mineralvorkommen auf seinem Grund zu verdanken hatte. Der Wechsel der Farbtöne kreierte eine beinahe hypnotische Symphonie. Diese blaue Symphonie verwahre ich noch heute in meiner Schatzkammer bildlicher Erinnerungen und rufe sie mir ins Gedächtnis, wann immer es mich nach Schönheit dürstet.

Wir fuhren von den Bergen ins Tal hinab. Unser Zug hielt an einem Bahnhof namens Birobidschan. Die Stationsbeschriftung in russischen und hebräischen Lettern war die erste ihrer Art, die ich sah. Dies war die berühmte, in den späten 1920er Jahren errichtete Jüdische Autonome Republik.[4] Nachdem ich beim Fahrer in Erfahrung gebracht hatte, dass wir für eine Weile halten würden, stieg ich aus, um mir die Beine zu vertreten.

Zwei ärmlich gekleidete Männer hielten die jüdische Zeitung *Die Stimme von Birobidschan* in den Händen.[5] Sie trugen hohe Stiefel und tief in die Stirn gezogene Mützen. Sie sprachen Jiddisch, während sie sich über das Geländer lehnten, um die Passagiere zu beobachten. Es war offensichtlich, dass es die Neugierde war, Menschen von außerhalb zu sehen, die sie zum Bahnhof gelockt hatte. Dylan Thomas beschreibt in einem seiner Gedichte das Vergnügen, das das Verweilen an Bahnhöfen und das Beobachten von Zügen den Menschen bereitet. Dieser weitverbreitete Durst nach sozialem Kontakt ist besonders dort groß, wo kleine Bevölkerungsgruppen über weite Gebiete verstreut leben. Die Melancholie von Bahnhöfen ist daher beinahe universell. Das Experiment der Jüdischen Autonomen Republik Birobidschan war offensichtlich hinter den anfänglichen Hoffnungen zurückgeblieben. Die Planung hatte zu der Zeit begonnen, als Stalin Kommissar für Minderheiten war – eine Position, die ihn schließlich bis an die Spitze der sowjetischen Hierarchie befördern sollte.[6] Die sowjetische Regierung wollte das jüdische Leben in dieser Gegend bündeln und den Großteil der städtischen Juden Russlands zu einer landwirtschaftlichen Gesellschaft umorganisieren, doch alles, was von Birobidschan übriggeblieben war, war eine Handvoll Vertriebener, abgeschnitten von ihren Wurzeln.

Der letzte Halt unserer transsibirischen Reise war Wladiwostok, eine Stadt mit asymmetrischen Häusern, die sich planlos um einen

---

[4] Das Gebiet existiert noch heute und bringt eine blühende Kultur hervor.

[5] Heute heißt die Zeitung *Obschina.*

[6] A. d. Hrsg.: Josef Stalin war von 1917 bis 1923 der erste Volkskommissar für Nationalitätenfragen der Sowjetunion, so der offizielle Titel.

steilen Hang wanden. Die Stadt war mit Schnee bedeckt, der langsam unter der sanften Sonne des Pazifiks dahinschmolz. Die Gebäude schienen mit wenig Sinn für Schönheit gebaut worden zu sein. Wir wurden in ein Büro gebracht, in dem wir uns vor mehreren Dutzend Sekretären aufreihten, die gefühlt mehrere Stunden mit der Überprüfung unserer Pässe zubrachten. Danach wurden wir in ein kleines hässliches Hotel weiter oben auf dem Berg gebracht. Nach einem kargen Abendessen ging ich in mein Zimmer, zog mich aus und legte mich ins Bett, nur um darin zahlreiche Verwandte meiner alten „Freunde" aus dem Moskauer Hotel vorzufinden. Erneut schlief ich in voller Montur auf der Bettdecke.

Nach ungefähr einem Tag in Wladiwostok wurden wir zum Hafen am Fuße des Berges gefahren und in ein kleines japanisches Boot gezwängt, das uns zum Hafen Tsuruga in Japan bringen sollte. Einige der mitreisenden Flüchtlinge hatte ich während der gesamten transsibirischen Reise nur zu den Mahlzeiten gesehen. Die beengte Schiffsreise bot mir die erste richtige Gelegenheit, sie mir alle aus der Nähe anzusehen. Insgesamt waren es mehrere Hundert Menschen. Sie sahen erschöpft und angespannt aus. Auch ich muss wohl so ausgesehen haben: müde von der langen Reise und besorgt wegen allem, was passierte. Ein älterer Herr, der einst ein angesehener Bankier aus einer bekannten Bankiersfamilie und Senator in Polen gewesen und nun völlig auf den Hund gekommen war, war die perfekte Verkörperung unseres Verfalls. Seine Nase hatte die höchst bemerkenswerte Eigenschaft erworben, ohne Unterlass zu laufen. Ständig suchte er mich auf, um zu fragen: „Was, denken Sie, geschieht wirklich? Was hat das alles zu bedeuten? Was steckt dahinter?" Er schien zu glauben, dass es für die unlogische, chaotische Lage eine logische Erklärung geben musste. Möglicherweise verlieh er aber auch nur seinem Unmut darüber Ausdruck, nicht länger ein Individuum und stattdessen mit dieser Menschenmasse auf der aufgewühlten japanischen See zusammengepfercht worden zu sein. Und nicht genug mit diesem Elend, es sollte noch übler kommen, denn unser Boot, das wir *Schwimmender Sarg* tauften, fuhr auf der dreitägigen Reise auch noch in viele Stürme hinein. Tag und Nacht wurden wir aufgefordert, beim Schöpfen des Wassers zu helfen, das unentwegt ins Unterdeck sickerte.

Die Ankunft in Tsuruga an einem hellen, sonnigen Apriltag war eine große Erleichterung. Meine erste Amtshandlung war ein Gang zum Friseur für eine Rasur. Um mir nicht ins Gesicht zu atmen, legte der japanische Friseur eine Maske an. – Was für eine willkommene Abwechslung nach drei Tagen unmittelbarer Nähe zu laufenden Nasen und anderen körperlichen Auswüchsen einer aufgewühlten Menschheit!

Bis zur folgenden Woche, in der wir unsere Reise von Yokohama nach Amerika antreten würden, waren wir einander los. Ich beschloss, den Rest des Tages in Tsuruga zu verbringen und mit dem Nachtzug in die historische Hauptstadt Kyoto zu fahren. Den Großteil des Tages verbrachte ich mit einem Spaziergang durch die idyllische Hafenstadt. Es war Kirschblütenzeit – eine Zeit, in der Japan atemberaubend schön ist. Da die Jahreszeiten ein integraler Bestandteil des kulturellen und religiösen Lebens der Japaner sind, wird kaum ein Gespräch oder ein Brief begonnen, ohne sie zu erwähnen.

In einem Restaurant gesellte sich ein junges Pärchen, das ich vom Boot wiedererkannte, zu mir. Sie sahen glücklich und entspannt aus, ganz anders als sie – und wir alle – auf dem *Schwimmenden Sarg* ausgesehen hatten. Beim Essen bemerkte ich, dass der Kellner und die Kellnerin sich immer nur dann dem Tisch näherten, wenn wir uns gerade nicht unterhielten. Ich fragte den Kellner, ob dies bewusst geschehe, was er bestätigte. Diesen rücksichtsvollen Brauch empfand ich als überaus angenehm. Wie oft schon war ich in einem Restaurant in Warschau, London oder Paris völlig vertieft in ein Gespräch gewesen, das ein Kellner mit scharfer Stimme unsanft unterbrochen hatte, um eine Frage nach Gemüse oder Nachtisch einzuwerfen.

Am Abend reiste ich in Begleitung meiner neuen Freunde, die ich davon hatte überzeugen können, anstatt nach Tokio mit mir weiterzureisen, nach Kyoto. In Warschau hatte ich viel zu der Stadt gelesen, die bis 1868 japanische Hauptstadt gewesen war, und hielt sie unter den Städten für die interessanteste und authentischste Vertreterin der japanischen Kultur. Als wir mitten in der Nacht ankamen, waren die Hotels bereits belegt. Wir hatten nicht bedacht, dass Kirschblütenzeit war. Schließlich fanden wir ein Hotel, das uns für den Rest der Nacht in seiner Empfangshalle einquartierte. Wir schliefen schlecht, aber das Frühstück später am Morgen entschädigte uns für alle Unannehmlichkeiten: Ein großer Kirschbaum in voller Blütenpracht überdachte die Terrasse, auf der wir aßen. Unser Tischtuch war ein flackerndes Mosaik des Schattens des Baumes gemischt mit den goldenen Tupfen der strahlenden Morgensonne.

Kyoto hatte fast keine modernen Gebäude. Viele Menschen in den Straßen trugen Kimonos. Sie blieben voreinander stehen, und nachdem sie sich langsam und feierlich verneigt hatten, setzten sie ihren gemächlichen Gang fort. Wir schlenderten durch die weitläufige Stadt und erreichten schließlich einen berühmten alten Kirschbaum, der auf einem öffentlichen Platz einem riesigen Buddha gegenübersteht. Dieser großartige Baum ist über fünfhundert Jahre alt und mittlerweile tot bis auf einen einzigen blühenden Zweig. Menschen kommen von überall her, um ihn zu bewundern. Männer mit schütterem Haar machen vor dem Buddha Halt, um ihren Kopf mit dem Wasser zu benetzen, das aus seinen Fingern fließt. Es heißt, das Wasser lasse neues Haar wachsen. Noch war ich dieser Ehre nicht würdig.

Ich besuchte eine Theateraufführung, der eine etwa einstündige Teezeremonie vorausging. Das gesamte drei- bis vierhundert Mann umfassende Publikum saß im Erdgeschoss unterhalb des Theaters in einem riesigen Raum mit kahlen Wänden. Vor uns standen einfache, ebenfalls schmucklose Holztische. Die Stille, die herrschte, wäre bei einer Zusammenkunft dieser Größe in Europa unvorstellbar gewesen. Eine Gruppe Geishas betrat den Saal. Eine nach der anderen trat vor einen Tisch und verneigte sich. Wir taten es ihnen gleich. Nachdem die Geishas jedem Gast eine Serviette auf den Tisch gelegt hatten, verneigten sich beide Parteien erneut. Die ersten Serviererinnen verschwanden und eine weitere Gruppe Geishas betrat den Raum, von denen jede eine Tasse trug, die sie vor einen der Gäste stellte. Darauf folgten die Löffel-Serviererinnen, dann das Gefolge mit kleinen Teekannen. Als dieses verschwand, kam noch eine weitere Gruppe, um den Tee aufzugießen. Alle sahen unterschiedlich aus. Jede trug einen einzigartigen Kimono, dessen Muster sich auf keinem der anderen zu wiederholen schien. Seit dem Vortag war ich auf Unmengen aller möglichen Schönheiten vorbereitet, doch dies übertraf selbst meine kühnsten Vorstellungen. Der anmutige Gang der Geishas betonte den vielfältigen Prunk ihrer atemberaubenden Kleider. Erst da begriff ich die Grundregel japanischer Ästhetik: Vermeide Wiederholung!

Der Tee war grün und bitter; er schmeckte mir nicht. Ich sah in die Gesichter der Japaner um mich. Mit Minen am Rande der Ekstase tranken sie den Tee, als wäre er Teil einer heiligen Zeremonie.

Ganz Japan, und insbesondere Kyoto, hat sich den Teezeremonien verschrieben. Meist finden sie in kleinen Teehäusern statt, in denen nur vier bis fünf Gäste gleichzeitig bedient werden. Die Räume sind auffallend schlicht und fast vollkommen schmucklos. Die Teetrinker entlassen ihre Seele in eine Welt der Meditation, wo Reinheit, Harmonie und Nächstenliebe herrschen und sie ihren Sorgen, politischen Schwierigkeiten und dem eintönigen Alltag entkommen.

Die Teezeremonien wurden im fünfzehnten Jahrhundert von den Zen-Schulen in Japan eingeführt. Die Mönche versammelten sich vor dem Abbild des Bodhidharma und tranken Tee aus einer gemeinsamen Schale.[7] Nach und nach entwickelte sich die Teezeremonie für sämtliche japanische Klassen zu einer Institution – eine symbolische Quelle sowohl geistiger als auch körperlicher Kraft.

Da ich der japanischen Sprache nicht mächtig war, verstand ich das Theaterstück nicht, aber die Schauspieler, die sich kaum über die Bühne bewegten und einzig mittels ausdrucksstarker Mimik und Zittern ihres Körpers die Empfindung von Qual und Schmerz zu vermitteln vermochten, faszinierten mich. Die Gesichter des Publikums, die während der Teezeremonie im Erdgeschoss so entspannt gewesen waren, waren nun durch die intensive Identifikation mit den Schauspielern völlig verändert. Diese Gegensätzlichkeit vermittelte mir einen flüchtigen ersten echten Einblick in die Dualität der japanischen Kultur – eine Dualität, die in allen Kulturen und Menschen besteht, aber in diesem Land besonders ausgeprägt zu sein scheint.

Als ich zu später Stunde durch die ruhigen Straßen Kyotos lief, erreichte ich einen Bezirk mit vielen Lichtern. Dies war das Geisha-Viertel. Ich sah, wie Paare sich den Häusern näherten, die Frauen

---

[7] Bodhidharma gilt als Begründer des Zen-Buddhismus.

sich mit einem Kuss von den Männern verabschiedeten und die Männer die Häuser betraten. Ich war überrascht, als ich später erfuhr, dass die meisten verheiratet waren.

Am nächsten Tag besuchte ich die Burg Nijō, die mittlerweile ein Museum war. Um zur Burg zu gelangen, muss man eine hohe, gewölbte Holzbrücke überqueren, von der aus man einen wunderschönen Blick auf den umliegenden Park hat. Beim Gang über die Brücke reiben die Planken gegeneinander und produzieren quietschende Laute, die ihr zu dem Namen *Singende Brücke* verhalfen. Man erklärte mir, die Brücke sei so entworfen worden, damit die Burgbewohner beim Anmarsch des Feindes vom schrillen Quietschen gewarnt würden.

Mehrere Jahrhunderte zuvor war Japan Schauplatz interner kriegerischer Auseinandersetzungen zwischen Feudalherren gewesen, die in Burgen wie dieser gelebt hatten. Auch hierin bestand ein auffallender Kontrast zu den ruhigen Teezeremonien. In der Natur Japans gibt es so viel Harmonie – die Vereinigung von Ästhetik und Botanik ist derart makellos, die Verherrlichung von Blumen derart verinnerlicht –, dass man geneigt sein könnte, zu meinen, hier hätten stets Menschen bukolischen Schlags gelebt. Die historischen Fakten belehren uns jedoch eines Besseren. Die in Japan so auffallende Dualität der menschlichen Natur ermöglichte nicht nur die vernichtenden internen Kriege, sondern im siebzehnten Jahrhundert auch einen der grausamsten Genozide der Geschichte der Menschheit.

Zu jener Zeit gab es rund fünfzigtausend japanische Katholiken, die von portugiesischen und spanischen Missionaren bekehrt worden waren. Der weiße Mann brachte dem Fernen Osten in einer Hand seinen Gott, in der anderen seine Handelsware. Binnen kurzer Zeit entwickelte sich ein Wettstreit unter den Missionaren verschiedener christlicher Konfessionen, doch der Handelswettbewerb war noch schärfer. Britische und niederländische Händler waren besorgt, die Portugiesen und Spanier könnten den japanischen Außenhandel monopolisieren. Sie erzählten dem militärischen Herrscher des Reichs, dem Shogun, dass die Katholiken den Weg für eine Invasion Japans durch Spanien und Portugal ebneten.[8]

---

[8] A. d. Hrsg.: Shogun (auch Shōgun). Japanische kaiserliche Feldherren, die anstelle der machtlosen Kaiser das Land regierten.

Die Verfolgung der Katholiken begann im frühen siebzehnten Jahrhundert und dauerte fast zweihundert Jahre an. Es wird angenommen, dass in dieser Epoche sämtliche Katholiken des Landes vernichtet wurden. Eine solche Verfolgung muss auch Auswirkungen auf die Verfolger gehabt haben – zweihundert Jahre Grausamkeit mit sämtlichen vorstellbaren Auswüchsen können eine Nation nicht unberührt lassen.

Ein Edikt, das besagte, *kirishitan* (Christ) zu sein sei ein schweres Verbrechen, wurde veröffentlicht. Fand man einen Christen an Bord eines Schiffes, wurde die gesamte Besatzung hingerichtet. 1629 wurde eine neue Taktik zum Entlarven von Christen eingeführt: Im Zuge der alljährlichen landesweiten Volkszählung befahlen die Regierungsbeamten allen Mitgliedern eines Haushalts, auf heiligen christlichen Bildern herumzutrampeln. Diese Praxis wurde bis ins neunzehnte Jahrhundert hinein fortgeführt.

Im März 1650 wurden in der Nähe von Nagasaki sieben Christen so gekonnt in der Körpermitte aneinandergenäht, dass drei von ihnen vier Tage überlebten, einer sogar sieben. Es gab Fälle von Kindern, die wegen ihrer Zugehörigkeit zum Christentum im Alter von nur fünf Jahren zu lebenslanger Haft verurteilt wurden und erst vierzig Jahre später im Gefängnis starben. Eine beliebte Technik war auch das Verbrennen bei lebendigem Leibe: Das Feuer wurde weit genug weg entfacht, sodass das Opfer nur langsam von den Flammen verzehrt wurde. Andere wurden über glühende Kohlen gehalten und langsam gedreht, um sie von allen Seiten zu rösten. Christliche Kinder wurden gezwungen, glühende Kohlen in den Händen zu halten.

Die meisten dieser Berichte stammen aus der japanischen Literatur selbst. Es gab Berichte über katholische Christen, die in über zweihundert Grad heißes Wasser getaucht oder lebendig begraben wurden, sodass nur ihr Kopf aus der Erde ragte; bis sie starben, waren sie Gegenstand des Gespötts. Nachts wurden die Leichen der Opfer vor die Türen spanischer und portugiesischer Missionare geworfen, um die Menschen glauben zu machen, die Missionare äßen Menschenfleisch. Christen wurde das Kreuzsymbol in die Stirn gebrannt. Sie wurden öffentlich ausgezogen und in dünne Reissäcke gesteckt. Sie wurden an großen durch ihre Ohren getriebenen

Eisenhaken durch die Gegend geschleift oder dazu gezwungen, so lange in eiskaltem Wasser zu stehen, bis sie starben. Gelegentlich – allerdings nur selten, da sie nicht als Märtyrer verehrt werden sollten – wurden sie an ihre eigenen Wände genagelt und gekreuzigt.

Es gab Fälle, in denen Opfern durch einen Trichter Wasser in den Mund geschüttet und ein Brett auf ihnen befestigt wurde, auf dem ihre Peiniger herumtrampelten, bis den Opfern Wasser und Blut aus Ohren, Augen und sonstigen Körperöffnungen schoss.

Nach 1627 wurde es noch heftiger, als die Verfolgung und die hohen Abgaben die Christen in der Provinz Arima zur Rebellion trieben.[9] Sie verschanzten sich in der Festung Shimabara, die sie zwei Monate lang hielten. Die meisten wurden massakriert, der Rest fiel einer langsameren Vernichtung zum Opfer, wie oben beschrieben.

Dreizehn portugiesische Missionare wurden gefasst und mit folgenden Worten nach Macau zurückgeschickt: „Solange die Sonne die Erde erwärmt, möge kein Christ jemals so dreist sein, sich nach Japan zu wagen. Auf dass dies zur Kenntnis aller Menschen gelange. Selbst wenn es der König Spaniens persönlich wäre oder der Gott der Christen. … Wer immer sich diesem Verbot widersetzt, wird mit seinem Kopf dafür bezahlen."

Zahlreiche Quellen belegen, dass die Niederländer und Engländer den Genozid an den Katholiken bestärkten. 1609 schrieb der katholische Bischof in Japan dem spanischen König: „Ich möchte Ihre Majestät über das Unheil und die Qualen informieren, die die Niederländer uns bescheren. … Sie sind auf See allgegenwärtig und werden nicht ruhen, ehe sie den Handel zwischen den Portugiesen und den Japanern und damit auch das Christentum in diesem Reich zerstört haben." Der Bischof beschwerte sich auch über Intrigen von britischer Seite. Er berichtete, wie ein englischer Kapitän dem Kaiser eine Weltkarte gezeigt und ihm beschrieben habe, wie die Katholiken aus vielen Teilen der Welt vertrieben würden, worauf der Kaiser geantwortet habe: „Dann wird es nichts Neues sein, wenn auch ich sie verfolge."

1615 und 1616 erhielten die Engländer einen Freibrief mit Verschiffungsvorrechten. Es gibt auch einen Bericht, gemäß dem die

[9] A. d. Hrsg.: Der Shimabara-Aufstand begann im Jahr 1637.

Niederländer 1615 einen großen Handel begannen und die Japaner in der Fertigung von Artilleriegeschützen unterwiesen. In diesem Bericht werden die Niederländer als die „Hauptursache für die Verfolgung der Christen" bezeichnet. Trotz der zeitweiligen Vorstöße der Briten und Niederländer auf Kosten ihrer europäischen Brüder schottete die langanhaltende Verfolgung der Christen das Land mehrere Jahrhunderte lang von großen Teilen der westlichen Welt ab, bis Kommodore Perrys Kriegsschiffe die Tore Japans für den westlichen Einfluss gewaltsam wiederaufstießen.

Japan ging die Ehe mit der westlichen Kultur nur äußerst widerwillig ein. Dies wurde mir auf meiner Reise von Kyoto nach Yokohama immer deutlicher bewusst. Durch das Zugfenster sah ich winzige, durch schmale Bewässerungsgräben voneinander getrennte Reisparzellen. Ich sah keinerlei große Landwirtschaftsmaschinen, nur einfache, uralte Handgeräte sowie hier und da ein Pferd oder einen Ochsen. Wie sollte auch ein großer Traktor auf diese Felder passen, die nicht größer als ein Garten waren? Die japanische Landwirtschaft hatte sich seit Jahrhunderten nicht verändert. Die Ehe mit dem industriellen Westen schien die ländliche Gegend kaum berührt zu haben.

Als wir in Yokohama einfuhren, überraschte mich die plötzliche Präsenz des Westens. In der Stadt herrschte geschäftiges Treiben, in den Läden war moderne Ware ausgelegt und die riesigen Gebäude standen in eklatantem Widerspruch zu den bescheidenen Reisfeldern vom Vortag. Ich mietete eine Rikscha – ein Anachronismus auf dieser Insel moderner Zivilisation – und erkundete die Stadt. Die Geschicklichkeit des Rikscha-Jungen, der in anmutigem Tempo durch die Stadt rannte, beeindruckte mich. Zunächst fühlte ich mich bei dem Gedanken, mich eines Mitmenschen als Pferd zu bedienen, unwohl, aber das Gefühl schwand allmählich. – Wie oft wohl ignorieren wir wegen des Vergnügens, das eine Institution uns bereitet, die soziale Ungerechtigkeit, auf der sie gründet?

Nach einem Besuch des mit Schiffen jeder Größe überfüllten Hafens kehrte ich in mein Hotel zurück. Der Speisesaal war mit wunderschönen Blumen dekoriert. Es herrschte die typische unpersönliche Heiterkeit, an der die unzugängliche individuelle japanische Seele nicht teilnimmt. Ein japanisches Lächeln lässt keine

Rückschlüsse auf Zuneigung oder persönliche Gefühle zu, sondern ist für gewöhnlich lediglich eine Einladung an das Gegenüber, sich zu nähern.

In einem Geschäft in der Hotellobby bewunderte ich eine Auslage schöner Kimonos. Ein Gewand hatte es mir besonders angetan. Ich betrachtete es eine ganze Weile und entschied schließlich, dass ich es mir nicht leisten konnte. Ich verließ den Laden, nur um ihn kurz darauf noch einmal zu betreten und das Gewand länger zu bewundern. Schweren Herzens verließ ich den Laden erneut, doch „mein" Kimono ging mir nicht aus dem Kopf. Schließlich kapitulierte ich vor der Schönheit des kunsthandwerklichen Könnens, betrat das Geschäft ein drittes Mal und kaufte den Kimono beziehungsweise kaufte er mich. Dass es der lebendigen japanischen Farbe gelang, mich zu erobern, war ein Zeichen meiner zeitweiligen Kapitulation vor dieser fremden Kultur – eine Kapitulation, die wohl jeder, der reist, nachvollziehen kann.

Vom sonnigen Yokohama ging es mit der Straßenbahn weiter nach Tokio. Als ich schon im Inneren der Stadt war, stieg ich aus und schloss mich den Fußgängern an, die sich in den Straßen drängten. Es war Mittagszeit und ich stand vor einem Gebäude, das einem der mächtigen Familienkonzerne gehörte, die einen Großteil der wirtschaftlichen Interessen Japans lenken. Jeden Morgen schlucken dieses und ähnliche Gebäude große Mengen der Tokioter Bevölkerung, um sie mittags und abends wieder auszuspucken. Wie Ameisen huschen Angestellte aus dem Gebäude, um einen Happen hinunterzuschlingen und dann zur Arbeit zurückzurennen, wo sie im riesigen Magen des Ungeheuers verschwinden. Ich sah niemanden, der zum Vergnügen spazieren ging. Ausnahmslos alle schienen von einer Art Höllenmaschine getrieben. Und doch waren in ihren Gesichtern eine gewisse Ordnung, Disziplin und Unterwerfung unter etwas Größeres als sie selbst zu lesen.

Ich ging zum Kaiserpalast, dem Wohnsitz von Kaiser Hirohito, der noch immer als „Gott" Japans galt.[10] Genau wie der russische Kreml war auch der japanische Kaiserpalast Zeuge eines mysteriösen Lebens innerhalb seiner Mauern, dessen Macht für

---

10 Kaiser Shōwa (1901–1989).

alle außerhalb spürbar war. Im Gegensatz zum Kreml bestand der Kaiserpalast aus Holz und war von herabhängenden gewölbten Dächern und zahlreichen Pagoden geziert. Die Ruhe im weitläufigen Park des Palastes stärkte mein Gefühl für die Macht des dort residierenden Gottes nur noch.

Mit vielen widersprüchlichen Eindrücken kehrte ich nach Yokohama zurück. Bei dem Versuch, Japan für mich zusammenzufassen, sah ich deutlich zwei unterschiedliche Länder vor mir: das alte Japan mit seinen historischen Traditionen und seiner Agrarwirtschaft in Kyoto, und das neue Japan mit Tokio als Zentrum der Industriemacht – ein achtarmiger Krake mit einem riesigen Kopf auf einem winzigen Körper. Ich sah ein von den Qualen des Übergangs entstelltes Japan.

Von der Terrasse meines Hotelzimmers aus beobachtete ich die Hafenlichter und vernahm die unterwürfige Stimme Yokohamas. Das Wort „unterwürfig" passt so gut zum japanischen Leben; die kontrollierende Macht eines höheren Willens ist beinahe greifbar. Das Individuum zieht sich in seinem Streben nach persönlichem Glück freiwillig zurück und ergibt sich einer kontrollierenden Macht, sei es Religion oder Staat. Das Zusammenspiel aus dem Säuseln des Ozeans und dem Flüstern der Brise in den Kirschblüten wiegte mich in den Schlaf.

Am nächsten Tag gingen wir an Bord des Schiffes, das uns in die Vereinigten Staaten bringen sollte: Die *Heian Maru* war modern und erstklassig ausgestattet, ganz anders als das Piratenboot, das mich von Wladiwostok nach Tsuruga gebracht hatte. Als sich das Schiff aus der Umarmung der Küste löste, winkte eine heitere Menge auf dem Kai zum Abschied.

Die Reise war ereignislos und erholsam. Allerdings fielen mir zwei Passagiere auf, da sie zwei so unterschiedliche japanische Perspektiven repräsentierten. Der erste war Kagawa, der berühmte Anführer der japanischen Christen, der von morgens bis abends im Aufenthaltsraum war, wo er mit ernster Miene Weltprobleme diskutierte.[11] Hinter der selbstsicheren Haltung eines Mannes, der für Weltfreundschaft wirbt, war seine Sorge spürbar: Die zahlreichen

11 Toyohiko Kagawa (1888–1960) befand sich auf einer Mission zur Förderung des Friedens zwischen Japan und Amerika, als er Lemkin auf seiner Reise in die USA begegnete.

Flüchtlinge an Bord, deren Wurzeln allesamt eine halbe Weltreise entfernt lagen, waren ein trauriger Beweis für den gegenwärtigen Zustand der Welt. Der zweite war ein junger japanischer Marineoffizier, der an meinem Tisch im Speisesaal saß. Nach mehreren Tagen äußerte ich in einem unserer Tischgespräche meine Bedenken wegen der unausgewogenen Struktur der japanischen Wirtschaft und fragte mich laut, was wohl passieren würde, wenn dieser Zustand anhielte.

„Wir werden neue Rohstoffmärkte und Siedlungsgebiete erobern müssen", sagte der Offizier.

An einem anderen Abend sagte er mir über einem Kaffee ernst: „Ich denke, Australien eignet sich besonders gut für eine Kolonisierung durch Japan." Während ich noch darüber nachdachte, ob es wohl unhöflich wäre, ihn zu fragen, wie die Japaner denn an das Land kommen wollten, fuhr er auch schon mit einem verletzten Unterton fort: „Unser Staatsgebiet ist gerade mal so groß wie Kalifornien. Australien ist größer als die gesamten Vereinigten Staaten und hat nur sieben Millionen Einwohner. Wir haben achtzig Millionen." Dann fügte er hinzu: „Außerdem ist das australische Klima wie das japanische." Als sein Blick durch mich hindurch in die Zukunft glitt, begriff ich, dass er ganz offensichtlich nicht nur einem persönlichen, sondern einem kollektiven Gedanken Ausdruck verlieh.[12]

Wir erreichten Vancouver bei Nacht. Die metallischen Lichter der Stadt lockten sämtliche Passagiere an Deck. Ich hatte das Gefühl, diese Schönheit verhieß auch Sicherheit. Endlich hatte ich die Neue Welt erreicht.

Unser Schiff lag bis zum nächsten Tag vor Vancouver. Am Morgen ging ich von Bord, um die Stadt zu besichtigen. Die freundlichen Kanadier gaben mir Tipps, was ich mir ansehen sollte. Ein Fremder auf der Straße nahm mich mit zum Justizpalast und stellte mir den Gerichtspräsidenten vor. Ein anderer brachte mich in seinem Auto

---

[12] Dieses Gespräch fand zehn Monate vor dem japanischen Bombardement von Darwin (19. Februar 1942) statt, das sich wiederum zehn Wochen nach dem Bombardement von Pearl Harbor (7. Dezember 1941) ereignete. Lemkin erreichte Seattle am 18. April 1941 auf dem Passagierschiff *Heian Maru*. In der Passagierliste steht: „Beruf – Lehrer", „Rasse – Hebräer".

zum Vancouver-Park, der Pavillons mit Pflanzen aus aller Welt beheimatet. Es war ein erfrischender Frühlingstag, perfekt geeignet, um durch eine neue Stadt zu schlendern und die Wunder der Welt zu bestaunen. Europa und Polen waren sehr weit weg.

Am Abend fuhren wir nach Seattle, Washington – unser Zielhafen. Am unvergesslichen nächsten Morgen schien die amerikanische Sonne hell auf mein Kissen. Ich war zu aufgeregt, um die Realität dieses Moments ganz zu fassen. Als wir das Schiff verließen, sagte man uns, wir sollten uns beim Zoll einfinden. Meine Koffer wurden auf einem Tisch aufgereiht und die freundlichen Augen eines riesigen Zollbeamten richteten sich erst auf mein Gepäck, dann auf mich.

„Wie war's in Europa?", fragte er. „Sehr schlimm?"

In seiner Stimme lag viel Mitgefühl. Es kam mir seltsam vor, dass dieser fremde Mann in seiner grünen Uniform sich tatsächlich um mich und um die Menschen in Europa sorgte.

Ich erzählte ihm, woher ich kam. Unser Gespräch war eher eine informelle Plauderei als eine offizielle Befragung und mein Pass wurde, so kam es mir zumindest vor, anstatt mit kühlen Blicken mit freundlicher Neugierde geprüft. Interpretierte ich zu viel in die Worte und Haltung dieser Beamten hinein, die so unerwartet human zu sein schienen?

Der riesige Zollbeamte unterzog meine Koffer einer oberflächlichen Kontrolle und sagte: „Ich komme selbst von dort drüben. Meine Mutter lebt noch in Shannon." Dann landete seine Pranke auf meiner Schulter, drückte sie sanft und seine tiefe Stimme dröhnte: „Okay, Junge, du bist drinnen!"

Kapitel Sechs

Erste Eindrücke von Amerika, April – Juni 1941

Am 18. April 1941 saß ich auf einer eleganten, sonnenüberfluteten Terrasse mit Blick auf einen Garten, in dem rote und gelbe Rosen kokett um meine Aufmerksamkeit buhlten. In der Ferne sah ich eine Hängebrücke, die mit ihrem glänzenden Stahl die klare Luft entzweischnitt. Im Hintergrund waren Berge mit schneebedeckten Gipfeln zu sehen, die den eitlen Rosen ihre Vergänglichkeit in Erinnerung zu rufen schienen. Ein Gefühl des Friedens und einer traumartigen Realität war allgegenwärtig. Es war mein erster Tag in den Vereinigten Staaten.

Erst eine Stunde zuvor hatte mich ein Mitreisender aus Polen meinen Gastgebern vorgestellt. Sie hatten mich eingeladen, den Tag in ihrem Haus in Seattle zu verbringen, bevor ich den Nachtzug nach Durham, North Carolina, nehmen würde. Ihre Einladung war wie selbstverständlich und ohne blumige Floskeln ausgesprochen worden, wie die meisten der unzähligen Freundlichkeiten, die mir seit jenem ersten Tag in diesem Land zuteilgeworden sind.

Ich zeigte auf das Paradies um mich herum und fragte meine Gastgeber: „Ist das das industrielle Amerika?"

Sie lachten. „Warten Sie ab, bis Sie unsere Fabriken sehen! Aber die ersetzen nicht unbedingt die Gärten und Rosen. Je mehr unsere Industrie wächst und sich ausbreitet, desto weiter entfernen wir unser Privatleben von Staub und Lärm. Wie sonst könnten wir überleben?"

Meine Gastgeber behandelten mich so freundlich, als wäre ich soeben vor dem Galgen der Nazis gerettet worden. Sie reichten mir ein Mittagessen, überredeten mich, einen Mittagsschlaf zu halten und kutschierten mich dann im Auto durch die Stadt und ihre

Umgebung. Am Abend fuhren sie mich zum Bahnhof, wo ich in den Nachtzug stieg.

In meiner ersten Nacht in Amerika schlief ich einen ununterbrochenen, tiefen und friedlichen Schlaf. Am Morgen betrachtete ich aus der Glaskuppel des Aussichtswagens die Berge am Horizont und hatte das Gefühl, sie sprächen mit einer brachialen Kraft, anders als alles, was ich auf meiner bisherigen Reise gesehen hatte.

Die Passagiere an Bord des Zuges schienen selbstsicher. Nachdem ich so viel Zeit unter verängstigten Europäern und zurückhaltenden Japanern verbracht hatte, deutete ich das als Zeichen der Stärke. Die Ausstattung der Abteile war wesentlich besser als die der europäischen und japanischen Züge. Die Waggons waren größer, offener, sauberer und bequemer. Mir kam in den Sinn, dass die Transportmittel einer Nation das Spiegelbild ihres Reichtums sind, und die Erscheinung der Passagiere das ihrer Gesundheit.

Als ich nach anderthalb Tagen ununterbrochener Fahrt Chicago erreichte, teilte man mir mit, dass ich erst auf halbem Wege nach Durham war. Dies war der Moment, in dem ich begriff, dass Amerika nicht nur ein Land, sondern ein Kontinent ist. In Europa hätte ich in derselben Zeit schon mehrere Länder durchquert gehabt.

In Chicago telegrafierte ich Professor McDermott an der Duke University, ich sei auf dem Weg. Ich blieb einen Tag in Chicago. Bei einem Spaziergang durch *The Loop* war mein erster Eindruck der eines Mannes, der sich in einer lauten, feindseligen, schwitzenden Menschenmenge verloren hatte.[1] Aus Angst, von der Horde niedergetrampelt zu werden, konnte ich nicht anhalten, um die Gebäude zu betrachten. Ich betrat ein Ladenlokal und setzte mich an den Tresen. Während ich auf meine Bestellung wartete, versuchte ich, mit meinen Nachbarn ins Gespräch zu kommen. Der zu meiner Rechten grunzte nur ein sehr lautes „Huh“, der zu meiner Linken beachtete mich überhaupt nicht und steckte weiter seine Nase in die Suppe.

Bei meinem kurzen Zwischenstopp in Chicago hatte ich keine Ahnung, dass die Stadt auch eine elegante Seepromenade zu bieten

[1] A. d. Hrsg.: *The Loop* ist der zentrale, am Ufer des Lake Michigan gelegene Stadtteil Chicagos, wo sich Finanzdistrikt, *Grant Park* und die wichtigsten Kunst- und Handelsstätten befinden.

hat, wie ich drei Monate später herausfinden sollte. Dennoch konnte ich meinen ersten Eindruck, mich im Bauch eines riesigen Industriewals zu befinden, nie wirklich abschütteln. Und möglicherweise war dies das echtere Chicago. An jenem Abend stieg ich in einen weiteren Zug und setzte meine Reise fort.

So schwer mich die Strenge der Rocky Mountains auf meiner Reise von Seattle nach Chicago beeindruckt hatte, die verträumten Appalachen faszinierten mich noch mehr. Sie schienen engelsgleiche Herren, die auf die Erde gekommen waren, damit die Menschen sich an ihrem Anblick ergötzen können. Teilweise fuhr der Zug derart enge und schnelle Schleifen durch die Berge, dass es mir vorkam, als würden sie um mich herumtanzen oder als würde ich auf einem riesigen Karussell sitzen.

Der Zug hielt in Lynchburg, Virginia. An den Eingängen zur Bahnhofstoilette las ich zum ersten Mal die Schilder „Für Weiße" und „Für Farbige". Ich wurde neugierig. Unschuldig fragte ich den schwarzen Gepäckträger, ob es tatsächlich besondere Toiletten für Neger gebe.[2] Er sah mich mit einer Mischung aus Ungläubigkeit und Argwohn an und antwortete nicht. Nach siebzehn Jahren in den Vereinigten Staaten weiß ich, dass er gedacht haben muss, ich machte mich über ihn lustig.

Als der Zug seine Fahrt in Richtung Süden fortsetzte, dachte ich mit der geballten Naivität eines Neuankömmlings weiter über die Schilder nach. Ich erinnerte mich daran, dass es in ganz Warschau nur einen einzigen Neger gegeben hatte. Er arbeitete als Tänzer in einem beliebten Nachtclub, wo er mit beiden Füßen so fest auf den Boden stampfte, als wollte er ihn kaputttrampeln. Jeder wollte ihm beim Tanzen zuzusehen und ihn auf einen Drink einladen. Dem einsamen schwarzen Mann in Polen wurden Neugierde und Freundlichkeit entgegengebracht. Ich kam nicht umhin zu denken, dass den Juden nicht mit derselben Freundlichkeit begegnet wurde: Von ihnen gab es nicht nur einen, sondern drei Millionen, und ihre Konkurrenz – im Handwerk, in akademischen Berufen und anderer Arbeit – war spürbar.

2 A. d. Ü.: Die Verwendung des Wortes „Neger" gilt im deutschen Sprachgebrauch heute als stark diskriminierend. Seine Verwendung in dieser Übersetzung hält sich an Lemkins zeitgenössische Verwendung des englischsprachigen Äquivalents „Negro".

Am Nachmittag erreichten wir, anderthalb Tage nachdem der Zug Chicago verlassen hatte, Durham. Am Bahnhof erwartete mich Professor McDermott mit seiner Aura vertrauenerweckender Freundlichkeit. Ich spürte, dass die fünf Jahre, in denen wir uns nicht gesehen hatten, unserer Beziehung keinen Abbruch getan hatten. Unsere Ansichten zu den Weltereignissen waren so ähnlich, dass wir unsere Unterhaltung genau dort würden fortsetzen können, wo wir sie fünf Jahre zuvor unterbrochen hatten.

Durham war eine lebhafte, geschäftige Stadt. Sie roch nach Tabak und menschlichem Schweiß. An den Ecken gab es Tankstellen; die Autos standen Stoßstange an Stoßstange. Obwohl die Menschen einander nicht ansahen, gelang es ihnen irgendwie, weder ineinander hinein- noch einander umzulaufen. Sie grüßten sich auf eine lässige, freundliche Art: „Hiya, John!", „Hey, Jack!"

Im Auto fragte mein Freund mich über meine Reise aus, doch als er nach einigen Fragen bemerkte, dass sich meine Augen mit Tränen gefüllt hatten, unterließ er sein Verhör.

„Das ist unsere Universität", sagte er eine Weile später, als wir eine schöne gewundene Allee entlangfuhren. Wir überquerten eine kleine Brücke, die die Ufer eines künstlichen Sees miteinander verband. Am Ende der Allee sah ich einen riesigen Block hoher, klar umrissener Gebäude, die steinerne Würde ausstrahlten. Der Duft nach frischgemähtem Gras und der kühle Schatten der altehrwürdigen Bäume waren beruhigend. Junge Männer und Frauen liefen mit bemerkenswerter Leichtigkeit über den Campus. Die jungen Männer trugen offene weiße Hemden, die jungen Frauen leichte Sommerkleider ohne Strümpfe – die Arme mit vielen Büchern beladen, bedachten sie großzügig jeden mit einem Lächeln.

Nichts in ihren Gesichtern erinnerte an die sorgenvolle Atmosphäre europäischer Universitäten, die verdächtige Konzentration der Russen oder die Undurchschaubarkeit der Japaner. Diese jungen Menschen waren leicht zu durchschauen.

Professor McDermott führte mich in einen Raum im Erdgeschoss eines Wohnheims und sagte: „Hier werden Sie wohnen."[3] Das Bett war bereits gemacht. Der Professor nahm Platz und wir

[3] Lemkin wohnte im Wohnheim GG.

sprachen eine Weile über den Krieg und meine Reise. Dann sagte er: „Ich lasse Sie jetzt allein. Um sechs findet ein Alumni-Abendessen mit dem Universitätspräsidenten statt und ich habe versprochen, dass Sie ein paar Worte sagen werden."

„Wie bitte?", fragte ich völlig verblüfft.

„Sie werden die Ansprache halten", antwortete mein Freund gelassen.

„In welcher Sprache?"

„Englisch, natürlich."

Sein unbeirrtes Gesicht beruhigte und beunruhigte mich gleichermaßen. Mein schriftliches Englisch war recht gut, aber mündlich hatte ich nur Fachsprache und ein paar simple Sätze auf Lager. Die Alltagssprache beherrschte ich nicht. Selbst im Gespräch mit McDermott griff ich häufig auf Andeutungen, beredte Pausen und das eine oder andere kleine Hüsteln zurück. Einen Vortrag über Recht oder Wirtschaft konnte ich auf Englisch vielleicht halten, aber frei sprechen über einfache Dinge wie menschliche Wesen und Gefühle? Das konnte ich nicht.

Eigentlich beherrscht jeder Mensch innerhalb seiner Muttersprache zwei Sprachen: die Sprache seiner Kindheit und seines alltäglichen Lebens mit den darin vorhandenen Objekten, und die Sprache, die er in seinem Beruf oder Handwerk benötigt. Diese Sprachen unterscheiden sich nicht nur in Bezug auf Worte und Ausdrücke, sondern vor allem in Bezug auf Stimmung und Gefühl.

Mein Erklärungsversuch blieb ohne Erfolg. „Ist Ihnen bewusst", fragte mein Freund, „dass Sie Ihre Weltreise in weniger als einem Tag vollenden könnten, wenn Sie hier und jetzt in ein Flugzeug nach Stockholm steigen würden? Dass Sie gerade erst in Europa und Asien waren, ist viel interessanter als die Qualität Ihrer Sprachkenntnisse. Ich werde hinter Ihnen sitzen und Ihnen jedes Wort, das Sie brauchen, zuflüstern. Warum ruhen Sie sich nicht ein bisschen aus und machen sich frisch, und ich komme Sie um kurz vor sechs abholen?"

Ich war erst seit einer Stunde hier und schon wurde von mir erwartet, eine formelle Ansprache vor den wichtigsten Mitgliedern einer Universität zu halten! Da ohnehin keine Zeit war, mich vorzubereiten, beschloss ich, duschen zu gehen und jegliche sprachlichen Zweifel zu verschlafen.

Mein Freund war ein guter Psychologe. Als ich den riesigen, vollbesetzten Speisesaal betrat, fühlte ich mich wie an der Universität Stockholm, als ich meinen ersten Vortrag auf Schwedisch gehalten hatte. Ich hatte das Bedürfnis, all diese guten, lächelnden Leute für mich zu gewinnen und meinem Freund zu beweisen, dass es richtig gewesen war, mir diese einmalige Chance zu geben.

Nach den einführenden Worten, denen ich nicht nur gern lauschte, weil sie schmeichelhaft, sondern auch weil sie wunderbar lang waren, hatte mein Stündlein geschlagen. Ich stürzte mich in meine Rede. Ich hatte nur einige wenige Sätze niedergekritzelt, um hineinzukommen. Für den Rest meiner Rede vertraute ich auf Gott und die sprachliche Leihgabe, die mein Freund mir angeboten hatte. Zuerst hatte ich Bedenken gehabt, wie ich ihm wohl erklären sollte, welches Wort ich brauchte, wenn ich es ja nicht kannte, aber er hörte mir aufmerksam zu und jedes Mal, wenn ich innehielt, flüsterte er mir das seiner Meinung nach passende Wort zu. Meistens riet er richtig, denke ich.

Zu Beginn meiner Rede erläuterte ich Hitlers Plan, der nicht nur die Eroberung neuer Gebiete, sondern auch die Vernichtung ganzer Völker vorsah. Ich verwies auf historische Gelegenheiten, zu denen Amerika sich bemüht hatte, unterdrückten Völkern in vielen Teilen der Welt zu Hilfe zu kommen, beispielsweise 1915, um die Armenier vor dem Genozid zu bewahren. Ich entdeckte eine ältere Dame mit leuchtenden Augen und einem gütigen Lächeln im Publikum. Ich beschloss innerlich, meine Rede einzig für sie zu halten und so eine persönliche Beziehung für meinen Appell aufzubauen. Ich sah sie direkt an und sagte: „Wenn man hundert Meilen von hier Frauen, Kinder und alte Leute ermordete, würden Sie ihnen nicht zu Hilfe eilen? Wieso folgen Sie dieser Herzensentscheidung nicht, wenn es fünftausend statt hundert Meilen sind?"

Zu meiner großen Überraschung wurde ich von einem tosenden Beifall unterbrochen. Von diesem Moment an hatte ich das Gefühl, dass es mir gelungen war, eine tiefe Verbindung zu diesen Menschen aus North Carolina herzustellen.

Neben mir saß Dr. Flowers, der Universitätspräsident.[4] Er hatte ehrliches Interesse am Weltgeschehen und beteuerte, ich hätte viele seiner Fragen geklärt. Nach meiner Rede sprachen mich viele Menschen an, um mir ihre Gefühle zum Ausdruck zu bringen. Wie viel davon nur Gastfreundschaft gegenüber einem Fremden und wie viel tatsächlich dem Wunsch nach einem Kampf für Gerechtigkeit geschuldet war, wusste ich nicht. Aber einer Sache war ich mir sicher: In dieser warmherzigen Gemeinschaft hatte ich einen geeigneten Partner für meinen Kampf gefunden.

Da ich gegen Semesterende an die Universität gekommen war, war kein Lehrplan für mich erstellt worden. Ich hatte Zeit, mich umzusehen und zu planen. Bald darauf wurde ich dem Dekan und meinen Kollegen vorgestellt und in einem gemütlichen Büro mit Aussicht auf den Park untergebracht. Stunde für Stunde hörte ich die heiteren Gespräche der Studierenden beim Wechseln des Hörsaals und hatte das Gefühl, wir wären alle Teil einer großen Familie. Die Studierenden kamen häufig in mein Büro, um mit mir zu plaudern. Wenn ich auf der Veranda der juristischen Fakultät eine Pause einlegte, luden sie mich ein, mich zu ihnen in den Schatten der Bäume zu setzen.

Ich hatte aufrichtiges Interesse an ihnen. Sie waren erfrischend. Ich war an den klassenbewussten, hochgradig nationalistischen europäischen Studierendentyp gewöhnt, der körperliche Arbeit als persönliche Degradierung empfand und mit wenigen Ausnahmen der Überzeugung war, zu etwas außergewöhnlich Bedeutendem berufen zu sein, wenn schon nicht für die Welt, so doch wenigstens für das eigene Land. Der europäische Studierende ist ein menschliches Wesen plus eine übernatürliche, ungewisse und selbstverständlich eitle Komponente. Der amerikanische Studierende ist natürlicher. Er hat kaum das Gefühl, eine Berufung zu haben, weder eine persönliche noch eine kollektive. Das Eingeständnis von Klassenbewusstsein oder exzessivem Nationalismus wäre ihm peinlich. In seinem Versuch, dem eigenen Land gegenüber objektiv zu sein, ging er bisweilen sogar zu weit. So warf er in Gesprächen über kriegslüsterne europäische Traditionen Dinge ein wie: „Was ist

4 Robert Lee Flowers (1870–1951) war von 1941 bis 1948 Präsident der Duke University.

mit unseren Marinesoldaten in Nicaragua?" oder „Wissen Sie, wie wir an den Panama-Kanal gekommen sind?"[5] Bedauerlicherweise scheint sich diese Objektivität allmählich aus dem Bewusstsein des amerikanischen Studierenden zu verflüchtigen.

Die interessanteste Eigenschaft des amerikanischen Studierenden ist jedoch seine Neugierde. Sie ist wahrscheinlich der Tatsache geschuldet, dass die amerikanischen Highschools von geringerer akademischer Qualität sind als ihre europäischen Gegenstücke. Ich glaube, das gibt dem amerikanischen Studierenden das Gefühl, dass es stets etwas Neues zu entdecken gibt, was er schon in der Highschool hätte lernen sollen, als sich Verstand und Wissen formten.

Auch meine Kollegen an der Fakultät waren freundlich und neugierig. Oft sprachen wir über die Unterschiede zwischen dem europäischen und amerikanischen Rechtssystem. Die europäische Mentalität, die eher mit Konzepten als mit Erfahrungen arbeitet, hat ein Rechtssystem geschaffen, das starr in abstrakte Aufzeichnungen gebettet ist. Die Experimentierfreudigkeit der amerikanischen Mentalität hingegen hat die Schaffung eines Rechtssystems begünstigt, das auf der evolutionsartigen Anpassung richterlicher Entscheidungen beruht. Die Wahl früherer Entscheidungen, die der neuen Situation nicht länger gewachsen sind, als Ausgangspunkt für neue Entscheidungen, ermöglicht eine konstante Weiterentwicklung. Dementsprechend werden in juristischen Fakultäten in Amerika für gewöhnlich gerichtliche Entscheidungen studiert, nicht nur Gesetzbücher und Theorie wie in Europa. Dieses sogenannte „Fallrecht" verpflichtet den Studierenden, sich täglich auf den Unterricht vorzubereiten und einen Fall präsentieren zu können. Im Großen und Ganzen arbeitet der amerikanische Studierende härter als der europäische. Der europäische Studierende, der an Vorlesungen teilnimmt, oder auch nicht, und für gewöhnlich erst kurz vor den (mündlichen) Prüfungen anfängt, sich Sorgen zu machen, ist das ganze Studienjahr über passiver – es sei denn, er nimmt an einem Seminar teil. Das ist auch einer der Gründe dafür, dass europäische Studierende Zeit erübrigen konnten, an der vordersten Front vieler politischer Bewegungen zu stehen, während diese

[5] Die USA hatten von 1912 bis 1933, das heißt über zwanzig Jahre, eine Militärpräsenz in Nicaragua.

Position in Amerika weitgehend den Berufspolitikern vorbehalten blieb. Das hängt auch damit zusammen, dass das amerikanische Leben weniger starr ist als das europäische: Es verzeichnet schneller gesellschaftliche, wirtschaftliche und sogar moralische Änderungen. Um die grundlegende Ordnung unter allen Umständen zu wahren und damit Revolutionen zu verhüten, ermöglicht das amerikanische Verfassungssystem friedliche Anpassungen.

Von Zeit zu Zeit schaute ich im Büro von Richter Thaddeus Bryson vorbei, ein etwas mystischer älterer Herr mit dem hübschen Gesicht eines Träumers, der das Recht des Bundesstaates North Carolina lehrte.[6] Bryson hatte einen polnischen Vornamen, den seine Eltern ihm zu Ehren des polnischen Helden Tadeusz Kościuszko gegeben hatten, der auf diese Seite des Atlantiks gekommen war, um für die amerikanische Unabhängigkeit zu kämpfen.[7] Während einer unserer Unterhaltungen sah mich Richter Bryson bedeutungsvoll an, senkte die Stimme, um seinen Worten größeres Gewicht zu verleihen, und sagte: „Ich habe keinerlei Zweifel, dass Sie vor dem europäischen Holocaust bewahrt wurden, weil Sie einen besonderen Zweck erfüllen werden. Er ist bedeutender als Sie, bedeutender als wir alle – warten Sie's ab."[8] Er wiederholte seine Prophezeiung

---

6 Richter Thaddeus Dillard Bryson (1873–1950).

7 Andrzej Tadeusz Bonawentura Kościuszko (1746–1817).

8 Dass der Richter 1942 den Begriff „Holocaust" verwendet haben soll, um sich auf den Nazi-Genozid an den Juden zu beziehen, ist möglich, aber unwahrscheinlich. Da Lemkin im englischen Original das Wort sowohl hier als auch an anderer Stelle mit kleinem „h" schreibt, bezog er sich möglicherweise auf den nationalsozialistischen Genozid als *einen*, nicht *den* Holocaust.

„‚Holocaust' (mit kleinem ‚h' oder großem ‚H') entwickelte sich durch seine Verwendung in Übersetzungen des Wortes ‚Schoah' aus dem Hebräischen Ende der 1940er Jahre zu einem spezifischeren Begriff", so das *United States Holocaust Memorial Museum*. „In der jüdischen Geschichte war das hebräische Wort für die Bezeichnung von Angriffen auf Juden verwendet worden. In den 1940er Jahren wurde es häufig verwendet, um sich auf die Ermordung der europäischen Juden durch die Nazis zu beziehen. (Jiddisch-sprachige Juden verwendeten den Terminus ‚Churban', eine jiddische Übersetzung von ‚Schoah'.) Die Gleichsetzung von ‚Holocaust' und ‚Schoah' wurde insbesondere an der offiziellen englischen Übersetzung der Israelischen Unabhängigkeitserklärung von 1948, den Übersetzungen der Veröffentlichungen des Yad Vashem Verlags in den 1950er Jahren und der journalistischen Berichterstattung zum Eichmann-Prozess 1961 in Israel deutlich."

In einem Memorandum des Jüdischen Verbands und Gemeinderates, das sich in Lemkins Besitz befand, heißt es: „Wir hoffen, dass eine derartige Konvention [die Genozid-

mehrfach, ohne zu erläutern, was genau er damit meinte. Als ich sein Büro verließ, war ich verlegen; nichtsdestoweniger sind mir seine Worte häufig ins Gedächtnis gekommen und haben mich in vielen schwierigen Situationen in der beharrlichen Verfolgung meiner Ziele bestärkt.

Mr. Dwyer, der Vizepräsident der Universität, den ich am Abend meiner Ankunft kennengelernt hatte, entwickelte ein lebhaftes Interesse an der Geschichte, die ich zu erzählen hatte. Wenn eine Anfrage nach einem Universitätsredner eintraf, empfahl er mich. Ich besuchte viele Städte im Bundesstaat und erzählte bei Treffen der Handelskammer, von Frauengruppen und vor Versammlungen junger Leute ein- und dieselbe Geschichte. Meist kamen die Menschen danach auf mich zu und sagten: „Ich schäme mich, dass wir untätig zusehen, wie unschuldige Menschen niedergemetzelt werden“, oder „Wenn Hitler mit Europa fertig ist, wird er sich ohnehin gegen uns wenden. – Sollten wir also nicht lieber jetzt eingreifen?“

Ich legte mir einen weißen Anzug, weiße Schuhe und weiße Socken zu, die ich bei Abendessen, zu denen ich eingeladen wurde, in Kombination mit einer dunklen Seidenkrawatte trug. Ich wurde schnell in derartige lokale Bräuche eingeführt und musste vorsichtig sein, niemandem auf den Schlips zu treten. Ich beobachtete, dass Männer Frauen nie zuerst die Hand reichten und sie zur Begrüßung nicht die Hand der Frau küssten, wie es in Europa üblich war. Bei der Zeremonie des Platznehmens lernte ich, die Maße meiner Sitznachbarin abzuschätzen und den Stuhl vorsichtig weit genug unter sie zu schieben, sodass sie bequem darauf sitzen konnte. Andere Tischmanieren erlernte ich nur mit erheblicher Mühe: In Europa aßen wir mit der Gabel in der einen und dem Messer in der anderen Hand. In Amerika beobachtete ich, dass ein Stück Fleisch zuerst mit dem Messer geschnitten, dann das Messer auf dem Teller abgelegt und die Gabel in die andere Hand genommen wurde, um damit zu essen. Da dies den Essensvorgang erheblich verlangsamte, passte dieser Brauch so gar nicht zu meiner Vorstellung der amerikanischen Wirtschaftlichkeit der Bewegungen. Allerdings barg er einen potentiellen (wenn auch nicht immer reellen) Vorteil: Er verschaffte

konvention] eine Wiederholung des Holocaust [im Original mit kleinem ‚h‘] durch Hitler verhindert.“

einem mehr Zeit, sich zu unterhalten. In Europa drehen sich Unterhaltungen, insbesondere in Intellektuellensphären, um Ideen und Konzepte. Fakten werden nur dann eingestreut, wenn sie einen amüsanten oder auf eine andere Weise interessanten Mehrwert bieten. Bei Abendessen auf dem Campus bemerkte ich, dass die Gäste meist über Fakten sprachen und ungeduldig wurden oder gar das Thema wechselten, wenn ich einen eher konzeptuellen Gegenstand zur Sprache brachte. Ich fügte mich dieser Etikette, doch bei allem Respekt für diese wirklich guten Menschen habe ich noch heute einige meiner dortigen Abendessen als die ermüdendsten Rituale in Erinnerung, die ich jemals über mich ergehen lassen musste. Ich habe nie verstanden, warum es für eine Abendgesellschaft wichtig sein sollte, zu wissen, welcher Kühlschrank oder Staubsauger der beste ist oder dass jemandes Sohn Tinte auf den Teppich geschüttet hatte.

Eines Tages fragte mich Professor McDermott, ob ich ihn nach Washington, D.C. begleiten wolle.[9] Da ich noch nie in der Hauptstadt meines neuen Gastlandes gewesen war, kam mir diese Möglichkeit sehr gelegen. Ich wollte die polnische Botschaft und einige Freunde besuchen, die ich 1937 beim Internationalen Kongress für Rechtsvergleichung im Haag kennengelernt hatte und mit denen ich in Kontakt geblieben war.[10] Besonders freute ich mich auf John Vance, den Leiter der juristischen Abteilung der Kongressbibliothek.[11]

Eines frühen Morgens brachen wir auf. Die Tabakfelder und die gut gebauten Autobahnen, über die die Amerikaner reisten, beeindruckten mich. Wir fuhren durch unzählige Kleinstädte, die ich kaum auseinanderhalten konnte – in meinen Augen sahen sie alle gleich aus. Das galt auch für die meisten Häuser. In einer Stadt in Virginia lasen wir an einem der Häuser die Inschrift: „Hier schlief Washington.“ Das war der einzige Unterschied, den ich zwischen diesem und allen weiteren Häusern seit Durham erkennen konnte.

---

9 A. d. Ü.: Weder hier noch im Folgenden nimmt Lemkin eine klare Unterscheidung des US-Bundesstaats Washington und der US-Hauptstadt Washington, D.C vor. Im Dienste der einfachen Lesbarkeit wurde die teils fehlerhafte Bezeichnung in der Übersetzung angepasst, ohne die einzelnen Änderungen gesondert kenntlich zu machen.

10 Der II. Internationale Kongress für Rechtsvergleichung 1937 im Haag.

11 John Thomas Vance (1884–1943).

Mir kam der Gedanke, dass die verhältnismäßig kurze Geschichte Amerikas insbesondere an der Gleichförmigkeit seiner Kleinstädte und Hauptstraßen ersichtlich ist. Mit einigen wenigen Ausnahmen hatten die großen und kleinen Städte schlicht nicht genügend Zeit gehabt, ein individuelles Stadtbild zu entwickeln oder von den Variationen verschiedener Jahrhunderte geprägt worden zu sein. Der praktische Amerikaner ist sich dem veränderlichen Naturell seiner jungen Nation bewusst und macht aus der Ermangelung geschichtlicher Fesseln eine Tugend: Die Freiheit ermöglicht es ihm, sich schnell anzupassen und sich flexibel und bodenständig von einer Lebensphase in die nächste zu bewegen.

Als wir Washington, D.C. erreichten, empfand ich die Jugend der amerikanischen Nation als beeindruckend erfrischend. Das Weiße Haus gleicht einem Herrenhaus und weist in seiner Einfachheit kaum Spuren der mühseligen Machtopulenz auf, die man in London, Paris, Berlin, Wien oder Moskau sieht. Sein Stil scheint mit demokratischer Güte ohne Umschweife zu sagen: „Wir haben gerade erst angefangen." In der architektonischen Zurückhaltung liegen große Kraft und großer Geist. Die schlichte Eleganz der Sixteenth Street und die parkartige Extravaganz der Massachusetts Avenue imponierten mir. Die Denkmäler erzählten ihre Geschichte mit Bescheidenheit statt Großspurigkeit, insbesondere das von Lincoln: Seine Sitzhaltung vermittelt einem nicht das Gefühl einer künstlichen Pose, um die Nachwelt zu beeindrucken oder einzuschüchtern, sondern das einer menschlichen, kontemplativen Einsamkeit. Auch die Büros und Regierungsgebäude hatten eine beeindruckend bodenständige Arbeitsatmosphäre. Mit ihrem Flair und Stil erschien mir die amerikanische Hauptstadt amerikanischer als jede andere Stadt des Landes.

Nach einem Besuch der polnischen Botschaft fuhren wir zur Kongressbibliothek. John Vance war aufgeschlossen und enthusiastisch wie eh und je. Er war schlank, hatte einen Schnurrbart, Koteletten und wache braune Augen. Der Klang seiner Stimme verriet eine außergewöhnlich tiefe Besorgnis um Mensch und Welt. Er spielte Gitarre und sang Lieder aus seiner Heimat Kentucky. Er war ein guter Anwalt und überaus kompetenter Bibliothekar, hatte aber auch etwas von einem Poeten und Künstler. Auf Reisen ins Ausland begleitete ihn seine Gitarre, die er hingebungsvoll auf kleinen Feiern spielte. Dort fand er Freunde, die ihn für immer im Gedächtnis behielten.

Nun hatte Vance das Gefühl, als Geschenk für mich höchstpersönlich für die Befreiung Europas und den Wiederaufbau Polens verantwortlich zu sein. Er meinte es ernst und nahm sich all meiner Sorgen an. Er machte mich mit Colonel Archibald King von der Abteilung Militärregierung des Kriegsministeriums bekannt.[12] Colonel King blickte auf eine langjährige, bis in den Ersten Weltkrieg zurückreichende Erfahrung in der Entwicklung von Gesetzgebungen zur Regulierung des Verhaltens von amerikanischem Armeepersonal im Ausland zurück. Er hatte amerikanisches und britisches Recht studiert und stand wie jeder Anwalt voll und ganz hinter dem Konzept, auf das er seine Arbeit und Denkweise stützte, und dem er sein Leben lang auf so kompetente Weise diente. Er war Experte des angloamerikanischen experimentellen Rechtssystems und glaubte daran, dass auch Anwälte anderer Länder im Wesentlichen anständig und engagiert waren. Um ihm das Konzept des Genozids begreiflich zu machen, musste ich seine Einstellung bedauerlicherweise ein wenig korrigieren.

Ich begann damit, ihm zu sagen, dass das Rechtssystem in Deutschland zu einer anderen Art als der gemeinhin angenommenen mutiert war: Es erfüllte nicht länger die ethische Funktion einer verteilenden Gerechtigkeit, sondern war nunmehr ein System, das durchsetzte, was auch immer als staatsdienlich erachtet wurde.

„Die Nazis erkennen das den Haager Konventionen innewohnende und von anderen Staaten anerkannte Prinzip, demzufolge Kriege gegen Herrscher und Heere geführt werden, nicht an", sagte ich ihm. „Ihrer Meinung nach sollten Kriege gegen Bürger und Zivilpersonen – sprich, gegen Völker – geführt werden. 1935 schrieb Alfred Rosenberg, einer der Ideologen des Nationalsozialismus, in seinem Werk *Der Mythus des 20. Jahrhunderts*: ‚Geschichte und Zukunftsaufgabe bedeuten nicht mehr Kampf von Klasse gegen Klasse, nicht mehr Ringen zwischen Kirchendogma und Dogma,

[12] Colonel Archibald King (1882–1971) war Leiter der Abteilung des Judge Advocate General der US-Armee.

sondern die Auseinandersetzung zwischen Blut und Blut, Rasse und Rasse, Volk und Volk.‘“[13]

„Dann lehnen die Deutschen offiziell die Haager Landkriegsordnung ab?“, warf Colonel King ein. „Offiziell nicht, aber inoffiziell“, erwiderte ich. „Solange sich deutsche Kriegsgefangene in den Händen der Alliierten befinden, können sie sie nicht offiziell ablehnen.“

In Worten, die ihm nur allzu verständlich waren, erläuterte ich ihm die deutschen Gesetze und Erlasse für die besetzten Gebiete, mit deren Hilfe der Genozid an europäischen Völkern begangen wurde: „Es geht nicht darum, einzelne mutwillige Gräueltaten oder gar solche in großem Maßstab wie 1914 in Belgien und Frankreich zu verhindern. Hitler beabsichtigt, die gesamte Bevölkerungsstruktur von Europa auf tausend Jahre hinaus zu ändern – sprich, für immer. Gewisse Nationen und Rassen werden vollständig ausgelöscht oder bis in alle Ewigkeit verstümmelt.[14] Selbst für den Fall ihrer Niederlage haben die Deutschen vorgesorgt: Sie haben einen Plan, demzufolge das Überleben der übrig gebliebenen Nationen von Deutschland abhängen würde. Die Deutschen wollen keine Regierungen besiegen und zerstören, sondern Völker. Sie wissen, wenn ein Volk zerstört ist, gibt es keine Regierung, und wenn ein Volk teilweise zerstört ist, dann ist seine Regierung so schwach, dass Deutschland sich nicht vor ihr zu fürchten braucht. Sollte der Plan

---

[13] Alfred Rosenberg (1883–1946) war NSDAP-Parteiideologe und Reichsminister für die besetzten Ostgebiete.

A. d. Ü.: Zitiert nach Rosenberg, Alfred: *Der Mythus des 20. Jahrhunderts. Eine Wertung der seelisch-geistigen Gestaltenkämpfe unserer Zeit*, München: Hoheneichen-Verlag, 1930.

[14] A. d. Hrsg.: Nach der Verabschiedung der Nürnberger Rassengesetze durch das „Dritte Reich“ 1935, den Verbrechen gegen die Zivilgesellschaft und dem Holocaust im Zweiten Weltkrieg wurde der Begriff „Rasse“ nach der Überwindung einer mit einem Überlegenheitsgefühl einhergehenden, rassistischen westlichen Perspektive korrekt definiert und eine wissenschaftlich fundierte anthropologische Perspektive in die Rechtsterminologie integriert. Auch wenn in der Genozidkonvention der Rassenbegriff noch auftaucht, gibt es unter den Menschen nur eine Rasse: die Menschenrasse (*Homo sapiens sapiens*). In der Praxis sind etwaige Bezüge auf das Rassenkonzept im Sinne eines spezifischen Phänotyps (das Ergebnis aus Genotyp und geographischer Umgebung) zu interpretieren. Angemessener ist die Verwendung des Begriffs „Ethnie“ aus dem Griechischen: ἔθνος, *éthnos* (Volk) für Gemeinschaften von Menschen, die sprachliche, kulturelle, glaubensbezogene und taxonomische Gemeinsamkeiten aufweisen.

der Nazis in Europa aufgehen, können Sie den europäischen Kontinent für ihre künftigen Planungen und die politischen Beziehungen Amerikas zum Rest der Welt gleich abschreiben."

„Das ist unserem verfassungsgemäßen Denken völlig fremd", sagte der Colonel. „Ich würde gern mehr über diesen Sachverhalt erfahren."

Ich teilte ihm mit, dass ich an der Duke University einige Vorträge zum Thema geplant hatte. Der Colonel antwortete, dass er gern daran teilnehmen würde und die Vorträge von grundlegendem Interesse für das Kriegsministerium seien.

Zurück auf dem Campus arbeitete ich noch intensiver. Ich übersetzte die Nazi-Erlasse ins Englische und schrieb eine Analyse. Ich wollte eine regelmäßige Versorgung mit Dokumenten aus dem besetzten Europa sicherstellen und schlug Vance in einem Brief vor, dass er sie über Buchhändler in den neutralen Ländern – Portugal, die Schweiz oder Schweden – erhalten könne. Auf diesem Wege hoffte ich, in der Kongressbibliothek ein Dokumentationszentrum aufzubauen, das dabei behilflich wäre, den hinter dem europäischen „Krieg gegen die Armeen" verborgenen „Krieg gegen die Völker" zu verdeutlichen.

Vance lud mich ein, vor der Jahreskonferenz der American Bar Association einen Vortrag zum Thema totalitärer Kontrolle über ausländische Volkswirtschaften zu halten.[15]

Im Juni 1941 fand ich eines Morgens beim Öffnen meines Briefkastens im Universitätspostamt, der *Duke Station*, einen ramponierten Umschlag vor, der einen Brief meiner Eltern enthielt. Er war mehr als zwei Monate lang unterwegs gewesen. „Uns geht es gut", schrieben sie, „und wir freuen uns, dass dich dieser Brief in Amerika erreicht."[16] Die Worte standen auf einem Fetzen, der nicht mehr

[15] A. d. Hrsg.: American Bar Association (dt. US-Bundesanwaltskammer). Eine im August 1878 in Saratoga Springs in New York von fünfundsiebzig Anwälten aus zwanzig Bundesstaaten gegründete Vereinigung. Sie spielte eine wichtige Rolle für die juristische Ausbildung in den USA und gründete 1938 das Bill of Rights Committee, das für die Wahrung bedrohter Zivilrechte, insbesondere der Meinungs- und Versammlungsfreiheit, von Bedeutung ist. Seit 1943 spielen Rasse, Glaube und Hautfarbe keine Rolle mehr für die Mitgliedschaft.

[16] Es folgt eine Übersetzung eines der letzten jiddischen Briefe von Lemkins Eltern. Sein Vater schreibt: „Lieber Rafael, mit großer Freude haben wir deinen lang ersehnten

als ein Viertel eines normalen Briefpapiers maß. Die Papierqualität sprach Bände über die extreme Armut, in der meine Eltern lebten. Etwas sagte mir, dass sie mit diesem Brief Abschied nahmen. Ich verscheuchte den Gedanken wie eine lästige Fliege, aber als ich am Abend über den Campus lief, war er wieder da. Trotz der Bemühungen meiner Eltern, mich nicht zu beunruhigen, schwang in ihrem Brief ein Ton unterdrückter Verzweiflung mit. Dies war der letzte Brief, den ich je von ihnen erhalten sollte. Einige Tage später, am 24. Juni, schaltete ich beim Frühstück das Radio ein. Die Worte einer unpersönlichen Nachrichtensendung bohrten sich wie scharfe Messer tief in mein Fleisch: „Die deutsche Armee ist in Ostpolen einmarschiert."[17] Es war unmöglich, diese Worte zu ignorieren. Sie waren schwer wie Blei. Schwer wie das Schicksal. Sie verhießen brennende Dörfer und Säulen bläulich braunen Nebels, der, nachdem die Artillerie-Hülsen auf den Boden gefallen waren, rasch gen Himmel aufstieg. Das Blut von Mensch und Tier ist rot; das Blut einer Stadt ist gelblich braun mit einem Hauch von Blau und steigt Richtung Himmel auf, als beklage es sich bei Gott über die Torheit des Menschen. Wie ein verwundetes Tier schrie die Erde meiner Stadt Wołkowysk auf, nun, da sie zum dritten Mal in diesem Jahrhundert geschändet worden war.

1915 marschierte die deutsche Armee in meine Heimatstadt ein; 1920 marschierte die russische Armee auf dem Weg in die

---

Brief gelesen. Wir hoffen, du wirst uns auch weiterhin mit deinen Briefen erfreuen. Gott sei Dank geht es mir gut, und das wird sich auch in Zukunft nicht ändern. Momentan bin ich [unleserlich], weil die Kartoffelsaison vorbei ist. Es mangelt uns an nichts. Elijah, Lizzy und die geliebten Kinder lassen ganz lieb grüßen. Sie sind alle gesund. Ich schicke dir Adressen. Wenn du Zeit hast, solltest du sie kennenlernen. Grüße von Herzen. P."

Seine Mutter schreibt: „Lieber Rafael, wir haben deinen Brief mit großer Freude gelesen. Wir sind alle gesund und haben, was wir zum Leben brauchen. Mach dir keine Sorgen um uns! Falls möglich, schreib oft. Elijah hat Arbeit. Er verdient sich seinen Unterhalt. Dein Vater ist zu Hause. Im Sommer gibt es keine Arbeit. Bleib gesund und glücklich. Deine M."

Unser Dank gilt Yeshaya Metal vom YIVO Center for Jewish History, New York für die Übersetzung ins Englische.

A. d. Hrsg.: Für ein Foto des Briefteils von Lemkins Vater siehe S. 218.

[17] Deutschland marschierte am 22. Juni 1941 in die Sowjetunion ein. Der 24. Juni 1941 war jedoch von besonderer Bedeutung für Lemkin, der an diesem Tag unter anderen Umständen seinen einundvierzigsten Geburtstag gefeiert hätte. Lemkins Heimatstadt Wołkowysk wurde am 23. Juni von den Nazis bombardiert.

Hauptstadt durch meine Stadt; 1939 wurde ich aus dem brennenden Warschau gebombt. Nun fielen die Nazis in Gestalt der bellenden Radioworte in meinen Zufluchtsort auf dem Duke-Campus ein. Der Gedanke an das Schicksal, das meine Familie nun erwartete, ließ mich erschaudern. Wieso nur hatte ich beim Lesen ihrer drei Zeilen die Vorahnung eines Abschieds gehabt?

Der Campus lächelte an diesem Junimorgen. „Haben Sie gehört, dass die Nazis in Polen einmarschiert sind?", wurde ich beim Betreten des Gebäudes der juristischen Fakultät von allen Seiten gefragt. Mein Gesichtsausdruck war Antwort genug. „Sorry", sagten Kollegen und Studierende, und gingen leise ihrer Wege.

Ein paar Tage später, als sich die Nacht in North Carolina bereits dem Ende neigte, erwachte ich schweißgebadet. Im Traum war mir das Gesicht meiner Mutter erschienen. Ihren Körper sah ich nicht, nur ihr Gesicht mit tief in die Stirn gekämmten Haaren. Ihre Augen lächelten durch einen dichten Nebel der Sorge, als würde sie ein Geheimnis kennen, das sich meiner Kenntnis entzog. Ich streckte meine Hand aus, um über ihr Gesicht zu streichen, aber sie entzog sich meiner Berührung und verblasste allmählich; ich erwachte. Wesentlich später erfuhr ich, dass ein Großteil der Stadt, darunter auch der Ort, an dem das Haus meiner Eltern gestanden hatte, während des Nazi-Blitzes, der genauso „blitzartig" gewesen war wie ein echter Blitz, bis auf die Grundfesten niedergebrannt worden war. Die gesamte Bevölkerung, rund zwanzigtausend Einwohner, wurde in ein paar kleine Häuser nahe des Bahnhofs gepfercht. Über ein Jahr nach diesen Ereignissen wurden meine Eltern gemeinsam mit anderen deportiert, um vergast zu werden.[18]

Einige Tage später erhielt ich eine Anfrage des Vizepräsidenten der Duke University, eine Rede vor einer Handelskammer-Gruppe in High Point zu halten. Auf meiner Fahrt über die glatte Autobahn ballte ich eine Faust und richtete sie gedanklich auf das Gesicht

[18] Juden aus Wołkowysk wurden am 6. November und am 8. Dezember 1942 nach Treblinka, und von dort aus am 26. Januar 1943 nach Auschwitz verbracht. Laut *Yizkor Volkowysk Memorial Book* starben Lemkins Eltern in Treblinka. Der Eintrag lautet:

„Josef Lemkin. Seine Frau und er wurden in Treblinka ermordet. Ihr Sohn, Dr. Raphael Lemkin, lebt in Amerika. Ihr zweiter Sohn, Eliyahu, seine Frau (aus Vinogradsky) und die gemeinsamen Kinder waren während der russischen Besatzung nach Moskau gereist und blieben dort. Heute [1945 oder 1946] befinden sie sich in Deutschland."

eines unbekannten Nazis. In einem wütenden Wahn aus Gefühlen und Worten, die in High Point kraftvoll gewesen sein mochten, in Wołkowysk hingegen schwach geklungen hätten, gab ich der Maschinerie des Genozids Kontra. Ich schämte mich meiner Ohnmacht gegenüber den Mördern der Menschheit – eine Schmach, die mich bis heute begleitet. Unberechtigte Schuldgefühle sind zerstörerischer als berechtigte Schuldgefühle, denn eine Katharsis ist unmöglich.

Nach meiner Rückkehr zur Universität verbrachte ich den Abend mit McDermott. „Sie dienen Ihrer Sache, indem Sie für sie kämpfen", sagte er mir. „Seien Sie stark. Denn wie könnten Sie sonst jemanden beeinflussen? Verlieren Sie nicht den Mut." Dies war ein Befehl, und ich gehorchte. In North Carolina gilt ein Mann, der kein Lächeln auf den Lippen trägt, als unvollständig gekleidet. Ich begann wieder zu lächeln, aber für viele Monate hatte die Welt in meinen Augen ihre Farbe verloren.

Kapitel Sieben

Genozid – eine Warnung an die Welt

Im Juni 1942 fand ich ein Telegramm auf meinem Schreibtisch vor, das den Beginn einer neuen Etappe in meinem Leben und meiner Arbeit verhieß. Der Ausschuss für Ökonomische Kriegsführung in Washington, D.C. bot mir eine Stelle als Chefberater an.[1] Ich übermittelte meine Zusage.

Washington, D.C. war anders als bei meinem ersten Besuch. Die Stadt war energiegeladen und wimmelte von Menschen. Die Leute in den Straßen und Büros sahen furchtbar beschäftigt aus und sprachen einen Jargon, der quasi über Nacht entstanden war. Die Worte „Ausschuss“, „Bericht“, „Produktion“, „Termin“, „Sekretär“, „Schreibmaschine“, „Schiff“, „Flugzeug“, „Deutschland“, „Japan“ und „London“ waren in jeder möglichen Kombination in aller Munde. Jeden Tag erreichten Züge und Flugzeuge mit Tausenden Neuankömmlingen aus sämtlichen Ecken des Landes die Stadt: in nagelneuen Militäruniformen und bereit, Bericht zu erstatten, oder in zivil, bereit, die Führung zu übernehmen; Geschäftsmänner, Professoren und Anwälte; Männer und Frauen jeden Alters. Sie alle kamen, um herauszufinden, „wie sie behilflich sein könnten“, die Achse zu besiegen. Sie boten ihre Dienste in allerlei Bereichen an. Ich entdeckte einen Kindergeschichtenerzähler aus dem Radio, der nun als Personalreferent tätig war, und stellte mit Erschrecken fest, dass meine Sekretärin das Schreiben auf der Schreibmaschine

[1] A. d. Hrsg.: Das Office of the Administrator of Export Control wurde im Juli 1940 zwecks Verwaltung von Ausfuhrgenehmigungen aus den Vereinigten Staaten unter der Leitung von Brigadier General Russel Lamont Maxwell eingerichtet. Im September 1941 gingen seine Zuständigkeiten an das Economic Defense Board über, das noch im selben Monat in Board of Economic Warfare (dt. Ausschuss für Ökonomische Kriegsführung) umbenannt wurde.

nicht beherrschte. Als ich zum ersten Mal eine ihrer Mitschriften sah, fragte ich mich, ob sie wohl beschlossen hatte, die Sprache zu reformieren und gemäß ihrem eigenen System zu vereinfachen. Dennoch zog ich den Neid meiner Kollegen auf mich, die gar keine Maschinenschreiberinnen hatten. Man erzählte sich, die Kandidatinnen für Schreibarbeiten wurden aus den ersten Zügen, die die Stadt erreichten, ausgewählt und in die Büros gebracht. Wem es gelang, ein Schreibmaschinenband auszutauschen, der wurde eingestellt. Nachdem jeder sein Personal zugewiesen bekommen hatte, begann der Kampf der Bürochefs um Aufträge und Budgets, um die vielen neuen Tätigkeiten zu decken.

Was den Plan der Achse anging, die Völker unter ihrer Kontrolle zu zerstören, stieß ich in meiner Behörde auf vollkommenes Unwissen. Die ersten Versuche, meine Kollegen aufzuklären, waren entmutigend: Sie waren nur zu höflich, um ihr Desinteresse direkt zu zeigen. Sie hatten genug mit ihren eigenen Aufgaben zu tun und waren Meister darin, unsere Gespräche auf ihre eigenen Probleme zu lenken. Mein Anliegen erschien ihnen zu theoretisch oder gar fantastisch. „Haben die Nazis wirklich damit begonnen, diese Pläne umzusetzen?", fragten sie mich. „Ja, vor zwei Jahren", antwortete ich. Einige erwiderten, die Regierung würde dem keinen Glauben schenken; viele erinnerten sich noch an die „Geschichten über deutsche Gräueltaten" aus dem Ersten Weltkrieg. Ich dachte bei mir: Es ist so leicht, einen Genozid zu begehen, weil niemand an ihn glaubt, bevor er nicht geschehen ist.

Ich traf Henry Wallace, den Vorsitzenden des Ausschusses und Vizepräsidenten der Vereinigten Staaten, der landesweit für seine Experimente im Kreuzen von Mais bekannt war.[2] Die Maisfelder Iowas schienen bei jedem Treffen in der Hauptstadt um ihn zu wogen. Seine Bewegungen waren steif, als wäre er noch nicht vollständig aus der verträumten Kontemplation erwacht, in der Farmer von Natur aus ruhen. Ein Farmer wird nie zu einem extrovertierten reinen Kopftypen werden. In der Natur gibt es zu viele mysteriöse Kräfte, die ihm eine schnelle Abstraktion unmöglich machen.

2 Henry A. Wallace (1888–1965).

Meine Freunde rieten mir, meine düsteren Vorahnungen mit Mr. Wallace zu besprechen. Bei unserem ersten Gespräch in seinem Büro im Senatsgebäude versuchte ich, ihn über einen riesigen Tisch hinweg einzuschätzen. Ich beschloss, langsam vorzugehen. Daher sprach ich zunächst über das TVA-Projekt, das ich in Tennessee gesehen hatte und das darin bestand, einen gewaltigen Staudamm zu bauen, der die angrenzenden landwirtschaftlichen Siedlungen mit elektrischer Energie versorgen sollte.[3] Wenn Nationen, die an denselben Fluss grenzen, eine gemeinsame kommerzielle Nutzung des Flusses anstrebten, dann hätten sie ein größeres Interesse daran, den Frieden zu wahren; ein Krieg würde lediglich die gemeinsame Grundlage ihrer Wirtschaften zerstören. Als ich das Wort „Landwirtschaft" in unser Gespräch einfließen ließ und anmerkte, was wir den Farmern dieser Welt schulden, öffnete sich Mr. Wallace mir gegenüber ein wenig. Beiläufig streute ich ein, dass ich auf einem Bauernhof aufgewachsen war und die Armut der Bauern meines Landes mit eigenen Augen gesehen hatte.

Mit diesen Worten verließ ich sein Büro. Bei einem gemeinsamen Abendessen im Haus eines Freundes versuchte ich, Mr. Wallace für meine Idee zu interessieren, aber es gelang mir nicht, den freundlichen Nebel seiner einsamen Träume zu durchdringen. Ich unterhielt mich noch bei weiteren Gelegenheiten mit Mr. Wallace und erläuterte ihm meine Idee. Hoffnungsvoll wartete ich auf eine Reaktion, doch es kam keine, und plötzlich wurde mir klar, dass diese Gespräche zwecklos waren: Wo in der Natur hätte Mr. Wallace die Grausamkeiten finden sollen, die unter Menschen begangen werden? Die Erde ist nicht zerstörerisch; es ist der Mensch, der

[3] Tennessee Valley Authority Project. Die im Mai 1933 von der US-amerikanischen Bundesregierung ins Leben gerufene Wirtschaftsinitiative bestand in der Errichtung eines „einheitlichen Programms zur Erhaltung, Entwicklung und Nutzung der Ressourcen im Tennessee River Valley".

A. d. Hrsg.: Die Tennessee Valley Authority (TVA) ist eine US-amerikanische Staatsbehörde, die am 18. Mai 1933 per Kongressbeschluss gegründet wurde, um die Schifffahrt, den Hochwasserschutz, die Strom- und Düngemittelproduktion sowie die wirtschaftliche Entwicklung des von der *Great Depression* (dt. Große Depression) stark betroffenen Tennessee Valley zu verwalten. Die TVA war die erste große Behörde der US-Bundesregierung für regionale Planung und ist bis heute die größte: Ihr Verwaltungsgebiet umfasst beinahe ganz Tennessee, Teile der Bundesstaaten Alabama, Mississippi und Kentucky sowie kleinere Teile von Georgia, North Carolina und Virginia.

freiwillig das Märtyrertum als ihn blind machende Führung gewählt hat. Wie könnte ein Mann, dessen Geist so tief in der ewigen Erneuerung des Lebens auf dem Feld verwurzelt war, je die Endgültigkeit des Genozids begreifen?

Ich vertraute einem Freund meinen Wunsch an, mich an Präsident Roosevelt zu wenden. Schon kurz darauf erhielt ich eine Antwort. Man bat mich um ein einseitiges Memorandum. Der Präsident versprach, es zu lesen. Mehrere Tage lang arbeitete ich an dieser einen Seite. Der erste Entwurf klang gut, war aber zu geistlos, wie der Bericht eines Buchhalters. Gefragt waren Deutlichkeit und Leidenschaft; dem Erstentwurf mangelte es an beidem. Die Darstellung meiner Idee auf eine Seite zu beschränken, ähnelte für mich dem Bett des Prokrustes.[4] Wie sollte ich den Schmerz von Millionen von Menschen, die Angst ganzer Nationen und ihre Hoffnung auf Rettung vor dem sicheren Tod auf eine einzige Seite pressen? Letztlich nutzte ich die Seite, um einen Vertrag der Nationen der Welt anzuregen, der Genozid zum Verbrechen, dem Verbrechen der Verbrechen, erklären würde.[5] Ein solcher Vertrag würde das Schicksal der Nationen aus den Händen der Politiker nehmen und es auf eine objektive Gesetzesgrundlage stellen. Eine Erklärung, die, wenn es darauf ankam, als reiner Ausdruck einer Hoffnung abgetan werden könnte, griff mir zu kurz. Sie würde der soliden Grundlage einer internationalen Verpflichtung entbehren. Ich gemahnte an schnelles Handeln. Noch war es möglich, zumindest einen Teil der Menschen zu retten. Noch hatten die Alliierten Zugang zu den Parlamenten der meisten Nationen. Noch könnte ein Vertrag, der Genozid als Verbrechen brandmarken würde, von vielen Regierungen angenommen und angewendet werden. Hitler musste mit dem Vertrag eine Warnung übermittelt werden.

Darin müsste stehen, dass der Schutz der Existenz von Nationen und Rassen das Hauptziel der Alliierten ist. Die Forderung nach Rechtsstaatlichkeit sollte mehr als Propaganda sein. Um ihr

---

[4] A. d. Hrsg.: Prokrustes. Räuber und Gastwirt aus Attika, Sohn des Poseidon, der seine Gäste an ein Eisenbett band und überstehende Gliedmaßen absägte.

[5] A. d. Hrsg.: Die Formel des Genozids als „crime of crimes" i. S. d. schlimmsten aller Verbrechen wurde 1998 vom Internationalen Strafgerichtshof für Ruanda (Urteil im Fall Anklage gegen Kambanda, ICTR-97-23-S, S. 16) erstmals offiziell verwendet.

ethisches und politisches Gewicht zu verleihen, musste sie auf die düstere Realität angewendet werden. Wie könnte die Wiederherstellung der Rechtsstaatlichkeit ernst genommen werden, wenn die Zerstörung ganzer Nationen, Rassen und religiöser Gruppen im Völkerrecht nicht als Verbrechen etabliert worden war?[6]

---

[6] A. d. Hrsg.: Die Begriffe „Verbrechen" und „Vergehen" werden im Strafrecht abgestuft verwendet. Im Völkerrecht wird der Begriff „internationales Verbrechen" allgemein für schwere Verbrechen internationalen Maßstabs wie Genozid und Verbrechen gegen die Menschlichkeit verwendet. Beide Straftatbestände sind unverjährbar. Der von der Völkerrechtskommission ausgearbeitete Entwurf von Artikel 19 über die internationale Staatenverantwortlichkeit lautet:

Artikel 19. Internationale Verbrechen und Vergehen

1. Die Handlung eines Staates, die eine Verletzung einer internationalen Verpflichtung darstellt, ist ein international rechtswidriger Akt, was auch immer Gegenstand der verletzten Verpflichtung ist.
2. Der international rechtswidrige Akt, der aus der Verletzung einer internationalen Verpflichtung durch einen Staat resultiert, die so wesentlich zum Schutz von Grundinteressen der internationalen Gemeinschaft ist, dass ihre Verletzung durch diese Gemeinschaft in ihrer Gesamtheit als Verbrechen angesehen wird, stellt ein internationales *Verbrechen* dar. (Hervorh. d. Hrsg.)
3. Vorbehaltlich der Bestimmungen des Paragraphen 2 und den Regeln des geltenden Völkerrechts kann ein internationales Verbrechen insbesondere entstehen aus:
   a) einer schwerwiegenden Verletzung einer internationalen Verpflichtung von wesentlicher Bedeutung fur die Aufrechterhaltung des internationalen Friedens und der internationalen Sicherheit, wie etwa der Verpflichtung, die den Angriff untersagt;
   b) einer schwerwiegenden Verletzung einer internationalen Verpflichtung von wesentlicher Bedeutung für die Wahrung des Selbstbestimmungsrechts der Völker, sowie der Verpflichtung, die die Errichtung einer Kolonialherrschaft oder ihre Weiterführung durch Gewalt untersagt;
   c) einer schwerwiegenden und in großem Maßstabe erfolgten Verletzung einer internationalen Verpflichtung von wesentlicher Bedeutung zum Schutz des Menschen, wie der Verpflichtung, die die Sklaverei, den Völkermord, die Apartheid untersagt;
   d) einer schwerwiegenden Verletzung einer internationalen Verpflichtung von wesentlicher Bedeutung für den Schutz und die Erhaltung der menschlichen Umwelt, wie der Verpflichtung, die die massive Verschmutzung von Atmosphäre und Meeren untersagt;
4. Jeder international rechtswidrige Akt, der kein internationales Verbrechen gemäß Paragraph 2 ist, stellt ein internationales *Vergehen* dar. (Hervorh. d. Hrsg.)

A. d. Ü.: Zitiert nach Fischer, Peter et al. (Hrsg.): *Völkerrecht und Rechtsphilosophie. Internationale Festschrift für Stephan Verosta zum 70. Geburtstag*, Berlin: Duncker und Humblot, 1980, S. 239–259.

Ich gab die Seite meinem Freund, der versprach, sie dem Präsidenten zu übergeben. Die Stunden des Wartens verstrichen quälend langsam. Mehrere Wochen später läutete mein Telefon. Mein Freund kam in mein Büro geeilt. Der Präsident antwortete, er sei sich der Gefahr bewusst, halte die Errichtung eines Vertrages im Moment jedoch für schwierig. Er mahnte zu Geduld. Eine Warnung werde später ausgesprochen. Geduld, schon wieder. War denn niemand in Washington, D.C. fähig, einen mitfühlenden Blick auf die ausgemergelten Gesichter von Millionen von Menschen zu werfen, die auf der anderen Seite des Ozeans nichts als der Tod erwartete? „Geduld" mag ein gutes Wort sein für jemanden, der auf einen Termin, die Zuweisung eines Budgets oder den Bau einer Straße wartet. Doch wenn der Kopf des Opfers schon in der Schlinge hängt und seine Strangulation unmittelbar bevorsteht, kommt die Verwendung des Wortes „Geduld" dann nicht geradezu einer Beleidigung der Vernunft und der Natur gleich?

Ich verließ das Bürogebäude in der Constitution Avenue. Um diese Tageszeit schlichen die Autos wie bei einer Beerdigungsprozession, oder so kam es mir zumindest vor. Es gab so viele Autos. Die Leute wollten in ihre Häuser am Stadtrand, um einen Drink zu nehmen und sich vor dem Abendessen zu entspannen. Meine Freunde holten mich mit dem Auto ab. Ich saß schweigend da und stellte mir eine Beerdigung von Nationen vor. Ich war Teil des Trauerzuges, hinter den Leichen von Millionen von Menschen. Seltsam, sowohl unter den Trauernden als auch unter den Toten zu sein. Seltsam, zu fühlen, dass der Körper lebt, während die Seele zu Grabe getragen wird. Dieser Konflikt war keiner zwischen dem jüdischen Volk und den Deutschen; es war ein Konflikt der Welt mit sich selbst.

In jener Nacht wurde mir bewusst, dass ich den falschen Weg eingeschlagen hatte. In einer Angelegenheit derartiger Größenordnung, von der das Leben ganzer Nationen abhing, konnte ich unmöglich allein auf Staatsmänner setzen. Staatsmänner brachten die Welt durcheinander und wenn sie im Morast ihrer eigenen Taten zu versinken drohten, retteten sie in aller Eile sich selbst. Ihre Beziehung zur Geschichte war ein Leben in steter Sünde. Die einfachen Leute sind anders. Sie sind es, die in einer Demokratie die endgültigen Entscheidungen treffen sollen. Damals war ich erst seit etwas mehr als einem Jahr in Amerika und mir war nicht bewusst, dass dies für meine neue Heimat in besonderem Maße galt. Mir wurde klar, dass ich mich direkt an das amerikanische Volk würde wenden müssen. Aber wie?

Auf einer Kommode in einer Ecke meines Zimmers standen meine Koffer. Darin stapelten sich Dokumente zu Nazi-Erlassen für die besetzten Gebiete mit Notizen zu jedem einzelnen Land. Einige hatte ich aus Stockholm mitgebracht, andere hatte ich in der Kongressbibliothek gefunden, manche waren schon Teil meines 1941 vor der American Bar Association präsentierten Papiers „Totalitarian Control over Foreign Economies" gewesen.[7] In ganz Europa schrieben die Nazis das Buch des Todes mit dem Blut meiner Brüder. Diese Geschichte wollte ich nun dem amerikanischen Volk erzählen: den Menschen auf den Straßen und in den Kirchen, auf den Veranden ihrer Häuser, in ihren Küchen und Wohnzimmern. Ich war sicher, sie würden mich verstehen. Ich verbrachte drei Tage mit der Erstellung einer Skizze. Sie bestand in einer Analyse der Herrschaft der Achse in verschiedenen Bereichen wie der Verwaltung, dem Recht, der Wirtschaft und der Arbeitsplanung. Ich dachte, jeder Amerikaner würde sagen: „Ich bin aus Missouri, zeigen Sie es mir!" Die Erlasse, mit denen die Nazis den Tod in ganz Europa verbreiteten, würde ich als Anhang des Buches veröffentlichen. Dann werden die Menschen gar keine andere Wahl haben, als mir zu glauben. Dann wird die Anerkennung der Wahrheit kein persönlicher Gefallen mir gegenüber mehr sein, sondern zu einer weltweiten Notwendigkeit aufsteigen.

Als nächstes sprach ich mit George Finch, dem Leiter der Abteilung für völkerrechtliche Fragen des Carnegie Endowment Fund.[8]

---

[7] Dt. „Totalitäre Kontrolle über ausländische Volkswirtschaften". Lemkins Dokument trug den Arbeitstitel „Legal Framework of German Control of Foreign Economies" (dt. „Rechtlicher Rahmen der deutschen Kontrolle ausländischer Volkswirtschaften") und wurde anlässlich der 64. Versammlung der American Bar Association verfasst, die vom 29. September bis 3. Oktober 1941 stattfand.

[8] George A. Finch (1884–1957) war wie Lemkin ein kosmopolitischer Denker und laut Lester Woosley „fest von der Unantastbarkeit und Verbindlichkeit völkerrechtlicher Verträge überzeugt." Er soll gesagt haben: „Die Zeiten, in denen Nationen mit Sinn für Ehrenhaftigkeit und Verantwortung in Betracht zogen, einer Nation, die sich beharrlich weigert,

Als er im verschlafenen Cosmos Club, gemütlich in einen weichen Sessel zurückgelehnt, meine Unterlagen las, studierte ich sein Gesicht und las darin, noch bevor er Ja sagte, seine Zustimmung zu meinen Plänen. Finch kannte meine Sammlung von Erlassen, die ich im selben Jahr der School of Military Government in Charlottesville, Virginia, als Lesematerial zur Verfügung gestellt hatte. Er ermutigte mich, mein Manuskript fertigzustellen und versprach, die Teile, die schon so weit waren, zu drucken. Fieberhaft machte ich mich an die Arbeit.

Das Bild der Zerstörung von Völkern blickte mir aus dem alten und neuen Material furchterregend entgegen. Berichte, die Washington, D.C. erreichten, listeten die Kalorienzahlen auf, die Menschen in den besetzten Ländern zugestanden wurden: Polen und Juden gehörten zu den Schlusslichtern der Liste. Juden wurden zu lebendigen Skeletten heruntergehungert. Sie wurden zu Geistern wahr gewordener Ammenmärchen. In der Hauptstadt wurden Gerüchte laut, dass es in ganz Europa zu Massenhinrichtungen komme und die Juden zum Zwecke ihrer Vernichtung deportiert werden. Allerdings kam niemand an die Berichte heran. Ob sie unterdrückt wurden? Doch die Gerüchte waren immer wieder zu hören und sie wurden lauter.

Der Eindruck einer gewaltigen Verschwörung zum Schweigen vergiftete die Atmosphäre. Vor diesem Gefühl gab es kein Entkommen. Keine Erklärung wäre moralisch vertretbar. Weigerten sich die Alliierten, öffentlich zu machen, dass die Hinrichtung ganzer Nationen und Rassen längst begonnen hatte? Seit Menschengedenken war es gang und gäbe, Mordfälle in Gemeinschaften öffentlich anzuprangern. Selbst der undurchsichtigste, wildeste

---

sich an die grundlegenden internationalen Verpflichtungen zu halten, die Anerkennung zu entziehen, sind längst vergangen."

A. d. Hrsg.: Carnegie Endowment Fund for International Peace (dt. Carnegie-Stiftung für internationalen Frieden). Der Unternehmer und Philanthrop Andrew Carnegie spendete einen Teil seines Vermögens, um mithilfe einer Stiftung für die Entwicklung des Völkerrechts und internationaler Organisationen den Weltfrieden zu fördern. Unter anderem ließ er 1923 den Friedenspalast in Den Haag als Sitz des Ständigen Schiedshofes und der Völkerrechtsbibliothek erbauen und veröffentlichte 1944 Lemkins Buch *Axis Rule in Occupied Europe: Laws of Occupation —Analysis of Government—Proposals for Redress*, in dem das Wort „Genozid" erstmals gedruckt werden sollte.

Stamm würde einem Mord umgehend Beachtung schenken. Das rote Symbol des Blutes würde selbst einen Wilden dazu verleiten, seiner Empörung Worte zu verleihen, sei es im Gespräch mit seinen Gefährten oder mit den Sternen. Wenn überhaupt jemand schwieg, dann der Verurteilte.

Das Totschweigen der Morde begann an dem Tag Ende 1942, an dem die ersten Berichte über Massenhinrichtungen aus Warschau London erreichten,[9] und es endete im Dezember 1944, fast zwei Jahre später. Der qualvolle Tod des Volkes, das der Welt den Glauben an einen einzigen Gott geschenkt hatte, und dessen Bibel weiterhin allsonntäglich in den Kirchen der Alliierten gelesen wurde, fand keinerlei öffentliche Resonanz. Ein Doppelmord wurde begangen: Dass die Nachricht über die Ermordung unterdrückt wurde, war zugleich die Ermordung der Wahrheit. Gewissermaßen fehlte der Respekt vor dem Tod, dem im natürlichen Kreislauf des Lebens eine eigene Würde zusteht.

Meine Nächte waren voller Albträume. Sie drängten sich unaufhörlich in meinen Schlaf. Die Visionen von meinen Eltern wurden immer realistischer. Ich sah das Innere eines Zuges. Fahles Licht fiel auf die am Boden sitzenden Menschen, unter ihnen meine Mutter mit versteinerter Miene und ausdruckslosen Augen; ihr Mund stumm, wie eingefroren. Wohin fuhr sie? War dies ihre letzte Fahrt?

Inmitten dieser Krise schrieb ich fieberhaft. Mein Gesundheitszustand verschlechterte sich. Freunde vereinbarten mir einen Termin beim Arzt. „Nervenerschöpfung, hoher Blutdruck. Fahren Sie eine Stufe runter, gönnen Sie sich eine Pause, entspannen Sie sich. Und machen Sie sich vor allem keine Sorgen“, hörte ich ihn wie aus der Ferne sagen.

Ich war drauf und dran, einen neuen Feldzug zu unternehmen. Allerdings wusste ich nun, dass mir meine Gesundheit keine verlässliche Partnerin sein würde.

---

9 Lemkin bezieht sich auf Jan Karskis (1914–2000) heldenhafte Bemühungen, die polnische Exilregierung in London über den Genozid an den Juden zu informieren. Wie Lemkin versuchte auch Karski, die Wahrheit an Präsident Roosevelt heranzutragen.

וואָלקאָוויסקער יזכור־בוך

לעהרער פערסאָנאַל פון פאָלקס-שולע אין יאָר 1917

פון רעכטס צו לינקס, ערשטע רייהע, פון אונטען: פינקעלשטיין, אַ אומבאַקאַנטע, הערשעל גאַליאַצקי; צווייטע רייהע: פריילין חאַנאַנאָוויטש, פעריל לעוו (דעם ביאַליסטאָקער בעקער׳ס טאָכטער); דריטע רייהע: אליהו חמעלניצקי, פראַנק, רפאל לעמקין, משה קאַפלינסקי.

Gedenkbuch Wołkowysk, 1917. *Volkovysk Izker Book*, S. 104.
Lemkin ist der zweite von links, oben.
Fotoarchiv YIVO, Institute for Jewish Research.

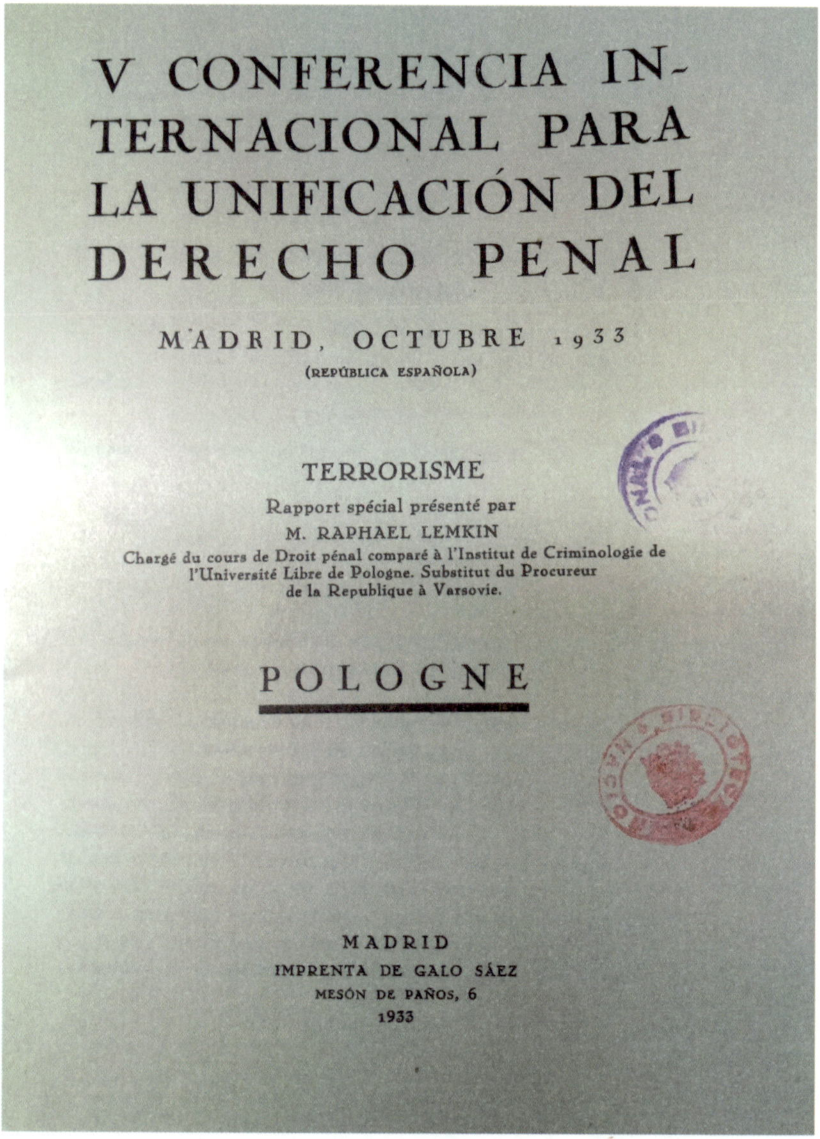

V CONFERENCIA INTERNACIONAL PARA LA UNIFICACIÓN DEL DERECHO PENAL

MADRID, OCTUBRE 1933

(REPÚBLICA ESPAÑOLA)

TERRORISME

Rapport spécial présenté par

M. RAPHAEL LEMKIN

Chargé du cours de Droit pénal comparé à l'Institut de Criminologie de l'Université Libre de Pologne. Substitut du Procureur de la Republique à Varsovie.

POLOGNE

MADRID
IMPRENTA DE GALO SÁEZ
MESÓN DE PAÑOS, 6
1933

Bericht (*Rapport Spécial*) von Raphael Lemkin zur Fünften Internationalen Konferenz für die Vereinheitlichung des Strafrechts, Völkerbund, Madrid, 1933. Exemplar Biblioteca Nacional de España, Madrid.

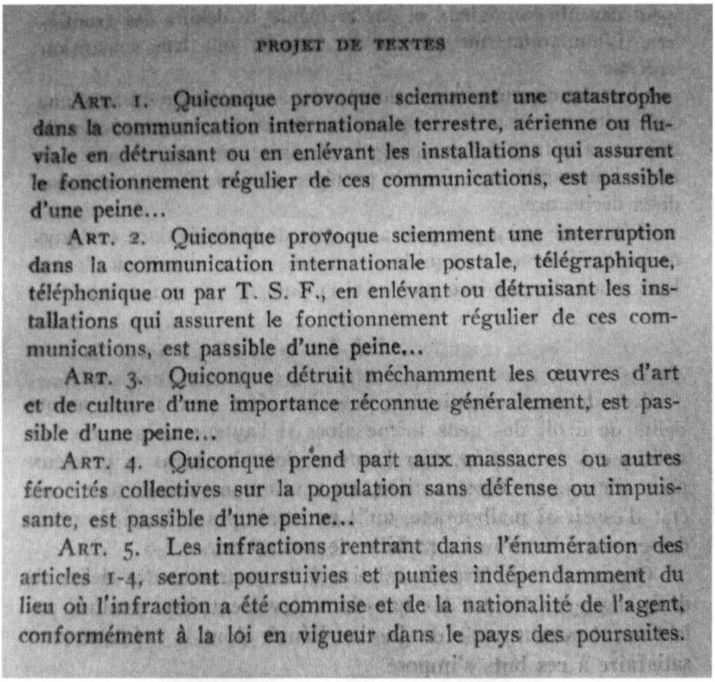

PROJET DE TEXTES

ART. 1. Quiconque provoque sciemment une catastrophe dans la communication internationale terrestre, aérienne ou fluviale en détruisant ou en enlévant les installations qui assurent le fonctionnement régulier de ces communications, est passible d'une peine...

ART. 2. Quiconque provoque sciemment une interruption dans la communication internationale postale, télégraphique, téléphonique ou par T. S. F., en enlévant ou détruisant les installations qui assurent le fonctionnement régulier de ces communications, est passible d'une peine...

ART. 3. Quiconque détruit méchamment les œuvres d'art et de culture d'une importance réconnue généralement, est passible d'une peine...

ART. 4. Quiconque prend part aux massacres ou autres férocités collectives sur la population sans défense ou impuissante, est passible d'une peine...

ART. 5. Les infractions rentrant dans l'énumération des articles 1-4, seront poursuivies et punies indépendamment du lieu où l'infraction a été commise et de la nationalité de l'agent, conformément à la loi en vigueur dans le pays des poursuites.

Die letzte Seite von Raphael Lemkins Vorschlag zur Einführung neuer internationaler Verbrechen anlässlich der Fünften Internationalen Konferenz für die Vereinheitlichung des Strafrechts des Völkerbunds, 1933 in Madrid. Aufgrund eines im letzten Moment eingelegten Vetos des polnischen Justizministers konnte Lemkin nicht nach Madrid reisen. In den Artikeln 3 und 4 schlägt Lemkin „Barbarei" und „Vandalismus" als neue internationale Verbrechen vor. Beide dienten ihm zur Schöpfung des Begriffs „Genozid" und dessen erstmaliger Präsentation in seinem Werk *Axis Rule in Occupied Europe* von 1944. Lemkin weist in seinem Vorschlag darauf hin, dass die beiden Straftatbestände für den nationalen Rahmen von dem rumänischen Professor Vespasian Pella entwickelt wurden. Lemkin war der erste, der den Vorschlag unterbreitete, den Verbrechen eine internationale Dimension zu verleihen und sie im Rahmen eines völkerrechtlichen Vertrages zu verankern, mit dessen Hilfe sie verfolgt und bestraft werden könnten.[1]

Exemplar Bibliothek der American University Washington College of Law.

---

[1] Im Mai 1942 hielt Lemkin beim 44. Jahrestreffen der North Carolina Bar Association (dt. Anwaltskammer North Carolina) einen Vortrag, in dem er mit Bitterkeit und Unbehagen sagte, die ausgebliebene Annahme seines Vorschlags in Madrid sei „einer der tausend Gründe dafür, dass […] Ihre Söhne just in diesem Moment in verschiedenen Teilen der Welt kämpfen und ihr Leben lassen."

Vortrag von Raphael Lemkin „Law and Lawyers in European Subjugated Countries" (dt. „Recht und Juristen in den unterjochten europäischen Ländern"), in *Proceedings of the Forty-Fourth Annual Session of the North Carolina Bar Association*, The Carolina, Pinehurst, 15.–17. Mai 1942, hrsg. Allston Stubbs (Durham, N.C.: Christian Printing Co., 1942), S. 107–166.

Dozenten und Studierende der Juristischen Fakultät der Duke University. Das Foto wurde zwischen September 1941 und Februar 1942 aufgenommen. Raphael Lemkin ist der sechste von links, oben, im vergrößerten Bildausschnitt der vierte von links, oben.
Fotoarchiv Holocaust Memorial Museum, Vereinigte Staaten.
(Unser Dank gilt Jack L. Bloom.)

Raphael Lemkin, 12. September 1948, Vereinte Nationen (Lake Success), New York.
Fotoarchiv Vereinte Nationen.

Raphael Lemkin und Ricardo Alfaro aus Panama, Vorsitzender des Rechtsausschusses der Generalversammlung, unterhalten sich vor der Plenarsitzung der Generalversammlung am 9. Dezember 1948, Palais de Chaillot, Paris, Frankreich.
Fotoarchiv Vereinte Nationen.

Vertreter von vier Staaten, die die Genozidkonvention am 14. Oktober 1950 ratifizierten (Costa Rica, Frankreich, Haiti und Korea). Sitzend v. l. n. r.: Dr. John M. Chang (Korea), Dr. Jean Price-Mars (Haiti), Präsident der Versammlung und Botschafter Nasrollah Entezam (Iran), Botschafter Jean Chauvel (Frankreich), Rubén Esquivel de la Guardia (Costa Rica). Stehend v. l. n. r.: Dr. Ivan Kerno (Beigeordneter Generalsekretär für Rechtsfragen), Trygve Lie (Generalsekretär der Vereinten Nationen), Manuel A. Fournier Acuña (Costa Rica) und Dr. Raphael Lemkin. Lake Success, New York, 14. Oktober 1950. Fotoarchiv Vereinte Nationen.

AXIS RULE
IN OCCUPIED EUROPE

Laws of Occupation • Analysis of Government •
Proposals for Redress

BY

RAPHAËL LEMKIN

WASHINGTON
CARNEGIE ENDOWMENT FOR INTERNATIONAL PEACE
DIVISION OF INTERNATIONAL LAW
700 JACKSON PLACE, N. W.
1944

Erstausgabe des Buches *Axis Rule in Occupied Europe* von Raphael Lemkin, Carnegie Endowment for International Peace, Washington, 1944.
Exemplar Bibliothek der American University Washington College of Law.
(Unser Dank gilt Prof. Macarena Sáez.)

Titelseite der *New York Times Book Review* vom 21. Januar 1945 mit der Rezension von Otto D. Tolischus zu Raphael Lemkins *Axis Rule in Occupied Europe*, Carnegie Endowment for International Peace, Washington, 1944. Der in Kapitel 9 des Buches erstmals gedruckte Begriff Genozid wird von Otto D. Tolischus, ehemaliger Korrespondent der Zeitung (1940 in Berlin), pädagogisch erläutert. Die insgesamt positive Rezension enthält einen Wermutstropfen: Der Journalist bedauert die seiner Meinung nach begrenzte Reichweite des Buches aufgrund seines technisch-juristischen Jargons. Nichtsdestoweniger sei das Buch für Juristen, Historiker und künftige Instanzen der Vereinten Nationen unverzichtbar.
Foto BERG INSTITUTE, Madrid.

Identitätsausweis von Raphael Lemkin als Berater für Auswärtige Angelegenheiten beim Kriegsministerium der Vereinigten Staaten, ausgestellt am 22. Mai 1946.
Fotoarchiv American Jewish Historical Society.

Ornament des Gerichtssaals 600 des Nürnberger Justizpalasts, in dem ab Oktober 1945 die Verhandlungen der Nürnberger Prozesse stattfanden. Lemkin kam im Mai 1946 als Mitglied des juristischen Mitarbeiterstabs von Robert H. Jackson, dem Chefankläger der Vereinigten Staaten, nach Nürnberg.
Fotoarchiv Internationale Akademie Nürnberger Prinzipien.
(Unser Dank gilt der Internationalen Akademie Nürnberger Prinzipien.)

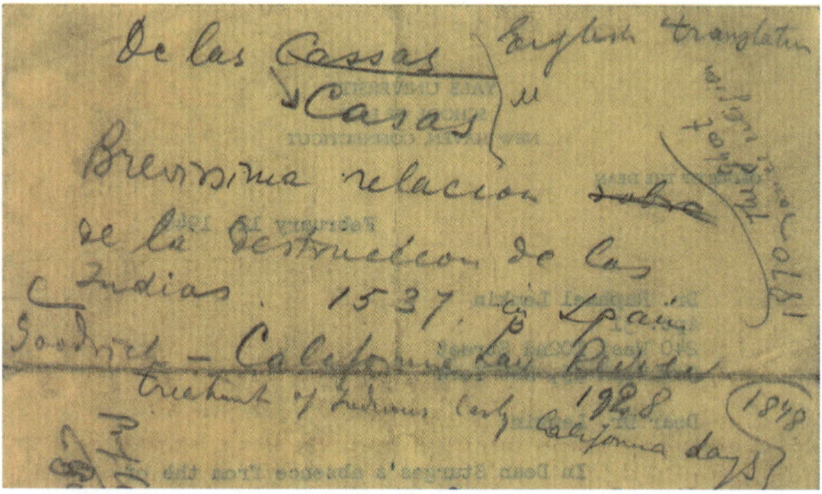

Handschriftliche Notizen von Raphael Lemkin in Vorbereitung seiner historischen Studie über ethnische Gruppen und Genozid; Auszüge aus Bartolomé de las Casas' Werk *Kurzgefasster Bericht von der Verwüstung der westindischen Länder*. Undatiert. Foto Berg Institute, Madrid.

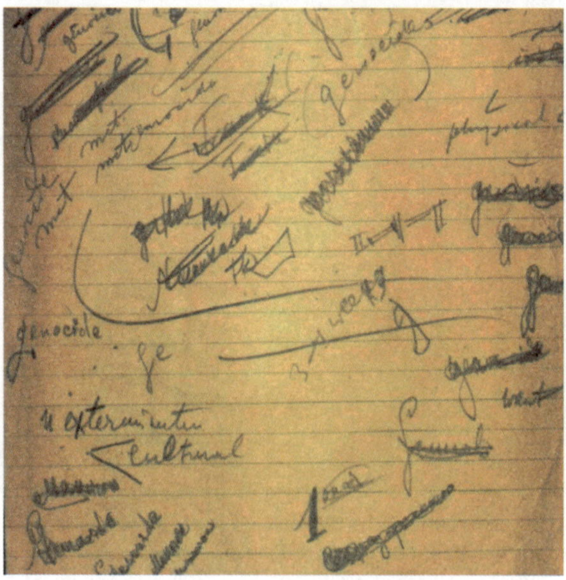

Entwürfe, Streichungen und verschiedene Versuche von Raphael Lemkin zur Schöpfung des Neologismus „Genozid". Undatiert. Foto Berg Institute, Madrid.

Dr. Raphael Lemkin

RAPHAEL LEMKIN, GENOCIDE FOE, DIES

International Law Professor Instrumental in Pushing Convention Through U.N.

Dr. Raphael Lemkin of 504 West 112th Street, a leader in the international movement to outlaw genocide, died Friday of a heart attack. His age was 58.

Dr. Lemkin had been spending the summer in Spring Valley, N. Y., where he was at work on his autobiography, which would have been called "Unofficial Man." He left there Thursday to come to New York on business concerning the book. He died the next day in the public relations office of Milton H. Biow at 375 Park Avenue.

The title for Dr. Lemkin's autobiography came from an editorial in The New York Times two years ago congratulating him on his "fifty-sixth victory." The occasion was Pakistan's becoming the fifty-sixth country to accept the United Nations Convention on the Prevention and Punishment of the Crime of Genocide.

Referring to Dr. Lemkin as "that exceedingly patient and totally unofficial man," The Times editorial reviewed his private campaign to end mass killing of body and mind for national, ethnic, racial or religious reasons.

Since the approval of the Genocide Convention by the United Nations General Assembly in Paris on Dec. 9, 1948, the Soviet Union and some of its satellites joined the list of countries that ratified it. However, the United States has not accepted it in the belief that it would infringe on this country's sovereignty.

In 1953, Dr. Lemkin asked the United Nations to find the Soviet Union and its satellites guilty of having violated the pact because of their attempts to exterminate minorities behind the Iron Curtain. He based his case on Communist persecution of Jews.

Nazis Provided Emphasis

The Nazi persecution of Jews more than a decade before had given emphasis to Dr. Lemkin's original campaign to end wholesale slaughter of any particular group. He took into account Nazi programs of sterilization and forced abortion for Jews before World War II and the gas-chamber murders that continued the Nazi program in concentration camps.

Dr. Lemkin reviewed the situation in his book, "Axis Rule in Occupied Europe," published in 1944 by the Carnegie Endowment for International Peace. In this book, the word "genocide" is said to have been used for the first time to describe the sort of mass killings that had been occuring throughout history.

The author explained that he had coined the word from the Greek "genos" (race) and the Latin "cide" (killing). He wrote the book as a Polish refugee in Sweden where he and his brother, Elias, now a resident of Montreal, were the sole survivors of their family, which had been wiped out after the Nazi invasion of Poland in 1939.

Dr. Lemkin had been in private law practice then in Warsaw. Previously he had served from 1929 to 1935 as secretary of the Committee on Codification of the Laws of the Polish Republic.

The son of a farmer, he was born in Bezwodene in eastern Poland. He held degrees from the Universities of Lwow and Heidelberg and was fluent in nine languages.

In a personal campaign of writing and speaking, Dr. Lemkin was able to persuade United Nations delegates to propose a resolution making genocide a crime under international law. He helped in the drafting of the original resolution adopted unanimously in 1946, thus leading to the convention approved two years later.

He was nominated for the Nobel Peace Prize in 1950 and 1952. He taught international law at Yale University after the war and more recently at the Newark Law School of Rutgers University. His last teaching post was at Princeton University. At Rutgers he held the rank of Professor of Law.

Dr. Lemkin received the Grand Cross of Cespedes from Cuba in 1950 and the Stephen Wise Award of the American Jewish Congress in 1951.

He was a bachelor.

Nachruf auf Raphael Lemkin. Für eine deutsche Übersetzung des Nachrufs siehe Seiten 390 ff. *The New York Times*, 30. August 1959.

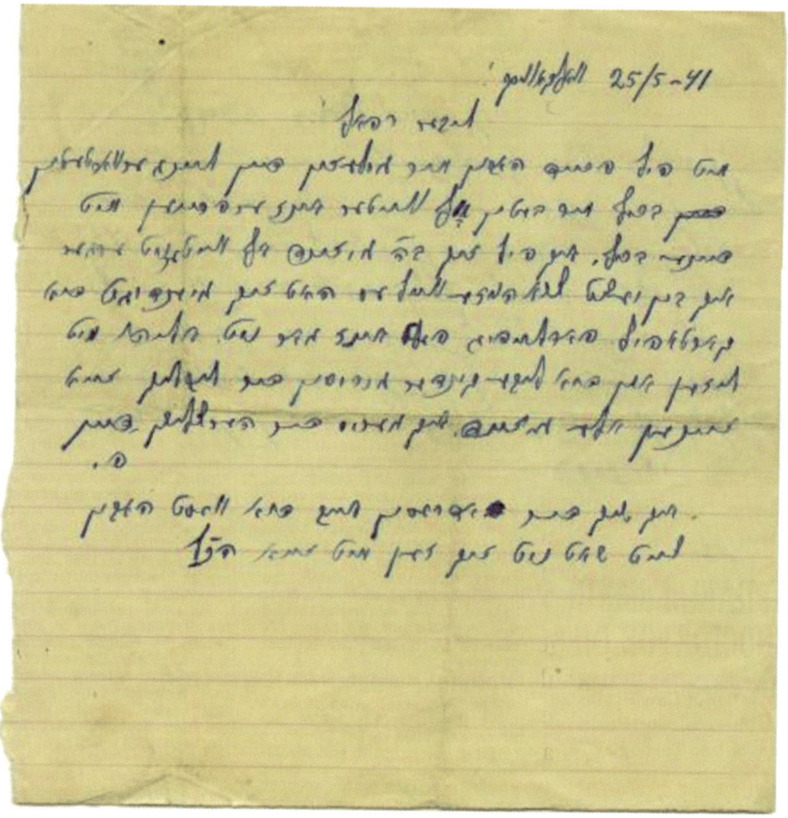

25/5-41

Einer der letzten Briefe von Raphael Lemkins Eltern, datiert auf den 25. Mai 1941, das heißt während der sowjetischen Besatzung Wołkowysks und wenige Wochen vor dem Unternehmen Barbarossa und dem Einmarsch der Wehrmacht. Der Text ist in jiddischer Sprache verfasst. Das Foto zeigt den Teil des Briefes von Lemkins Vater Josef Lemkin. Für eine deutsche Übersetzung des Briefes siehe Kapitel Sechs, Fußnote 16.
Foto BERG INSTITUTE, Madrid. (Unser Dank gilt Prof. Guy Harpaz der Hebräischen Universität Jerusalem.)

Kapitel Acht

Die Geburt der Konvention

Das Nürnberger Urteil trug nur geringfügig zum Abbau der moralischen Spannungen in der Welt bei. Die Bestrafung der deutschen Kriegsverbrecher weckte zwar das Gefühl, dass sich Verbrechen auf der internationalen Bühne ebenso wenig wie in der Zivilgesellschaft auszahlen dürfen, doch rein juristisch waren die Konsequenzen der Prozesse gänzlich unzulänglich. Die Streitigkeiten und anderen Torheiten der Alliierten, die es Hitler ermöglicht hatten, an Größe und Macht zu gewinnen, überdauerten die Verhandlungen und mündeten letztlich im Widerstand des Nürnberger Tribunals, einen Präzedenzfall gegen diese Art internationaler Verbrechen zu schaffen. Die Alliierten machten zwar dem Hitler der Vergangenheit den Prozess, weigerten sich aber, die Hitler der Zukunft vorauszusehen. Sie wollten oder konnten keine völkerrechtliche Norm etablieren, die Verbrechen derselben Art künftig verhüten und bestrafen würde.

Im August 1945 war in London der Genozid zunächst als Kriegsverbrechen in die Anklage gegen die Kriegsverbrecher aufgenommen worden. Das Tribunal hatte den Anklagepunkt jedoch mit der Erklärung gestrichen, dass es an das Statut des Internationalen Militärgerichtshofs gebunden sei, das den Vorwurf des Genozids nicht beinhalte.[1] In einer Stellungnahme des Tribunals hieß es: „Das Tribunal hat im Vorfeld den Vorrang eines von der Anklagevertretung unterzeichneten Dokumentes anerkannt." Das Statut, das den

[1] A. d. Hrsg.: Die Gerichtsbarkeit, Grundsätze und Zusammensetzung des Internationalen Militärgerichtshofes wurden durch das Londoner Statut festgelegt, das am 8. August 1945 von der Sowjetunion, Frankreich, dem Vereinigten Königreich und den Vereinigten Staaten von Amerika unterzeichnet wurde.

rechtlichen Rahmen des Tribunals absteckte, wurde am 8. August 1945 vom Chefankläger der Alliierten unterzeichnet.[2]

Möglicherweise war die Zurückhaltung, zukunftsweisende völkerrechtliche Normen zu etablieren, dem militärischen Ursprung des Tribunals geschuldet. Es konnte die Zuständigkeit für den militärischen Bereich, die ihm in seinem Gründungsdokument zugewiesen worden war, nicht überschreiten. Vielleicht fragten sich die Mitglieder der Militärgerichtshöfe auch mit angemessener Bescheidenheit: Wie können wir, eine militärische Institution, die sich mit konkreten Kriegssituationen auseinandersetzt, Prinzipien für das Verhalten der zivilen Welt in Friedenszeiten verkünden? Oder vielleicht dachten sie: Der Kern einer Demokratie ist die zivile Kontrolle über das Militär, nicht umgekehrt.

Das Urteil des Internationalen Militärgerichtshofs lässt sich jedenfalls folgendermaßen zusammenfassen: Die deutschen Kriegsverbrecher wurden bestraft für

- die Planung und Durchführung eines Angriffskrieges
- bestimmte Kriegsverbrechen oder Verbrechen, die während des Krieges an der Zivilbevölkerung der besetzten Gebiete verübt wurden
- bestimmte Verbrechen, die während eines Angriffskrieges an einer Zivilbevölkerung verübt wurden. Diese Verbrechen wurden „Verbrechen gegen die Menschlichkeit" genannt und waren nur dann strafbar, wenn sie in Verbindung mit anderen Verbrechen begangen wurden, die der Zuständigkeit des

[2] Das Abkommen über die Verfolgung und Bestrafung der Hauptkriegsverbrecher der Europäischen Achse (Londoner Viermächte-Abkommen) inklusive Statut für den Internationalen Militärgerichtshof wurde am 8. August 1945 in London unterzeichnet. Teil II Art. 6 Abs. b des Statuts, „Zuständigkeiten und allgemeine Grundsätze", enthält eine Auflistung von „Kriegsverbrechen: Nämlich: Verletzungen der Kriegsgesetze oder -gebräuche. Solche Verletzungen umfassen, ohne jedoch darauf beschränkt zu sein, Mord, Misshandlungen oder Deportation zur Sklavenarbeit oder für irgendeinen anderen Zweck, von Angehörigen der Zivilbevölkerung von oder in besetzten Gebieten, Mord oder Misshandlungen von Kriegsgefangenen oder Personen auf hoher See, Töten von Geiseln, Plünderung öffentlichen oder privaten Eigentums, die mutwillige Zerstörung von Städten, Märkten oder Dörfern oder jede durch militärische Notwendigkeit nicht zu rechtfertigende Verwüstung".

A. d. Ü.: Zitiert nach der deutschen Übersetzung unter zeno.org.

Tribunals unterlagen, namentlich Verbrechen gegen den Frieden und Kriegsverbrechen.

Kurz, die Deutschen wurden ausschließlich für Verbrechen bestraft, die während oder in Verbindung mit dem Angriffskrieg verübt worden waren. Verbrechen gegen die Menschlichkeit bildeten keine eigenständige Kategorie und wurden nur dann als Verbrechen anerkannt, wenn eine Verbindung zu einem Verbrechen der beiden eigenständigen Kategorien hergestellt werden konnte. Daher mussten folgende Bedingungen erfüllt sein, um jemanden wegen Verbrechen gegen die Menschlichkeit belangen zu können:

- Ein Verbrechen gegen die Menschlichkeit musste nachgewiesen werden.
- Ein Verbrechen gegen den Frieden oder ein Kriegsverbrechen musste nachgewiesen werden.
- Eine Verbindung zwischen 1) dem konkreten Plan des Verbrechens gegen die Menschlichkeit und 2) dem Verbrechen gegen den Frieden beziehungsweise dem Kriegsverbrechen musste nachgewiesen werden.
- All diese Aspekte mussten sich im Rahmen eines Angriffskrieges, nicht im Rahmen eines Verteidigungskrieges, zugetragen haben.
- Eine juristische Definition des Angriffskrieges lag nicht vor.

Wer im Urteilsspruch nach einem Präzedenzfall suchte, den man auf Verbrechen im Rahmen eines Verteidigungskrieges oder auf Friedenszeiten hätte anwenden können, der suchte vergeblich. Es sollte allerdings darauf hingewiesen werden, dass auch angegriffene Nationen Verbrechen an einer Zivilbevölkerung verüben können. Doch dazu schwieg das Tribunal. So viel zur rechtlichen Lage nach Nürnberg.

Etwa sechs Monate, bevor das Nürnberger Tribunal sein Urteil erließ, veröffentlichte ich einige Artikel über Genozid in *The American Scholar* in New York, in der *Belgischen Zeitschrift für Strafrecht und Kriminalwissenschaft* und im norwegischen Magazin *Samitisen* (Moderne Zeiten). Ich fügte eine Liste mit Punkten bei, die die Wirkungsweise einer Genozidkonvention durch die UN skizzierten. Ich hatte das Gefühl, dass ein Mechanismus zum Schutz nationaler, rassischer, religiöser und ethnischer Gruppen durch die Weltorganisation errichtet werden musste. Ich glaubte aufrichtig daran, dass der Vorschlag, den ich 1933 in Madrid gemacht hatte, in abgeänderter Form von der UN durchgesetzt werden könnte. Nichtsdestoweniger hegte ich zu jener Zeit noch die Hoffnung, das Nürnberger Tribunal würde ein Urteil erlassen, das zumindest insoweit als Präzedenzfall genutzt werden könnte, um damit bei der UN eine Genozidkonvention anzuregen. Diese Hoffnung war der Grund für meine Reise nach Nürnberg im Mai 1946.

Selbst meine bescheidensten Hoffnungen wurden zunichtegemacht. Ich würde mich direkt an die UN wenden müssen. Im Oktober 1946 saß ich bei der *New York Times* im Büro von Otto Tolischus.[3] Ich weihte ihn in die Geschichte meiner Hoffnungen, Enttäuschungen und Pläne ein. „Machen Sie weiter", sagte er, „wir sind interessiert und werden helfen." Eugene Meyer und Alan Barth von der *Washington Post* zählten zu meinen engen Freunden und wussten genauestens über alles Bescheid.[4] Am 3. Dezember 1945 war die *Washington Post* die erste Zeitung der Welt gewesen, die einen Leitartikel über Genozid veröffentlicht hatte.[5] Ich wusste, ich konnte auf sie zählen. Dann besuchte ich die *Herald Tribune.*

Mir blieb wenig Zeit; ich musste schnell handeln. Ich wusste, ich würde mich kaum darauf verlassen können, dass eine der Großmächte eine Resolution in die UN einbringen würde. Ihre Tagesordnung für die Generalversammlung stand schon wesentlich früher fest, und ich hatte keine Zeit zu verlieren mit Diskussionen über mögliche Planänderungen. Die Nationen würden einen derartigen Vorschlag zudem aus vielerlei Blickwinkeln überprüfen müssen, die miteinander in Konflikt stehen könnten und es de facto auch oft taten. Ich konzentrierte mich auf die kleinen Nationen und dachte zuallererst an Norwegen. Mit meinem Buch *Axis Rule*

---

[3] Otto David Tolischus (1890–1967) wurde 1941 von den Japanern interniert und gefoltert. Er ist Autor von drei Büchern und Gewinner des Pulitzerpreises für Korrespondenz von 1940.

A. d. Hrsg.: Der Pulitzerpreis für Korrespondenz wurde von 1929 bis 1947 verliehen.

[4] Eugene Isaac Meyer (1875–1959) und Alan Barth (1906–1979).

[5] Beim Datum handelt es sich um einen Schreibfehler Lemkins: Gemeint ist der 3. Dezember 1944.

in Occupied Europe und der Stellungnahme des Nürnberger Tribunals bewaffnet, saß ich in der Halle eines New Yorker Hotels und sprach mit Professor Frede Castberg, einem Mitglied der norwegischen Delegation.[6]

Als Professor für Völkerrecht verstand er sofort, worum es ging, doch der Zeitpunkt war ungünstig. Er würde die Sache an Oslo überweisen müssen, und wenn er Antwort erhalten würde, wäre es vielleicht schon zu spät, um den Gegenstand noch auf die Tagesordnung zu setzen. Doch Castberg sagte mir zu, wenn eine andere Delegation vorschlagen würde, den Gegenstand auf die Tagesordnung zu setzen, würde Norwegen den Vorschlag befürworten.

Durch die Scheiben eines UN-Autos blickte ich auf die Landschaft Long Islands, die sich ihrer Farben und Blätter entledigte, um sich auf die bleichen Novembertöne vorzubereiten. Es nieselte. Ungewissheit lag in der Luft und meine Aufregung stieg. In den Fluren und der Delegiertenhalle herrschte geschäftiges Treiben. Es war die erste ordentliche Sitzung der Generalversammlung. Die Grundstimmung war positiv. Die Staatsmänner hatten das Gefühl, sie schuldeten der Welt eine Entschuldigung für den Holocaust, vergangene Fehlentscheidungen, Frustrationen und die vielen Verbrechen, die begangen worden waren.[7] Wie immer nach einer zerstörerischen Phase auf der internationalen Bühne ballten sich konstruktive Energien. Es herrschte zwar kein offener Enthusiasmus, aber es war immerhin eine latente Aufgeschlossenheit gegenüber humanitären Angelegenheiten spürbar.

Ich hatte die Stimmung meiner Umgebung schon immer mit sämtlichen Fühlern meiner Persönlichkeit ertasten können. Das galt dieses Mal, da so viel von den kollektiven Gefühlsschwankungen und der Empfänglichkeit für Ideen abhing, in besonderem Maße. Kurzum, ich hatte das Gefühl, die Staatsmänner würden mir Gehör schenken. Entscheidend wäre, die richtigen Leute zu finden. Ich würde mein kleines Boot in den günstigen Wind steuern, der mich auf das offene Meer des Weltgeschehens hinaustragen würde. „In hoc signo vinces“, sagte ich mir; Raphael Lemkin, in diesem Zeichen wirst du siegen.

---

6 Frede Castberg (1893–1977) war ein norwegischer Juraprofessor.

7 A. d. Ü.: Hier und im Folgenden in Lemkins Original „holocaust“ mit kleinem „h“.

Ein Freund stellte mir einen jungen Mann vor, der im Sekretariat arbeitete, und unterrichtete mich über die Solidarität unter den lateinamerikanischen Delegationen. Daraufhin beschloss ich, mindestens einen Resolutionseinbringer unter den lateinamerikanischen Delegationen zu suchen, die die stolze Zahl von einundzwanzig Mitgliedstaaten vertraten. Ich plante, die Unterstützung einer lateinamerikanischen Republik mit der einer asiatischen Nation zu kombinieren, die durch ihre Kultur und Position in der Welt das Interesse vieler anderer Nationen des Ostens wecken würde. Um der Resolution willen würde ich den Westen und den Osten „ehelichen". Wenn mir eine derartige Verbindung gelänge, hätten die europäischen Delegationen gar keine andere Wahl als zu folgen, insbesondere nach dem jüngsten Holocaust. Die afrikanischen Nationen wären als Genozidopfer sehr empfänglich für die Idee. Die Alliierten des letzten Krieges würden mit Ja stimmen müssen; sie konnten sich die Rolle des Geführten nicht leisten, sie mussten die Führung übernehmen.

Das waren die Einzelheiten meines Plans; so schnell ich konnte, begann ich mit der Umsetzung. Zunächst erstellte ich auf dem weichen Sofa in der Delegiertenhalle einen Resolutionsentwurf. Dann ließ ich ihn von der UN vervielfältigen, weil es leichter ist, über einen Entwurf zu sprechen, der einem vorliegt. Der Resolutionsentwurf bat die UN ganz bescheiden darum, zu überprüfen, ob nicht der Genozid wie die Piraterie, der Handel mit Kindern und die Sklaverei als internationales Verbrechen etabliert werden könne. Ich betonte, dass es in der Geschichte immer wieder Genozide gegeben hatte und sie der Menschheit und der Kultur verheerenden Schaden zugefügt hatten. Ich war der Meinung, der Entwurf sollte nicht zu viel verlangen. Hauptsache, ich schreckte niemanden mit zu gewagten Forderungen ab. Die Delegationen könnten ihn stärker machen.

Als die Resolution fertig war, wandte ich mich an die kleinste lateinamerikanische Delegation unter der Leitung von Mr. Ricardo Alfaro, dem Außenminister und früheren Präsidenten Panamas.[8]

[8] Ricardo Joaquín Alfaro Jované (1882–1971). Da Alfaro dem UN-Rechtsausschuss für die Genozidkonvention vorsaß, schrieben und trafen Alfaro und Lemkin sich häufig. Obwohl Alfaro sich für den Ausschluss der kulturellen Zerstörung aus der Genozidkonven-

Alfaro hatte sich unter den internationalen Anwälten einen Namen gemacht und trat gern für seine Überzeugungen ein. Ich berichtete ihm, was bei den Nürnberger Prozessen aus meiner Idee geworden war, zeigte ihm mein Buch *Axis Rule in Occupied Europe* und überreichte ihm einen Nachdruck meines Artikels für den *American Scholar*. Er bat um vierundzwanzig Stunden, um das Material durchzuarbeiten und vereinbarte für den nächsten Tag einen Termin in der Delegiertenhalle. Mit einem Lächeln, das die Erfüllung all meiner Träume verhieß, unterzeichnete er die Resolution und wünschte mir Glück.

Das zweite Land auf meiner Liste war Kuba. Leiter der kubanischen Delegation war Botschafter Belt, ein Mann mit messerscharfem Verstand und großer Vorstellungskraft.[9] Er bezeichnete Genozid als starkes Konzept und unterzeichnete die Resolution am Tag darauf.

In der Delegiertenhalle traf ich Mrs. Corbett Ashby, die ehemalige Präsidentin der World Alliance of Women, die mir aus London bekannt war.[10] Sie war begeistert von meiner Idee.

Mit zwei lateinamerikanischen Unterschriften in der Tasche hatte ich den kühnen Plan, die Unterschrift von Indien zu ergattern. Corbett Ashby fand dies nur natürlich. Sie sagte: „Lassen Sie uns zu Mrs. Pandit, der Leiterin der indischen Delegation, gehen."[11] Wir fanden sie in einer Ecke der Halle, umringt von mehreren Hindu-Herren mit ernster Miene. Insbesondere ältere Inder sehen immer aus, als hätten sie gerade erst ein Gespräch mit der Ewigkeit beendet und wären drauf und dran, ein neues zu beginnen. Das liegt

tion aussprach, unterstützte er die Ratifikation der Konvention, wie aus seinem Brief an Lemkin vom 18. Januar 1950 hervorgeht:

> „Mein lieber Dr. Lemkins [sic] Zufällig schrieben Sie mir am 17. Dezember, dem Tag, an dem das Auswärtige Amt unserem ständigen Vertreter bei den Vereinten Nationen die panamaische Ratifikationsurkunde der Konvention übersandte. Ich wurde benachrichtigt, dass sie am 10. Januar hinterlegt wurde. Damit ist Panama der sechste Staat, der diesen noblen Vertrag ratifiziert. Ich möchte meine Glückwünsche aussprechen und zum wiederholten Male sagen, dass ich mich auch weiterhin diesem großartigen Anliegen widmen werde, an dem uns beiden so viel liegt. Herzliche Grüße, Ihr Ricardo J. Alfaro."

9 Guillermo Belt (1906–1989).

10 Margery Corbett Ashby (1882–1981).

11 Vijaya Lakshmi Pandit (1900–1990).

daran, dass sie mit beiden Füßen fest auf dem Boden stehen und sich für ein schnelles Durchschauen der Gegenwart ihrer sagenhaften Intuition bedienen.

Madame Pandit stellte mir einen pensionierten Richter und Parlamentarier vor. In aller Kürze erläuterte ich mein Rezept für eine auf Diversität gründende Einheit der Menschheit und die Rechtsstaatlichkeit im Dienste des Schutzes nationaler, rassischer und religiöser Gruppen vor Zerstörung. Mittels dieses Schutzes könnten Gruppen leben und die Menschheit in einem universellen Konzert bereichern, zu dem jede Nation ihre Note beitrüge.

Sie sagte: „In Indien leben wir nach diesem Prinzip. Unser Volk besteht aus einer Vielzahl von Rassen und Glaubensgemeinschaften, und trotzdem kennen wir die Einheit. Unsere Philosophen haben sie gepredigt, Gandhi hat für sie gekämpft. Es wird mir eine Freude sein, unsere Delegation als einen der Einbringer vorzuschlagen." Sofort nachdem Madame Pandit die Resolution unterzeichnet hatte, eilte ich zum Büro des Generalsekretärs und hinterlegte das Dokument.

Ich war wie berauscht. Es gab keine Zeit für Kontemplation. Es bedurfte gut überlegten und vorbereiteten Schritten, die ihre Wirkung entfalten und in einer logischen Abfolge den nächsten Schritten dienen. Nachdem ich den Zeitungskorrespondenten bei der UN einen Besuch abgestattet hatte, erschienen wohlgesonnene Berichte in der Presse.

Ich hatte den ehrgeizigen Plan, die USA davon zu überzeugen, im Lenkungsausschuss die Aufnahme des Genozids in die Tagesordnung vorzuschlagen. Die amerikanische Tradition der Hilfe und Sorge um die Völker der Welt prädestinierte das Land geradezu für diese Rolle. Amerika war von Menschen besiedelt worden, die vor der Verfolgung in anderen Ländern geflohen waren. Zu Beginn des Jahrhunderts hatte John Gray, Außenminister der Vereinigten Staaten, den US-amerikanischen Gesandten in Rumänien beauftragt, seine Stimme gegen die Verfolgung von Minderheiten zu erheben: „Unser Land kann ‚internationalem Unrecht' nicht schweigend zusehen", so seine eindrucksvolle Formulierung.[12] 1910 kündigte US-Präsident William Howard Taft wegen religiöser Verfolgung

[12] Möglicherweise hat Lemkin Gray mit John Milton Hay (1838–1905) verwechselt, der von 1898 bis 1905 Außenminister unter den Präsidenten McKinley und Roosevelt war.

ein Handelsabkommen mit dem russischen Zaren auf.[13] Eine US-amerikanische Führung in Sachen Genozidkonvention ergab folglich Sinn. Das erwähnte ich auch gegenüber Adlai Stevenson.[14] Botschafter Austin wurde ein Telegramm übermittelt, in dem er eindringlich gebeten wurde, den Antrag zur Aufnahme des Genozidgegenstands in den Lenkungsausschuss einzubringen. Ich wusste, Austin war ein zutiefst religiöser Mann.[15]

Kongressabgeordnete Helen Gahagan Douglas war Mitglied der US-amerikanischen Delegation.[16] Ich kannte sie seit 1945, als sie dem Ausschuss für Auswärtige Angelegenheiten angehörte, vor dem ich in Sachen Genozid aussagte. Sie war es gewesen, die mir Adlai Stevenson vorstellte, der als Berater der Delegation tätig war. Stevenson bat um Literatur. Am nächsten Tag berieten wir uns erneut. Er berichtete mir, er habe die Hoffnung, die USA würden den Antrag einbringen, den Entwurf zum Genozid in die Tagesordnung aufzunehmen. Kurz darauf erschien ein von Otto Tolischus versprochener Leitartikel in der *New York Times*.[17]

Mrs. Corbett Ashby freute sich über diese Entwicklungen und organisierte ein privates Treffen von Frauen aus vielen Ländern, um der ersten Sitzung der Vereinten Nationen beizuwohnen. Dies war der Anfang einer fruchtbaren Zusammenarbeit in Sachen Genozid mit den Frauenorganisationen der Welt. In diesem Zusammenhang lernte ich zwei bedeutende Frauen kennen: Frances Perkins, Vorsitzende der Civil Service Commission unter Roosevelt, und Dr. Hanna Rydh, schwedische Archäologin und Präsidentin der World Women's Alliance.[18] Miss Perkins war scharfsinnig und freundlich und wollte ihre Freundlichkeit mehr Menschen zuteilwerden lassen. Das

---

13 William Howard Taft (1857–1930) war von 1910 bis 1913 der siebenundzwanzigste Präsident der Vereinigten Staaten.

14 Adlai Ewing Stevenson (1900–1965).

15 Botschafter Warren R. Austin (1877–1962).

16 Helen Gahagan Douglas (1900–1980).

17 Tolischus schrieb auch eine wissenschaftliche Rezension zu Lemkins *Axis Rule in Occupied Europe*.

A. d. Hrsg.: Für ein Foto der Rezension in der *New York Times* siehe S. 214.

18 Frances Perkins (1880–1965) und Hanna Rydh (1891–1964).

A. d. Hrsg.: Civil Service Commission. Regierungsbehörde zur Auswahl der Beamten der US-Bundesregierung.

entspricht im Großen und Ganzen der Überzeugung aller Amerikaner, insbesondere der Frauen des öffentlichen Lebens. Rydh bereiste die ganze Welt, nahm an Ausgrabungen teil und schilderte sie nicht nur Erwachsenen, sondern auch Kindern. Mit der Geschichte der Menschheit entfachte sie die Fantasie der Kinder und erweckte ihre Liebe zur Archäologie. Archäologische Funde erzählen die Geschichte des Genozids, insbesondere in der Antike. Die Geschichte der Ermordung von Zivilisationen war noch nicht zu Ende erzählt. Wenn die kulturellen Verluste, die sich aus der Ermordung von Zivilisationen ergaben, der Welt vor Augen geführt werden könnten, wäre das Konzept des Genozids deutlich einflussreicher. Dr. Rydhs Kinderbücher sind meiner Meinung nach von besonderem pädagogischem Wert. Kinder beginnen ihre Bildung mit den Augen, bevor sie zur Bildung des Geistes übergehen. Wenn es gelänge, den Kindern dieser Welt mithilfe von Bildern archäologischer Ausgrabungen das Ausmaß der Ermordung von Zivilisationen durch Genozide vor Augen zu führen, behielten sie dies vielleicht in Erinnerung und wären später einem umfassenderen Verständnis der Diversität und des Wertes menschlicher Kulturen gegenüber aufgeschlossener. Dr. Rydhs Enthusiasmus für das Genozidanliegen gründete nicht nur auf Menschenliebe, sondern auch auf dem Verlangen eines großen Geistes nach neuen Perspektiven für die wissenschaftliche Forschung.

An dieser Stelle sollte ich mit aller Objektivität erwähnen, dass sowohl 1945 als auch in den Jahren darauf der Beitrag einzelner Frauen und Frauenorganisationen im Kampf für die Genozidkonvention beachtlich war. Dafür gibt es zahlreiche Gründe: Frauen beteiligen sich im Allgemeinen weniger an Gewalt als Männer und sind eher dazu bereit, sie zu bekämpfen. Als Schöpferinnen und Beschützerinnen des Lebens führen sie Männer bei ihren ersten Schritten auf dieser Welt. Sie vermitteln und entwickeln Moralvorstellungen. Sie sind die ersten Richter ihrer Kinder. Ohne sich dessen bewusst zu sein, sind sie die Schöpferinnen einer moralischen Philosophie, die dem Wohle der gesamten Menschheit dient.

Nachdem ich mein Anliegen erläutert hatte, ergriffen zwei tschechoslowakische Frauen das Wort: Madame Palantova, die stellvertretende Bürgermeisterin Prags, und Madame Walfora, eine junge

Widerstandsführerin. Detailliert beschrieben sie vor den versammelten Frauen, wie sie während der Besatzung gefoltert worden waren. Die Versammlung beschloss, eine der Frauen mit einem Antrag auf Unterstützung des Resolutionsentwurfs zum Genozid zu ihrer Delegation zu entsenden. Binnen weniger Tage bemerkte ich wachsendes Interesse unter den Delegierten. Ich setzte mich mit dem britischen Justizministerium in Verbindung, das mir das Interesse seiner bedeutenderen Mitglieder versicherte.

Ich hatte das Gefühl, jeder Schritt war konstruktiv, jede Initiative willkommen. Ich verspürte einen lange herbeigesehnten Hauch beinahe heiliger Erfüllung. Angesichts der vielen Geduldsproben und Rückschläge, der vielen Gleichgültigkeit, Hoffnungslosigkeit, Gedankenlosigkeit und sogar Grausamkeit war meine Seele frustriert. Nun konnte ich endlich handeln. Mir war gar nicht ganz bewusst, dass ich dabei war, einen neuen Weg einzuschlagen.

Der Tag, an dem der Lenkungsausschuss zusammenkommen würde, nahte. Der Lenkungsausschuss bestand aus dem Präsidenten und dem Vizepräsidenten der Versammlung sowie den Vorsitzenden der sechs Ausschüsse. Er gilt als mächtig, weil er die Tagesordnung der Generalversammlung genehmigt. Der Vorsitzende des Rechtsausschusses war Roberto, der panamaische Botschafter in Argentinien. Er war guter Dinge und versicherte mir, die Aufnahme meines Gegenstandes würde genehmigt werden. Er sprach mit wohlgesonnenen Vorsitzenden anderer Ausschüsse. Als wir zum Gegenstand des Genozids kamen, bat Adlai Stevenson um das Wort und stellte im Namen der Vereinigten Staaten von Amerika den Antrag, den Gegenstand in die Tagesordnung aufzunehmen. Der russische Delegierte war dagegen. Da ich mit einem einstimmigen Votum gerechnet hatte, kam dies überraschend für mich. Doch da die meisten Delegierten den Antrag zur Aufnahme befürworteten, wurde er letzten Endes angenommen.

Ich versuchte zu verstehen, warum der russische Delegierte beim Lenkungsausschuss immer wieder „*Eto ne nuschno*" – „Das ist nicht nötig" sagte. Weitere erklärende Worte verlor er nicht. Irgendetwas ging bei den Russen vor. Ich versuchte, die Gespräche, die ich in Nürnberg mit dem russischen Richter und der russischen Anklagevertretung geführt hatte, gedanklich zusammenzufügen. Damals hatten sie mir eindeutig interessiert, ja sogar mitfühlend zugehört, doch nichts war passiert in Sachen Genozid. Schon in Nürnberg hatte ich Gerüchte gehört, die Russen hätten nach der Wiederbesetzung der Krim und des Nordkaukasus herausgefunden, dass einige der Menschen dort mit den Deutschen kollaboriert hatten, und sie hätten sie hingerichtet oder nach Sibirien gebracht. War das der Grund für den Widerstand seitens der russischen Delegation?

Die Resolutionen des Lenkungsausschusses müssen von der Generalversammlung bestätigt werden. Ich wollte den Gegenstand vor einer Kontroverse und einem weiteren Kampf in der Versammlung bewahren. Noch am selben Abend besuchte ich den tschechischen Außenminister Jan Masaryk.[19] Wir saßen auf einem grünen Plüschsofa in seiner Suite im Carlyle Hotel. Er war heiter und freundlich; mit seinen braunen Augen lächelte er in das Innerste meiner Seele.

„Exzellenz, die Russen haben sich gegen die Aufnahme des Genozidgegenstands in die Tagesordnung der Versammlung ausgesprochen."

„Es tut mir leid, das zu hören, aber was kann ich dagegen tun?"

Ich vermutete, dass zwar die Russen die Tschechoslowaken beeinflussen könnten, aber nicht umgekehrt. Wir schrieben das Jahr 1946; erst ein Jahr war vergangen seit Hitlers Öfen und nur etwas mehr als ein Monat seit dem Erlass des Nürnberger Urteils.

Ich hatte die Masaryk-Familie kennengelernt. „Exzellenz, ich habe das Werk Ihres Vaters, Professor Tomáš Garrigue Masaryk, studiert. Sein ganzes Leben lang hat er versucht, seinen eigenen Leuten und der gesamten Welt die kulturelle Natur von Nationen zu erklären. Wenn die körperliche Existenz einzelner Mitglieder endet, besteht das Leben einer Nation durch ihre Kultur fort. Wenn aber eine Nation ermordet wird, verschwindet auch ihre Kultur. Tote können keine Literatur schreiben. Wenn Ihr Vater noch am Leben wäre, würde er für die Genozidkonvention kämpfen. Nun wende ich mich an seinen Sohn, in dem der Geist des Vaters weiterlebt. Sagen Sie mir, dass Sie an diese Idee glauben und bereit

[19] Jan Garrigue Masaryk (1886–1948). 1948 berichtete eine kalifornische Zeitung, Lemkin habe „in den ersten Sitzungen der UN in Lake Success, New York, Jan Masaryk, den tschechoslowakischen Außenminister, überzeugt, ihm den Weg zum Sowjetblock zu bereiten."

sind, für sie zu kämpfen. Dann werde ich Ihnen ein paar Vorschläge unterbreiten.“

„Selbstverständlich glaube ich an diese Idee. Ich stand meinem Vater sehr nahe. Wir haben das Massaker von Lidice erlebt; so etwas vergisst man nicht so leicht.“[20]

„Die Russen haben Babij Jar und viele andere Massaker erlebt.[21] Bis auf den letzten Tropfen wurde ihren Kindern das Blut aus den Adern gesaugt, um verwundete Nazi-Soldaten zu versorgen. Die Herzen sämtlicher slawischen Völker ächzen noch. Die Stimmen der Gefolterten hängen noch in der Luft. Sie beschweren sich bei Richter Geschichte. Seinem Urteil kann niemand entkommen.“

„Anstatt mir eine Moralpredigt zu halten, sagen Sie mir lieber, was ich Ihrer Meinung nach sagen sollte.“

„Exzellenz, ich halte nicht Ihnen eine Moralpredigt, sondern Wyschinskij, durch Sie.[22] Sie brauchen keine. Ich denke, Sie sollten mit Wyschinskij sprechen. Als Außenminister sollte er begreifen, dass eine Genozidkonvention nicht als Intrige gegen die Sowjetunion ausgelegt werden kann.“ Ich fügte hinzu: „Wyschinskij und Sie, Sie haben doch beide Sinn für Humor. Warum sagen Sie ihm nicht, dass Penicillin keine Intrige gegen die Sowjetunion ist?“

Masaryk nahm sein Notizbuch heraus und schrieb unter das Datum des nächsten Tages: Wyschinskij. Genozid. Penicillin. Er zeigte mir seine Notiz und sagte: „Geben Sie mir Ihre Telefonnummer. Ich rufe Sie morgen am frühen Nachmittag an.“

---

[20] A. d. Hrsg.: Das Massaker von Lidice bezeichnet Massenhinrichtungen und -deportationen von großen Teilen der Zivilbevölkerung sowie die Zerstörung des westlich von Prag gelegenen Dorfes Lidice im Juni 1942. Dabei handelte es sich um massive Vergeltungsmaßnahmen, die die Nationalsozialisten mit der Ermordung Reinhard Heydrichs, dem Leiter des Reichssicherheitshauptamts und stellvertretenden Reichsinspektor von Böhmen und Mähren, durch tschechoslowakische Widerstandskämpfer rechtfertigten.

[21] A. d. Hrsg.: Babij Jar ist der Name einer Schlucht in Kiew, die im September 1941 zum Schauplatz und Massengrab des größten Einzelmassakers der Wehrmacht an Juden im Zweiten Weltkrieg wurde. Auch dieses Massaker, bei dem innerhalb von sechsunddreißig Stunden mehr als dreiunddreißigtausend Juden ermordet wurden, wurde von den Nationalsozialisten als Vergeltungsmaßnahme legitimiert.

[22] Andrej Januarjewitsch Wyschinskij (1883–1954). Lemkin war sich mit Sicherheit bewusst, dass Wyschinskij Stalins Marionette bei den Moskauer Schauprozessen 1936–1938 (im Rahmen der Großen Säuberung) gewesen war.

Masaryk rief an und teilte mir mit, er habe bereits mit Wyschinskij gesprochen und ihm das Versprechen abgenommen, die Genozidkonvention zu befürworten. Und tatsächlich kooperierten die Russen auf der Generalversammlung des Jahres 1946 uneingeschränkt und hielten sogar flammende Reden, in denen sie die Konvention verteidigten.

Der belgische Außenminister Paul Spaak führte den Vorsitz der Versammlung, als sie – ohne auch nur ein einziges Wort der Diskussion – die Resolution zur Aufnahme des Genozidgegenstands in die Tagesordnung annahm.[23]

Der nächste Schritt bestand darin, die Sitzung des Rechtsausschusses vorzubereiten. Erneut verteilte ich Kopien meines Buches *Axis Rule in Occupied Europe* und Nachdrucke meines Artikels über Genozid im *American Scholar* sowie eine Broschüre, die vom französischen Informationsministerium veröffentlicht worden war, an die Delegierten. Ich gab Monsieur Parodi, dem Generalsekretär im französischen Außenministerium, und Professor Henri Chaumont, dem Delegierten Frankreichs, Kopien.[24] Am nächsten Tag sagte mir Monsieur Parodi, die französische Delegation sei mit dem Vorschlag einverstanden und fügte hinzu: „Das ist ja auch verständlich, *n'est-ce pas*?"

In der Delegiertenhalle sprach ich mit dem britischen Außenminister, einem Professor für Politikwissenschaft an der London School of Economics. Er sagte mir, er habe während des Krieges mein Buch gelesen, teile meine Meinung und hoffe auf den bestmöglichen Ausgang der Versammlung. Der britische Vertreter im Rechtsausschuss war Attorney General Sir Hartley Shawcross.[25] Wir aßen zu Mittag und besprachen den Gegenstand eingehend. Sir Hartley hatte den Nürnberger Prozessen in eher repräsentativer Funktion beigewohnt. Die Hauptarbeit für den britischen Chefankläger in Nürnberg war von einem kleinen, überaus effizienten

---

[23] Paul-Henri Spaak (1899–1972).

[24] Alexandre Parodi (1901–1979). Das Institute for Advanced Studies on the United Nations vergibt zu Ehren des Beitrags von Parodi zur UN und zum intellektuellen Leben Frankreichs das Alexandre-Parodi-Stipendium.

[25] Sir Hartley Shawcross (1902–2003) war Großbritanniens Attorney General und britischer Chefankläger bei den Nürnberger Prozessen.

Mitarbeiterstab unter der Leitung von Maxwell Fyfe, dem späteren Innenminister der konservativen Regierung, erledigt worden. Er war nicht nur ein brillanter Jurist, sondern schrieb auch Gedichte. Er war warmherzig, besaß Vorstellungskraft und erkannte den Wert des neuen Konzepts.

Als nächstes wandte ich mich an Ernesto Dihigo, den kubanischen Delegierten beim Rechtsausschuss.[26] Kuba zählte zu den Miteinbringern der Resolution, und Mr. Dihigo beabsichtigte, sie dem Rechtsausschuss nahezubringen. Dihigo war gelehrt, idealistisch und gescheit. Die Debatte im Ausschuss ging gut los. Nachdem Dihigo den Gegenstand präsentiert hatte, übernahm der Delegierte Indiens, ebenfalls ein Miteinbringer, das Wort. Seine Wortgewandtheit, sein juristischer Stil und nicht zuletzt sein Oxford-Englisch schindeten Eindruck.

Sir Hartley war in Bestform. „Wir sind doch keine Winkeladvokaten", plädierte er, „drum lassen Sie uns den Genozid jetzt ächten." Charles Fahy, US-amerikanischer Delegierter und Rechtsberater beim amerikanischen Außenministerium, erklärte, die Vereinigten Staaten „messen dem Genozidanliegen große Bedeutung bei."[27] Die Juristen badeten in einer Welle des humanitären Enthusiasmus. Sie versuchten sich gegenseitig zu übertrumpfen. Und da sie etwa sechzig an der Zahl waren, versprach die Debatte eine ganze Weile zu dauern.

Eines Tages reichte mir in der Delegiertenhalle ein großer, kantiger Mann mit olivfarbener Haut und Brille mein Buch und fragte mich, ob ich Raphael Lemkin sei, der Autor von *Axis Rule in Occupied*

---

[26] Ernesto Dihigo (1896–1991). In einem Brief an Maynard Gertler aus New York schrieb Lemkin am 7. Dezember 1946:

> „Im Verlauf der Debatte zum Genozid im Rechtsausschuss der Versammlung der Vereinten Nationen gab es viele bemerkenswerte Wortmeldungen, die das Interesse und Verständnis des Problems durch sämtliche ausgezeichnete Juristen bewiesen, die ihre Länder bei der Debatte vertreten. Zwei gilt es besonders hervorzuheben: die von Professor Dihigo aus Kuba, in der er betonte, die Resolution greife zu kurz, und die von Sir Hartley Shawcross, Attorney General des Vereinigten Königreichs, in der er energisch zu sofortigem Handeln aufforderte. Beide Redner schienen das zu repräsentieren, dessen es in unseren turbulenten Zeiten bedarf: Weisheit und die intellektuelle Stärke einer noblen Überzeugung."

[27] Charles Fahy (1892–1979).

Europe, in dem er über Genozid gelesen habe. Er erzählte mir in aller Einfachheit, er habe gehört, dass ich mich in Washington, D.C. aufhalte und sei extra gekommen, um mich zu treffen. George Finch, der Leiter der Abteilung für völkerrechtliche Fragen des Carnegie Endowment, habe ihn mit den nötigen Informationen versorgt.

„Ich bin Richter Riad aus Ägypten, Berater des Königs von Saudi-Arabien und Delegierter beim Rechtsausschuss."[28] Er muss ein einsamer Mann gewesen sein, der einen Großteil seiner Zeit mit Denken verbrachte. Solche Menschen fügen sich weder geistig noch körperlich in ihre Umgebung ein. Man erkennt sie am Gang, denn beim Gehen sehen sie aus, als gehörten sie woanders hin, jedenfalls nicht hierhin. Unser Gespräch ermöglichte mir einen Einblick in den Schatz an Wissen, Vorstellungskraft, Weisheit und Gefühlen, über den dieser Mann verfügte. Es war, als hätte er viele einsame Jahre lang auf günstigen Wind gewartet.

Mit leuchtenden Augen sagte er: „Die Resolution des Rechtsausschusses muss ausdrücklich die Vorbereitung eines Vertrages oder einer Konvention gegen Genozid fordern. Das Konzept des Genozids ist wunderschön. Dafür lohnt es sich zu leben. Das Wort ‚Genozid' hat so viel Appellcharakter und strahlt so viel Kraft aus. Ich gratuliere Ihnen ganz herzlich." Ich wusste, niemandem in diesem Gebäude war die Angelegenheit wichtiger als ihm. Langsam begann sich ein formaler Erfolg abzuzeichnen, doch Richter Riad war der Erste, der mir eine geistige Seelenverwandtschaft zum Ausdruck brachte. Dank ihm verstand ich die Größe der Spiritualität, die dem arabischen Geist, den Avicennas und Averroes, innewohnt.[29] Sie verschlingen Bücher und verwandeln jedes einzelne in ein Firmament aus Sternen. Jeder Gedanke ist ein Stern, eine Wirklichkeit. Die Intensität des Denkens und Verflechtens ist ungeheuer groß, das Verantwortungsgefühl und die kulturelle Teilhabe grenzenlos, die Beobachtungsgabe großartig. Und über alledem schwebt eine anmutige Seele, die die Menschheit liebt und daher einsam ist. Ihre universellen Interessen, ihr enzyklopädisches Wissen, die Fähigkeit, stets dazuzulernen sowie der Glaube an eine kulturelle Schöpfung sind eine

---

28 A. d. Hrsg.: Abdul Munim Riad (1919–1969).

29 Avicenna (Abu Ali Sina) (980–1037) und Averroes (Muhammad Ibn Ruschd) (1126–1198).

besondere Offenbarung des menschlichen Geistes. Ich lernte die vollständige Gleichbehandlung der Kulturen bewundern, in der die arabischen Intellektuellen die europäischen bei Weitem übertrafen. Sie waren enger mit ihren kulturellen Idealen verbunden als viele Intellektuelle anderer Nationen. Nachdem ich diese Werte begriffen hatte, fiel es mir leichter, das goldene Zeitalter der kulturellen und religiösen Toleranz zu verstehen, mit dem sich das zehnte bis dreizehnte Jahrhundert unter der Herrschaft der Kalifen in Spanien geschmückt hatte und das in der Geschichte keinen ebenbürtigen Vergleich kennt. Denn eine Toleranz, wie wir sie in unseren modernen Zeiten erleben, die auf religiöser und kultureller Gleichgültigkeit und einem nachlassenden Glauben gründet, ist nicht die wahre Prüfung. Die arabischen Kalifen genehmigten sich einen Sprung in das liebende menschliche Bewusstsein, aus dem ein geistiges Bündnis von Verstand und Seele hervorging. Richter Riad war der Überzeugung, dass die wahren geistigen Werte einer Epoche nie verloren gehen. Ohne rührselig zu werden, sagte er mir: „Bis zu einem gewissen Grad kann dieser Zeit nur mit der Genozidkonvention wieder Leben eingehaucht werden, und auch nur, wenn wir dafür arbeiten.“ Und damit verschwand seine hagere Figur im langen Flur der UN und ließ eine große Leere neben mir zurück.

Richter Riad wurde zum Sprecher der Genozidkonvention in der arabischen Welt. Bei jeder Versammlung erläuterte er großzügig das Konzept und hielt leidenschaftliche Plädoyers für die Resolution und die Konvention. Er wusste um die Aufgeschlossenheit des arabischen Geistes und wie er funktioniert. Er legte den Grundstein, und die Arbeit konnte sich bei jeder Versammlung eines edelmütigen Sprechers der arabischen Welt sicher sein.

Um den Text für die Resolution zum Genozid vorzubereiten, wurde ein spezieller Unterausschuss des Rechtsausschusses eingerichtet, dessen Vorsitz der US-amerikanische Delegierte Charles Fahy führte. Berichterstatter war der chilenische Delegierte, der sowohl am Problem interessiert als auch gut im Formulieren war. Im Zuge der Aussprache im Unterausschuss kam es zu einem Versuch, das Wort „Genozid“ durch das Wort „Extermination“ zu ersetzen. Richter Riad plädierte: „Ein Begriff ist Fortschritt. Der Begriff

‚Genozid' beschreibt mit ‚cide', zerstören, die Handlung, und mit ‚genos' das Subjekt, das zerstört wird.[30] Der Begriff ‚Extermination' ist problematisch, erstens, weil er sich auch auf Insekten und Tiere beziehen kann, und zweitens, weil er das Konzept in seiner Anwendung einschränken würde, denn eine Gruppe zu exterminieren bedeutet, sie bis auf das letzte Mitglied zu töten. Doch eine Gruppe kann auch als Gruppe zerstört werden, ohne dass all ihre Mitglieder getötet werden, wenn ihre kulturelle Identität durch eine andere ersetzt wird. Das ist zum Beispiel der Fall, wenn Kinder gewaltsam von einer kulturellen Gruppe in eine andere überführt werden."

Richter Riads Plädoyer war wunderschön, und letztlich siegte er: Es wurde beschlossen, den Terminus „Genozid" beizubehalten. Doch mir wurde bewusst, dass ich diesen Kampf um ein Haar verloren hätte. Der Unterausschuss beschloss, eine Erklärung in die Resolution aufzunehmen, dass Genozid ein internationales Verbrechen sei, das von sämtlichen zivilisierten Nationen verurteilt werde, dass eine Konvention zur Verhütung und Bestrafung des Verbrechens vorbereitet werden solle und diese Resolution auf der folgenden Versammlung zu präsentieren sei.

Eines Morgens lag eine Kopie der Resolution auf den Tischen aller Delegierten beim Rechtsausschuss. Eine feierliche Stimmung herrschte im Saal. Genozid war der erste Gegenstand auf der Tagesordnung. Der Vorsitzende schwang den Hammer; mein Herzschlag beschleunigte sich. Die Debatte dauerte nicht allzu lang. Ein Ausdruck der Zufriedenheit über die vollbrachte Arbeit lag auf allen Gesichtern. Es folgten einige Wortmeldungen. Dann wurde einstimmig entschieden. Einige Tage später nahm auch die Generalversammlung die Resolution einstimmig an.

Die ersten Geburtsschmerzen der Genozidkonvention waren überstanden. Glückwünsche wurden ausgesprochen, von Delegierten, Freunden in den Vereinigten Staaten und aus vielen anderen Teilen der Welt. Es folgten Leitartikel, Berichte und Radiosendungen. Die Welt wusste, was geschehen war, war sich allerdings kaum bewusst, wie viel mehr es brauchen würde, um die Konvention zur Realität zu machen, und wie groß der Widerstand sein würde.

---

[30] A. d. Ü.: Das lateinische Suffix *cide*, abgeleitet von *caedere* (töten, morden, zerstören).

Nun, da der Grundstein gelegt worden war, konnte ich mich ein wenig ausruhen. „So schwer war es doch gar nicht, oder?“, sagte ich mir selbst. Wenn man auf dem Gipfel eines Berges steht, vergisst man leicht den Schmerz, den jeder Schritt hinauf einem bereitet hat. Doch das war meine geringste Sorge. Tatsache ist, dass der Regen meiner Arbeit auf Brachland fiel, nur dass dieser Regen aus dem Blut und den Tränen von acht Millionen unschuldigen Menschen aus aller Welt bestand, darunter die Tränen meiner Eltern und meiner Freunde.

Kapitel Neun

Genf, 1948

Eines Morgens im Juli 1948 fand ich beim Betreten meines Büros in der Juristischen Fakultät der Yale University ein Telegramm auf meinem Schreibtisch vor: Botschafter Pérez Perozo, der venezolanische Delegierte bei den Vereinten Nationen, der an der Sitzung des Wirtschafts- und Sozialrats in Genf teilnahm, teilte mir mit, dass der Rat sich mit dem Bericht zum Genozid befassen werde.[1] Die Zustimmung des Rats zur Genozidkonvention würde ihrer Annahme durch die Generalversammlung, die im September in Paris zusammenkommen würde, zuträglich sein. Ich musste sofort nach Genf reisen. Jeder Schritt bei der UN muss vorbereitet werden. Um gute Ergebnisse zu erzielen, muss die Verteilung von Sympathien und Animositäten im Vorfeld bekannt sein. Ich warf einen melancholischen Blick auf die Seite meines Manuskriptes zur Zerstörung der Mauren in Spanien, auf der mich in der vergangenen Nacht die Müdigkeit übermannt hatte. Es war eine Schande, diese Arbeit zu unterbrechen, nun, da ich gerade dabei war, einen Einblick in die Atmosphäre dieser faszinierenden Epoche zu gewinnen, die auf so tragische Weise endete.

---

[1] Víctor Manuel Pérez Perozo (1898–1969). Lemkin übermittelte umgehend folgende Antwort:

> „Sehr geehrter Dr. Perozo, herzlichen Dank für Ihr Telegramm. Ich bereite alles vor, um noch diesen Montag das Flugzeug zu besteigen und werde dann am Dienstag in Genf sein. Wir beide glauben, dass die Genozidkonvention eines der wichtigsten Anliegen unserer Zeit ist und Sie haben sich als ihr großartiger und nobler Verteidiger erwiesen. Im Zusammenhang mit der bevorstehenden Debatte bin ich so frei, Ihnen ein kurzes Memorandum zum Genozid zu schicken, das ich speziell für Sie vorbereitet habe. Bitte nutzen Sie es, wie auch immer Sie es für dienlich halten. Mit der größten Wertschätzung und in Vorfreude auf unser baldiges Wiedersehen verbleibe ich mit freundlichen Grüßen!"

Eine alte Eiche, die vor etwa fünfzig Jahren im Universitätsgarten gepflanzt worden war, blickte durch das geöffnete Fenster gleichgültig auf meine Unruhe herab. Doch die Entscheidung war gefallen, weniger durch mich als durch etwas in mir. Vielleicht waren es sogar die Mauren gewesen, die sie beeinflusst hatten. Ich bat meine Sekretärin, sich um die Organisation der Reise zu kümmern. Ich würde nicht vor Ende der Generalversammlung, irgendwann Mitte Dezember, zurückkommen können.

Meine Kapitel zum Genozid mussten den Delegierten beim Wirtschafts- und Sozialrat oder bei der Generalversammlung vorgelegt werden. Historische Genozidfälle mussten an diejenigen herangetragen werden, die über das Schicksal der Genozidkonvention entscheiden würden. Auf dass die Geschichte ihr eigenes Plädoyer halte. Die Stimme der Vergangenheit würde meine Stimme als Wortführer der Konvention stärken müssen. Die vergangenen Fälle von Genozid wieder und wieder zu lesen, verhalf mir zu deutlicheren, entschlosseneren Worten. Das Lesen war mir in der Vergangenheit behilflich gewesen und würde es auch in Genf und Paris sein.

Einige Tage später betrachtete ich aus dem sinkenden Flugzeug die Lichter der Stadt Genf. Seit 1938 war ich nicht mehr hier gewesen. Ein seltsames Gefühl überkam mich. In dieser Stadt hatte ich in den emotionalen, verworrenen Tagen des alten Völkerbunds meine Hoffnungen auf eine bessere Welt zu Grabe getragen. Hier hatte ich Tag und Nacht mit ratlosen Männern gesprochen, die sich nicht dazu durchringen konnten, den Völkern der Welt zu Hilfe zu eilen. Nun reiste ich in dieselbe Stadt und würde den gleichen Menschen das gleiche Plädoyer vorbringen. Allerdings, so sagte ich mir, war ich nun besser ausgestattet: Ich hatte die „Stimme der Geschichte“ im Gepäck. Das Blut der Opfer der letzten Genozide in Europa und Asien war noch nicht getrocknet.

Am nächsten Morgen knabberte ich im Hôtel Métropol an einem Croissant und nippte an einer Tasse heißer Schokolade. Ich blickte auf den Genfersee und seinen großen Bruder, den Mont Blanc, und verspürte eine innere Ruhe. Die Aussicht barg tiefen Frieden. Schon die Art der Schweizer zu gehen strahlte so viel Konzentration, Ordnungsmäßigkeit und Standhaftigkeit aus, dass sich unweigerlich etwas davon auf mich übertrug. Woher beziehen diese

Menschen ihre Stärke? Von ihren Bergen oder von ihrem Konzept der Neutralität?

Bald darauf befand ich mich in den Fluren des ehemaligen Völkerbunds auf der Suche nach den Räumen des Wirtschafts- und Sozialrats. Dieselben Flure, aber mit weniger geschäftigem Treiben, weniger vollen Aufzügen und weniger hin- und hereilenden Amtsträgern. Dass dieses Gebäude nur eine Nebentätigkeit der UN beherbergt, hat Symbolcharakter. Es dient als mahnende Erinnerung an frühere Fehler und Niederlagen, und scheint von den Reden der Staatsmänner des erloschenen Bundes widerzuhallen. Ein gepflegter Friedhof einer toten Welt. Wo sind die Löwen des Bundes jetzt? Wo sind Paul-Boncour und de Valera, die ehemaligen Präsidenten der Völkerbundversammlung? Wo sind Politis, Venizelos, Sir Robert Cecil, Titulescu und Litwinow?[2]

Obwohl ich genug mit der Gegenwart zu tun hatte, gab es kein Entkommen vor den melancholischen Erinnerungen. Möglicherweise spürte ich deswegen dic Zerstörung und Wiedergeburt, die inhärenter Teil und ständiger Begleiter der Menschen sind. Der König ist tot, lang lebe der König. „Der Völkerbund ist tot, es lebe die UNO."[3] In New York hatte ich solche Gedanken nicht, doch in Genf konnte ich mich ihrer nicht erwehren.

In den Räumen des Wirtschafts- und Sozialrats traf ich auf Botschafter Pérez Perozo und andere Delegierte. Hastig und mit der allzeit präsenten Frage „Wer wird dafür sein, wer dagegen, wem wird es gleich sein?" ließ ich meinen Blick über die Liste der Delegierten wandern. Aus irgendeinem Grund hatte ich das Gefühl, dass etwas Gutes passieren könnte. Die neue Umgebung versorgte

---

2 Augustin Alfred Joseph Paul-Boncour (1873–1972) war zwischen 1932 und 1936 Frankreichs ständiger Vertreter beim Völkerbund; Éamon de Valera (1882–1975) war 1932 Präsident des Völkerbundrates; Nicolas Politis (1871–1942), Eleftherios Venizelos (1864–1936), Lord Robert Cecil (1864–1958), Nicolae Titulescu (1882–1941) und Maxim Maximowitsch Litwinow (1876–1951).

3 A. d. Ü.: Bei diesem Satz handelt es sich um ein Zitat von Lord Robert Cecil anlässlich der Selbstauflösung des Völkerbundes am 18. April 1946. Aus diesem Grund wurde hier die Abkürzung „UNO" verwendet, anstelle der von der Deutschen Gesellschaft für die Vereinten Nationen empfohlenen Abkürzung „UN".

Zitiert nach Märker, Alfredo und Wagner, Beate: „Vom Völkerbund zu den Vereinten Nationen", in Bundeszentrale für politische Bildung (Hrsg.): *60 Jahre Vereinte Nationen*, APuZ 22/2005, S. 5.

mich mit einem neuen Schwung Energie und sogar Angriffslust. Vorsichtig tastete ich mich heran: Der Entwurf zur Genozidkonvention? Oh ja, der steht auf der Tagesordnung. Doch die Mehrheit der Delegierten schien nicht sonderlich interessiert. Der Rat würde sich der Genozidkonvention erst in zwei oder drei Wochen widmen. Ich hatte also genug Zeit, zu planen und zu handeln. Es galt, neue Freunde zu finden und neue Kanäle aufzutun, um die Aufmerksamkeit der Öffentlichkeit zu erlangen.

Beim Mittagessen auf der Terrasse des Palais des Nations mit Blick auf den Mont Blanc und eine strahlende Sonne, die auf meine dicke Schweizer Suppe herablachte, plante ich in aller Eile meine Schritte in Genf.

Ich beschloss, meinen Freunden am Hauptsitz der Weltgesellschaft für die Vereinten Nationen einen Besuch abzustatten. Ihr Generalsekretär Major John Ennals war ein alter Freund und ein erfolgreicher Streiter.[4] Vielleicht hatte er ein paar Ideen, denn bisher hatte die Schweizer Presse keine Notiz von der Genozidkonvention genommen. Mir kam der Gedanke, dass die Delegierten hier, fern der Heimat, einsamer waren als in New York und vielleicht mehr Zeit hatten, mir zuzuhören. Vielleicht sollte ich ihnen einen Besuch in ihren Hotels abstatten, um über Philosophie, Kunst, Musik oder die Schweiz zu sprechen; und irgendwann würden wir unweigerlich auf das Thema Genozid zu sprechen kommen. Genauso kam es.

Ich besuchte Botschafter Gilberto Amado, den ich bereits seit einigen Jahren kannte.[5] Amado führte mehrere Leben: Er war Professor für Strafrecht, berühmter brasilianischer Romanautor und Connaisseur des guten Essens und französischer Weine. Er sprach geradeheraus und mit Unterhaltungswert über viele verschiedene Themen. Im vergangenen Jahr hatte Pearl Buck mir einen Brief gezeigt, in dem Amado ihre Nachfragen zur Genozidkonvention folgendermaßen beantwortete: „Lemkin mag ein großer Fanatiker sein, aber wir mögen und unterstützen seine Ideen."[6]

---

[4] Major John A. F. Ennals (1918–1988) war der erste Generalsekretär des am 2. August 1946 gegründeten Weltverbands der Gesellschaften für die Vereinten Nationen (WFUNA).

[5] Gilberto de Lima Azevedo Souza Ferreira Amado de Faria (1887–1969).

[6] Pearl S. Buck (1892–1973) war eine überaus aktive Unterstützerin der Genozidkonvention. Beim folgenden Brief handelt es sich um ein Schreiben Bucks an Lemkin:

Als ich sein Zimmer im Hotel de la Paix betrat, strahlte er über das ganze breite Gesicht. Da er kaum Hals hatte, sah es so aus, als würde sein ganzer Körper lächeln. Ich war entschlossen, dieses Mal nicht über Genozid zu sprechen. Ich erkundigte mich nach dem Roman, den er gerade schrieb. Dafür erntete ich ein weiteres Strahlen und die Schilderung einer faszinierenden Geschichte über eine Frau, die verliebt war und beim Küssen des Mannes ihres Begehrens ihre Unterlippe endlos verlängerte. Amado nannte diese Art zu küssen, die besonders für orientalische Frauen typisch sei, die ihre Männer mit einem Kuss verschlingen, den „langen Kuss". Da wir beide Professoren waren, kritisierten wir in aller Milde das neue Buch eines anderen Professors. Amado fragte mich, was bei der Sitzung des Wirtschafts- und Sozialrats mit der Genozidkonvention geschehen werde. „Nun, Herr Botschafter", antwortete ich, „das kommt ganz auf Sie an. Lateinamerika ist das Weltreservoir für aktiven Humanitarismus. Die Genozidkonvention entspricht in ihrer Wesensart den Überzeugungen der lateinamerikanischen Delegierten, und ich hoffe, dass sie erneut für sie kämpfen werden." „Wir werden sehen", sagte er. „Wir werden unseren Freunden auf den Zahn fühlen müssen." Ich wechselte schnell das Thema und, nachdem wir eine Weile über schweizerisches Essen und französischen Wein gesprochen hatten, beendete ich meinen ersten Besuch.

Am nächsten Tag besuchte ich den Weltverband der Gesellschaften für die Vereinten Nationen. Major Ennals führte mich mit peinlich berührter Zuvorkommenheit von Raum zu Raum. Die Villa Rigot, die dem Verband gespendet worden war, befand sich, gelinde gesagt, in einem desolaten Zustand: Die Wände bröckelten im wahrsten Sinne des Wortes und Besucher wurden darauf

---

„Lieber Dr. Lemkin, anbei sende ich Ihnen die angedachte Petition, die ich heute geschrieben habe. Da meine Sekretärin sonntags nicht da ist, habe ich sie selbst getippt. Vielleicht kann Ihre Sekretärin sie kopieren. Da ich früh am Morgen aufbreche, möchte ich keine Zeit verlieren und sie Ihnen noch heute schicken. Bitte zögern Sie nicht, sie zu verändern. Ich habe versucht, alle Punkte zu berücksichtigen und den Text dennoch einfach und leserlich zu halten. Es will mir nicht gelingen, ihn zu kürzen. Mein New Yorker Büro wird jederzeit wissen, wo ich mich aufhalte. Einen Teil der Zeit werde ich reisen, doch bis auf zwei Nächte bin ich jeden Abend und am frühen Morgen erreichbar. Ihre Pearl S. Buck."

hingewiesen, auf welchem Stuhl sie lieber nicht Platz nehmen sollten, durch welche Tür sie lieber vorsichtig und durch welche sie lieber gar nicht gehen sollten. Trotz aller Warnungen, so erzählte man mir, lehnten sich Besucher oft gegen die falsche Wand und fanden sich plötzlich jenseits der Wand wieder, inmitten alter Stühle, gestapelter Boxen und gebrochenen Glases, aus dem sie gerettet werden mussten und von dem ihre Kleider und Körper beträchtlichen Schaden davontrugen. Nichtsdestoweniger war die Stimmung gut und das Gefühl eines intellektuellen Abenteuers, wenn auch gemischt mit gelegentlichem Märtyrertum, überwog und half, „Ziele und Zwecke" der UN voranzubringen. Alle glaubten an ihre Arbeit und lebten für sie. Selbst die Sekretärinnen störten sich nicht an ihrer Unterbezahlung, solange sie auf dem verbandseigenen Briefpapier tippen und interessanten Menschen aus aller Welt begegnen konnten. Hier traf ich den bekannten ägyptischen Journalisten Dr. Azmi, der später Ägyptens ständiger Vertreter bei der UN werden würde, und den jungen Alaoui, marokkanischer Korrespondent und Presseleiter für den König Marokkos.[7]

Wir gingen in den Garten, den sichersten Ort der Institution, und setzten uns in einer ruhigen Ecke auf eine Bank. Im angenehm kühlen Schatten eines Baumes ließ ich meine Theorie in die Ohren meiner gebannten Zuhörerschaft strömen. Azmi, dem die Prägung eines arabischen Wortes für „Kultur" zugeschrieben wurde, zeigte Interesse an der Entwicklung von Konzepten und der Prägung neuer Begriffe. Der Terminus „Genozid" schien ihm genauso interessant wie seine eigene arabische Erfindung. Er war Gelehrter durch und durch. Vor dem Hintergrund der alten ägyptischen Theorie, dass Worte Dingen vorausgehen, diskutierten wir unsere beiden Neologismen.

„Worte schaffen Ordnung im gedanklichen System", sagte Azmi.

„Ja", pflichtete ich bei, „sie helfen uns dabei, unsere Gedanken klarer zu fassen. Sie werden zu Symbolen für Handlungen, in denen menschliche Erfahrungen der Vergangenheit und Pläne für die Zukunft aufeinandertreffen."

---

[7] Mahmoud Azmi (1889–1954).

Alaoui hörte aufmerksam zu. Er nahm ein Notizbuch heraus und fragte, ob es in Ordnung sei, wenn er unsere Unterhaltung als Interview für seine Zeitung in Marokko niederschreibe. Bereitwillig stimmte ich zu. Als Alaoui 1957 als Presseleiter für den marokkanischen König nach New York kam, wiederholte er dieses Gespräch wortgetreu, als er mich Mitgliedern des königlichen Gefolges vorstellte.[8]

Die Sache ist ganz einfach und anhand eines Beispiels, einem Genozid gegen die kleinste Nation, noch leichter zu verstehen. „Die Nation Island", sagte ich, „besteht aus etwa hundertachtundachtzigtausend Menschen. Sie hat eine originäre Kultur, die sie immerzu hartnäckig verteidigt. Sie hat ihre eigene Sprache, ihr eigenes Theater, vier politische Parteien, die jeweils über eine eigene Zeitung verfügen, und eines der ältesten Parlamente der Welt, das *Althing*. In ihrer Universitätsbibliothek ist eine sehr alte Bibel ausgestellt, die ich während meines Besuches in Reykjavik gesehen habe. Nun nehmen wir mal an, jemand beschließt, einen Genozid an den Isländern zu verüben. Dann würde, gemeinsam mit den hundertachtundachtzigtausend Menschen, auch eine originäre Kultur für immer aus der Welt verschwinden. Eine Kultur kann nicht wie künstliches Gummi nacherzeugt werden. Das heißt, der Genozid einer Nation bedeutet de facto auch die Zerstörung ihrer Kultur, und diese wiederum die Verarmung der Weltzivilisation."

„Ja", pflichtete Azmi mir bei, „mit dem Genozid haben Sie ein Konzept entwickelt, das nicht nur die physische Existenz, sondern auch den kollektiven Geist von Nationen schützt." Gemeinsam mit Botschafter Azmi arbeitete ich später an der ägyptischen Ratifikation der Genozidkonvention.[9]

In drei Wochen würde der Wirtschafts- und Sozialrat die Debatte zur Genozidkonvention eröffnen. Ich hatte das Gefühl, den Delegierten müsse die Wichtigkeit des Gegenstands vor Augen geführt werden. Major Ennals organisierte zwei Vorträge zum Thema: einen im Gebäude der Vereinten Nationen, zu dem die Delegierten eingeladen wurden, und einen in der Sommerschule, die

[8] Marokko ratifizierte die Genozidkonvention am 24. Januar 1958.

[9] Ägypten unterzeichnete die Genozidkonvention am 12. Januar 1951 und ratifizierte sie am 8. Februar 1952.

der Weltverband der Gesellschaften für die Vereinten Nationen für ausländische Studierende aus aller Welt veranstaltete. Auf beide Vorträge folgte eine Diskussion. Meine historischen Beispiele von der Antike über das Mittelalter bis hin zur Moderne weckten das Interesse des Publikums. Auf Nachfragen ließ ich es mir nicht nehmen, eine Fülle von Details aus meinen Ordnern mit historischen Fällen vorzulesen. Auf diese Weise gelang es mir, den Eindruck zu vermitteln, dass Genozide nicht das Ergebnis einer Laune einzelner skrupelloser Herrscher sind, sondern ein in der Geschichte immer wiederkehrendes Muster. Genozid ist wie eine angeborene Krankheit, die in bestimmten Situationen immer wieder ausbricht und für die ein Gegenmittel gefunden werden muss. Auf die Frage, ob jemals ein Genozid im Fernen Osten stattgefunden habe, führte ich den Fall der fünfzigtausend Katholiken an, die im siebzehnten Jahrhundert in Japan vernichtet worden waren. Nachdem sie gezwungen worden waren, Wasser zu trinken, bis ihre Körper völlig aufgedunsen waren, wurden ihnen sämtliche Körperöffnungen mit Zement versiegelt. Dann mussten sie sich hinlegen und wurden mit Planken bedeckt, über die schwerbeladene, von Pferden gezogene Wagen gerollt wurden. Die Körper der Opfer explodierten in einer seltsamen Mischung aus Wasser und Blut. Auf diese Weise kamen fünfzigtausend Katholiken ums Leben.[10]

„Was kann man tun, um so etwas zu verhindern?“

„Man tut genau dasselbe, was man tut, um andere Verbrechen zu verhindern. Wir müssen der Tat auf zwei Ebenen begegnen: der nationalen und der internationalen. Auf nationaler Ebene müssen wir sie in unseren Strafgesetzbüchern zum Verbrechen erklären und sie, genau wie Diebstahl und Brandstiftung, mithilfe unserer nationalen Gerichte ahnden. Auf internationaler Ebene“, fuhr ich fort, „müssen wir dafür sorgen, dass jede einzelne Nation von der Weltgemeinschaft in die Pflicht genommen wird, sei es, indem wir Genozidfälle vor den Weltgerichtshof in Den Haag bringen, dem alle zivilisierten Nationen angehören, oder vor die Vereinten Nationen. Den Nationen der Welt muss begreiflich gemacht werden, dass Minderheiten und schwächere Nationen keine für die Schlachtbank

[10] Siehe Kapitel Fünf für weitere Details zum japanischen Genozid an den Katholiken.

bestimmten Hühner sind, sondern Menschengruppen von großem Wert, sowohl für sich als auch für die Weltzivilisation."

Obwohl keine einzige Nacht verging, in der ich nicht an die Genozidkonvention dachte, und kein Tag, an dem ich nicht etwas Konkretes für sie unternahm, hatte ich das Gefühl, mich in einem großen Vakuum zu bewegen. Ich sah niemanden mit dem passenden Leuchten in den Augen, auf den ich mich im unausweichlichen Kampf verlassen könnte. Ich musste jemanden finden, der sowohl Macht als auch Vorstellungskraft und Entschlossenheit besaß.

Eines Nachts geschah etwas Unvorhergesehenes, das fast schon an ein Wunder grenzte. Ich war müde und erschöpft und fühlte mich leer. Es war ein windiger, sonnenloser Nachmittag gewesen, mit Staub, der aus sämtlichen Ecken emporstieg – einer jener Nachmittage, an denen man niemanden mag, weder sich noch die Welt, nicht einmal den Zeitungsverkäufer, bei dem man die Abendzeitung kauft. Ich ging früh zu Bett, aber konnte nicht schlafen. Ich war beunruhigt: Die Zeit, die mir zur Vorbereitung auf die Debatte zur Konvention blieb, lief gnadenlos ab und ich hatte das Gefühl, nichts Entscheidendes zu erreichen. Eine Ewigkeit wälzte ich mich im Bett hin und her. Dann stand ich auf, zog mich an und ging hinaus. Es war ein Uhr nachts. Auf einer kleinen Brücke über den Genfersee blieb ich stehen und starrte vor mich hin. Ich weiß nicht, wie lang ich dort stand, ohne auch nur einen einzigen Gedanken zu denken.

Plötzlich hörte ich Schritte hinter mir. Ich drehte mich um und erkannte im blassen Licht des Mondes den kanadischen Delegierten, Botschafter Dana Wilgress.[11]

„Was tun Sie hier zu so später Stunde, Mr. Lemkin? Sorgen Sie sich immer noch um die Genozidkonvention?"

„Immerhin habe ich eine Ausrede, nicht schlafen zu können", antwortete ich. „Welche Ausrede haben Sie, nachts um zwei nicht im Bett zu sein, Herr Botschafter?"

„Ich kann nicht schlafen, ganz einfach. Das geht mir oft so, dann gehe ich spazieren und komme zur Ruhe. Möchten Sie ein Stück mit mir gehen?"

---

[11] Leolyn Dana Wilgress (1892–1969).

„Gern“, sagte ich und schloss mich dem Botschafter auf einen nächtlichen Spaziergang an, der uns in viele Winkel der schlafenden Stadt führte, sogar zum ausgestorbenen Bahnhof, der genauso leer war wie mein Verstand kurz zuvor. Letzterer nahm seine Arbeit allerdings sofort wieder auf, als der Botschafter mich fragte, warum ich die Konvention für so bedeutend halte. Das war meine Chance. Da ich mich noch nie länger mit ihm unterhalten hatte, fragte ich ihn nach seinem Hauptinteressensgebiet an der Universität. „Geschichte“, antwortete er, „und da die Geschichte endlos ist, lese ich ununterbrochen in ihr.“

„Nun“, sagte ich, „vielleicht kann die Geschichte behilflich sein, die Frage, die Sie mir auf der Brücke gestellt haben, zu beantworten: Warum ist die Genozidkonvention so wichtig? Genozid ist ein wesentlicher Bestandteil der Geschichte; wie ein dunkler Schatten verfolgt er die Menschheit vom frühen Altertum bis in die Gegenwart: Die assyrischen Könige begingen Genozid in großem Maßstab; sie löschten ganze Nationen aus, manchmal aus keinem anderen Grund als dem, dass ihre Opfer sich nach der Unterwerfung weigerten, Steuern zu zahlen. Höchstpersönlich diktierten sie ihren Schreibern detailreiche Schilderungen der Genozide, die sie begangen hatten. Wir können nachlesen, wie sie damit prahlten, die gesamte Einwohnerschaft großer Städte umgebracht und Massen an Menschen gefangen genommen zu haben, wie sie ihnen die Augen ausstachen, sie verstümmelten, häuteten und erhängten – und all das in der Überzeugung, die Befehle ihrer Götter auszuführen, die ihnen im Traum erschienen waren. Kein einziges Mal hielten sie es für nötig, die Geschichte um Vergebung zu bitten.“

„Wollen Sie damit sagen“, fragte der Botschafter, „dass sie nie in Betracht zogen, ihre Taten könnten bösartig sein?“

„Exakt, nicht im Geringsten. Allerdings gab es auch Fälle im Altertum, in denen sich das Gewissen der potentiellen Täter regte und sie von den Taten abhielt, weil sie spürten, dass sie Unrecht täten.“

Wir waren die einzigen Personen, die einen Spaziergang durch die menschenleeren Genfer Straßen machten und sprachen. Das war mein Tag. Ich betete, das Morgengrauen möge nicht zu früh einsetzen. Ich sprach über den Fall Mytilene im fünften Jahrhundert v. Chr., als die Spartaner die erstarkende Seemacht der Athener fürchteten, gegen sie intrigierten und ihnen allerlei Probleme verschafften. Die Bewohner der Insel Lesbos und ihrer Hauptstadt Mytilene rebellierten gegen die Athener. Die Athener beriefen eine Versammlung ein, um über das Schicksal der Stadt zu entscheiden. Auf eine Rede des Gerbers Kleon, in der er ihre Zerstörung forderte, beschloss die Versammlung, den militärischen Befehlshaber der Athener in Mytilene anzuweisen, sämtliche Männer der Stadt umzubringen und die Frauen und Kinder zu versklaven. Die Nacht wusste besseren Rat. Die Athener spürten, es wäre zu brutal, Schuldige und Unschuldige ohne Unterschied zu vernichten.

Am nächsten Tag wurde eine weitere Versammlung einberufen. Ein Redner namens Diodotos ergriff das Wort: „Wut, Torheit und Rache sind schlechte Ratgeber", sagte er. „Wir sollten die Schuldigen ausfindig machen und nur sie bestrafen. Wenn wir alle Aufständischen in Bausch und Bogen vernichteten, würde dies die aufständischen Städte nur darin bestärken, sich uns um jeden Preis zu widersetzen."

„Die höhere Kultur der Athener siegte", sagte ich dem Botschafter. „Immerhin war dies die Epoche Platons. Der Befehl wurde zurückgenommen und neue Anweisungen wurden erteilt, gemäß denen ausschließlich die Schuldigen zu bestrafen seien. So entkam Mytilene durch die vom Verstand genährte Stimme des Gewissens der Athener dem brutalen Schicksal eines Genozids."

Der Botschafter ließ ein vielversprechendes Geräusch vernehmen. Jedenfalls schloss ich daraus, dass er mit der neuen Entscheidung für das Leben und die Gerechtigkeit einverstanden war. Als wir die zweite Seebrücke erreichten, sprach ich über den Fall der Mongolen, über religiösen Genozid, und leitete zu den Armeniern über. Der Botschafter erinnerte sich genau an den Fall. Das war meine Gelegenheit, ihm das Wort zu überlassen. Nun war er es, der mir vom Leid der Armenier berichtete. Bald wusste ich in allen Einzelheiten, was die kanadischen Kirchen alles für die Waisen dieses schrecklichen Genozids getan hatten. Ich ließ ihn sprechen und hatte plötzlich das Gefühl, dass er *mich* von der Genozidkonvention zu überzeugen versuchte.[12]

---

12 Kanada unterzeichnete die Genozidkonvention am 12. Januar 1951 und ratifizierte sie am 3. September 1952.

Als ich den Botschafter zu seinem Hotel zurückbegleitete, sagte er, es wäre gut für uns – und dieses errettende „*für uns*" vernahm ich in aller Deutlichkeit –, die Unterstützung des Präsidenten der Versammlung in Paris zu gewinnen. Dabei handelte es sich um Dr. Herbert Evatt, den australischen Außenminister und guten Freund des Botschafters, der im dritten Stock des Hotels gerade den Schlaf der Gerechten schlief.[13]

„Ich werde Ihnen einen Termin mit Dr. Evatt vereinbaren, morgen früh, oder besser gesagt heute früh – erwarten Sie meinen Anruf in Ihrem Hotel. Und keine Sorge, Dr. Lemkin, der Einsatz ist zu hoch, um zu verlieren. Es geht nur darum, die richtigen Menschen dazu zu bewegen, im richtigen Moment das Richtige zu tun."

Um sechs Uhr morgens betrat ich mein Hotel. Ich sank in die große Metallbadewanne und blieb eine ganze Weile träumend darin liegen. Ich wollte mich nicht bewegen, aus Angst, aufzuwachen und festzustellen, dass ich alles nur geträumt hatte. Ich ging nicht zu Bett. Ich setzte mich ans Fenster und beobachtete, wie sich der neue Tag über Genf ausbreitete. Seine Zeichen verhießen den Sieg für die Welt und für meine Mission.

Ich zählte jede Minute, die verstrich, bis ich Botschafter Wilgress' Stimme hörte, die mir sagte, dass Dr. Evatt mich um elf Uhr empfangen werde. Auch wenn er am Telefon nichts Genaueres sagte, vermittelte er mir das Gefühl, Evatt sei interessiert. Ich hatte Evatt 1947 zum ersten Mal getroffen, mich aber nie länger mit ihm unterhalten. Er schien mir eher ein Mann der Taten denn der Worte zu sein. Bereits damals hatte er mich mit seiner Ungezwungenheit, Warmherzigkeit und der Hilfsbereitschaft beeindruckt, die

---

13 Herbert Vere „Doc" Evatt (1894–1965). Evatt ist einer der wenigen bedeutenden Botschafter und Memoirenschreiber, die Lemkin Tribut zollen:

> „Genozid war eines der Verbrechen, die dem Hitlerregime in Nürnberg zur Last gelegt wurden. Das Wort wurde von Dr. Raphael Lemkin, einem Juraprofessor der Yale University, geprägt, dessen eigener Familie mit dem Verbrechen schreckliches Leid zugefügt wurde. Nach dem Krieg hatte er nur ein Ziel vor Augen: sicherzustellen, dass die internationale Gemeinschaft den Genozid ächtet und wirksame Bestrafungsmaßnahmen entwickelt, sollte es jemals wieder zu einem Genozid kommen. Er bewies unerschütterlichen Glauben und unerschöpfliche Energie sowohl im Ansporn Anderer als auch mit eigenen konkreten Vorschlägen praktischer Natur. Dass die Konvention letztlich verabschiedet wurde, ist eine große Anerkennung seiner Person."

er zu vermitteln suchte und die sich ungefähr so in Worte fassen ließ: „Kleiner Mann, hab keine Angst, niemand hier beißt. Halt inne und denk nach, dann werden wir schon eine Lösung finden." Das war mein Eindruck von Dr. Evatt vor diesem entscheidenden Gespräch in Genf. Doch in einem großen Sessel in seinem Hotelzimmer erwartete mich ein anderer, für mich wesentlich bedeutenderer Evatt, mit hochgekrempelten Ärmeln, die den Blick auf seine dichtbehaarten Hände und Arme freigaben. Ohne Umschweife sagte er: „Der Botschafter hat mich über Ihre Sorgen unterrichtet. Es muss schwer für Sie gewesen sein, all diese Jahre. Lassen Sie uns zusammenarbeiten. Ich verspreche, mich mit Ihnen zu verschwören und die Sache in Paris durchzubringen." Über die Worte „mich mit Ihnen zu verschwören" freute ich mich ganz besonders, denn genau das war es, was wir tun mussten: Wir mussten uns verschwören und Pläne und Ränke schmieden, um auf die Gegenpläne reagieren zu können. Man musste seinen Gegnern auf ihrem Terrain begegnen. Ich hatte nach diesem Terrain gesucht, nun fand ich es. Ich sagte Dr. Evatt, dass die Versammlung in Paris an Bedeutung gewinnen würde, wenn unter seiner Präsidentschaft die Genozidkonvention verabschiedet würde. Der letzte Genozidfall hatte sich in Europa zugetragen. Die Antwort sollte aus Paris kommen. Die Stadt würde „in diesem Fall nicht nur als Welthauptstadt, sondern auch als Wortführer des europäischen Märtyrertums auftreten."

Ich spürte, Dr. Evatt verstand mich voll und ganz und musste daher nicht allzu viele Worte verlieren. Kurz darauf rief er, ganz der Geschäftsmann, seinen persönlichen Sekretär und instruierte ihn, sich jederzeit für meine Vorschläge bereitzuhalten und als Bindeglied zwischen uns zu fungieren. Er fragte mich, ob während der aktuellen Sitzung des Wirtschafts- und Sozialrats, bei der er Australien vertrat, etwas getan werden könnte.

„Selbstverständlich", sagte ich, „die Unterstützung des Rates wäre dienlich."

„Colonel Johnson, unser Delegierter beim Wirtschafts- und Sozialrat, wird die Konvention unterstützen", sagte Evatt, „aber er muss über die Details unterrichtet werden."

Am Nachmittag saß ich auf einem bequemen Stuhl in der australischen UN-Delegation – nicht als armer bittstellender

Verwandter, sondern als vollwertiger Partner im schönsten aller erdenklichen Abenteuer, und sprach mit Freunden, die mir näherstanden als meine eigene Familie. Endlich hatte ich in der großen weltpolitischen Arena einen streitlustigen Staatsmann gefunden, der bereit war, der Opposition sein diplomatisches Geschick und die Kraft seiner eigenen Überzeugung entgegenzusetzen.[14]

Je näher der Tag der Debatte im Wirtschafts- und Sozialrat rückte, desto wichtiger wurde es, die Argumente der Opposition zu antizipieren. Die britische Delegation machte keinen Hehl aus ihrer feindlichen Gesinnung.[15] Zunächst kritisierten die Delegierten den Terminus „Genozid", da er aus dem griechischen „genos" und dem lateinischen „cide" bestand. Sie sprachen über ihre Allergie gegen Hybride. Ich konterte mit Hybriden wie dem englischen Wort für Fahrrad, „bicycle", das aus dem lateinischen „bi" und dem griechischen „cyclone" besteht.

Sämtliche Versuche, sie davon zu überzeugen, dass das griechische „genos" in seiner Bedeutung umfangreicher ist als das lateinische „genus", schlugen fehl. Vergebens zitierte ich Platons Verwendung von „genos", um geistige oder religiöse Gruppen zu beschreiben. Es nutzte alles nichts. Sie blieben dabei, dass wir formell bereits das Nürnberger Urteil hatten und dieses kodifiziert werden könnte, um den Bedarf zu decken. „Aber meine Herren", erwiderte ich, „das Nürnberger Urteil ist nicht auf jede Art des Krieges anwendbar, nur auf Angriffs- oder Aggressionskriege, nicht auf Verteidigungskriege. Und das Konzept der Aggression wurde in Nürnberg gar nicht definiert. In diesem Sinne", flehte ich, „können Sie das Leben von Nationen doch nicht von vagen Formulierungen abhängig machen. Verbrechen, die während eines Krieges begangen werden, werden im Nachhinein immer vergeben. Kriege, Produkte des Hasses, müssen vergessen werden, denn der Hass kann nicht für immer fortbestehen. Das Leben von Nationen ist zu wertvoll, um es in ein altersschwaches Boot mit großen Lecks zu setzen, das auf der stürmischen weltpolitischen See dahintreibt." Einige Mitglieder der britischen Delegation erkannten die Stichhaltigkeit meiner Argumente, aber

[14] Australien ratifizierte die Genozidkonvention am 12. Januar 1951.

[15] Das Vereinigte Königreich ratifizierte die Genozidkonvention erst am 30. Januar 1970.

sie bewegten sich keinen Zentimeter. Ich gelangte zu der Überzeugung, dass sie eine vage Formulierung bevorzugten, um sie nur dann anzuwenden, wenn es ihnen genehm war. All dies berichtete ich meinen neuen australischen Freunden, während ich an jenem denkwürdigen Tag im Palais des Nations auf dem bequemen Stuhl saß.

Schließlich war der Tag gekommen, an dem über die Genozidkonvention debattiert werden würde. Die britische Delegation bekräftigte ihre Haltung, dass es keiner Konvention bedürfe, da das Nürnberger Urteil jeden Bedarf decke. Colonel Johnson aus Australien hatte eine einzigartige Gabe, seinen Gegner zu besiegen. Wenn dieser den Schwachpunkt seiner Rede erreichte, bat er mit dem freundlichsten Lächeln um Wiederholung, sodass sämtliche Delegierte sich darauf konzentrierten. „Pardon me, Sir", sagte er mit seinem breitgedehnten australischen Akzent, „wollen Sie damit etwa sagen, dass das Nürnberger Urteil sowohl für Kriegs- als auch für Friedenszeiten gilt?" Der britische Delegierte hielt einen Moment inne und hauchte dann mit einer schwachen Stimme, die mir wahnsinnig gut gefiel: „Ja?"

Colonel Johnson war der dritte Redner der Sitzung. Er ließ sich lang und breit über die fehlerhafte Aussage des britischen Delegierten aus und wiederholte sie mehrfach in verschiedenen Versionen. Selbstverständlich las er auch das Statut des Internationalen Militärgerichtshofs und den entscheidenden Teil des Urteils vor. Indem er seinen Zuhörern den gesamten Hintergrund des Kampfes so nah vor Augen führte, wurde ihnen nicht nur klar, worum es ging, sondern sie nahmen Colonel Johnsons Denkweise als ihre eigene an. Es war ein beeindruckender pädagogischer Erfolg, der angesichts der flachen Debatten, wie sie in den Sitzungen der UN üblich waren, besonders herausstach.

Am nächsten Tag hatte ich das Gefühl, dass sich die gesamte Stimmung zur Genozidkonvention verändert hatte. Doch nachdem der Rat nun positiv gestimmt war, ging es nicht weiter. Es wurden jede Menge Gründe gefunden, um die Konvention einfach an die Generalversammlung in Paris zu überweisen. Nicht etwa, um ihre Entscheidung zu beeinflussen, sondern weil es der einfachste Weg war. Dennoch war ich mir sehr wohl bewusst, dass ein großartiger Durchbruch gelungen war und die achtzehn Ratsdelegierten umfassend aufgeklärt worden waren.

Einen Tag später rief ich Hans Opprecht in Zürich an, den großartigen Verleger und Parlamentarier, mit dem ich mir in Yale gelegentlich geschrieben hatte und der zu jener Zeit das Amt des Vorsitzenden für auswärtige Angelegenheiten im Nationalrat, dem Schweizer Parlament, bekleidete. Wir verstanden einander. Er erzählte mir, er reise am nächsten Tag nach Bern und lud mich ein, ihn dort zu treffen und gemeinsam im Schweizerhof zu Mittag zu essen. Ich ließ durchblicken, dass ich meinen Aufenthalt in der Schweiz nutzen wollte, um das Interesse der Regierung und der Presse an der Genozidkonvention zu wecken. Opprecht hielt dies für eine gute Idee und schlug vor, einen Plan auszuarbeiten.

Im Zug nach Bern war ich unbeschwerter, beinahe ausgelassener Stimmung. Die schmalen Sitze in den Schweizer Zügen mit ihren abgenutzten braunen Plüschpolstern kamen mir weniger schäbig vor als sonst. Erneut betrachtete ich die abwechslungsreiche Landschaft dieses wunderschönen Landes, dieses Mal durch die Augen eines Touristen. Wir passierten Versoix am Genfersee, eine mit Hotels gesäumte interessante Mischung aus Wasser und Rosen, und Lausanne, mit dem verträumten Ouchy zu seinen Füßen. Wir fuhren durch ein Sonnenmeer, das sich über die Felder und Seen von Neuchâtel bis Bern erstreckte.

Dr. Opprecht war spät dran. Nach einer halben Stunde dachte ich schon, ich hätte mich im Restaurant geirrt. Ich lief mehrfach durch den engen Gang zwischen den Tischen, bis Gäste, die das Restaurant betraten, mich für den Oberkellner hielten und um einen Tisch baten. Dieser kleine Zwischenfall amüsierte mich so sehr, dass ich meine Probleme vergaß.

Da tauchte Dr. Opprecht plötzlich mit seiner reizenden Frau auf. Er sagte: „Ich habe über Ihren Anruf gestern nachgedacht und ein Treffen mit dem Außenminister Max Petitpierre arrangiert.[16] Wir könnten ihn fragen, welche Position die Schweiz einnehmen würde, wenn die Generalversammlung die Genozidkonvention annimmt.“ Er fügte hinzu: „Wegen der Schweizer Tradition für

[16] Max Petitpierre (1899–1994) war von 1945 bis 1961 Vorsteher des Politischen Departements.

humanitäre Angelegenheiten wird seine Position sicher eine wohlwollende sein."

Ich bat Dr. Opprecht, mit seiner Frau im Schweizer Dialekt zu sprechen, während ich weiterhin Deutsch sprach. Ich hatte schon immer gern dem Schwyzerdütsch gelauscht, das so hervorragend zum grundsoliden Schweizer Essen passt. Von früheren Besuchen des Landes wusste ich, die Schweizer fühlten sich wohler, wenn sie sich nicht mit dem Hochdeutschen abmühen müssen. Wir waren nach vielen Jahren wieder zusammengekommen, und unsere gewohnten Sprachen zu sprechen, erfüllte uns mit einer unbefangenen Freude.

Am nächsten Morgen besuchten Dr. Opprecht und ich Max Petitpierre, den Außenminister oder *conseiller fédéral*. Da in der Schweiz jeder *conseiller fédéral* für ein Jahr Bundespräsident wird, genießen die Amtsinhaber großes Ansehen. Der Empfang durch Petitpierre, einen Anwalt aus Neuchâtel, war freundlich, wenn auch unpersönlich. Sein Büro war schlicht und enthielt keinerlei Machtsymbole: ein kleiner Raum mit nüchternen Stühlen, die nichts über den Einfluss seines Inhabers verrieten. Die Schweiz, so erklärte ich Mr. Petitpierre, war die Geburtsstätte vieler humanitärer Bewegungen: Dunant hatte hier das Internationale Rote Kreuz gegründet und das Land hatte vielen potentiellen Genozidopfern Zuflucht gewährt.[17] Wenn er mir zusichern könnte, dass die Schweiz die Konvention ratifiziert, wäre das eine große Hilfe in Paris. Er legte sich nicht fest, sagte mir aber zu, seine Regierung werde mein Vorhaben einer wohlwollenden Prüfung unterziehen. In dem Moment schaltete sich Dr. Opprecht ein und fragte, ob es wohl möglich wäre, unter der Schirmherrschaft der Regierung eine Pressekonferenz für mich zu veranstalten. „Selbstverständlich", sagte der Minister, und nur wenige Minuten später wurden wir mit Mr. Key, einem freundlichen und überaus effizienten Pressesprecher, bekanntgemacht.

Am Nachmittag des nächsten Tages erläuterte ich am Hauptsitz der Schweizer Regierung mehr als einhundert Zeitungsjournalisten den Konventionsentwurf zum Genozid. Es wurden

[17] Jean Henri Dunant (1828–1910).

viele Fragen gestellt und ich spürte, ich hatte es mit einer Gruppe kompetenter, hochqualifizierter Menschen zu tun. Ich freute mich besonders, als eine Frage mit geschichtlichem Bezug aufkam. Die Berichterstattung in der Presse des nächsten Tages war mehr als positiv. In einigen großen Zeitungen wurde der Bericht als Schlagzeile der ersten Seite gedruckt. Die Eroberung der Schweiz war mir versagt geblieben, aber zumindest die ersten Schützengräben hatte ich einnehmen können.

Die Versammlung in Paris war für den 15. September geplant; nun war Ende August. Ich beschloss, einen Kurzurlaub einzulegen. Ich packte eine Tasche und reiste nach Glion über Montreux, genauer gesagt, zu einem Ort zwischen Montreux und Caux. Ich übernachtete in einem halbleeren Hotel, dessen Besitzerin immer wieder beklagte, die goldenen Tage der Schweizer Hotels gehörten der Vergangenheit an. Die entspannte Atmosphäre beruhigte mich und gab mir die Kraft, mich den Herausforderungen, die mich in Paris erwarteten, zu stellen. Nach einem Tag in Glion begann ich, die Schönheit des Ortes zu genießen. Es war besonders kathartisch, meine Umgebung von der riesigen Terrasse aus, die ich ganz für mich hatte, zu betrachten. An manchen Orten hat man das Gefühl, die Luft ist nicht gasförmig, sondern fest. Ich versuchte mich an einer Analyse dieses Gefühls. Es geht vom Anblick der Hügel und Chalets aus, die einen begrüßen wie eine magische, in den Himmel reichende Leiter. Manchmal überkommt einen die Lust zu springen, ohne Angst zu fallen, weil Luft und Chalets eine Einheit bilden. Der Blick von meiner Terrasse in Glion verhalf mir zu einem besseren Verständnis von Chagalls Visionen.

Am nächsten Tag besuchte ich Schloss Chillon am Ufer des Flusses in Territet, unter meiner Terrasse. Ich hatte zwar beabsichtigt, den Genozid für einige Tage zu vergessen, doch der Schlosskeller mit seinem Sammelsurium an Foltergeräten rief ihn mir in Erinnerung. Die Hallen erzählten in einer fremden Sprache von ihm. Es war die Sprache der Geschichte, die so mächtig ist, weil sich ihr keiner entziehen kann!

Die Hotelbesitzerin berichtete mir, die Bewegung Moralische Aufrüstung komme knapp über Glion, in Caux, zusammen. Sie betonte, dass Menschen aus verschiedenen Ländern anwesend seien. Ich brach mein Gelöbnis, nicht an die Genozidkonvention zu denken, und rief beim Hauptsitz der Bewegung in Caux an. Die freundliche Stimme von Professor Martin aus Cambridge lud mich höflich zum Mittagessen ein.[18]

Ich saß mit interessanten Menschen am Tisch und lauschte ihrer Unterhaltung, ohne mich aktiv daran zu beteiligen. Mir kam der Gedanke, dass es von Vorteil wäre, einen Franzosen kennenzulernen, der mir später in Paris behilflich sein könnte.

Am Nachmittag entdeckte ich unter den Teilnehmern eines Symposiums einen französischen Zeitungsjournalisten namens Scotta-Lavina, der mir der Richtige zu sein schien. Wir gingen in den Garten und ich berichtete ihm von den bevorstehenden Debatten. In der Regel sind alle französischen Intellektuellen an neuen Ideen interessiert; Scotta-Lavina war keine Ausnahme. Ich hatte den Eindruck, man könnte jeden zweiten Franzosen auf der Straße anhalten, um zu fragen, was gerade im Theater gespielt wurde oder wie das neueste gute Buch hieß, und sicher sein, eine intelligente Antwort zu erhalten. Die Franzosen verfügen über eine immerwährende intellektuelle Neugierde, die nicht einmal ruht, wenn es an den wesentlichen Dingen des Lebens wie Kartoffeln oder Benzin mangelt, wie in jenem Moment.

Scotta-Lavina bestätigte meine Vermutung: Als wir durch den Garten spazierten, begeisterte er sich für meine Idee: „*C'est merveilleux*", sagte er. Später am Abend, auf dem Rückweg nach Glion,

---

[18] Die Bewegung Moralische Aufrüstung war eine geistige Bewegung, die 1938 von Frank Buchman (1878–1961) ins Leben gerufen wurde. Über den Hauptsitz, den Lemkin besuchte, schreibt Leon Garth:

> „Getreu ihrem Gedanken des vorigen Sommers hatten Philippe Mottu und Robert Hahnloser, gemeinsam mit ihrem Kollegen Erich Peyer und anderen, nach einem Ort gesucht, an dem Menschen der geteilten Länder Europas in einer Atmosphäre wie der in Mackinac zusammenkommen könnten. Nach langer Suche stießen sie auf das etwas heruntergekommene Caux Palace Hotel, neunhundertvierzehn Meter über Montreux, das Buchman vierzig Jahre zuvor während einer Europareise besucht hatte. Es war nicht länger lukrativ und abrissreif [...] etwa hundert Schweizer arbeiteten mit Freiwilligen aus aller Welt an der Sanierung des Gebäudes [...] Buchman stand in der Tür und blickte sichtlich gerührt in jedes einzelne Gesicht des Willkommenskreises. Dann sagte er: ‚Wo sind die Deutschen? Ohne die Deutschen wird es Ihnen nie gelingen, Europa wiederaufzubauen.'" Der Professor, den Lemkin erwähnt, könnte Buchmans Sekretär, Dr. Morris H. Martin, gewesen sein.

hatte ich das Gefühl, einen Freund in Paris dazugewonnen zu haben.[19]

Mit jedem Tag gewann ich an Kraft und Ruhe und konnte die Aufgabe, die in Paris vor mir lag, klarer erkennen. Natürlich verschwanden nicht all meine Sorgen. Würde ich auf all meine Fragen Antworten finden? Würde, selbst mit Dr. Evatts Hilfe, meine moralische Kraft ausreichen, um die Versammlung zu beeinflussen? Würde es mir gelingen, die öffentliche Meinung Frankreichs zu mobilisieren und die Opposition zu umschiffen?

Eines Abends saß ich in Montreux im halbleeren Ballsaal des Casinos und forderte eine junge Dame zum Tanz auf, die sich als professionelle Tänzerin des Casinos herausstellte. Ein spanischer Tango wurde gespielt. Sie tanzte mit einem anmutig geneigten Körper und halbgeschlossenen Augen. Ihr Gesicht mit blauen Augen und einer großen Nase machte mich neugierig. Ich hatte das Gefühl, es schon oft auf Fotografien ferner Länder gesehen zu haben. Sie erzählte, sie sei in Chile geboren und indigener Abstammung. Jedes Wort, das sie sagte, war klug und bedeutend. Ich lud sie ein, mir an meinem Tisch Gesellschaft zu leisten, und wir sprachen über Gott und die Welt. Unweigerlich kamen wir auch auf meine Arbeit zu sprechen. Ich sagte ihr, meine Arbeit müsse ihr wohl besonders am Herzen liegen, da die Inkas und Azteken in ihrem Teil der Welt vernichtet worden waren. In ihrem seltsamen Französisch sagte sie: „Haben Sie wirklich die Hoffnung, diesem Massaker ein Ende zu bereiten?" Die Bestimmtheit ihrer Herausforderung überraschte mich. Die Herausforderung selbst hörte ich in der Stimme fast aller von einem Genozid Betroffenen. Minderheitengruppen wünschten sich eine Rechtsvorschrift, die Genoziden Einhalt gebieten oder sie zumindest im Zaum halten würde. Doch wegen ihres eigenen Traumas konnten sie nicht daran glauben, dass eine derartige Rechtsvorschrift tatsächlich ins Leben gerufen werden könnte. Am Ende unseres Gespräches sah sie mich eigenartig an, als würde sie ins Jenseits reichen, und sagte deutlich: „Nach Ihrem Tod werden Sie ein berühmter Mann sein." Die zierliche Tänzerin aus Montreux mit der angeborenen Hellsichtigkeit einer erloschenen Rasse sah auf

[19] Frankreich ratifizierte die Genozidkonvention am 12. Januar 1951.

ihre Weise die Unsterblichkeit des völkerrechtlichen Vertrages, an den ich so fest glaubte.

Bald darauf endete mein zehntägiger Urlaub und ich kehrte nach Genf zurück. Der Bahnhof war voll mit Delegierten. Der Präsident des Wirtschafts- und Sozialrats, Botschafter Charles Malik (der aktuelle libanesische Außenminister), begrüßte mich mit den Worten: „Gut, dass ich Sie sehe. Gerade heute Nachmittag habe ich ein Dokument unterzeichnet, mit dem die Genozidkonvention an die Generalversammlung in Paris überwiesen wird."[20] Und so setzten wir, die Konvention und ich, unsere Reise fort – dieses Mal ging es nach Paris.

20 Charles Habib Malik (1906–1987).

Kapitel Zehn

Paris, 1948

Es nieselte in Paris, doch der Regen vermochte das besondere Gefühl nicht wegzuwaschen, das jeder hat, der in Paris ankommt – eine Unbeschwertheit und rätselhafte Freude. Man spürt Paris in den Knochen oder vielmehr in der Hüfte, die den Gang leicht und unbeschwert macht. Manchmal fragte ich mich, wie sich Menschen, die zu einer Beerdigung nach Paris kommen, wohl fühlen. Genauso? Mich jedenfalls hat dieses Gefühl bei meinen vielen Besuchen der Stadt nie im Stich gelassen. Normalerweise übernachtete ich in einem der kleinen Hotels auf der Rive Gauche, doch dieses Mal hatte ich mich entgegen meiner Vorliebe für eines der großen Hotels auf den Champs-Élysées entschieden, da hier die meisten Delegierten übernachteten und ich den Kontakt zu ihnen erleichtern wollte.[1] Das Hotel Claridge befand sich in fußläufiger Nähe des Palais de Chaillot, in dem die Versammlung tagen würde.[2]

Bis zur Eröffnung blieben noch einige Tage. Ich spazierte zum Palais de Chaillot hinüber, wo die Handwerker noch damit beschäftigt waren, alles für den großen Tag vorzubereiten. Doch in den UN-Büros herrschte bereits geschäftiges Treiben. Am selben Tag besuchte ich die australische Delegation und erwies Dr. Evatt die Ehre. Er fragte mich, welcher Delegierte der Genozidkonvention wohlgesonnen sei, damit man ihn zum Vorsitzenden des Rechtsausschusses, der an der Konvention arbeiten würde, bestimmen könne. „Ricardo Alfaro", sagte ich, „der ehemalige Präsident von Panama und jetzige Leiter der panamaischen Delegation." Die Frage zeigte

---

1 A. d. Ü.: Rive Gauche (dt. Linkes Ufer). Das Pariser Stadtgebiet südlich der Seine.

2 Lemkin übernachtete im Zimmer 518 des Hotel Claridge.

mir, dass es Dr. Evatt ernst war, und Dr. Alfaro wurde tatsächlich der Vorsitzende des Rechtsausschusses.

Die folgenden Tage brachte ich damit zu, die Zusammensetzung der Delegationen zu studieren und strategische Kräfte zu organisieren. Ich hatte einen gewagten Plan. Für gewöhnlich wird zunächst ein Unterausschuss mit einem Vertragsentwurf befasst und ein interner Kampf um seine Annahme geführt. Dann wird der Entwurf des Unterausschusses dem Plenum des Rechtsausschusses übergeben, wo ein weiterer Kampf um einzelne Bestimmungen stattfindet. In der Vergangenheit waren die Entwürfe meist erst am Ende der Generalversammlung vom Unterausschuss an den Rechtsausschuss übergeben worden. Damit bliebe dem Rechtsausschuss keine Zeit, über den Entwurf zu debattieren und ihn gegebenenfalls zu verabschieden. Natürlich würde die Opposition diese zweifache Gelegenheit nutzen, um den Abschluss des gesamten Projektes zu verzögern. Wenn wir die Genozidkonvention auf dieser Sitzung verabschiedet wissen wollten, mussten wir ein solches Verfahren um jeden Preis verhindern. Wieso sollten wir nicht versuchen, den gesamten Rechtsausschuss in eine große Arbeitsgruppe umzufunktionieren? So könnte jede Delegation ihre Meinung direkt äußern, und es bliebe immer noch genügend Zeit, die Konvention zu verabschieden. Wieso sollten wir den Unterausschuss nicht gleich ganz umgehen? Alles, was es dafür brauchte, war ein Beschluss des Rechtsausschusses, auf diese Weise vorzugehen.

Ich besprach meine Idee mit Dr. Alfaro und einigen wohlgesonnenen Delegierten. Sie fanden mein Argument überzeugend, sahen aber Schwierigkeiten bei der Annahme des Antrags auf ein neues Verfahren voraus. Ich schlug vor, die australische Delegation solle den Antrag auf das vereinfachte Verfahren einbringen. Ich eilte zur australischen Delegation hinüber. Sie war einverstanden. Nun musste ich noch eine Delegation finden, die den australischen Antrag unterstützen würde. Das war nicht allzu schwierig, aber die Redner, die den Vorschlag befürworteten, würden gewichtige Argumente liefern müssen. Ich übermittelte Memoranden an verschiedene Delegationen. In allen betonte ich die Notwendigkeit, die Konvention auf dieser Generalversammlung zu verabschieden und die Unmöglichkeit, dies zu erreichen, wenn das Doppelverfahren mit dem Gang durch zwei Ausschüsse beibehalten würde. Ich war der Meinung, eine europäische Delegation müsse das Leid Europas unter dem Joch des Genozids betonen. Außerdem wollte ich einen einstimmigen Beschluss.

Wir würden den Ostblock überzeugen müssen. An diesem Abend war ich zum Essen mit Senator Quintín Paredes, dem Delegierten der Philippinen, und seinem Berater, meinem guten Freund Richter Ingles, eingeladen.[3] Ich vertraute ihnen meine Strategie an.

„Aber haben wir denn genug Stimmgewicht für dieses Verfahren?", fragten sie.

„Es ist im Bereich des Möglichen", sagte ich. „Wenn Sie als Vertreter einer Nation, die im letzten Krieg so viel Leid erfahren hat, den Vorschlag einbrächten, würde der Sowjetblock vielleicht zustimmen."

„Was haben Sie im Sinn?"

„Sprechen Sie sich in Ihrer Rede dafür aus, dass in dieser gemeinsamen Arbeit im Dienste der Menschlichkeit jeder seinen Teil beiträgt: der Osten seine Erinnerung an das Leid, das in Polen und Russland besonders groß war, und der Westen sein Mitgefühl. Damit schaffen Sie ein Klima für Einstimmigkeit."

Und genauso kam es. Viele meiner Freunde befürworteten in ihren Wortmeldungen den Plan, doch die Entscheidung fiel mit Paredes' Rede, die er mit viel Gefühl und in flüssigem Spanisch vortrug. Für die lateinamerikanischen Delegierten gewinnt ein Argument an Überzeugungskraft, wenn ein Ausländer es in ihrer Sprache vorträgt. Die wichtigste Hürde war genommen. Das außergewöhnliche Verfahren wurde beschlossen. Von nun an bedurfte es außergewöhnlicher Anstrengungen.

Nun würde sich der Rechtsausschuss der eigentlichen Arbeit an der Konvention widmen, doch bevor mit der Ausarbeitung der einzelnen Artikel begonnen werden konnte, wurde eine Generaldebatte für notwendig erachtet. Zwei frühere Entwürfe lagen vor: einer von 1947, der vom Sekretariat ausgearbeitet worden war und an dem ich offiziell als hinzugezogener Experte mitgewirkt hatte, und einer vom Mai 1948, den ein Sonderausschuss des Wirtschafts- und

---

[3] Quintín B. Paredes (1884–1973). Siehe Briefe vom 17. Dezember 1949 von Lemkin an Paredes und Ingles, in denen er die Verdienste beider rühmt.

Sozialrats ausgearbeitet und an dem ich hinter den Kulissen mitgewirkt hatte.[4] Nun war das Wichtigste, das Interesse des Rechtsausschusses mit anregendem, neuem Material konstant aufrechtzuerhalten. Es war nur wenig zum Thema veröffentlicht worden. Einige meiner Artikel, die ich bereits verteilt hatte, waren in Zeitschriften erschienen. Mein Buch *Axis Rule in Occupied Europe* wurde den Delegierten zur Verfügung gestellt. Aber die Erfahrung mit den Nazis bildete keine ausreichende Grundlage für eine Definition des Genozids für internationale Belange. Ein Verbrechen kann nicht anhand eines einzigen Beispiels definiert werden; es muss vielmehr auf sämtliche verfügbare Erfahrungen aus der Vergangenheit zurückgegriffen werden, denn die Definition eines Verbrechens, an dem Gesellschaften beteiligt sind, muss auf sämtliche soziale Strukturen anwendbar sein. Sie muss beschreiben, wer welche Rolle einnimmt, und sämtliche Modalitäten seiner Begehung und mögliche Techniken antizipieren. Die Formulierung muss so gewählt werden, dass sie für jede Zeit, jede Situation und jede Kultur gilt.

Von meiner früheren Arbeit in Warschau im Polnischen Ausschuss zur Kodifikation des Rechts, insbesondere im Bereich Strafrecht, wusste ich, dass die Fantasie des Gesetzgebers der des Verbrechers überlegen sein muss. Die Definition eines Verbrechens muss so umfassend wie möglich sein, damit der Verbrecher dem Gesetz nicht durch seine Lücken entkommen kann. Ich würde historische Genozidfälle aufbereiten und sie den Delegierten in Form von Memoranden zur Verfügung stellen müssen. Mein Koffer mit Aufzeichnungen zu vergangenen Genoziden schien mich zu fragen: „Du hast uns aus den friedlichen Regalen der Yale University hierher gezerrt und versprochen, dass wir in den Verstand der Delegierten eindringen würden. Was hast du nun, da wir wirklich gebraucht werden, mit uns vor?"

Ich musste mich für diese bedeutende Aufgabe wappnen. Im französischen Radio wurde eine zweisprachige Sekretärin bzw. Assistentin für mich ausfindig gemacht, die mir beim Vorbereiten und

[4] A. d. Hrsg.: Das Expertenteam zur Ausarbeitung des Sekretariatsentwurfs bestand aus Lemkin, Vespasian Pella (1897–1960), rumänischer Juraprofessor und Präsident der IAPL, und Henri Donnedieu de Vabres (1880–1952), Juraprofessor und ehemaliger Richter am Nürnberger Militärgerichtshof.

Tippen kurzer Memoranden in englischer und französischer Sprache behilflich sein würde. Sie erklärte sich bereit, mehrere Tage die Woche morgens vor den Sitzungen für anderthalb Stunden mit mir zu arbeiten. Wir erstellten einige kleine Memoranden für die Generaldebatte, die ich in meiner Tasche mitführte und während der Debatte unter den Delegierten verteilte.

Außerdem versuchte ich, die Delegierten auch außerhalb der Sitzungen zu gesellschaftlichen Anlässen zu treffen, zum Beispiel bei den Empfängen, die fast täglich stattfanden. Doch dieser Plan ging nicht auf. Es war schlicht der falsche Ort und die falsche Zeit für eine derart spezielle Diskussion. Kaum hatte ich ein Gespräch begonnen, wurde ich mit seichtem Small Talk unterbrochen. Die Partys waren zwar die wichtigsten Schlachtfelder der politischen Gegenstände der Versammlung, aber ganz offensichtlich ungeeignet für die Diskussion ernster rechtlicher und moralischer Themen. Falls dies ein Beweis dafür war, dass Rechtliches und Moralisches von größerem Kaliber sind als Politisches, war mir das kaum ein Trost.

Ich musste mir etwas Besseres einfallen lassen. Mir war bewusst, dass Paris mit seinen Theatern und seinem Fokus auf den heiteren und interessanten Aspekten des Lebens einen Großteil der Freizeit der Delegierten in Anspruch nehmen würde. Eine Zeit lang rief ich einige Delegierte an und bat sie, eine halbe Stunde vor Beginn der Sitzung zu erscheinen. Mit anderen sprach ich beim Mittagessen. Je mehr Zeit verging und je mehr das Interesse wuchs, desto erpichter waren die Delegierten darauf, mit mir zu sprechen und meine Memoranden zu erhalten. Ich machte mir keine Sorgen mehr darüber, dass mein Buch über die Geschichte des Genozids noch nicht erschienen war, denn mit den kurzen Memoranden konnte ich einzelne Punkte, die zur Beratung standen, gezielt verdeutlichen und schneller vorankommen. Obwohl ich jeden Morgen nach einer schlaflosen, sorgenvollen Nacht und dem frühmorgendlichen Diktat müde war und einen schweren Kopf hatte, verpasste ich keine einzige Sitzung des Ausschusses.

Auch wenn nur sonntags Zeit war, um ins Theater zu gehen, ziellos durch die Straßen zu schlendern und mich unter das wunderbarste aller Völkchen zu mischen, konnte ich nicht vergessen, dass ich in Paris war.

Der Herbst begann. Gelbe und rote Blätter fielen von den Bäumen entlang der Champs-Élysées. Wagte ein Passant, auf sie zu treten, gaben sie ein klagendes Gemurmel von sich. Die Terrassen entlang der Champs-Élysées waren voll mit Menschen, die an ihrem Kaffee, Wein oder Aperitif nippten. Sie sprachen auf eine Weise, dass man gar nicht umhin konnte zu glauben, dass das, was sie sagten, von Bedeutung war, auch wenn nach ihren Gesprächen nichts weiter passierte. Die Fähigkeit des guten Räsonierens der Franzosen, die der der Griechen ähnelt, tritt nicht nur in den Akademien, sondern auch in den Cafés zutage. Und selbst schweigende Gesichter geben dir zu verstehen, viel zu sagen zu haben. Dies nimmt einem die Einsamkeit und das Gefühl, sich in einem Abgrund der Nichtigkeit und Gleichgültigkeit verloren zu haben. Vielleicht hatte Matthew Arnold Recht als er sagte, Frankreich sei dank der Französischen Revolution das Land Europas mit dem lebhaftesten Volk.[5] Nur in Paris kann man eine Freundschaft zu einem unbekannten Völkchen unterhalten. Die Pariser auf den Champs-Élysées zu beobachten, war auf lautstarke Weise friedlich und beruhigend.

Ich besuchte mein Verlagshaus Pédone in der Rue Soufflot 13 auf der Rive Gauche. Pére Pédone hatte sein Verlagshaus zu einem der wichtigsten Unternehmen gemacht, die sich mit dem Völkerrecht beschäftigten. Er war der Verleger des Völkerbunds.

Französische Verleger haben eine angenehme Eigenart: Obwohl man sich ursprünglich mit geschäftlichen Belangen an sie wendet, werden sie allmählich zu persönlichen Freunden. Sie fügen ihren geschäftlichen Briefen persönliche Notizen bei, in denen sie sich

---

5 Matthew Arnold (1822–1888). In seinen *Essays in Criticism* schreibt Arnold:

„Die Französische Revolution leitet sich aus der Kraft, Wahrheit und universellen Gültigkeit der Ideen ab, die sie zu ihrem Gesetz machte, und aus der Leidenschaft, mit der sie die Massen für diese Ideen begeistern konnte; eine einzigartige und immer noch waltende Macht. Die Französische Revolution ist – und wird es wahrscheinlich noch für lange Zeit bleiben – das großartigste und belebendste Ereignis der Geschichte. Und da keine ehrliche Leidenschaft für die Dinge des Geistes, selbst wenn sie sich in vielerlei Hinsicht als unglückliche Leidenschaft herausstellt, jemals ganz verworfen oder unfruchtbar für Gutes ist, hat Frankreich eine Frucht aus seiner Leidenschaft geerntet: die natürliche und legitime Frucht, wenn auch nicht ganz die großartige Frucht, die es erwartet hatte – Frankreich ist das Land Europas mit dem lebhaftesten Volk."

nach der Gesundheit und der Familie erkundigen, und sind ehrlich besorgt, wenn einem Schlechtes widerfährt. In der europäischen Zwischenkriegszeit avancierte Pédone zu einer großartigen Plattform für Freundschaften und Neuigkeiten von Autoren, Juristen und Professoren. Die Neuigkeiten betrafen nicht nur ihre Bücher, sondern auch ihre Ehefrauen und Kinder, berufliche Erfolge und viele andere persönliche Ereignisse. Für Pédone waren seine Autoren der erweiterte Teil seiner Familie.

Die Pédones, jetzt nur noch Mutter und Tochter, bedeuteten mir viel. Sie waren mir in meiner Kampagne für die Ächtung des Genozids eine große Hilfe. Während des Krieges hatten sie mir, als ich nach vielen Monaten eines halb-wilden Lebens mit einem langen Bart aus den polnischen Wäldern wieder aufgetaucht war, wo ich nach der Eroberung Polens vor den Nazis Zuflucht gesucht hatte, in mein intellektuelles Leben zurückgeholfen. Als ich 1940 Vilnius im damals neutralen Litauen erreichte, sendete ich ein Telegramm an die Pédones, um nach dem Schicksal meines Manuskripts zu fragen, das ich ihnen circa eine Woche vor Kriegsausbruch geschickt hatte. Als Antwort erhielt ich ein herzliches Telegramm aus Paris, in dem die Pédones ihrer Freude darüber Ausdruck verliehen, dass ich noch am Leben war. Es folgten viele weitere Briefe. Die Pédones begriffen, dass mein Manuskript der einzige Besitz war, den ich aus dem brennenden Haus meiner Vergangenheit hatte retten können, und seine Veröffentlichung eine Brücke in die Zukunft wäre.

Und tatsächlich veröffentlichte der Verlag das Buch damals in rasantem Tempo und die Pédones verschickten es an meine Freunde und an Universitäten in Ländern, in denen ich plante, mich eventuell niederzulassen. Eine Kopie ging an Karl Schlyter, den ehemaligen schwedischen Justizminister, mit dem ich bei mehreren internationalen Rechtskonferenzen zusammengearbeitet hatte. Eine weitere ging an die Duke University, wo mein Freund Professor Malcolm McDermott arbeitete, der mich in Polen besucht und mit dem ich gemeinsam ein Buch zum polnischen Strafgesetzbuch veröffentlicht hatte. Einen Monat später arrangierte Schlyter meine Einreise nach Schweden, und McDermott arbeitete diskret, aber entschlossen an meiner Einladung an die Duke University. Das alles war Pédone für mich.

„*Bonjour, bonjour!*“, begrüßte mich das lächelnde Mutter-Tochter-Gespann in seinem Büro auf der Rive Gauche. Ich hatte sie zuletzt 1946 auf meiner Durchreise nach Nürnberg gesehen. Die beiden wussten schon viel über die Genozidkonvention. Das Einzige, was sie nicht verstanden, war, wie es Fragezeichen oder Zweifel an einer so moralischen, eindeutigen und vernünftigen Idee geben konnte. „Der letzte Krieg hat bewiesen, dass die Konvention nottut“, sagte Tochter Pédone. „Die Versammlung hat keine andere Wahl, als sie zu verabschieden“, pflichtete Mutter Pédone bei, „und sei es nur wegen der Scham oder gar Schande vor der ganzen Welt.“ Sie hatte Recht, und ich wollte sie nicht beunruhigen mit den vielschichtigen Nebensächlichkeiten und Hintergründen, die vielen guten Menschen verborgen blieben, aber schmerzhaft für diejenigen waren, die mit ihnen in Berührung kamen. Die beiden Damen beschlossen, die Versammlung müsse handeln und die Welt die Konvention ratifizieren; schließlich war ihr *bon ami* der Autor und Wortführer dieser „*idée si belle*“.

Diskret begannen die Pédones, ihre vielen Freunde und Autoren zu bearbeiten, die genauso viel Bewunderung für sie übrig hatten wie ich. Sie bestanden darauf, dass ich ihren Freunden im Außenministerium, an der Universität und bei der Presse einen Besuch abstattete. Die Pédones hatten sich einer neuen Herausforderung angenommen: Wie könnte man Paris in Bewegung versetzen? Die Stadt bewegte sich tatsächlich – langsam, aber stetig. Ich veröffentlichte einen Artikel in der einflussreichen Tageszeitung *Le Monde* und hielt einen Vortrag im Zentrum für Auswärtige Angelegenheiten. Botschafter Amado, in Abendgarderobe und in Erwartung eines Abendessens in angenehmer Gesellschaft irgendwo auf der Rive Gauche, leitete die Konferenz. Die Pédones saßen in der ersten Reihe, glücklich, zuversichtlich und in Erwartung des Sieges an sämtlichen Fronten.

Aber am Pariser Himmel zogen Wolken auf, an eben jenem Abend, als zwei Herren die Frage stellten, warum eine Genozidkonvention notwendig sei, ob das Nürnberger Urteil denn nicht ausreiche. Ich erklärte, das Urteil sei nur auf Kriegszeiten anwendbar, doch die beiden Herren leugneten dies, in der Hoffnung, das Publikum zu verwirren. Sie versuchten sogar, die Presse zu verwirren. *Le*

Monde druckte eine Antwort auf meinen Artikel, und mein zweiter Artikel, der die Falschaussagen der Antwort widerlegte, blieb unveröffentlicht. Ich rief Scotta-Lavina an, den ich während meiner Ferien in Glion an dem Tag in Caux kennengelernt hatte. Er war nur allzu gern bereit, ein Interview mit mir in der Zeitung *Le Combat* zu veröffentlichen, die unter französischen Intellektuellen sehr beliebt war. Ich erläuterte erneut, dass die Konvention notwendig sei, da das Nürnberger Urteil keinen Präzedenzfall geschaffen habe und Genozid in Friedenszeiten nicht unter Strafe stelle. Das Interview war eindeutig und wurde in großem Stil bekannt gemacht; es entfaltete seine Wirkung.

Doch auch im Rechtsausschuss gab es schlechte Nachrichten. Ich war ständig im Saal und beobachtete die Opponenten. Ich kannte sie beim Namen, erkannte sie an Handlungen und Andeutungen. Vor Beginn und nach Ende der Sitzungen kamen sie in kleinen Trauben zusammen. Wenn ich sie ansprach, lächelten sie verlegen und wichen meinen Blicken aus.

Ich beschloss, meine Position zu stärken, indem ich mich direkt an meine Freunde in den Außenministerien wandte und sie bat, ihre Delegationen in Paris zu beauftragen, die Genozidkonvention zu unterstützen. Sicher stand die Opposition nicht mit den Außenministerien in Kontakt. Diese neue Taktik erwies sich als nützlich und ich erhielt einen ermutigenden Brief vom schwedischen Außenministerium.

Ich telegrafierte auch nach Oslo, an die Literaturnobelpreisträgerin Sigrid Undset, die 1947 eine an die UN gerichtete gemeinsame Petition in Sachen Genozid unterschrieben und eine überaus ermutigende Antwort erhalten hatte.[6] Ich schrieb Clarence Pickett in Philadelphia und bat um die Unterstützung der Quäker. Nur wenige Tage später lag eine Kopie seines Telegramms an die US-Delegation auf meinem Tisch.[7]

---

6 Sigrid Undset (1882–1949) erhielt 1928 den Literaturnobelpreis.

7 Clarence E. Pickett (1884–1965) war ein organisatorisches Mitglied des United States Committee for a United Nations Genocide Committee. Im März 1949 schrieb Lemkin Pickett, der damals für den American Friends Service tätig war:

> „Lieber Mr. Pickett, nochmals vielen Dank für Ihre effektive Hilfe bei den UN-Debatten zur Genozidkonvention in Genf und Paris.

Nervös erwartete ich den ersten offenen Angriff. Er ließ nicht lange auf sich warten! Der britische Delegierte Sir Hartley Shawcross, Generalstaatsanwalt seines Landes, erklärte, seine Delegation könne die Genozidkonvention nicht unterstützen. „Nürnberg reicht! Und eine Genozidkonvention kann allein schon wegen der Frage der politischen Gruppen nicht verabschiedet werden", behauptete er. „Die Aufnahme politischer Gruppen in die Definition würde den Eintritt in die Kontroverse um Bürgerkriege bedeuten. Aber wie könnten politische Gruppen ausgelassen werden?" Eine verhängnisvolle Stille legte sich über die Delegierten, die dem Rang des Redners stets mit Respekt begegneten.

Mit hängendem Kopf saß ich auf der Terrasse eines kleinen Cafés in der Nähe des Palais de Chaillot am Mittagstisch. Es war Altweibersommer und das Wetter angenehm warm. Die Sonne schien, vermochte aber mein eisiges Inneres nicht zu erwärmen. Ich hatte das Gefühl, kleiner zu werden. Am Nachbartisch saß der libanesische Delegierte Dr. Karim Azkoul.[8] Ich fragte, warum er nicht an den Sitzungen des Rechtsausschusses teilnehme. Die Antwort war eindeutig: Er sei einem anderen Ausschuss zugeteilt worden und arbeite nun an der Erklärung der Menschenrechte. Er fragte, ob ich seiner Frau ein Interview für eine libanesische Zeitung geben könne. „Gern", sagte ich zu. Kurz darauf spazierte ich zum Palais de Chaillot und versuchte, in Ruhe zu denken. Es wäre von Vorteil, Azkoul wieder an Bord des Rechtsausschusses zu haben. Er war ein starkes Mitglied des Sonderausschusses gewesen, der den zweiten Entwurf der Genozidkonvention vorbereitet hatte.

Ich kam auf die Idee, den Leiter der libanesischen Delegation, Premierminister Riad es-Solh, zu besuchen, um ihm für den

Nun liegt uns eine von der Versammlung einstimmig verabschiedete Konvention vor. Wir hoffen, der US-Senat wird sie schnellstmöglich ratifizieren. Ich bin dankbar, dass Sie mir so schnell ein Treffen mit den Mitgliedern des American Friends Service arrangiert haben. Ich werde am Freitag gegen zwölf Uhr dreißig in Ihrem Büro sein. Ich bin so frei, meinen neuesten Artikel zum Thema Genozid sowie den Artikel der *New York Times* beizulegen, in dem der Kampf für die Ächtung des Genozids in aller Kürze dargestellt wird. Nochmals vielen Dank! Mit den besten Wünschen, Ihr Raphael Lemkin."

8 A. d. Hrsg.: Karim Azkoul (1915–2003).

libanesischen Beitrag zur Genozidkonvention zu danken.[9] Sicher könnte das Gespräch zufällig auf Dr. Azkoul hinauslaufen. Am nächsten Morgen saß ich im Büro der libanesischen Delegation dem Premierminister und dem Generalsekretär des Außenministeriums, Fouad Ammoun, gegenüber. In dieser freundlichen Atmosphäre blieb mir nichts anderes übrig, als ehrlich und direkt zu sein.

Ich begann: „Dieser Besuch ist gleichermaßen eine Ehre und ein Hilferuf. Der Libanon hat die Genozidkonvention immer tatkräftig unterstützt. Ihr Land wurde im Sonderausschuss zum Genozid von Mr. Azkoul vertreten, der sich wahnsinnig gut mit der Angelegenheit auskennt und einen großen Beitrag geleistet hat. Nun beginnt die Opposition, ihre Krallen auszufahren, und wir müssen eine starke Verteidigung aufbauen." Ich erwähnte nicht, wer sich gegen die Konvention stellte, doch der Premierminister lächelte und sagte an Fouad Ammoun gewandt: „Könnten wir Dr. Azkoul nicht in den Rechtsausschuss entsenden, wo er mit seinem Expertenwissen behilflich sein kann?" Ammoun nickte zustimmend. Und das war es auch schon.

Ein weiterer Plan reifte in meinem Kopf heran. Ich eilte zu meinem Freund Mr. Sutch aus Neuseeland und bat um einen Termin mit dem Leiter seiner Delegation, Premierminister Peter Fraser.[10] Ich befürchtete, Neuseeland könnte dem britischen Beispiel folgen. Glücklicherweise saß der Premierminister im Ausschuss für politische Fragen und stimmte angesichts der Aussicht auf eine lange Diskussion, die ihn nicht interessierte, bereitwillig zu, sofort mit mir zu sprechen. Einen Augenblick später türmte sich die gewaltige Silhouette Peter Frasers vor mir auf. Wir setzten uns in eine Ecke der Halle. Frasers riesiger Kopf sackte von seinen Schultern und fiel mir beinahe in den Schoß. Er sah aus, als würde er einschlafen, doch inmitten meiner tiefen Entmutigung angesichts des offensichtlichen Versagens meiner Überzeugungskraft warf er dann und wann ganz unvermittelt eine kritische Frage ein, die bewies, wie aufmerksam er mir zuhörte und wie schnell sein Verstand arbeitete. Dieser seltsamste aller Staatsmänner versprach nichts, aber er lächelte breit

[9] Riad es-Solh (1894–1951).

[10] William Ball Sutch (1907–1975) und Peter Fraser (1884–1950).

und sah mit einer tiefen, freundschaftlichen Zustimmung in den Augen zu mir herunter.[11]

Mr. Sutch beglückwünschte mich zu meinem klugen Schachzug, da es in seiner Delegation Unstimmigkeiten über die Genozidkonvention gebe. Er versprach, die Lage im Auge zu behalten und empfahl mir, mit einem weiteren Delegationsmitglied zu sprechen: Mrs. Newland. Am nächsten Tag aß ich im Pressesaal gemeinsam mit ihr zu Mittag. Unser Treffen war überaus fruchtbar. Mrs. Newland hatte helle Augen und ein Gesicht, das ihre ganze Persönlichkeit offenbarte. „Mein Mann ist Handwerker und ich habe beruflich mit Arbeitern zu tun. Wenn ich nach Hause komme, werde ich über Genozid sprechen. Ich werde die Menschen instruieren, diese gute Rechtsvorschrift zu unterstützen. Niemand sollte ermordet, gefoltert oder verstümmelt werden. Es ist doch so einfach; wieso nur lassen sich Menschen bei so einfachen Dingen verwirren?“ Dieselbe Frage hatte Mutter Pédone mir gestellt. In den letzten Jahren habe auch ich sie mir häufig gestellt und dabei immer an die hellen Augen von Mrs. Newland aus Neuseeland und an Mutter Pédone aus Paris denken müssen.

Azkoul hielt seine Rede vor dem Rechtsausschuss. „Der Generalstaatsanwalt Englands“, sagte er, „hat alles daran gesetzt, uns zu verwirren, aber wir weigern uns, uns verwirren zu lassen. Für den Schutz kleiner Nationen ist die Konvention entscheidend. Große Nationen können sich mit Waffen schützen, doch unser einziger Schutz ist das Völkerrecht.“ Es war ein großer Tag für Azkouls philosophischen Verstand. Er erläuterte einem aufmerksam lauschenden Ausschuss die Bedeutung der Konvention. „Die Mehrheit der Nationen will die Konvention. Und wir werden nicht zulassen, dass sie uns jemand ausredet mit Argumenten, an die wir nicht glauben.“ Seine Stimme strotzte vor Bestimmtheit und Überzeugung.

Am nächsten Tag wurde es sogar noch besser. Begum Ikramullah, eine attraktive junge Frau in einem Sari, begann zu sprechen, vor ihr das Schild mit dem Namen ihres Landes – Pakistan. Noch heute klingen ihre Worte in meinen Ohren nach: „Pakistan befürwortet die Genozidkonvention mit Nachdruck, denn sie wird mit

[11] Neuseeland unterzeichnete die Genozidkonvention am 12. Januar 1951, ratifizierte sie jedoch erst am 28. Dezember 1978.

dem Blut und den Tränen von mehr als einer Million Muslimen geschrieben, die dem Genozid bei der Teilung Indiens 1947 zum Opfer fielen. Wir brauchen diese Konvention, um zu verhindern, dass andere Menschen dasselbe Leid ereilt. Genozide hat es in allen Zeiten der Geschichte oft gegeben", fuhr sie fort, „und obwohl sie das Gewissen der Menschheit immer wieder erschütterten, ist nichts unternommen worden, um das Verbrechen zu bestrafen. Die Wissenschaft hat den Menschen Waffen an die Hand gegeben, mit denen Genozide heute schrecklicher und rasanter denn je begangen werden können. Deshalb ist eine Genozidkonvention zwingend notwendig, und ihre Annahme sollte nicht aufgeschoben werden."[12] Ich beobachtete die Gesichter der Delegierten, während sie sprach. Es war, als wäre ein Engel in diesen tristen Raum geschwebt und hätte sie mit seinen Flügeln berührt. Ich sah einen Schatten der Sorge in Sir Hartleys Gesicht, doch ich war so beschwingt, dass er mir fast ein bisschen leid tat. Ich dachte darüber nach, wie recht die alten Griechen mit ihrem Sprichwort hatten, dass nur ein verwundeter Arzt heilen könne. Hier stand eine Delegierte, die für ein verwundetes Volk sprach und sein Leid in den gegenwärtigen Kontext transportierte. Nach der Sitzung eilte ich zum pakistanischen Platz, um Begum Ikramullah zu danken. Dies war der Anfang einer langen Freundschaft, die sich als sehr fruchtbar erwies, sowohl in Paris als auch auf anderen Generalversammlungen. Begum Ikramullah stellte mir ihren Berater Agha Shahi vor, der sich sowohl damals als auch viele Male danach als überaus geschickter Verteidiger der Konvention erwies.[13]

Als ich den Saal verließ, traf ich im Flur auf Sir Hartley. Er sagte: „Der Ausschuss wird emotional. Das ist ein schlechtes Zeichen. Es könnte in die falsche Richtung gehen." „Was ist falsch daran,

---

12 Begum Shaista Ikramullah (1915–2000). Ikramullahs Rede beeindruckte Lemkin und die Vereinten Nationen so sehr, dass ihre Worte verwendet wurden, um in einer offiziellen Buchreihe der Vereinten Nationen den Zweck der Genozidkonvention zu beschreiben. Die Reihe beginnt mit den Worten: „Welchen Zweck erfüllt die Genozidkonvention? Genozide zu verhüten und zu bestrafen, so die im vollständigen Titel der Konvention enthaltene Antwort. ‚Genozide hat es in allen Zeiten der Geschichte oft gegeben', sagte Begum Ikramullah aus Pakistan vor der Versammlung." Sie endet mit der von Lemkin zitierten Rede Ikramullahs.

13 Agha Shahi (1920–2006).

Massaker zu verhindern?", fragte ich. „Sie selbst haben die Resolution zum Genozid auf der Generalversammlung 1946 doch verteidigt. Haben Sie etwa vergessen, dass Gladstone im britischen Parlament für das Leben der Armenier gekämpft hat?"[14] Sir Hartley war besorgt, doch das bedeutete nicht das Ende meiner Sorgen. Ich wusste, die Opposition würde neue Mittel und Wege finden. Wie könnte ich sie bloß alle vorhersehen? Ständig nur an Probleme, Angriffe und Gefahren zu denken, ist nicht gesund. Es nimmt einem die innere Sicherheit, Stärke und Hoffnung sowie die Fähigkeit, andere zu inspirieren. Doch loszulassen und den Kopf wie ein Strauß

---

[14] William Ewart Gladstone (1809–1898) bezog sich auf die Hamidischen Massaker Ende des neunzehnten Jahrhunderts, nicht auf die Ereignisse von 1915. Lemkin oder einer seiner Forschungsassistenten datierte die Veröffentlichung von Gladstones Bericht in der *London Times* auf den 14. Januar 1895 (tatsächlich erschien er am 31. Dezember 1894):

> „Am 29. Dezember 1894 hielt Mr. E. W. E. Gladstone an seinem fünfundachtzigsten Geburtstag vor einer Deputation von Mitgliedern der armenischen Nationalkirche eine lange, eloquente Rede. Darin hieß es: ‚… Lassen Sie mir nicht zu Ohren kommen, dass eine Nation keine Autorität über die andere hat. Jede Nation, und, wenn es sein muss, jeder einzelne Mensch, hat Autorität im Namen von Menschlichkeit und Gerechtigkeit. Diese Grundsätze sind der Menschheit gemein. Ihre Missachtung kann zurecht und zur rechten Zeit die Stimmen der Demütigsten unter uns erheben. … Die geheimdienstlichen Informationen, die mich erreicht haben, lassen den Schluss zu, von dem ich immer noch hoffe, dass er sich nicht bestätigt, doch sie lassen deutlich vermuten, dass die Ausschreitungen, Schändlichkeiten und Abscheulichkeiten, die sich 1876 in Bulgarien zugetragen haben, 1894 in Armenien wiederholt wurden. Wie gesagt habe ich die Hoffnung, dass dem nicht so ist und werde sie bis zum Schluss nicht aufgeben, doch wenn dem tatsächlich so ist, dann ist es an der Zeit für einen allgemeinen Aufschrei der Verfluchung, nicht der Menschen, sondern der Taten, einen allgemeinen Aufschrei der Verfluchung [der] boshaften Taten. Der Aufschrei der aufgebrachten Menschheit sollte bis ins Gehör des türkischen Sultans vordringen und ihm den Wahnsinn der Sache bewusst machen, vorausgesetzt, ihm kann etwas bewusst gemacht werden. … Sollten die Berichte über Ermordungen, Vergewaltigungen und Gewalttaten sich bewahrheiten, dann können sie nicht ignoriert und auf die leichte Schulter genommen werden. … Wenn derartige Behauptungen nachgewiesen werden, dann wird wie in Stein gemeißelt in den Annalen der Welt zu lesen sein, dass eine Regierung, die die Begehung derartiger Gewaltakte billigt oder deckt, eine Schande für die gesamte Zivilisation ist, und ein Fluch, der auf der Menschheit lastet. Ja, das sind klare Worte. … Es bedarf klarer Worte, wenn die Fakten klar sind; es bedarf keiner klaren Worte, wenn die Fakten nicht klar sind. Ich habe Ihnen geraten, mit Ihrem Urteil abzuwarten, aber je mehr die Beweislast wächst und die Ruhe schwindet, desto mehr schrumpft und schwindet meine Hoffnung; und solange ich eine Stimme habe, hoffe ich, dass sich diese Stimme ab und zu, wenn es die Gelegenheit erfordert, im Dienste der Menschlichkeit und Wahrheit äußert.'"

in den Sand zu stecken, könnte die Niederlage zur Folge haben. Es musste einen Mittelweg geben. Ich spürte, meine Arbeit brauchte prominente Unterstützung.

Ich begann mit den Religionsführern. Als erstes stattete ich Pastor Boergner, dem Vorsitzenden der protestantischen Kirche in Frankreich, einen Besuch ab.[15] „Selbstverständlich, die Hugenotten", sagte er. „In Frankreich denken wir an die Hugenotten und die Juden, wenn wir über Genozid sprechen, aber es gibt noch so viele andere. Ich werde versuchen zu helfen." Ich besuchte auch den Kardinal von Paris. Mehrfach traf ich Monsignore Roncalli, den päpstlichen Nuntius, der zu gleichen Teilen gelehrt, gescheit und verständnisvoll war.[16] Er versprach, mit einigen lateinamerikanischen Delegierten zu sprechen. Der Nuntius hatte ein sonnendurchflutetes Büro, das mit seinem strahlenden kantigen Gesicht verschmolz. Wir vertieften uns in stundenlange Gespräche. Danach fühlte ich mich gewissermaßen geheilt von den Wunden des unaufhörlichen Kampfes. Jacques Hérrissay, der Vorsitzende der Gesellschaft Katholischer Schriftsteller, lud katholische Berühmtheiten zu einem Abendessen, bei dem ich Gelegenheit hatte, die Konvention zu erläutern.[17] Im Gegenzug lud ich Monsieur Hérrisay und einige seiner Freunde auf ein Glas Wein in meinem Hotel ein. Kurz darauf erschienen Artikel über die Genozidkonvention in der *France Catholique* und bei anderen kirchlichen Organisationen. Unter den Protestanten stellte sich Jean Nussbaum, ein in Paris ansässiger Schweizer, der die Association de Liberté Religieuse gegründet hatte und leitete, als der Kandidat mit dem größten Interesse heraus.[18]

Der Rechtsausschuss griff die Frage auf, ob politische Gruppen in die Genoziddefinition aufgenommen werden sollten. Einige Delegierte wünschten, mittels der Konvention nicht nur nationale, rassische, religiöse und ethnische, sondern auch politische Gruppen zu schützen. Ich befürchtete, diese Frage würde den Ausschuss in

---

[15] A. d. Hrsg.: Wahrscheinlich Marc Roger Boegner (1881–1970).

[16] Angelo Giuseppe Roncalli (1881–1963) wurde 1963 Papst Johannes XXIII.

[17] A. d. Hrsg.: Jacques Hérrissay (1882–1969). Gemeint ist die Association des Écrivains Catholiques de Langue Française.

[18] Dr. Jean Nussbaum (1888–1967) gründete 1946 die Association Internationale Pour la Défense de la Liberté Religieuse (dt. Internationale Gesellschaft für die Verteidigung der Religionsfreiheit), und fungierte als ihr Generalsekretär.

zwei etwa gleich große Gruppen spalten und ein Hindernis für die Annahme der Konvention darstellen.

Botschafter Gilberto Amado aus Brasilien argumentierte: „In Lateinamerika erleben wir gelegentlich Revolutionen, die auch die Zerstörung politischer Gegner beinhalten. Dann versöhnen wir uns und leben in Frieden. Später wird die Gruppe, die an der Macht ist, im Zuge einer anderen Revolution gestürzt. Wieso sollte das als Genozid kategorisiert werden? Genozide sind unehrenhaft und unmenschlich, weil sie sich gegen unschuldige Menschen richten, darunter Kinder und Alte." Botschafter Pérez Perozo aus Venezuela fügte hinzu: „Politische Gruppen sind an keiner Stelle definiert. Sie sind undefinierbar. Es mangelt ihnen an Dauerhaftigkeit und Stabilität. Wenn der Genozid eine auslieferungsfähige nicht-politische Straftat sein soll, wie kann er dann die Zerstörung einer politischen Opposition umfassen? Lassen Sie uns zunächst die Zerstörung nationaler, rassischer und religiöser Gruppen ächten – das sind die grundlegenden Gruppen der Menschheit, an denen in allen Epochen der Geschichte Genozide verübt wurden."

Andere Delegierte argumentierten, der Terminus „national" beinhalte implizit die politische Führung einer nationalen Gruppe, weshalb es nicht nötig sei, politische Gruppen explizit zu nennen. Ich persönlich war der Meinung, die Zerstörung politischer Gegner sollte als politischer Mord behandelt werden, nicht als Genozid. Jedes revolutionäre Regime kommt durch die Zerstörung seiner Gegner an die Macht. Später wird das Regime von anderen Nationen, manchmal von der ganzen Welt, anerkannt. Nähme man politische Gruppen in die Genoziddefinition auf, würde die Anerkennung eines revolutionären Regimes die Billigung des Genozids implizieren. Das wäre das Ende der Genozidkonvention, noch bevor sie in der Weltgesellschaft hätte Fuß fassen können.

Meine Befürchtungen waren berechtigt: Es wurde abgestimmt, und der Antrag auf Aufnahme der politischen Gruppen wurde mit einer knappen Mehrheit angenommen. Ich empfand dies als Hieb gegen die Konvention. Mit Freunden besprach ich dieses neue Hindernis für die Verabschiedung in Paris. Organisationen verfassten Briefe an ihre Delegationen. Ich hatte das Gefühl, wenn die Abstimmung nicht erneut behandelt würde, würde die Konvention nicht zustande kommen. Mit diesem Gedanken eilte ich zu Dr. Evatt, dem Präsidenten der Versammlung. Er war geschickt im Analysieren von Situationen. „Wie steht die britische Delegation dazu?", fragte er. „Sir Hartley Shawcross behauptete zu Beginn der Generaldebatte, dass eine Genozidkonvention, die auch politische Gruppen abdeckt, in die Kontroverse um Bürgerkriege münden würde, was ihre Verabschiedung unmöglich machen würde", antwortete ich. „Allerdings, so argumentierte er, sei der Ausschluss politischer Gruppen ebenfalls unmöglich."

„Hier haben Sie des Rätsels Lösung", schloss Evatt. Mir wurde klar, dass die britische Delegation die Konvention mit der Aufnahme politischer Gruppen ins Verderben zu stürzen versuchte. Evatt fuhr fort: „Ich esse heute mit Mr. Dulles zu Mittag.[19] Ich fürchte, ich bin spät dran. Könnten Sie mit mir zum Hotel de Crillon fahren? Dann können wir uns im Auto weiter unterhalten."

Als Dr. Evatt aus dem Auto stieg, verabschiedete er sich mit: „Ich frage Dulles nach neuen Instruktionen für die amerikanische Delegation. Die Abstimmung muss erneut behandelt werden, sonst ist die Konvention verloren."

Und genau das tat er. Am nächsten Tag wurde im Rechtsausschuss eine erneute Behandlung der Abstimmung angestoßen. Es bedurfte einer Zweidrittelmehrheit, und die US-Delegation half beim Erreichen dieser Marke. Am dritten Tag fand die Abstimmung statt, und die politischen Gruppen wurden gestrichen. Dieser Stein war aus dem Weg geräumt. Als ich aus der Sitzung des Rechtsausschusses wankte, konnte ich mich kaum noch auf den Beinen halten. Anstatt zu Abend zu essen, trank ich eine Tasse Tee und legte mich umgehend ins Bett. Dann fiel mir plötzlich ein, dass ich mich gar nicht bei Evatt bedankt hatte. Ich rief in seinem Hotel an, hinterließ eine Nachricht und versank im Schlaf, als hätte ich soeben eine lange, ermüdende Reise hinter mich gebracht.

Am nächsten Tag erwartete ich in Ruhe den nächsten Sturm. Ich würde meine Nerven bewahren müssen, wenn meine Arbeit eine Wirkung haben und ich alle Stürme überstehen sollte. Es würde noch mehr Hindernisse geben. Einige kleinere würde ich

[19] John Foster Dulles (1888–1959) war von 1953 bis 1959 US-Außenminister.

ignorieren müssen. Ich würde nur die großen Schlachten kämpfen – die, die für die Konvention entscheidend waren. Außerdem beschloss ich, mehr am gesellschaftlichen Leben der Versammlung teilzuhaben. Die Delegierten hatten mir zwar ihr Wohlwollen und ihre Wertschätzung für meine Ideen und meine Arbeit zum Ausdruck gebracht, aber ich war doch etwas peinlich berührt, dass einige nur noch so hochgestochen mit mir sprachen, als befürchteten sie, normale Gespräche wären unter meinem Niveau. Es gibt zwei Wege, einen Menschen zu entmenschlichen: einer besteht darin, ihn wie in den Konzentrationslagern zu erniedrigen, der andere, ihn auf ein Podest zu heben oder so zu behandeln, als widme er sich ausschließlich hehren Idealen. Ich hatte Angst, zu einem kleinen, handzahmen Heiligen zu werden, herangezüchtet, um die UN-Versammlung zu unterhalten. Ich wollte die Nähe zu den Delegierten, die ich so sehr zu schätzen gelernt hatte, nicht verlieren. Also ging ich zu Empfängen, trank Cocktails, tanzte, machte Witze und weigerte mich, über Genozid zu sprechen. Wenn jemand ein Gespräch über die Konvention begann, fragte ich: „Genozid, was ist das?" Sie lachten, und ich lachte ebenfalls. Und dennoch war ich zu Einsamkeit verdammt. Dies war eine erforderliche Grundkonstante meines Lebens, denn ich hatte das Gefühl, nur einsame Menschen könnten die Grenzen des Unbewusstseins und den Grad an Intuition erreichen, die so dringend nötig waren, um Situationen auf der Stelle einschätzen und schnell handeln zu können. Meine Intuition war viele Jahre lang das wertvollste Instrument meiner Ausrüstung.

Über meinen neuen Freund Agha Shahi aus Pakistan erhielt ich eine Essenseinladung vom Leiter der pakistanischen Delegation und Außenminister seines Landes, Sir Zafarullah Khan.[20] Wir saßen im Speisesaal der Delegierten, und ich blickte durch die große Fensterfront auf das Pariser Leben und den Eiffelturm. Es war wieder einmal ein sonniger Tag und ich war guter Stimmung. Sir Zafarullah war eine der schillerndsten Persönlichkeiten in der UN. Er war ein großartiger Jurist und vor der Teilung Indiens Mitglied der Regierung gewesen. Er war ein fortschrittlicher Mann und ein tiefreligiöser Muslim. Er gehörte einer kleinen Religionsgemeinschaft an, die

[20] Sir Muhammad Zafarullah Khan (1893–1985) war von 1947 bis 1954 der erste Außenminister Pakistans und 1962–63 Präsident der UN-Generalversammlung.

den Glauben vertrat, Mohammed sei nicht der einzige und nicht der letzte Prophet. Sein Glaube brachte ihm starken Widerstand im eigenen Land ein. Er musste an zwei Fronten gleichzeitig kämpfen: an einer für Pakistan, an der anderen gegen die leidenschaftliche religiöse Mehrheit in seinem Land. In seinem ausdrucksstarken, gebildeten Gesicht waren die Spuren dieses Kampfes deutlich zu sehen. Aber er hatte einen trockenen Humor, den er als Schild gegen seine Probleme verwendete. Er erzählte mir, er wohne in einem Hotel in der Nähe der Versammlung, damit er sich mehrmals am Tag in sein Zimmer zurückziehen könne, um zu beten. „Nach dem Beten verspüre ich Frieden und die Nadel eines inneren Kompasses. Dann weiß ich, in welche Richtung ich mich wende."

Wir kamen ganz natürlich auf die Genozidkonvention zu sprechen. „Im weiteren Sinne", sagte ich, „wird die Konvention das moralische Bewusstsein der Gemeinschaft der Nationen stärken. In einigen Ländern, insbesondere im desillusionierten Westen, wuchert der Materialismus. Die Gesellschaft versinkt immer tiefer im Strudel der mit Sinnen greifbaren Werte. Die Zahl dieser Werte ist begrenzt und der Kampf um ihre Kontrolle hat bereits begonnen. Es wird immer mehr Kraft und Gewalt angewendet werden, um ihren Besitz zu sichern. Das gilt insbesondere für Nationen, die immer noch getreu dem Grundsatz ‚Recht oder Unrecht – es ist mein Vaterland' leben.[21] Die Konvention ist kein Allheilmittel für sämtliche Krankheiten, aber sie kann als Sammelpunkt für Idealismus, Mitmenschlichkeit und sogar Solidarität dienen." Das Gespräch mit dem Minister war bereichernd. Einfach und bescheiden sprach er über die wichtigsten Dinge des Lebens.

Als mein Freund, Kompass und Philosoph leitete dieser Mann mich durch sämtliche schwierige Gewässer, durch die ich in den folgenden Jahren bei der UN navigieren musste. Er wurde später zum Richter des Internationalen Gerichtshofs in Den Haag gewählt. In vielen Situationen am Rande der Wut, Angst und des Hochmuts dachte ich an Sir Zafarullahs Ansatz zur Ausrichtung des inneren Kompasses. Es gibt Begegnungen, nach denen man

---

21 A. d. Ü.: In Lemkins Original steht mit „right or wrong – my country" ein Zitat des amerikanischen Kommodores Stephan Decatur (1770–1820), das sich zu einer festen Wendung entwickelt hat.

das Gefühl hat, etwas Wertvolles sei auf einen übergegangen. Dieses Mittagessen war eine jener Begegnungen, obwohl ich mir der „Spiritualität“ gar nicht bewusst war, weil es so einfach und ehrlich gewesen war und mir ein dringend benötigtes Gefühl des Friedens verschafft hatte.

Es blieb noch etwas Zeit bis zum Beginn der Sitzung. Ich ging auf die Terrasse des Palais, um die Sonne zu genießen. Einige Delegierte taten es mir gleich. Eine junge Dame der neuseeländischen Delegation sagte mit warmer Stimme: „Das ist Ihre Generalversammlung. Ich bin neugierig, wie Sie sich dabei fühlen.“ „Manchmal sehe ich nur Probleme und hier und da einen Hoffnungsfunken, und allem zugrunde liegt Sturheit“, antwortete ich. „Kommen Sie“, sagte sie, „seien Sie nicht undankbar. Ist Ihnen nie in den Sinn gekommen, dass Ihr Kampf Ihnen gar nicht so viel bedeuten würde, wenn Sie nicht auf Probleme und Widerstand stoßen würden?“ Diese Lektion von einer Vertreterin der jüngeren Generation war erfrischend. Und sie war ein Zeichen dafür, dass die junge Neuseeländerin die Konvention bereits als Tatsache betrachtete – etwas, das mir noch nicht gelang.

Wir saßen erneut im langen, tristen Saal des Rechtsausschusses. Die Bestimmung, die besagt, dass Genozid sowohl in Kriegs- als auch in Friedenszeiten ein Verbrechen ist, verstand sich von selbst und wurde angenommen. Doch dann schienen sich die Delegierten in einer endlosen Debatte über die Motive für die Begehung eines Genozids zu verlieren. Der sowjetische Delegierte wollte Genozid nur dann als Verbrechen einstufen, wenn er aus nationalsozialistischen oder faschistischen Beweggründen begangen wurde. Die Mehrheit der Delegierten war dagegen, weil dies das Konzept des Genozids auf die Vergangenheit beschränke. Was war mit der Zukunft? Außerdem, so argumentierten sie, haben Motive in der Definition eines Verbrechens eigentlich nichts verloren. Sie können lediglich den Richter bei der Verhängung der Strafe leiten. Das Motiv dient als strafverschärfender oder strafmildernder Umstand bei der Anwendung des Gesetzes, nicht zu seiner Bildung. Wenn zum Beispiel jemand seinen Partner umbringt, um das Geschäft zu übernehmen, dann ist Mord das Verbrechen und Bereicherung das Motiv, das im Rahmen der Verhandlung vom Richter mitberücksichtigt wird. Dieser Unterschied war doch in Rechtsfakultäten und Lehrbüchern so eindeutig. Wieso sollte er ausgerechnet hier, in dem Ausschuss der Versammlung, der als der am wenigsten politische galt, zum umstrittenen Thema avancieren?

Dr. Perozo schlug vor, der Definition „Der Genozid ist eine Zerstörung nationaler, rassischer, religiöser oder ethnischer Gruppen" die Worte „als solche" hinzuzufügen. Diese verleihen dem Aspekt der Absicht mehr Gewicht „und betonen die Bedeutung der Gruppen als grundlegende, zu bewahrende Einheiten der Weltgesellschaft." Alle stimmten bereitwillig zu und gingen zum nächsten Punkt über.

Erling Wikborg von der norwegischen Delegation schlug vor, die partielle Zerstörung einer Gruppe in die Definition aufzunehmen. Er argumentierte, wenn die intellektuelle Führung, die den Zusammenhalt der Gruppe stiftet, zerstört wird, werde auch die Gruppe als solche, sprich als Gruppe, zerstört.[22] Ich dachte an Carlyles Prophezeiung: „Zehn Männer können eine Nationalkultur ausmachen."[23]

Die chinesische Delegation führte an, im letzten Krieg hätten mehr als zweihundert Millionen chinesischer Bürger unter der Besatzung durch die Japaner gelitten, die eine riesige Rauschgiftfabrik im besetzten Land bauen ließen. Die Japaner verteilten Rauschgift unter der chinesischen Bevölkerung, um ihren Verstand zu zerstören und sie ihre nationalen Bestrebungen sowie ihr Verlangen nach nationaler Freiheit vergessen zu machen. Der Redner forderte, die Verabreichung von Rauschgift unter derartigen Bedingungen in die Definition des Genozids aufzunehmen. Der polnische Delegierte sagte: „Die Nazis haben unsere Arbeiter mit Alkohol bezahlt; dahinter stand dieselbe Absicht. Sollten wir nicht versuchen, eine Formulierung zu finden, die den beabsichtigten Schaden beschreibt anstelle des Mittels, dessen sich die Täter bedienen?"

Unauffällig gab ich eine kleine Notiz weiter, auf der stand, dass frühere Insassen von Konzentrationslagern aufgrund der Folter und der Angst vor dem ihnen drohenden Tod den Verstand verloren. Es war schwer, die Lagerpsychose nach der Befreiung zu

[22] Erling Wikborg (1884–1992) war norwegischer Außenminister (1963) und Mitglied des norwegischen Nobelkomitees (1967–1969).

[23] Lemkin bezieht sich wahrscheinlich auf Thomas Carlyle (1795–1881).

heilen. Auch die Armenier hatten auf den Todesmärschen den Verstand verloren, bevor sie starben.

Der indische Delegierte schlug die Formulierung „schwerer seelischer Schaden" vor. Er bestand auf dem Wort „schwer", um zu betonen, dass die Verletzung des geistigen Vermögens gravierend sein müsse. Ich empfand seine Formulierung als gelungen, denn die Charakterisierung als „schwer" wurde in vielen Gesetzen analog verwendet, um den hohen Grad an körperlichem Schaden zu beschreiben. Und die Formulierung passte zum Konzept des Genozids: Wenn der Verstand erstmal zerstört ist, kann der Zusammenhalt der Gruppe, der in erster Linie eine mentale Eigenschaft ist, nicht aufrechterhalten werden. Hatte nicht der Franzose Focillon gesagt, Nationen seien Familien im Geiste?[24]

Der nächste Punkt der Definition galt dem Leben in Konzentrationslagern oder unter ähnlichen Bedingungen. Die Autoren, die den Konventionsentwurf des Sonderausschusses ausgearbeitet hatten, waren der Meinung gewesen, die Formulierung müsse so offen wie möglich gehalten werden, um sämtliche möglichen verbrecherischen Pläne und Techniken abzudecken. Todesmärsche, Deportationen und Minenarbeit, die dazu dienen, die Gesundheit der Genozidopfer zu zerstören, konnten nicht alle namentlich aufgeführt werden, da man Gefahr liefe, andere wichtige Instrumente im Dienste des Genozids auszulassen. Außerdem musste die Vorstellung vermittelt werden, dass Menschen, die derartigen Bedingungen unterworfen werden, im Grunde genommen „lebendige Leichname" sind. Das Leben in ihnen ist zwar noch nicht ausgelöscht, aber ihre Körper sind so geschwächt, dass sie jederzeit tot umfallen können. Diesem Gedanken wurde mit den Worten „körperliche Zerstörung" anstatt „Tod" oder „Tötung", die an anderer Stelle der Definition auftauchten, Rechnung getragen.[25] Letztlich hatte die Debatte folgende

---

[24] Henri Focillon (1881–1943).

A. d. Hrsg.: Focillon war der Ansicht, dass Nationen den Geist ihrer Mitglieder versammelten und die Volkskultur nicht untergeordnet, sondern ein weiteres ihrer natürlichen und kollektiven menschlichen Elemente sei. Focillon und Paul Valéry wiesen in einem Ersuchen an den Ständigen Ausschuss für Literatur und Kunst beim Völkerbund darauf hin, dass ein Bund der Völker ohne einen ihm vorausgehenden Bund im Geiste nicht möglich sei.

[25] A. d. Ü.: Die vom Sonderausschuss gewählte Formulierung von Art. II Abs. 3 enthielt das Wort „Tod", vgl. Schabas: *Genozid im Völkerrecht*, Hamburg: Hamburger Edition, 2003,

Formulierung zum Ergebnis: „vorsätzliche Auferlegung von Lebensbedingungen für die Gruppe, die geeignet sind, ihre körperliche Zerstörung ganz oder teilweise herbeizuführen“.

Um eine falsche Anwendung des Artikels auf Fälle zu verhindern, in denen Menschen objektiv unter schlechten Lebensbedingungen leiden, die allgemein in einem Land oder einer Region vorherrschen, wie extreme Armut, unhygienische Bedingungen etc., legte der Ausschuss Wert auf die Betonung der Absicht der Zerstörung der Gruppe. Dieser Betonung trug er Rechnung mit zwei zusätzlichen Ausdrücken: „*vorsätzliche* Auferlegung von Lebensbedingungen für die Gruppe, die *geeignet* sind“, ihre Zerstörung herbeizuführen. Um die angemessenen Rechtsgarantien zu gewährleisten, wurden in dieser wichtigen Bestimmung folglich insgesamt drei verschiedene Ausdrücke der Absicht verwendet.[26]

Der nächste Punkt der Definition war die Fortpflanzung innerhalb der Gruppe. Der Fortbestand einer Gruppe über die individuelle Lebensspanne hinaus ist eine Grundvoraussetzung für das Leben der Gruppe. In der Gegenwart stimmen das Leben der Gruppe und das ihrer individuellen Mitglieder überein. Doch während die individuellen Mitglieder nur über eine körperliche Existenz verfügen, verfügt die Gruppe zusätzlich dazu über eine historische Existenz. Die historische Existenz wird mit der Fortpflanzung innerhalb der Gruppe erreicht. Die Delegierten erinnerten sich an das Problem der Sterilisierungen und Kastrationen, doch nicht alle wussten, dass in vielen vergangenen Genoziden auch Maßnahmen wie Heiratsverbote oder die massive Beschränkung von Heiratserlaubnissen zum Einsatz gekommen waren, um Geburten innerhalb einer Gruppe zu verhindern.

In letzterem Fall muss die vorrangige Absicht eindeutig darin bestehen, die Gruppe ganz oder teilweise auszulöschen. Wenn zum Beispiel in einem Land allen Menschen über zwanzig Heiratserlaubnisse erteilt werden, außer den Mitgliedern einer Minderheit, die die

S. 716. In der endgültigen Fassung der Genozidkonvention ist das Wort „Tod“ nicht mehr vorhanden.

26 A. d. Ü.: Der erste Ausdruck der Absicht findet sich zu Beginn von Art. II: „eine der folgenden Handlungen, die *in der Absicht* begangen wird, […]“, die der Aufzählung der verschiedenen Modalitäten vorausgeht.

Erlaubnis erst mit dreißig erhalten, dann ist die Absicht, diese Minderheit zu zerstören, deutlich. Die polnische Delegation führte an, dass die Deutschen die Erteilung von Heiratserlaubnissen während der Besatzung beschränkt hatten.

Die Sorge um den Fortbestand einer Gruppe wurde auch an einem anderen Vorschlag deutlich: Das Problem der gewaltsamen Überführung von Kindern aus einer Gruppe in eine andere erweckte beachtliches Interesse. In Yale hatte ich bei meiner Arbeit an der Geschichte des Genozids festgestellt, dass diese Technik ziemlich verbreitet war. Ich hatte auch in meinem Artikel für *Le Monde* darüber geschrieben. Während der Herrschaft religiöser Intoleranz in Europa wurden Kinder ihren Eltern weggenommen. In den vierhundert Jahren der Herrschaft des Osmanischen Reichs über die christlichen Balkanländer nahmen die Türken den christlichen Gemeinden jedes Jahr eine gewisse Anzahl männlicher Jugendlicher. Sie wurden in der Türkei zu Muslimen herangezogen und zu Polizisten ausgebildet, die später der Arbeit in ihren Heimatländern zugeteilt wurden. Da sie nun zweisprachig waren, konnten sie der türkischen Regierung gute Dienste leisten. Sie wurden Janitscharen genannt und erwiesen sich als überaus grausam gegenüber ihren eigenen Leuten.[27] Meine griechischen Freunde sagten mir, ihre Nation, die aus sieben Millionen Menschen besteht, würde heute sechzehn Millionen zählen, wenn ihr nicht vierhundert Jahre lang Kinder genommen worden wären. Das waren die erschreckenden Ergebnisse dieser genozidalen Technik.

Ein weiteres Beispiel war die vom russischen Zar praktizierte Maßnahme, jüdische Jungen für fünfundzwanzig Jahre zum Militärdienst zu verpflichten. Gelegentlich mussten sie zum russisch-orthodoxen Glauben konvertieren und heirateten später russische

---

27 A. d. Hrsg.: Die *Janitscharen* (aus dem Türkischen: „neue Soldaten“) waren seit dem Mittelalter die Elitetruppe der Infanterie im Osmanischen Reich. Sie waren Berufssoldaten, die von klein auf im Zusammenhalt und in der Loyalität gegenüber dem Sultan trainiert worden waren. Die Mehrheit der hundertfünfunddreißigtausend Janitscharen waren entführte junge Christen. Sie durften weder heiraten noch Handel betreiben. Das Korps wurde mit Edikt vom Juni 1826 in Folge des sogenannten „Wohltätigen Ereignisses“, mit dem der Aufstand der Janitscharen gegen eine neue Elitetruppe niedergeschlagen wurde, aufgelöst. Die Revolten wurden mittels des Massakers von mehr als sechstausend Janitscharen, der Verhaftung weiterer und der Beschlagnahmung all ihrer Besitztümer eingedämmt.

Frauen. Diese Jungen wurden im Russischen „Kantouraty“ genannt.[28] Ich erinnere mich an eine Geschichte des russischen Autors Herzen über diese Jungen, die ich vor vielen Jahren einmal gelesen hatte.[29]

Die griechische Delegation brachte nun formell den Antrag ein, die Praxis der Wegnahme von Kindern in die Genoziddefinition aufzunehmen. Die Griechen hatten neuen Grund zur Sorge. Im Bürgerkrieg von 1947 waren rund dreißigtausend Kinder in die Länder des Ostblocks verschleppt worden. Diese Art der genozidalen Praxis schien eine der grausamsten zu sein. Sie war darauf ausgelegt, den kulturellen Fortbestand einer Gruppe zu brechen. Sie erhielt zwar den Körper am Leben, zerstörte aber den Geist. Die Folge waren lebenslanger Schmerz für die Eltern und schreckliches Leid für die entführten Kinder. Im christlichen Balkan versteckten Eltern ihre Kinder, wenn die türkische Polizei kam, um ihre Beute zu holen. Eine Mutter versteckte ihren Sohn vierzehn Jahre lang in einem Stall. Dort vergaß er, wie man aufrecht ging, und als sie ihn befreite, krabbelte er auf allen vieren wie ein Tier. Einige Eltern vermählten ihre Söhne mit jungen Mädchen, um die Qual der Trennung zu umgehen, denn das Gesetz gestattete keine Mitnahme Verheirateter. Doch selbst diese Methode bot schon bald keinen Schutz mehr.

Und damit wurde der Genoziddefinition eine weitere tragische Erfahrung von tiefer menschlicher Bedeutung hinzugefügt.

Wichtig war für den Ausschuss auch der Kreis der für einen Genozid haftbaren Personen. In einem der vorigen Kapitel habe ich bereits berichtet, wie die Versuche, die Verantwortlichkeit für Genozide auf nicht greifbare Täter aus Regierungsreihen zu beschränken, fehlgeschlagen waren. Dem Rechtsausschuss lagen zwei Entwürfe vor. In beiden erstreckte sich die Verantwortlichkeit für Genozide auf Staatsoberhäupter, öffentliche Beamte und private Einzelpersonen, doch die Frage nach der Verantwortlichkeit von Staatsoberhäuptern weckte gewisse Zweifel. Der schwedische Delegierte Sture Petrén argumentierte, dass Könige anders

---

[28] A. d. Ü.: Möglicherweise bezieht Lemkin sich auf die Kantonisten im Zarenrussland.

[29] Möglicherweise Alexander Iwanowitsch Herzen (1812–1870).

behandelt werden müssten als Präsidenten von Republiken.[30] Die Delegierten Englands und der Niederlande, jeweils Länder mit Königen als Staatsoberhäuptern, pflichteten ihm bei: „Der König herrscht, regiert aber nicht“, sagten sie. Das war einleuchtend. Ein neuer Vorschlag wurde eingebracht, nach dem das Wort „Staatsoberhäupter“ in „Regierungsoberhäupter“ abgeändert werden sollte. Auf diese Weise wurden Könige, deren Macht rein symbolisch ist und die nicht an der tatsächlichen Regierung teilhaben, von der Verantwortlichkeit ausgenommen. Sie wurden durch diejenigen ersetzt, die wirkliche Macht haben und mit ihrem Handeln die Begehung des Verbrechens beeinflussen können. Ich war dankbar, dass der Rechtsausschuss die Bestimmungen zur Verantwortlichkeit nicht wesentlich änderte. Ich erinnere mich noch heute an die hitzige Debatte im Sonderausschuss zum Genozid im Mai 1948, als eine Formulierung vorgeschlagen wurde, gemäß der private Einzelpersonen oder Personengruppen wie Mitglieder einer politischen Partei oder einer Hassgruppe von der strafrechtlichen Verantwortlichkeit für Genozide grundsätzlich ausgenommen worden wären.

Eines Nachmittags traf Graf d'Oultrement, der im UN-Informationsbüro tätig war, Vorbereitungen für einen Vortrag über Genozid, den ich vor den vielen Vertretern von Organisationen, die sich in Paris aufhielten, würde halten können. Er wählte einen großen Saal im Palais de Chaillot, der zu meinem Erstaunen bis auf den letzten Platz besetzt war. Unter meinen Zuhörern fiel mir ein katholischer Priester auf, mit schwarzem Bart und einem stechenden Blick, den ich beinahe physisch im Gesicht spürte. Ich erkannte Abbé Pierre, Mitglied des französischen Parlaments, der später für seinen Ein-Mann-Kreuzzug gegen Armut und Obdachlosigkeit in Paris berühmt werden sollte.[31] Die Anwesenheit dieses Mannes gab mir Kraft. Ich hatte das Gefühl, die Genozidkonvention liege den Menschen nun wesentlich mehr am Herzen.

Jede Aktion erzeugt eine Reaktion. Durch eine Dame fand ich heraus, dass einige Vertreter von Interessensverbänden, darunter sie selbst, einen Brief an sämtliche Organisationen in Paris geschickt

---

[30] Sture Petrén (1908–1976) wurde später Richter am Europäischen Gerichtshof für Menschenrechte (1971–1976).

[31] Abbé Pierre, bürgerlich Henri Marie Joseph Grouès (1912–2007).

hatten. Der Brief behauptete, die Ausarbeitung einer Genozidkonvention sei unmöglich, und bat den Leser um Unterstützung dieser Position. Der Dame wurde später bewusst, dass ihre Unterschrift missbraucht worden war. An den Namen der anderen Unterzeichner las ich ihre Absicht ab. Sie arbeiteten für das Menschenrechtsprogramm der Vereinten Nationen und befürchteten, dass eine Verabschiedung der Genozidkonvention den Anwendungsbereich ihrer Projekte einschränken würde. Zu jener Zeit arbeitete die UN an einer Menschenrechtserklärung und einige hofften, zusätzlich einen Menschenrechtsvertrag zu errichten. Ich musste dem Brief sofort entgegenwirken.

Ich war in einer einigermaßen günstigen Position, da die Dame das Recht hatte, ihre Unterschrift zurückzuziehen und zu erklären, dass sie die Absichten der anderen Unterzeichner der nicht freundlich gesinnten Erklärung missverstanden hatte. Ich hatte Angst, es könnte ein Rückschlag für die Konvention sein, wenn einige Organisationen beschlossen, die Position zu unterstützen, die im Brief zum Ausdruck gebracht wurde. Es gab keine Zeit zu verlieren. Wir liehen uns eine Schreibmaschine und bereiteten einen Brief vor, in dem wir den ersten Brief zurückwiesen und als schädlichen Angriff auf ein bedeutendes humanitäres Unternehmen verurteilten. Wir vervielfältigten und versandten ihn noch am selben Abend. Die Arbeit war schnell verrichtet, doch es gab ein Opfer zu verzeichnen: Wir ließen die Schreibmaschine im Palais de Chaillot zurück, und als ich am Morgen kam, um sie abzuholen und ihrem Besitzer zurückzugeben, musste ich feststellen, dass sie gestohlen worden war.

Als ob das nicht entmutigend genug gewesen wäre, teilte mir Dr. Evatts Assistent James Plimsoll mit, dass er zu Beginn der Generalversammlung einen weiteren erfolglosen Versuch beobachtet habe, die Genozidkonvention auf Eis zu legen.[32] Es waren Bemühungen unternommen worden, den Ausschuss für humanitäre, soziale und kulturelle Fragen, der bereits mit der Ausarbeitung der Erklärung der Menschenrechte befasst worden war, mit der Ausarbeitung der Genozidkonvention zu befassen. Da die Erklärung der Menschenrechte die gesamte Zeit des Ausschusses in Anspruch nahm,

[32] Sir James Plimsoll (1917–1987).

hofften die Einbringer des Vorschlags, die Ausarbeitung der Genozidkonvention würde automatisch um mindestens ein Jahr verschoben. Und in einem Jahr, so hofften sie, für immer.

Ich ging zu Dr. Evatts Pressesprecher und fragte ihn, ob es möglich wäre, eine Stellungnahme des Präsidenten der Versammlung zu veröffentlichen, in der er die Wichtigkeit der Genozidkonvention betonte. Er war bereit, eine Stellungnahme zu verfassen und sie Dr. Evatt vorzulegen. Sie erschien einige Tage später und hinterließ einen starken Eindruck.

Ich hatte das Gefühl, dass die Genozidkonvention und die Erklärung der Menschenrechte zwei getrennte Projekte bleiben und jedes für sich geschätzt werden sollte. In meinen Augen waren die Unterschiede offensichtlich: Die Erklärung der Menschenrechte ist lediglich eine Darlegung allgemeiner Prinzipien; es mangelt ihr an völkerrechtlicher Verbindlichkeit. Sie enthält keinerlei Durchsetzungsbestimmungen und kann, weil sie nur eine Erklärung ist, nicht als Recht durchgesetzt werden. Sie ist kein zwischenstaatlicher Vertrag und kann daher nicht von Regierungsvertretern unterzeichnet oder von Parlamenten ratifiziert werden.

Die Genozidkonvention hingegen *ist* ein völkerrechtlicher Vertrag und kann sowohl als solcher als auch im Rahmen des nationalen Rechts durchgesetzt werden. Sie beschäftigt sich mit einem internationalen Verbrechen und zieht bei Vertragsbruch Strafen und einen höheren Grad moralischer und rechtlicher Verurteilung nach sich. Die Genozidkonvention ist eine definitive und präzise Verpflichtung gegenüber der Welt, sich nicht der Ermordung von Völkern oder Rassen schuldig zu machen; deshalb muss sie zunächst von Regierungsvertretern unterzeichnet und dann von Parlamenten ratifiziert werden.

Die Erklärung der Menschenrechte ist ein Rendezvous, die Genozidkonvention der heilige Bund der Ehe.

In unserer Epoche, in der die Welt unter Beben der Veränderung, Ungeduld, Sorge und Angst erzittert, stellt der Genozid eine echte Gefahr dar. Er hat bereits das Leben vieler Millionen Menschen gefordert und könnte das Leben vieler weiterer Millionen fordern.

Als Dr. Evatts Stellungnahme zur Genozidkonvention erschien, kamen Sprecher des Menschenrechtsprogramms auf mich zu, gratulierten mir und taten, als sei nichts gewesen. Aber ich war mir sehr wohl bewusst, dass sie nicht aufgeben würden. Sie vertraten Organisationen, die über genügend Mitarbeiter, finanzielle Mittel und gesellschaftliches Prestige verfügten. Es kam ihnen nie in den Sinn, dass ihre Mitglieder den Kampf gegen die Genozidkonvention nicht gutheißen würden. Ich berichtete einem Schweizer Freund von den Geschehnissen. Er zuckte mit den Schultern und sagte: „Das ist ganz natürlich. Man muss nicht nur menschlicher Begeisterung, sondern auch menschlicher Schwäche begegnen. Wussten Sie zum Beispiel, dass Henri Dunant, der Gründer des Roten Kreuzes, von guten Leuten angefeindet wurde?" „Ja, und laut Marcus Antonius wurde Cäsar von ehrenhaften Männern ermordet", antwortete ich. All dies war mir bekannt, doch es vermochte meine Sorgen nicht zu mindern. Ich wusste, ich würde an einer neuen Front kämpfen müssen.

Wir beschleunigten die Ausarbeitung des Konventionstextes. Als nächstes kamen wir zu dem Artikel über kulturellen Genozid. Diese Idee lag mir sehr am Herzen und ich hatte sie durch zwei Entwürfe hindurch erfolgreich verteidigt. Kultureller Genozid bedeutet die Zerstörung des kulturellen Gepräges einer Gruppe wie ihrer Sprache, ihren Traditionen, Wahrzeichen, Archiven, Bibliotheken und Kirchen, sprich, die Zerstörung der Heiligtümer der Seele einer Nation. Als Janet Flanner (Genêt) vom *New Yorker* kam, um mich zur Genozidkonvention zu interviewen, beteuerte ich, wie wichtig das Konzept des kulturellen Genozids sei. In ihrem Brief aus Paris erwähnte sie mein Sprichwort: „Erst verbrennen sie Bücher, dann Menschen."[33] Aber im Ausschuss gab es nicht genügend Unterstützung und wir würden viel Zeit darauf verwenden müssen, einen guten Entwurf zu diesem komplizierten Aspekt auszuarbeiten. Dr. Alfaro, der Vorsitzende des Rechtsausschusses, der die Genozidkonvention auf der Generalversammlung 1946 als erster

[33] Genêt schreibt: „Lemkin ist ein trauriger, geistreicher Mann mittleren Alters … er wurde Anwalt, was er nun bereut, da er das Gefühl hat, dass Anwälte gegen Fortschritt sind. Im Zuge seiner Studien des Genozids habe er herausgefunden, dass Autoritäten, die Bücher verbrennen, dazu neigen, als nächstes Menschen zu verbrennen. Gegen beides möchte er eine Rechtsvorschrift ins Leben rufen."

A. d. Ü.: Das Sprichwort erinnert an Heinrich Heine (1797–1856): „Wo man Bücher verbrennt, verbrennt man am Ende auch Menschen."

Delegierter unterstützt hatte, versagte mir bei der Einbeziehung des kulturellen Genozids seine Unterstützung. Viele Delegierte schwiegen, als ich mich bemühte, die Wichtigkeit dieser Sache zu erläutern. Dieses Mal stand der Wind für mich nicht günstig. Nachdem ich so viele Hindernisse überwunden hatte, hatte ich nun, da das Sitzungsende näher rückte, Zweifel, ob es klug wäre, mich in eine weitere Schlacht zu stürzen. Würde das nicht die Verabschiedung der Konvention gefährden? Auch Dr. Evatt war gegen die Aufnahme des kulturellen Genozids. Also beschloss ich schweren Herzens, nicht darauf zu drängen.

In der Nacht, die auf die negative Abstimmung zum kulturellen Genozid folgte, beschwichtigte ich mich selbst: Einige Elemente des kulturellen Genozids wie die Entführung von Kindern waren aufgenommen worden. Außerdem bringt die Zerstörung einer Gruppe unweigerlich den Verlust ihres kulturellen Erbes und ihrer zukünftigen kulturellen Beiträge mit sich. Und wenn die Konvention verabschiedet und ratifiziert würde, wäre es zu einem späteren Zeitpunkt immer noch möglich, ein Zusatzprotokoll zum kulturellen Genozid zu verabschieden. Alles in allem schienen meine Berechnungen zu stimmen, wenn man bedenkt, dass die Ausarbeitung der Konvention die gesamte Zeit des Rechtsausschusses in Anspruch genommen hatte und die Konvention genau pünktlich fertig wurde, um einen Tag vor Ende der Generalversammlung verabschiedet zu werden. Eine lange Debatte zum kulturellen Genozid hätte den Ausschuss zweifelsohne davon abgehalten, die Ausarbeitung auf der Generalversammlung in Paris zu vollenden. Ich wollte die Konvention um jeden Preis in Paris durchbringen, denn zu hoffen, auf einer späteren Generalversammlung noch einmal das große Glück zu haben, sowohl den Präsidenten der Versammlung als auch den Vorsitzenden des Redaktionsausschusses auf meiner Seite zu wissen, wäre töricht gewesen. Tatsächlich läutete die Pariser Generalversammlung das Ende des goldenen Zeitalters für humanitäre Verträge bei der UN ein.

Nun war die Ausarbeitung der Bestimmungen zur Durchsetzung an der Reihe. Allen war bewusst, dass es eine Kombination und Kooperation nationaler und internationaler Institutionen anzustreben galt. Fest stand, dass Genozide in erster Linie von nationalen Gerichten bestraft und Strafen in der nationalen Gesetzgebung festgelegt werden müssten. Doch für den Fall, dass eine Nation die Durchsetzung dieser Rechtsvorschriften nicht gewährleistete, würden internationale Maßnahmen ersucht werden müssen, entweder durch die UN oder den Internationalen Gerichtshof in Den Haag, eine Institution, die sämtlichen zivilisierten Nationen der Welt vertraut war. Die französische Delegation forderte die Errichtung eines internationalen Strafgerichtshofs, fand aber nicht die nötige Unterstützung. Ich erinnerte mich daran, dass der Völkerbund nach der Ermordung von Barthou 1934 die Errichtung eines Strafgerichtshofes für terroristische Handlungen beschlossen hatte, aber an der Umsetzung gescheitert war.[34] Außerdem forderte mehr als die Hälfte der Nationen die Einholung ihrer Erlaubnis, bevor ein Streitfall zwischen ihr und einer anderen Macht überhaupt vom Internationalen Gerichtshof untersucht werden konnte. Ich war der Meinung, es würde ausreichen, wenn alle Nationen den Grundsatz akzeptierten, in Fällen von Genozid von der Erfordernis der Einholung ihrer Erlaubnis für ein Verfahren vor dem Internationalen Gerichtshof abzusehen. Doch die französische Delegation forderte mit Nachdruck ein internationales Strafgericht und ging sogar so weit zu erklären, Frankreich werde die Konvention nicht unterzeichnen, geschweige denn ratifizieren, solange diese Forderung nicht erfüllt sei.

Ein Kompromiss wurde gefunden: Der Konvention wurde die Erwähnung eines internationalen Strafgerichts hinzugefügt, allerdings mit der Auflage, dass die Bestimmung nur für die Nationen verbindlich wäre, die, sollte eine derartige Institution errichtet werden, ihre Zuständigkeit anerkannten. Eine solche Anerkennung würde dann natürlich einen gesonderten Vertrag erfordern. Die französische Delegation akzeptierte diese Lösung und sagte zu, die Genozidkonvention in Paris zu unterzeichnen. Da Frankreich das Gastgeberland war, hatte dies politisches Gewicht.[35]

---

[34] Jean Louis Barthou (1862–1934) war 1913 französischer Premierminister.

[35] Der Internationale Strafgerichtshof wurde erst zum 1. Juli 2002 etabliert. Zuvor waren zwei Ad-hoc-Strafgerichtshöfe der Vereinten Nationen errichtet worden: 1993 der Internationale Strafgerichtshof für das ehemalige Jugoslawien und 1994 der Internationale Strafgerichtshof für Ruanda.

Der Rechtsausschuss setzte seine tägliche Arbeit fort. Ich versuchte, so viel wie möglich mit den Delegierten zu sprechen und bat sie, Vorschläge zu unterbreiten und sinnvolle Änderungsanträge zu unterstützen. Es galt nun, Differenzen beizulegen und lange Debatten zu vermeiden. Plötzlich spielte Zeit eine große Rolle. Die Ausarbeitung musste beschleunigt werden. Ich sprach mit Dr. Evatt, der wiederum versprach, es mit seinen Freunden im Rechtsausschuss zu besprechen.

Der Artikel zur Auslieferung wurde angenommen. Es verstand sich von selbst, dass jemand, der einen Genozid begangen hatte, kein Asyl in anderen Ländern gewährt bekommen sollte.

Damit tatsächlich die Rede von einem geeinten Ethos sein konnte, mussten die moralischen und rechtlichen Standards der Menschheit in Bezug auf das Verbrechen angeglichen werden. Doch bei einem wichtigen Artikel, der sich mit den Maßnahmen der Vereinten Nationen beschäftigt (nun Artikel VIII), ergab sich eine unerwartete Schwierigkeit.[36] Der Ausschuss beriet den Artikel nicht eingehend, stellte ihn dann aber zur Abstimmung und beschloss seine Streichung. Der Artikel war wichtig, weil er die Bestrebung zum Ausdruck brachte, eine internationale Kontrolle genozidaler Akte durch die UN zu errichten. Einer der Delegierten erklärte, dies sei überflüssig, da die UN jederzeit Maßnahmen gegen Genozide ergreifen könne. Ich war anderer Meinung: Eine Konvention muss die Rechte und Pflichten der Vertragsparteien explizit nennen; sie können nicht der Interpretation überlassen werden. In Artikel VIII hatte es zudem geheißen, dass alle Organe der Vereinten Nationen mit Genozidfällen befasst werden können. Das bedeutete, dass der Sicherheitsrat und sein Veto umgangen werden könnten. Wie kann man ein Veto gegen den Schutz des Lebens einlegen? Wäre das nicht ein Veto gegen das Leben selbst? Ich beschloss, an der Wiedereinsetzung von Artikel VIII zu arbeiten.

Als ich am Abend bei den Delegierten anrief, befanden sie sich wie gewohnt bei einem Empfang. Ihre letzten Wochen in Paris

[36] Artikel VIII der Genozidkonvention lautet: „Eine Vertragschließende Partei kann die zuständigen Organe der Vereinten Nationen damit befassen, gemäß der Charta der Vereinten Nationen die Maßnahmen zu ergreifen, die sie für die Verhütung und Bekämpfung von Völkermordhandlungen oder einer der sonstigen in Artikel III aufgeführten Handlungen für geeignet erachten.“

waren angebrochen und das gesellschaftliche Leben wurde immer intensiver. An jenem Abend hasste ich die Empfänge mehr denn je. Um Mitternacht erreichte ich schließlich den US-Delegierten John Maktos.[37] Er verstand und erklärte sich freiwillig bereit, einige Freunde unter den Delegierten anzurufen.

„Bitte, rufen Sie sie sofort an“, flehte ich.

Er versprach: „Ja, ich werde heute noch anrufen.“

Auch ich rief einige der Delegierten an. Sie versprachen, es sich noch einmal zu überlegen. Ich war sehr dankbar, dass sie mich nicht verfluchten, weil ich es gewagt hatte, sie zu so später Stunde noch zu stören.

Dr. Alfaro erkannte das Problem sofort. Ich erklärte: „Wenn mit dem Internationalen Gerichtshof (Artikel IX) und den Maßnahmen der Vereinten Nationen (Artikel VIII) zwei wesentliche internationale Kontrollmechanismen zur Verfügung stehen, dann

---

37 John Maktos (1902–1977). Am 18. Januar 1948 schrieb Lemkin Maktos:

> „Lieber Mr. Maktos, ich freue mich, erneut mit Ihnen in Kontakt zu stehen. Ich hoffe, es geht Ihnen gut und Sie hatten schöne Ferien. Lassen Sie mich Ihnen an dieser Stelle die besten Wünsche für ein glückliches und erfolgreiches neues Jahr aussprechen. Ich bin so frei, Ihnen ein kurzes Memorandum mit meiner Meinung zur jüngsten Genozidresolution der Generalversammlung zu schicken. Außerdem füge ich meinen neuesten Artikel zum Thema bei, der am 15. Januar 1948 im Bulletin der Vereinten Nationen erschienen ist. Ich werde mich womöglich demnächst kurz in der Hauptstadt aufhalten und mich auf jeden Fall bei Ihnen melden. Herzlich, Ihr Raphael Lemkin.“

Auf die Frage, ob das Thema Genozid ihm besonders am Herzen lag, antwortete Maktos in einem Interview:

> „Ja, das muss ich zugeben. Ich versuchte, so objektiv wie möglich zu sein, aber die Ermordung von Millionen von Menschen hatte mich zweifelsohne sehr bewegt. Nichtsdestoweniger musste ich dem Department die Sache objektiv präsentieren, zum Beispiel, indem ich vorschlug, welche rechtlichen Bestimmungen in den zu entwerfenden Vertrag aufgenommen werden sollten. Bei der Vorbereitung meines Entwurfs ließ ich mich nicht von persönlichen Gefühlen leiten, sondern von der Überlegung, welche Bestimmungen wirksam wären. Zum Beispiel dachte ich darüber nach, ein Verbot der Extermination politischer Ideologen aufzunehmen. Doch ich spürte, dass das nicht ratsam wäre, da dann einige Länder dem Vertrag aufgrund politischer Probleme nicht beitreten würden. Sie könnten befürchten, des Genozids beschuldigt zu werden, wenn sie bestimmte Schritte gegen oppositionelle Parteien einleiteten. Deshalb habe ich die politischen Ideologen aus der Aufzählung der Gruppen, die Gegenstand der Konvention sein sollten – rassische, ethnische, religiöse –, gestrichen. Meine Hinzuziehung zum Redaktionsausschuss der Konvention erfolgte nicht aufgrund meiner persönlichen Ansichten, sondern aufgrund meiner Funktionen.“

müssen wir auf beide drängen.[38] Ansonsten bedeutet das das Ende der Konvention, insbesondere wenn später eine Nation einen Vorbehalt gegen Artikel IX anbringen würde. Dann würde es überhaupt keine internationale Kontrolle mehr geben. Wenn es darum geht, eine Nation schnell zu beeinflussen, dann sind aus praktischen Gründen die Maßnahmen der Vereinten Nationen wichtiger als die des Internationalen Gerichtshofs, bei dem es manchmal ein ganzes Jahr dauert, bis es zur Anhörung eines Falls kommt. Die Menschen, an denen ein Genozid verübt wird, wären längst alle tot."

„Sie haben Recht", befand Dr. Alfaro.

Am Morgen fand eine erneute Abstimmung statt und Artikel VIII wurde dem Konventionsentwurf wieder hinzugefügt. Ich fühlte mich wie der Pilot einer Passagiermaschine, dem es gelungen war, ein paar tote Motoren wieder zum Laufen zu bringen.

Mit der Annahme von Artikel IX zum Internationalen Gerichtshof waren nunmehr alle wesentlichen Artikel der Konvention fertig. Der Rechtsausschuss wählte einen Unterausschuss, der die protokollarischen Bestimmungen ausarbeiten würde, und unterbrach seine Tätigkeiten. Endlich konnten meine Ordner mit vergangenen Genozidfällen eine kleine Pause einlegen. Erleichtert atmete ich auf. Ich war so müde, dass ich kaum aufrecht stehen konnte. Später sollte ich herausfinden, dass es mir nicht zugestanden hatte, in jenem Moment müde zu sein, denn die Opposition nutzte die Gelegenheit, um ein paar trojanische Pferde in den Konventionstext einzuschleusen.

Ich sah sie, wenn auch nur verschwommen, konnte aber nicht genügend Kraft aufbringen, um ihnen auf den Grund zu gehen und eine energische Gegenmaßnahme anzustoßen. In alledem steckte eine psychologische Wahrheit: Solange man einem Ziel hinterherjagt, handelt man unter der Triebkraft der ständigen Bewegung, die einen mit Energie versorgt. Doch wagt man es während

38 Artikel IX lautet: „Streitfälle zwischen den Vertragschließenden Parteien hinsichtlich der Auslegung, Anwendung oder Durchführung dieser Konvention einschließlich derjenigen, die sich auf die Verantwortlichkeit eines Staates für Völkermord oder eine der sonstigen in Artikel III aufgeführten Handlungen [Verschwörung zur Begehung von Völkermord; unmittelbare und öffentliche Anreizung zur Begehung von Völkermord; Versuch, Völkermord zu begehen und Teilnahme am Völkermord] beziehen, werden auf Antrag einer der an dem Streitfall beteiligten Parteien dem Internationalen Gerichtshof unterbreitet."

des Rennens, sich auch nur für einen Augenblick zu setzen, ist es unmöglich, sofort wieder zu Kräften zu kommen und Gas zu geben. Und genau das passierte mir.

Welche Artikel enthielten die trojanischen Pferde? Mit Artikel XIV wurde eine Bestimmung angenommen, die die Gültigkeit der Konvention zunächst auf einen Zeitraum von zehn Jahren ab Inkrafttreten beschränkte. Ein praktisches Beispiel kann diesen Punkt verdeutlichen: Die Konvention trat am 12. Januar 1951 in Kraft. Damit läuft sie im Januar 1961 offiziell aus. Allerdings müssen die Parteien, um Artikel XIV in Kraft zu setzen, die Konvention mindestens sechs Monate vor Ablauf der laufenden Frist, sprich bis Juli 1960, kündigen.[39] Wenn als Ergebnis dieser Kündigungen die Zahl der Vertragsparteien auf weniger als sechzehn sinkt, wird es keine Konvention mehr geben.

Das zweite trojanische Pferd war Artikel XVI, der die Revision der Konvention jederzeit gestattet.[40] Das ist für diese Art Vertrag ungewöhnlich. Normalerweise finden Revisionen nach einer bestimmten Anzahl von Jahren statt.

Ich habe nichts zu meiner Verteidigung vorzubringen. Ich hätte die Aufnahme dieser Artikel niemals zulassen dürfen, doch das hätte einen neuen Kampf erfordert. Ich fühlte mich wie ein Kindermädchen, das zur falschen Zeit eingenickt war. Später machte ich diesen Moment der Schwäche wieder gut, indem ich die kleine Niederlage in einen Sieg verwandelte und mit allen mir zur Verfügung stehenden Kräften an der nächsten Etappe arbeitete: Es galt, so viele Ratifikationen wie möglich zu erlangen, um die Genozidkonvention zu dem meistratifizierten Vertrag aller Zeiten zu machen. Die unheilvolle Zahl „sechzehn" blieb mir stets in Erinnerung. Außerdem bekämpfte ich erfolgreich sämtliche späteren Versuche,

---

[39] Artikel XIV lautet: „Diese Konvention bleibt für die Dauer von zehn Jahren vom Zeitpunkt ihres Inkrafttretens an in Kraft. Danach bleibt sie für die Dauer von jeweils weiteren fünf Jahren für diejenigen Vertragschließenden Parteien in Kraft, die sie nicht mindestens sechs Monate vor Ablauf der laufenden Frist gekündigt haben. Die Kündigung erfolgt durch schriftliche Mitteilung an den Generalsekretär der Vereinten Nationen."

[40] Artikel XVI lautet: „Ein Antrag auf Revision dieser Konvention kann jederzeit von einer Vertragschließenden Partei durch eine schriftliche Mitteilung an den Generalsekretär gestellt werden. Die Generalversammlung entscheidet über die Schritte, die gegebenenfalls auf einen solchen Antrag hin zu unternehmen sind."

die Konvention zu revidieren. Doch darüber werde ich in einem anderen Kapitel meines erzählerischen Berichts schreiben.

Schließlich nahm der Rechtsausschuss den Konventionstext an und überwies ihn an die Generalversammlung zur endgültigen Entscheidung. Ich war, um es gelinde zu formulieren, froh, dass wir so weit gekommen waren, doch ich war so erschöpft, dass mein Verstand die Bedeutung dieses Ereignisses nicht vollständig zu begreifen vermochte. Ich bewegte mich und sprach wie in einem Traum. Ich nahm alles um mich herum wahr, reagierte aber nicht, wie ich es hätte tun sollen. Ich erwachte für circa eine Stunde aus meinem „Traum", als die Generalversammlung am 9. Dezember 1948 die Debatte zur Genozidkonvention begann.

Der große Saal war hell erleuchtet, die Tribüne war voll besetzt und die Delegierten hatten einen feierlichen Blick. Die meisten hatten ein freundliches Lächeln für mich übrig. John Foster Dulles sagte mir in recht geschäftsmäßiger Manier, dass ich einen großen Beitrag zum Völkerrecht geleistet hatte. Robert Schuman, der französische Außenminister, dankte mir für meine Arbeit und sagte, er freue sich, dass dieses große Ereignis in Frankreich stattfinde.[41] Sir Zafarullah Khan sagte, der neue völkerrechtliche Vertrag sollte den Namen Lemkin-Konvention tragen. Dann stellte Dr. Evatt die Resolution zur Genozidkonvention zur Abstimmung. Irgendjemand forderte eine namentliche Abstimmung. Als erstes vergab Indien seine Stimme. Auf Indiens „Ja" folgte eine endlose Zahl weiterer „Jas". Gegenstimmen gab es keine. Südafrika war abwesend. Im Grunde genommen war das Ergebnis damit einstimmig. Es folgte tosender Beifall. Ich spürte die Kamerablitze in meinem Gesicht. Lateinamerikanische Delegierte, darunter viele enge Freunde, kamen herübergeeilt, um mir einen *abrazo* zu geben. Dr. Evatt schlenderte mit strahlendem Gesicht vom Podium und ließ sich, mit seiner Hand auf meinem Arm, mit mir fotografieren. Die Welt lächelte zustimmend und ich hatte nur ein einziges Wort zur Antwort: „Danke." Es war ein kurzes Wort, um der neuen Partnerschaft zwischen zwei Welten Tribut zu zollen: meine eigene Welt der langen, frustrierenden Anstrengungen, Hoffnungen und

[41] Robert Schuman (1886–1963) war zudem zweimal französischer Premierminister.

qualvollen Ängste, und diese neue, offizielle Welt, die sich an jenem Tag feierlich verpflichtete, das Leben der Völker und Rassen der Menschheit zu wahren.

John Hohenberg von der *New York Post*, ein überaus vernünftiger Herr, sagte: „Bleiben Sie, wo Sie sind. Nicht bewegen. Sie werden zu Ihnen kommen."[42] Genauso kam es, und endlich spürte ich, beinahe physisch, die Macht und Bedeutung der Genozidkonvention.

Das Frohlocken übertrug sich auf die Tribüne. Viele Fremde kamen, um mir zu gratulieren, darunter ein älterer Herr mit langem, weißem Haar, der meine Hand eine ganze Weile in seiner hielt, während er mich mit traurigen Augen ansah. Dann ging er, ohne auch nur ein Wort zu verlieren. Ist es nicht erstaunlich, dass gerade diejenigen, die nichts sagen, einen Teil unserer Seele mit sich nehmen, wenn sie gehen?

Später kam die Presse, um mich zu interviewen. Während meiner Kampagne hatte ich eng mit der Presse zusammengearbeitet und zu vielen Korrespondenten eine enge Freundschaft aufgebaut. Sie hatten ehrliches Interesse an meinem Anliegen. Wir mussten die Weltöffentlichkeit über ein schwieriges Problem aufklären, das trotz seiner moralischen Natur eine rechtliche Form hatte. Normalerweise meidet die Presse Berichte über rechtliche Angelegenheiten. Doch da wir gemeinsam den menschlichen Kern gefunden hatten, auf dem das Problem fußte, hatten die Korrespondenten eine Ausnahme gemacht. Sie berichteten über sämtliche Rückschläge und Siege in Paris, genau wie in Lake Success. Nun sonnten wir uns gemeinsam im Sieg und waren alle glücklich.

Zwei Tage später wurde die Konvention von den Vertretern von zweiundzwanzig Nationen unterzeichnet.[43] Die Unterzeichnung bedeutet die Absicht zur Ratifikation durch das Parlament. Sie ist eine Regierungshandlung, muss aber durch eine Parlamentshandlung ergänzt werden, wenn ein Staat beschließt, einem Vertrag beizutreten.

---

[42] John Hohenberg (1906–2000).

[43] Laut UN unterzeichneten 1948 einundzwanzig Nationalstaaten die Konvention: Ägypten, Äthiopien, Australien, Bolivien, Brasilien, Chile, die Dominikanische Republik, Ecuador, Frankreich, Haiti, Jugoslawien, Liberia, Mexiko, das Königreich Norwegen, Pakistan, Panama, Paraguay, Peru, die Republik der Philippinen, Uruguay und die Vereinigten Staaten von Amerika.

Sir Zafarullah erschien in seiner Nationaltracht, die er während der Generalversammlung nur selten getragen hatte, zur Zeremonie. Die Kameras blitzten erneut. Der UN-Korrespondent Mike Hayworth zerrte mich während der Zeremonie zu seiner Aufnahmekabine und bat mich, eine Nachricht zu improvisieren. Ich gehorchte: „Die Vereinten Nationen spielen Weihnachtsmann und überreichen der Welt ein wunderschönes Weihnachtsgeschenk. Die Genozidkonvention wird von den ersten zweiundzwanzig Nationen unterzeichnet. Alles Gute!"

Dann erloschen die Lichter im Palais de Chaillot. Die Generalversammlung war vorbei. Hastig schüttelten die Delegierten einander die Hände und verschwanden im Pariser Winternebel.

Am Abend legte ich mich mit Fieber ins Bett. Lowell Thomas nannte mich in seiner Sendung aus der französischen Hauptstadt den „glücklichsten Mann in Paris." Ich hingegen war mir nur einer Sache bewusst: Ich war krank und durcheinander.

Am nächsten Tag bat mich das französische Radio um eine Aufzeichnung. Ich konnte nicht ablehnen, obwohl ich mich krank fühlte. Die Radioleute versprachen, in meinem Zimmer aufzuzeichnen. Ich versuchte, mich zu sammeln, aber es kam nichts Sinnvolles aus meiner Kehle, als ich begann, in das Aufnahmegerät zu sprechen. Am darauffolgenden Tag ging ich ins Krankenhaus in Paris, wo ich länger als drei Wochen krank lag. Niemand hatte mir eine Diagnose stellen können. Ich stellte sie selbst und nannte sie „Genoziditis": Erschöpfung von der Arbeit an der Genozidkonvention.

Einen Monat später kehrte ich mit dem Schiff nach New York zurück. Ich lernte neue Freunde kennen und machte auf dem Oberdeck lange Spaziergänge mit ihnen. Die salzige Meeresbrise war erquickend. Stundenlang auf den müßigen Kampf der Wellen zu starren, war sowohl entspannend als auch fesselnd. Die Wellen schienen grundlos wütend zu sein. Um die Erinnerung an vergangene Erfahrungen zu vermeiden, wagte ich keine Vergleiche.

Ich konnte nur Small Talk halten und mied alles, was ein ernsthaftes Gespräch hätte nach sich ziehen können. Instinktiv wehrte ich mich gegen etwas, das mich, so dachte ich, in Paris beinahe zugrunde gerichtet hatte.

Kapitel Elf

Ein weiterer Berg, der zu bezwingen ist[1]

Ich war zurück bei meinen Studierenden an der Yale University, konnte meine Gesundheit aber bis Mai 1949 nicht vollständig zurückerlangen. Dann erhielt neues Leben auf dem Campus und auch in mir Einzug. Ich hatte den Frühling auf dem Campus immer gemocht. Die Aufmerksamkeit erregenden, lärmenden Jugendlichen mit ihren schnellen, sicheren Schritten passen zum kraftvollen Ausbruch des Lebens in Bäumen, Wiesen und Blumen. Es spielt kaum eine Rolle, dass die Studierenden selbst sich dessen nicht bewusst sind. Ihre Gedanken sind bei ihren Prüfungen und ihrem Abschluss. Wie die Bäume und Blumen wissen sie nicht um ihren wahren Beitrag zum Campusleben, denn sie sind das Leben selbst in seiner ehrlichsten und ausdrucksstärksten Form.

Meine Kurse waren klein und ich konnte meine Studierenden in vielen tiefgründigen Gesprächen persönlich kennenlernen. Der Verstand des Studierenden ist kritisch. Er mag es, misstrauisch zu sein, zu hinterfragen und die Antworten unter Kontrolle zu haben. Er ist ein Philosoph ohne Philosophie. Zur gleichen Zeit versucht er, praktisch zu sein. Er weiß, er lebt in einer Gesellschaft, die vom Wettbewerb bestimmt ist.

Ich gab einen Kurs zum Thema Genozid. In unseren vielen Debatten versuchte ich, die Studierenden auf das Problem zu fokussieren und warf ab und an beinahe beiläufig einen Gedanken ein, den sie wie einen Ball in einem Baseballspiel begierig an sich rissen. Sie verstanden die humanitären Aspekte der Genozidkonvention und befürworteten sie, konnten aber nicht sofort und ohne Weiteres die

[1] Neben dem mit der Schreibmaschine geschriebenen Titel vermerkte Lemkin handschriftlich „Die Jahre der Prüfung“, möglicherweise ein alternativer Titel.

Dimension der kulturellen Verluste des Genozids nachvollziehen. Ihr Verstand begriff das Verfahren, aber hatte Schwierigkeiten mit den Inhalten. Obwohl sich mein Kurs an Jurastudierende richtete, nutzte ich einen interdisziplinären Ansatz und führte Konzepte aus der Psychologie, Soziologie, Anthropologie und nicht zuletzt auch aus der Wirtschaftswissenschaft ein.

Wir sprachen sogar über Wortbildung. Ich erläuterte die Wichtigkeit des Terminus „Genozid", der die Idee der gesellschaftlichen Grundeinheit (*genos*) transportiert, in der der Mensch gewachsen ist und sich gesellschaftlich und kulturell entwickelt hat. Das lateinische Wort „genos", das griechische „genos" und das sanskritische „genos" bezeichnen im Grunde genommen dieselbe gesellschaftliche Einheit, die ursprünglich als erweiterter Familienkreis mit dem Bewusstsein eines gemeinsamen Vorfahren – zunächst real, später metaphorisch – begriffen wurde.[2] Innerhalb des Genos wurde der Kult gemeinsamer Ahnen gefördert. Sowohl bei den Griechen als auch bei den Römern und den Ariern war „genos" die Einheit, in der sich der besondere Geist der Gruppe und ihre spezielle Lebensweise entwickelt haben. Andere altertümliche Gesellschaften wie Azteken, Irokesen und Indios lebten in ähnlichen gesellschaftlichen Einheiten.

„Kann man denn Wörter bilden, die halb griechisch, halb lateinisch sind?", fragten sie mich.

„Wieso nicht? Unsere Sprache ist voller Hybride. Hier nutzen wir ein Wort, das auch eine religiöse Konnotation transportiert. Da in einigen Kulturen Philosophie und Religion dasselbe sind, ist das griechische Wort ‚genos' besser geeignet als das lateinische. Es erscheint im siebten Brief von Pseudo-Platon im Ausdruck ‚genos philosofumtion' – die, die Philosophie studieren, die Gruppe der Denker. Das heißt, das Wort ‚Genozid' weckt nicht nur den Gedanken an eine Nation, eine Rasse oder einen Stamm, sondern auch an eine religiöse Gruppe. Außerdem", fuhr ich fort, „wird das offene ‚O' des englischen ‚genocide' stets in Worten verwendet, die große Objekte bezeichnen. Das ist passend, denn das Wort Genozid vermittelt das Konzept der Zerstörung großer Volksmassen einer

2 A. d. Hrsg.: Lemkin bezieht sich auf das lateinische Wort „genus".

Nation. ‚Genos' ist also eine grundlegende und universelle Institution der Menschheit, ganz gleich, wie sie sich entwickelt. Es ist unumstritten, dass die Menschheit den Großteil ihrer Geschichte in dieser gesellschaftlichen Einheit verbracht hat. Hier wurden der ursprüngliche Esprit de Corps, die Lebensweise, die Traditionen und die Kräfte des gesellschaftlichen Zusammenhalts und der Solidarität geboren. Auch der Geist der Ausgrenzung, des Misstrauens und des Hasses anderer Gruppen wurde hier genährt. Das Genos wurde zum Überbleibsel rassischer Erinnerungen und zum Wirt von Idiosynkrasien und Vorurteilen. Es wurde zum Nährboden von Gruppenstolz und Gruppenhass. Dieser Geist des Genos ist tief in der menschlichen Psyche verwurzelt und findet Ausdruck im allgegenwärtigen Gefühl der Überlegenheit einer Gruppe über sämtliche anderen Gruppen. Manchmal ist es ein unbewusstes Gefühl, manchmal ein bewusstes, immer aber gefährlich, weil es einen Pragmatismus begründet, der die kaltblütige Zerstörung der anderen Gruppe rechtfertigt, wenn dies nötig oder nützlich erscheint. Damit ist ‚genos' sowohl die Einheit, die das Verbrechen verübt, als auch die Einheit, an der es verübt wird. Genozid ist das Verbrechen eines Genos an einem anderen. Am Ende ergibt die verbrecherische Natur ein Nullsummenspiel, daran erkennbar, dass dasjenige Genos, das im Zuge der Ermordung eines seiner Mitglieder verwundet wurde, sich in der Pflicht sieht, nun seinerseits zum Täter zu werden. Wir haben es hier nicht mit vereinzelten Fällen zu tun, sondern mit tief verwurzelten anthropologischen und soziologischen Mustern. Bisher haben wir nur sehr wenig getan, um diese Muster auszumerzen. Wir stehen noch am Anfang dieser großen Aufgabe."

„Kann man gegen eine solche Krankheit denn überhaupt etwas ausrichten?", wurde ich gefragt.

„Ja, kann man. Allerdings darf man nicht auf die Uhr schauen, wenn man diese Frage stellt. Es wird viel Zeit ins Land gehen, bis sich Erfolge abzeichnen werden. Die Genozidkonvention stellt nur einen Rahmen, einen Treffpunkt zum Denken und Handeln, einen Anfangspunkt für ein neues Bewusstsein dar! Nicht nur Anwälte, auch Vertreter anderer Disziplinen werden sich beteiligen müssen. Die Genozidkonvention ist nicht nur dafür vorgesehen, Genozide zu bestrafen, sondern auch dafür, sie zu verhüten. Dabei kann die Arbeit von Anthropologen, Sozialpsychologen, Historikern und sogar von Wirtschaftswissenschaftlern behilflich sein. Nur eine Kombination aus Bestrafung und Verhütung kann Ergebnisse erzielen. Mit der wiederholten Anrufung von Gerichten über einen langen Zeitraum hinweg und der wiederholten Verurteilung des Genozids durch die öffentliche Meinung wird die Integrität der anderen Gruppe zunehmend das Gewissen beschäftigen. Meist ist das Schamgefühl der Motor des Gewissens. Wenn genozidale Handlungen erst einmal mit einem Schamgefühl verknüpft sind, dann ist die Hälfte der Arbeit getan. Da der Genozid zu einem Verbrechen erklärt worden ist, wird seine moralische Verurteilung leichter. Er muss von der nationalen Gesellschaft verurteilt werden. Und da er zu einem internationalen Verbrechen erklärt wurde, muss er auch von der Weltgesellschaft verurteilt werden. Die besondere moralische Entwürdigung, die diesem Verbrechen an unschuldigen Menschen innewohnt, wird dabei behilflich sein, die Verurteilung in Worte zu fassen und das Gewissen der Welt zu formen."

„Und in welchem Zusammenhang stehen Genozid und Wirtschaft?", fragten sie mich.

„Der Zusammenhang lässt sich sowohl an den Auswirkungen als auch am Ursprung des Verbrechens ablesen. Bitte schauen Sie sich die 1932er Berichte des US-amerikanischen Konsulats an das Handelsministerium an. Daran ist ohne Weiteres ersichtlich, dass selbst sechzehn Jahre nach dem Genozid an den Armeniern das Außenhandelsvolumen deutlich niedriger war (1932 war es um zweiunddreißig Prozent gesunken). Auch die Verschlechterung der wirtschaftlichen Lage Spaniens nach der Vertreibung der Juden und Morisken im vierzehnten Jahrhundert war gravierend.[3] Und es gibt noch eine weitere, ganz typische Verflechtung von Wirtschaft und Genozid, die in einen Teufelskreis mündet. So ist es immer wieder vorgekommen, dass bestimmte religiöse, moralische oder nationale Gruppen aufgrund von Vorurteilen nicht zum Regierungsdienst zugelassen wurden, sodass sie keine andere Wahl hatten, als sich im Handel und Gewerbe zu betätigen. Diese Art der Beschäftigung

[3] A. d. Hrsg.: Gemeint ist wahrscheinlich das fünfzehnte Jahrhundert.

verschaffte ihnen ein Einkommen und ermöglichte ihnen den Aufstieg in höhere gesellschaftliche Klassen. Doch wenn sie zu reich wurden, zogen sie den Hass der Mehrheit der Bevölkerung auf sich. Und dies wiederum führte zu Genoziden an ihnen."

Natürlich schrieb ich auch weiterhin an der Geschichte des Genozids und brachte sie auch weiterhin mit zum Unterricht, allerdings in Maßen, um die Studierenden nicht abzuschrecken und zu verwirren, und damit mehr Schlechtes als Gutes anzurichten. Das Ergebnis war erfreulich. Nach der Hälfte des Kurses sahen sie das Problem des Genozids klar und deutlich vor sich. Es war, als hätte ich ein Bild gemalt, und es wäre nach dem letzten Pinselstrich plötzlich zum Leben erwacht.

Spätabends ging ich gern im Hof vor der Bibliothek spazieren. Dies war eine der schönsten und ruhigsten Ecken des Yale-Campus. Im Mondschein konnte man dort Bücher lesen. Es gab so viel beständiges, angenehmes, inspirierendes Licht, das bis spät in die Nacht strahlte. Manchmal leisteten mir einige meiner Studierenden Gesellschaft, gelegentlich brachten sie ihre Freunde oder sogar ihre festen Freundinnen mit. Es war wie ein Treffen der großen Geister unter alten Druiden. In diesem Hof fühlte man sich mit dem Kosmos selbst verbunden. Alles, was man sagte, fühlte sich gewichtiger an, als wenn man es im Unterricht gesagt hätte. Befreit allein die Abwesenheit von Klassenzimmerwänden unsere Seelen? Benötigen wir die Hilfe der natürlichen Schönheit, um unsere intellektuelle Wahrnehmung zu beflügeln? Oder ist es vielleicht die Stimme der Nacht, die sagt: „Erhöre die Stimme der Nacht; sie spricht die Wahrheit"?

Mit jeder Hofdebatte konnte ich besser nachvollziehen, weshalb Sokrates einen so großen Einfluss auf die Jugend im alten Athen gehabt hatte. In der natürlichen Umgebung von Küsten und Feldern gelang es seinem mächtigen Verstand, mit geistreichen Dialogen die Weisheit im Verstand seiner Schüler zu stimulieren. Jeder einzelne seiner jungen Freunde wurde sowohl Schüler als auch Lehrer. Zu lehren bedeutet auch, seinen Lehrlingen die Lehrfähigkeit zu vermitteln, wenn auch nur zeitweise. Fußnoten sind für die Wahrnehmung oder die Liebe der Wahrheit nicht unbedingt vonnöten. Die Lehre erschafft eine neue Welt in Seele und Verstand des

Studierenden. Fußnoten sollten später verwendet werden, um diese Welt zu stützen, wie Backsteine, die das Gerüst eines Gebäudes stützen. Warum hat die sokratische Form des Lehrens nur in Form von Privatunterricht in England überlebt?

An einem jener Abende kamen wir auf Edmund Burke, den bekannten englischen Historiker aus dem siebzehnten Jahrhundert, zu sprechen.[4] Burke hatte gesagt, jede Gesellschaft brauche eine kontrollierende Macht, um grausame und tyrannische Bestrebungen im Zaum zu halten. Ohne eine solche Macht sei sie nicht lebensfähig. Schlimmer noch, eine Gesellschaft könnte die andere anstecken und ganze Zivilisationen könnten leiden. Kurzum, Moralität müsse zu einem gemeinsamen Gut des Großteils der Welt gemacht werden.

„Gefährlicher ist doch", sagte einer meiner Studierenden, „dass bösartige Staatsmänner so geblendet sind, dass sie das Böse, das sie säen, und die üble Reaktion, die sie in anderen heraufbeschwören, gar nicht sehen." Ich zitierte aus dem Tagebuch von Henry Morgenthau senior, dem amerikanischen Botschafter in der Türkei, der 1915 versuchte, die Armenier zu retten, als rund 1,2 Millionen von ihnen einem Genozid zum Opfer fielen. In einem Gespräch mit dem türkischen Innenminister Talaat Pascha, in dem Morgenthau die Deportationen von Armeniern in Todeslager zu verhindern versuchte, unterbrach dieser ihn mit einer „unschuldigen" Frage: „Apropos, Herr Botschafter, wir haben bei einigen Armeniern Versicherungspolicen und sogar Rückversicherungspolicen von Unternehmen aus der Stadt Hartford, Connecticut, gefunden. Da es sich ja um türkische Staatsbürger handelt, könnten Sie der türkischen Regierung wohl dabei behilflich sein, diese Policen ausgezahlt zu bekommen?"

Ein weiteres Beispiel der moralischen Abschottung von Personen, die sich des Genozids schuldig machen, ist der Genozid an den Herero von 1896.[5] Die deutschen Kolonialherrscher trieben den

---

[4] A. d. Hrsg.: Edmund Burke (1727–1797). Gemeint ist das achtzehnte Jahrhundert.

[5] A. d. Hrsg.: Lemkin bezieht sich auf den Genozid an den Herero und Nama in der Kolonie Deutsch-Südwestafrika im Jahr 1904. Nach dem Aufstand der Herero unter Samuel Maharero ermordete die Schutztruppe des Deutschen Reichs unter der Leitung von Generalleutnant von Trotha mittels der Vergiftung von Brunnen, Entkräftung und Vertreibung in die Wüste schätzungsweise siebzig Prozent der autochthonen Bevölkerung (zwischen vierundzwanzig- und fünfundsechzigtausend Herero). In der Phase der Unterdrückung wurde das Konzentrationslager auf der Haifischinsel eingerichtet („Shark Island"), das als

afrikanischen Stamm und sein Vieh in einen Wald. Um einen Teil des Waldes wurden tiefe Gräben ausgehoben, sodass weder Mensch noch Tier entkommen könnten. Dann wurden die Bäume mit Kerosin besprenkelt und der Bereich zwischen den Gräben in Brand gesetzt. Mensch und Tier starben gemeinsam. In seinem Bericht an das Auswärtige Amt beklagte sich der deutsche Konsul der Region, dass lediglich die vollständige Vernichtung des Viehs gelungen war.

Meine Hofzuhörerschaft war sich einig, dass Genozide eine unterschwellige Denkweise heraufbeschwören, die mit der Zeit als natürlich empfunden wird. In jener Nacht dachten wir alle an die prophetisch wirkenden Worte von Edmund Burke in Bezug auf die Genozidkonvention.

Ich war mir des gefestigten Wissens und bis zu einem gewissen Maß auch der moralischen Integrität meiner Studierenden sicher, da ich ihnen mein Wissen nicht aufgezwungen hatte. Unter meiner Leitung kamen sie auf ihre eigenen Ideen. Bald sollte ich den Beweis dafür erhalten.

Eine Kirche in Hartford, Connecticut, lud mich ein, einen Vortrag zum Thema Genozid zu halten. Ich antwortete, ich sei an jenem Tag verhindert, empfahl aber einen meiner Studierenden. Er reiste nach Hartford und verzauberte das Publikum mit seiner gekonnten wissenschaftlichen Präsentation. Er wurde mit einem Scheck über zehn Dollar belohnt, den er dem Kurs stolz präsentierte.

Einmal nahm ich meine Studierenden zu den Vereinten Nationen mit und stellte ihnen einige meiner Freunde aus der Delegation vor. Würdevoll und selbstsicher standen sie in der Delegiertenhalle, nippten an einem Orangensaft und debattierten souverän mit den Delegierten über Genozid.

Die Universitäten und Colleges in den USA sind der einzige Ort, an dem man seine Gefühle ausdrücken kann, ohne Angst, für gefühlsduselig gehalten zu werden.

---

erstes Vernichtungslager der Geschichte der Menschheit gilt. Der Fall machte internationale Schlagzeilen: Er gilt nicht nur als erster Genozid des zwanzigsten Jahrhunderts, sondern setzte auch bis dahin unvorstellbare Maßstäbe in Sachen Grausamkeit auf dem afrikanischen Kontinent. Nachdem Deutschland eine offizielle Anerkennung des Genozids lange vermieden hatte, bezeichnete das Auswärtige Amt am 10. Juli 2015, beinahe auf den Tag genau hundert Jahre nach dem Ende der deutschen Kolonialherrschaft in Namibia, das Herero-Massaker vom Sommer 1904 erstmals als Völkermord.

Lake Success

Ich hatte das Gefühl, ich sollte meine Arbeit bei der UN wieder aufnehmen. Diesen Frühling tagte die Generalversammlung als Fortsetzung von Paris in Lake Success. Die Organisation musste sich mit dem Koreaproblem befassen, das auf der Generalversammlung 1948 offen geblieben war. Ich reiste nach Lake Success. Als ich den Saal betrat, schickte Dr. Evatt, der den Vorsitz der Versammlung führte, einen Saaldiener, um mich einzuladen, mich zu ihm auf das Podium zu gesellen. Ich erzählte ihm, dass ich nach der Pariser Generalversammlung krank gewesen war, nun aber bereit für die Ratifikationskampagne. Es wäre gut, mit einer Ratifikation pro Kontinent zu beginnen. Dieses interkontinentale Zeichen humanitärer Solidarität könnte dann wiederum genutzt werden, um an andere Regierungen heranzutreten. Dr. Evatt hielt den Ansatz für tauglich und versprach eine rasche Ratifikation durch Australien. Tatsächlich brachte er am 19. Mai 1949 das Ratifikationsgesetz in sein Parlament ein. Die Rede von Premierminister Mr. Chifley vor dem australischen Parlament wurde mir nach Yale geschickt.[6]

---

[6] Joseph Benedict Chifley (1885–1951). Der unter dem Namen Ben bekannte Politiker war von Juli 1945 bis zu seinem Tode Premierminister der Australischen Arbeiterpartei. Chifleys Ratifikationsgesetz, das im Parlament gelesen und Lemkin zugesandt wurde, lautete:

> „Mit diesem Gesetzesvorschlag wird beabsichtigt, die parlamentarische Zustimmung zur Ratifikation der Konvention über die Verhütung und Bestrafung des Völkermordes durch Australien einzuholen. Völkermord oder Genozid bedeutet, eine religiöse, rassische oder nationale Gruppe ganz oder teilweise zu zerstören. Seit geraumer Zeit erschüttert der Genozid das Gewissen der Menschheit. Der Terminus selbst ist jedoch erst zur Zeit der Nürnberger Prozesse geläufig geworden. Damals wurde er verwendet, um die rassisch oder religiös motivierte Zerstörung menschlicher Gruppen durch die Nazis zu bezeichnen. Auf ihrer ersten Sitzung im Dezember 1946 bekräftigte die Generalversammlung der Vereinten Nationen einstimmig, dass Genozid ein Verbrechen gemäß internationalem Recht ist, das die zivilisierte Welt verurteilt, und beschloss, dass ein Konventionsentwurf zur Ächtung des Verbrechens vorbereitet werden solle. Nach intensiver Vorarbeit des Wirtschafts- und Sozialrats und seiner Ausschüsse wurde bei der Generalversammlung in Paris ein endgültiger Text entworfen, der am 9. Dezember 1948 einstimmig angenommen wurde. Mit der Annahme der Konvention empfahl die Versammlung den Mitgliedern ihre Unterzeichnung und Ratifikation. Sie wurde bereits von mehr als zwanzig Staaten unterzeichnet. Der Terminus ‚Genozid' umfasst laut Konvention verschiedene Handlungen, die in der Absicht begangen werden, nationale, ethnische, rassische oder religiöse Gruppen als solche ganz oder teilweise zu zerstören. Die Vertragsparteien sind verpflichtet, die Bestimmungen der Konvention

Ich traf Stuart Spencer, den amerikanischen Berater der äthiopischen Regierung, und bat ihn, der Regierung ein Telegramm zum Thema Ratifikation zu senden. Ich schickte auch Briefe an Terje Wold, den Vorsitzenden des Ausschusses für auswärtige Angelegenheiten beim norwegischen Parlament, mit dem ich in Paris gewesen war, und an Richter Paal Berg, den heldenhaften Führer des Norwegischen Widerstands im letzten Krieg.[7] Ihre Antworten waren sehr beruhigend. Mir kam der Gedanke, dass eine Ratifikation durch Island symbolische Bedeutung hätte. Ich verwendete das Land in Gesprächen mit Delegierten so häufig als Beispiel dafür, wie ein Genozid nicht nur ein kleines Volk zerstören, sondern auch eine originäre Kultur ausrotten kann, der rund hundertachtundsechzigtausend

---

zu erfüllen und den Genozid unter wirksame Strafen zu stellen. Die Konvention tritt am neunzehnten Tag nach dem Zeitpunkt der Hinterlegung der zwanzigsten Ratifikations- oder Beitrittsurkunde in Kraft. Der Gesetzesvorschlag genehmigt zudem die Mitteilung an den Generalsekretär der Vereinten Nationen, wenn die Anwendung der Konvention auf Gebiete erstreckt wird, für deren auswärtige Angelegenheiten Australien verantwortlich ist. Dies entspricht Artikel XII der Konvention und einer separaten Resolution der Generalversammlung, in der empfohlen wird, dass Staaten die Konvention auf die von ihnen abhängigen Gebiete erstrecken."

A. d. Hrsg.: Gemeint ist der neunzigste Tag nach dem Zeitpunkt der Hinterlegung der zwanzigsten Ratifikations- oder Beitrittsurkunde, vgl. Art. XIII der Konvention.

7 Terje Wold (1899–1972) war Richter am Obersten Gerichtshof und Minister der norwegischen Arbeiterpartei. Paal Olav Berg (1873–1968) war norwegischer Jurist und Politiker der Arbeiterpartei. Berg war einer mehrerer Intellektueller, die die Errichtung einer Genozidkonvention forderten.

Der norwegische Außenminister schrieb Lemkin am 19. Mai 1949:

„Lieber Mr. Lemkin, vielen Dank für Ihren Brief vom 5. Mai und für Ihre freundlichen Worte zum Beitrag der norwegischen Delegation in der Debatte zur Genozidkonvention. Wie Sie wahrscheinlich bereits von unserer ständigen Vertretung bei den Vereinten Nationen gehört haben, ist die Tagesordnung des aktuellen parlamentarischen Sitzungskalenders sehr voll. Daher wird es möglicherweise noch eine Weile dauern, bis die Regierung bereit ist, die Konvention zu ratifizieren, insbesondere weil der Vorschlag der Regierung aufgrund der schwierigen Drucksituation im Lande erst vor wenigen Tagen gedruckt werden konnte. Nichtsdestoweniger habe ich den Vorsitzenden unseres Ausschusses für auswärtige Angelegenheiten, Mr. Terje Wold, über den Inhalt Ihres Briefes informiert, und bin sicher, er wird alles in seiner Macht Stehende tun, um das Verfahren im Parlament zu beschleunigen. Zu Ihrer Information füge ich eine Kopie des Dokuments bei, das die Regierung dem Parlament vorgelegt hat. Ihr Erik Dons."

A. d. Hrsg.: Erik Dons war stellvertretender Außenminister. Norwegischer Außenminister war von 1946 bis 1965 Halvard Manthey Lange (1902–1970).

Menschen angehören. Ich wandte mich an die isländische Delegation. Mein Vorschlag wurde gut aufgenommen.

All diese Initiativen trugen bald Früchte: Alle vier Nationen ratifizierten die Konvention; Äthiopien machte am 1. Mai 1949 den Anfang. Damit begann eine neue Etappe meiner Arbeit.[8]

Mein Plan war es, mindestens zwanzig Ratifikationen zu erlangen, damit die Generalversammlung von 1950 das Protokoll für das Inkrafttreten der Konvention erstellen könnte. Es gab nun schon Unterschriften von Ländern aus drei Kontinenten: zwei aus Europa (Island und Norwegen), eine aus Australien und eine aus Afrika. Doch bisher gab es weder Unterschriften aus Lateinamerika noch aus Asien.

Ich vertraute Dr. José Correa, einem Mitglied der ecuadorianischen Delegation, meine Sorgen an. Er wusste Rat: „Jorge Villagómez Yépez, Professor für Rechtsphilosophie und Mitglied der Abgeordnetenkammer, wird bald in New York sein. Sprechen Sie mit ihm. Ich gebe Ihnen Bescheid, wenn er kommt." Ich lud Yépez nach Yale ein, wo wir einen ganzen Tag miteinander verbringen konnten.[9] Er versprach, alles in seiner Macht Stehende zu tun, und Ecuador wurde zur ersten lateinamerikanischen Nation, die die Konvention ratifizierte. Zudem entstand zwischen dem Professor und mir eine lange, fruchtbare Freundschaft.

---

8 Beim Datum hat Lemkin sich geirrt, doch die vier Ratifikationen erfolgten innerhalb kurzer Zeit: Nachdem Äthiopien am 1. Juli 1949 ratifiziert hatte, folgten am 8. Juli Australien, am 22. Juli Norwegen und am 29. August Island. Alle Ratifikationen traten am 12. Januar 1951 in Kraft.

9 Yépez nominierte Lemkin für den Friedensnobelpreis 1950. Am 13. Juni 1949 schrieb Lemkin Yépez:

> „Mein lieber Professor und Freund, es war eine große Freude und Ehre, Sie am Samstag hier bei uns in Yale begrüßen zu dürfen. Ihr Besuch wird uns noch lange in Erinnerung bleiben und als Impuls für neue, stärkere Kontakte unserer Universitäten und Länder dienen. Vielen Dank für Ihr großes Interesse an der Genozidkonvention. Ihre Delegation hat bei den Vereinten Nationen einen großen, konstruktiven Beitrag zum Thema geleistet. Daher würde ich mich sehr freuen, wenn Sie so freundlich sein könnten, Ihrem Präsidenten meinen herzlichen Dank für den Beitrag Ihres Landes zu diesem großen humanitären Anliegen zu übermitteln. Ich bin sicher, Ihr Präsident, ein Mann des Volkes, wird die Bedeutung dieses Vertrages, der in einem Leitartikel der *New York Times* kürzlich als ‚ein Vertrag für das Volk' betitelt wurde, zu schätzen wissen. Wenn Ihr Parlament als eines der ersten ratifiziert, bin ich sicher, die ganze Welt wird Ihrem fantastischen Land dankbar sein. Erneut vielen Dank und liebe Grüße, Ihr Raphael Lemkin."

Um mein Ziel für 1950 zu erreichen, würde ich mich auf Lateinamerika konzentrieren müssen. Kleine Nationen brauchen den Schutz des Völkerrechts mehr als große Nationen, und Lateinamerika hatte eine Vielzahl kleiner Nationen, einige mit Bevölkerungen, die keine Million zählen (Panama, Honduras, Costa Rica), andere mit zwei bis drei Millionen (El Salvador, Guatemala, Kuba, die Dominikanische Republik, Uruguay). Diese Bevölkerungen, die teilweise nur die Hälfte oder ein Drittel der Gesamtzahl der von Hitler ermordeten Juden stellten, würden leicht begreifen, dass die Bedrohung durch den Genozid echt ist. Während Asien und Afrika damit beschäftigt waren, neue Staaten zu bilden, und Europa seine Wunden aus den beiden letzten Kriegen leckte, witterten die lateinamerikanischen Nationen die Führung in einem neuen Humanitarismus. In meinem Kampf für das neue Konzept würde ich mich auch stärker auf den philosophischen Unterton und den Konzeptualismus lateinamerikanischer Intellektueller stützen können.

(Natürlich konnte ich Europa, wo die Erinnerungen an den Genozid noch frisch waren, nicht vernachlässigen. Bei der Annäherung an eine Nation muss man die Werte betonen, die sie einzigartig machen. Der Schriftverkehr muss in ihrer Sprache stattfinden und an die Traditionen ihres Volkes anknüpfen. Es muss eine Brücke des Einfühlungsvermögens und eines Gefühls von „Zuhause“ gebaut werden. Ich begriff, dass ich von nun an mehr arbeiten als sprechen würde müssen.)

An der Yale University fand ich einen idealistischen und talentierten kolumbianischen Hochschulabsolventen der Rechtswissenschaft, Jaime Ángel. Außerdem stellte ich eine spanischsprachige Sekretärin kubanischer Herkunft ein. Ángel warnte mich, dass Lateinamerikaner sich mit dem Beantworten von Briefen Zeit zu lassen pflegten. Briefe müssen kurz und knackig sein. Zunächst schrieben wir sämtlichen Außenministern, dann den Präsidenten der Republiken. Da die katholische Kirche in Lateinamerika großen Einfluss genießt, wandten wir uns auch an die Erzbischöfe und Bischöfe aller zwanzig Republiken.

Ángels Sorgen waren nicht gänzlich berechtigt. Er hatte nicht bedacht, dass die UN-Korrespondenten bei der Bekanntmachung der Genozidkonvention großartige Arbeit geleistet hatten. Der

Boden für meine Briefe war bereitet. Langsam, aber sicher begannen die lateinamerikanischen Nationen mit der Arbeit an der Ratifikation.

Auf der Generalversammlung im Frühjahr 1949 lernte ich Amalia de Castillo Ledón kennen, mexikanische Delegierte und Vorsitzende der Interamerikanischen Frauenkommission.[10] Sie hatte Ideale, war gescheit und unter allen lateinamerikanischen Frauen, die ich kannte, die einzige mit blondem Haar. Sie hatte Humor und konnte jeder Schwierigkeit, der sie begegnete, mit einem ehrlichen Lachen begegnen. (Wir sprachen scherzhaft über die ernstesten Angelegenheiten. Damit fuhr man bei ihr am besten. Einmal benötigte ich ihre Unterschrift für ein wichtiges Dokument zum Genozid. Die Nachricht, die ich ihr über ihre guatemaltekische Sekretärin Consuelo Rodriquez ausrichten ließ, lautete: „Sagen Sie Mrs. Ledón, wenn sie nicht unterzeichnet, werde ich ihre Mutter [eine Witwe] heiraten, ihr Stiefvater werden und ihr gehörig den Hintern versohlen.") Amalia Ledón war in Mexiko geboren worden und in Intellektuellenkreisen aufgewachsen. Sie hatte ein ausgeprägtes Gewissen, viel Mitgefühl und verstand es, mit einem langen, düsteren Gesicht über menschliches Elend und den harten Kampf dagegen zu sprechen. Als sie von der Genozidkonvention erfuhr, bot sie die Hilfe ihrer Organisation an, in deren Auftrag sie in Kürze Zentralamerika besuchen würde. Ich sagte ihr, dass ich den Außenministern und Präsidenten der Republiken bereits geschrieben hatte. Sie versprach: „Ich werde auf Ihre Briefe verweisen und Ihr Anliegen im Namen meiner

---

10 Amalia de Castillo Ledón (1898–1986) war eine Bühnenschriftstellerin, Juristin, Journalistin und Botschafterin. Im Januar 1950 schrieb Lemkin an Ledón in ihrer Funktion als Vorsitzende der Interamerikanischen Frauenkommission und der Panamerikanischen Union:

> „Liebe Mrs. Ledone [sic], vielen herzlichen Dank für Ihren Brief und Ihre überaus effiziente Hilfe. Nun, da Sie zur Apostelin der Genozidkonvention werden, bedanke ich mich sehr dafür, dass Sie bei Mariblanca Aloma Sabes vermittelt haben. Es hat wunderbar funktioniert. – Wie könnte es auch anders sein? Ich bin gerade dabei, meinen Bericht zum Genozid für Lateinamerika vorzubereiten. Da er auch Ihre Tätigkeiten erwähnt, werde ich Ihnen eine Kopie zukommen lassen, sobald er druckbereit ist. Erneut vielen Dank und mit den besten Wünschen für ein frohes neues Jahr, Ihr Raphael Lemkin."

A. d. Hrsg.: Die Panamerikanische Union (PAU) war die Vorgängerin der 1948 entstandenen Organisation Amerikanischer Staaten (OAS).

Organisation unterstützen. Unsere lokalen Zweigstellen werden sich ebenfalls für die Ratifikation einsetzen."

Auf ihre Worte folgten Taten. Mehrere Jahre lang arbeitete ich mit ihrer Organisation zusammen. Eines Tages, als ich Mrs. Ledón von Yale aus in San José, Costa Rica, anrief, berichtete sie triumphierend, dass der Außenminister die Konvention soeben beim Parlament zur Ratifikation eingebracht hatte.

Ich schrieb auch anderen Organisationen in Lateinamerika. Nur einige wenige antworteten nicht; die meisten entsandten Delegationen zu den Außenministern ihrer Länder und suchten das Gespräch mit Parlamentsmitgliedern. In den Augen der Menschen gewann das Anliegen an Bedeutung. Und genau das war es, was ich wollte.

Meine Wochenenden verbrachte ich in Saybrook, eine halbe Stunde von New Haven, im Castlebroom Inn auf einer Terrasse über dem Wasser. Eines Sonntagmorgens, als ich auf der Terrasse faulenzte und die Sonntagszeitung las, stieß ich auf einen Bericht aus Guatemala-Stadt, wo ein Kongress lateinamerikanischer Universitäten stattfand. Zu den Organisatoren zählte Méndez Pereira, Präsident der Universität Panama, mit dem ich seit der Generalversammlung von 1946 befreundet war.[11] Er hatte sich immer für eine Unterstützung der Konvention durch Panama begeistert. Sofort telegrafierte ich dem Kongress eine Bitte um Unterstützung der Genozidkonvention.

Mein Gefühl hatte mich nicht getrogen. Der Kongress verabschiedete eine Resolution und übermittelte sie an alle Außenminister Lateinamerikas. Dies weckte das Interesse vieler Universitätspräsidenten (oder Rektoren, wie sie in Lateinamerika genannt werden),

---

[11] Dr. Octavio Méndez Pereira (1887–1954). Am 17. Dezember 1949 schrieb Lemkin Pereira:

> „Lieber Dr. Pereira, da ich bisher nicht in Yale war, kann ich Ihnen erst jetzt für Ihren überaus wichtigen Brief mit der Ankündigung der Ratifikation der Genozidkonvention danken. Ihr persönlicher Einsatz war bemerkenswert, denn Sie haben Ihr Renommee genutzt, um dieses Anliegen voranzubringen. Auch Ihre Hilfe in anderen Ländern ist bedeutend, denn wie ich von Rektor Duram erfahren habe, haben die Präsidenten der lateinamerikanischen Republiken positiv auf Ihre panamaische Resolution reagiert. Ich habe dem guatemaltekischen Delegierten bei den Vereinten Nationen die guatemaltekische Resolution überreicht, und er hat eine Stellungnahme dazu abgegeben. Nochmals vielen Dank, fröhliche Weihnachten und ein frohes neues Jahr, Ihr Raphael Lemkin."

die in ihren Ländern fortan auf eigene Faust auf die Ratifikation hinarbeiteten. Kongressleiter war Señor Carlos Duván, Rektor der Universität in Guatemala.[12] Er war begeistert und erwies sich als großartige Quelle für neue Ideen und Initiativen. Als er später zum Botschafter in Rom benannt wurde, bot er an, auch von diesem neuen Posten aus zu helfen.

Ich hatte das Gefühl, meine Arbeit war nicht vergebens. Die Universitäten verhießen nicht nur das Interesse ihrer Präsidenten, sondern auch das von Professoren und Studierenden. Von da an erhielt ich zahlreiche Briefe mit Fragen zum Thema Genozid und der Bitte um Informationen für Doktorarbeiten. An vielen Universitäten wurde die Genozidforschung aufgenommen.

Eines Tages wurde ich bei den Vereinten Nationen dem haitianischen Botschafter, einem berühmten Romanautor, vorgestellt. Er wurde Black Maurois genannt. Er war groß, hatte ein aussagekräftiges Gesicht wilder Schönheit und war einer jener Männer, die einen mit jedem Wort, das sie sagten, und jedem Pulsschlag ihrer intensiven Persönlichkeit zu fesseln vermochten. Black Maurois lebte mit dem Wissen, dass unzählige Genozide an seiner Rasse verübt worden waren.

Als die Generalversammlung des Jahres 1949 begann, reiste ich öfter von Yale nach Lake Success. Ich begann, eine Resolution ins Auge zu fassen, in der die Ratifikation durch künftige Mitgliedstaaten angeregt werden könnte. Die Konvention sah diese Möglichkeit vor. Zu jener Zeit zählte die UN nur sechzig Mitglieder. Viele Nationen, die von den Großmächten außen vor gelassen worden waren, sahen ihre Bestrebungen der internationalen Zusammenarbeit frustriert und waren begierig, ihren Glauben an die UN unter Beweis zu stellen. Welchen besseren Beweis als die Ratifikation der Konvention hätten sie liefern können, wenn man sie nur ließe?

Ich vertraute den Delegierten Australiens, Kubas und der Philippinen meinen Plan an. Umgehend brachten sie die angeregte Resolution ein. Sie wurde angenommen. Wie geplant versandte

---

12 A. d. Hrsg.: Wahrscheinlich bezieht sich Lemkin sowohl hier als auch im Brief der vorangehenden Fußnote auf Carlos Martínez Durán (1906–1974), den ersten Rektor der Universität in Guatemala sowie Bildungsminister und späteren Botschafter Guatemalas in Italien.

der UN-Generalsekretär im Januar 1950 Einladungen zum Konventionsbeitritt an folgende Nichtmitgliedstaaten: Korea, die Bundesrepublik Deutschland, Italien, Laos, Ceylon, Jordanien, Monaco, Bulgarien, Rumänien und Ungarn.[13] (Obwohl diese Länder keine UN-Mitglieder waren, würden ihre Ratifikationen zu den zwanzig zählen, die für das Inkrafttreten der Konvention nötig waren.)

Auf dieser Generalversammlung lernte ich zwei Parlamentarier der französischen Delegation kennen, deren Beitrag zur Ratifikation durch Frankreich entscheidend sein sollte: Marcel Plaisant, Vorsitzender des Ausschusses für auswärtige Angelegenheiten des *Conseil de la République*, und Pierre Montel.[14] Mit beiden führte ich lange Gespräche.

Plaisant, einer der führenden Intellektuellen Frankreichs, hörte mir aufmerksam zu und machte nur dann und wann eine Pause, um ausgiebig an seinem Orangensaft zu nippen. Sein rundes Gesicht war ruhig und konzentriert. Ich spürte sofort, dass ich in diesem Mann einen mächtigen Verbündeten gefunden hatte. Er sagte: „Dieses Anliegen entspricht sowohl meinen eigenen Idealen als auch denen Frankreichs. Ich werde mich für die Ratifikation einsetzen. Seien Sie versichert, dass Frankreich auf der Liste der Nationen stehen wird, deren Ratifikation die Genozidkonvention in Kraft setzen wird." In seiner Stimme schwangen die Selbstsicherheit, Gelassenheit und der revolutionäre Eifer all der wunderbaren Generationen französischer Philosophen und Intellektueller mit, die den Fortschritt jahrhundertelang als selbstverständliche Wahrheit und neue Religion des modernen Mannes angenommen haben.

Pierre Montel war von einem anderen Schlag. Den Geschäftsmann aus Lyon trieben die Schwierigkeiten um – die Frankreichs und der Franzosen im vergangenen Krieg und die der Zukunft, die ihm nicht sonderlich rosig vorzukommen schien. Wir führten mehrere lange Gespräche. Sein Gesicht war blass und angespannt.

---

13 A. d. Hrsg.: Ceylon. Bis 1972 der offizielle Name Sri Lankas.

14 Louis Léon Marcel Plaisant (1887–1958) und Pierre Montel (1896–1967). In einem Brief an Abbé de Lattre schrieb Lemkin, er habe „mit zwei wichtigen französischen Parlamentariern, Marcel Plaisant, dem Vorsitzenden des Senatsausschusses für auswärtige Angelegenheiten, und Pierre Montel, dem Vorsitzenden des Nationalversammlungsausschusses für Verteidigung, über die Ratifikation gesprochen. Beide sind bereit, [beim Erlangen der französischen Ratifikation] behilflich zu sein."

„Mein Sohn wurde im letzten Krieg von den Besatzern zu Tode gefoltert."[15] So wie er es erzählte, sah ich den jungen Mann praktisch vor mir am Baum hängen. „Sobald der Vertrag an unser Parlament überwiesen ist, werde ich sämtliche Ausschüsse der Versammlung benachrichtigen. Er sollte ohne ein einziges Wort der Diskussion ratifiziert werden. Das ist eine Frage der nationalen Ehre. Bitte halten Sie mich auf dem Laufenden und schreiben Sie mir so oft Sie wünschen."

Ich spürte, diese Gespräche waren bedeutend. Am nächsten Tag berichtete ich meinen Studierenden darüber. Einer meiner Studierenden, ein junger Franzose, war der Sohn des berühmten Wirtschaftshistorikers Black, der im letzten Krieg erschossen worden war. An jenem Tag sagte er im Unterricht nichts, doch sein ohnehin blasses Gesicht wurde noch blasser. Nach dem Unterricht blieb er und fragte, ob er mir ein Bild seines Vaters zeigen dürfe. Es war ein abgegriffenes Foto, das er immer und überall in seinem Geldbeutel mit sich trug. Das Stück Papier – alles, was dem jungen Mann von einem einst glücklichen und erfüllten Leben geblieben war, – schien der matten Augen, die es so häufig ansahen, müde.

Ich sandte Briefe an den Präsidenten der französischen Nationalversammlung Édouard Herriot, Plaisant, Montel und meinen Bekannten Léon Blum.[16] Der ehemalige französische Premierminister war mehrere Jahre in einem deutschen Konzentrationslager interniert gewesen. Alle vier antworteten mir und erwiesen sich als wahre Hilfe. Daraufhin nahm ich Kontakt mit Minjoz auf, dem Genozid-Berichterstatter der französischen Nationalversammlung, der alles in seiner Macht Stehende tat, um die Ratifikation zu beschleunigen.[17]

Während ich weiterhin mit Frankreich im Schriftverkehr stand, überprüfte Miss Zahir Hossovan den Fortschritt des Ratifikationsprozesses vor Ort in Paris und unterrichtete mich über jeden einzelnen Schritt. Im Juli 1950 wurde das französische Ratifikationsgesetz im offiziellen Amtsblatt der französischen Regierung veröffentlicht.

---

15 A. d. Hrsg.: Montels drei älteste Söhne kamen zwischen 1943 und 1944 in nationalsozialistischen Konzentrationslagern ums Leben: André Montel in Buchenwald, Georges und Yves im Außenlager des KZ-Buchenwald, Mittelbau-Dora.

16 Édouard Herriot (1872–1957) und Léon Blum (1872–1950).

17 Lemkin bezieht sich möglicherweise auf Jean Minjoz (1904–1987).

Wie von Montel versprochen, war es ohne Debatte durch das Plenum ratifiziert worden. Die Notwendigkeit der Ratifikation wurde als offensichtlich angesehen.

Auf der Generalversammlung des Jahres 1949 lernte ich den kanadischen Außenminister Lester B. Pearson kennen.[18] Dieser Mann, der seine tiefe Sorge um sein Land und die Welt mit einer derart natürlichen Einfachheit und Anmut trug, hatte etwas beeindruckend Solides. Obwohl er ein Intellektueller war (er hatte als Geschichtsdozent an der Yale University angefangen), war deutlich zu sehen, dass er sich nicht nur auf die Erkenntnisse seines Hirns und die Berichte der Geheimdienste verließ, sondern auch über die Pfade der Intuition mit der Realität in Verbindung blieb. Staatsmänner empfinden eine Aversion gegen das Wort „Intuition". Sie haben Angst, dass sie zu sehr eine weibliche Eigenschaft ist und nennen sie lieber „gesunden Menschenverstand". Nichtsdestoweniger hilft ihnen der gesunde Menschenverstand auch dabei, zielsicher moralische Probleme ausfindig zu machen. Lester Pearson erkannte die Bedeutung der Genozidkonvention zunächst als Mensch und erst dann als Meister der auswärtigen Angelegenheiten. Saß er einer Versammlung vor, saß er auf dem Podium der Welt genauso natürlich und gelassen, wie man es von einem Ladenbesitzer hinter seiner Theke erwarten würde. Und doch traf dieser Mann bei den Vereinten Nationen folgenreiche Entscheidungen mit Einfluss auf den Frieden in der Welt. 1956 war er für die Aufstellung einer UN-Truppe im Nahen Osten verantwortlich. Man spürte seine intellektuelle Unabhängigkeit, die er nur allzu gern unter Beweis stellte. Man erkannte auch das, was alle Kanadier so anziehend macht: Sie lehnen den Ansatz ab, nach dem internationale Bestrebungen per se hinterhältig sind. Mit all ihren Taten scheinen sie zu sagen: „Lassen Sie es uns zunächst geradeheraus versuchen." Und dabei bleiben sie. Das war Lester B. Pearson.

Ich sagte ihm, welch großartigen Beitrag seine Landsleute und Diplomatenkollegen zur Genozidkonvention geleistet hatten. Er empfand dies als selbstverständlich und versprach, sein Ressort dazu zu bewegen, an der Ratifikation zu arbeiten. Ich stand in ständigem

18 Lester Bowles Pearson (1897–1972) ist kanadischer Friedensnobelpreisträger.

Kontakt mit seinem Ressort und erhielt von seinen Kollegen Informationen zum Stand der Dinge. Ich organisierte zusätzliche Unterstützung, indem ich mich an viele Organisationen in ganz Kanada wandte. Sie antworteten überaus bereitwillig. Eine besonders große Hilfe war die kanadische Vizepräsidentin des Internationalen Frauenrats, Mrs. Hardy, die in Ottawa lebte und gute Kontakte zu Regierungskreisen pflegte. Sämtliche Frauenorganisationen, viele kirchliche Gruppen, nationale Gruppen wie die Ukrainer, die Litauer und die Polen sowie jüdische Gruppen wandten sich ihrerseits an das kanadische Ressort für auswärtige Angelegenheiten.[19] Nichtsdestoweniger lag die Ratifikation nicht pünktlich zu 1950 vor, und Kanada war erst das vierzigste Land, das die Konvention ratifizierte.[20]

Ich hatte immer eine freundschaftliche Beziehung zu der philippinischen Delegation unterhalten, insbesondere zu Botschafter Carlos und seinem Stellvertreter Richter Joye.[21] In Paris hatte ich eng mit Senator Quintín Paredes zusammengearbeitet. Es war ein Leichtes, die philippinische Delegation davon zu überzeugen, dass die Philippinen zu den ersten zwanzig Staaten zählen sollen, die die

---

19 Der folgende an Lemkin adressierte Brief der Anti-Defamation League (dt. Anti-Diffamierungs-Liga) der Organisation B'nai B'rith (hebräisch; dt. Söhne des Bundes) ist ein Beweis dafür, wie Nichtregierungsorganisationen Lobbyismus für die kanadische Ratifikation betrieben:

> „Sehr geehrter Professor Lemkin, vielleicht interessiert Sie folgende Information, die ich soeben von unseren kanadischen Kontakten erhalten habe. Hon. Lester B. Pearson, der kanadische Außenminister, versicherte auf ein Ersuchen von Mr. Samuel Bronfman, dem Präsidenten des Canadian Jewish Congress, zur kanadischen Ratifikation der Genozidkonvention: ‚Seit ich am [unleserlich] November 1940 die Ehre hatte, die Konvention im Namen Kanadas zu unterzeichnen, ist die Frage nach der kanadischen Ratifikation sorgfältig überprüft worden. Die kanadische Regierung ist der Ansicht, dass alles getan werden sollte, um das humanitäre Anliegen, dem mit der Konvention Ausdruck verliehen wird, zu fördern, und dass ihre Inkraftsetzung ein Schritt in diese Richtung wäre. Für die Ratifikation der Konvention ist die Zustimmung des Parlamentes nötig. Ich hoffe, diese kann zu Beginn der nächsten Sitzungsperiode gesichert werden. Wir sind angesichts der von der Sowjetunion, der Ukraine, Weißrussland und der Tschechoslowakei bei der Unterzeichnung der Konvention im letzten Dezember angebrachten Vorbehalte etwas besorgt. Wir prüfen diese Positionen und unsere Strategie zum Umgang damit.'"

20 Kanada unterzeichnete die Genozidkonvention am 1. Januar 1951 und ratifizierte sie am 3. September 1952.

21 Höchstwahrscheinlich meint Lemkin Carlos Peña Rómulo (1898–1985), der 1949 und 1950 Präsident der UN-Generalversammlung war.

Genozidkonvention ratifizierten. (Ich übermittelte ein Memorandum und betonte darin die besondere Notwendigkeit, vor der Versammlung 1950 zu ratifizieren. Es ist immer leichter, Ergebnisse zu erzielen, wenn man eine Agenda hat. Auch Regierungen arbeiten auf diese Weise.)

Die Philippiner waren so sehr an der Konvention interessiert, dass Senator Jesus Queuco schon 1947, ein Jahr, bevor die Generalversammlung in Paris die Genozidkonvention verabschiedete, einen nationalen Gesetzesentwurf zur Ächtung des Genozids eingebracht hatte. Der Grund dafür war wohl das große Leid, das die Philippiner sowohl unter der spanischen Kolonialherrschaft als auch unter der japanischen Besatzung im letzten Krieg erfahren hatten. Es waren viele Versuche unternommen worden, den Nationalcharakter des philippinischen Volkes zu zerstören und ihr Nationalstolz hatte zahlreiche Verletzungen erlitten. Die lebhafte Vorstellungskraft, intellektuelle Offenheit und der angeborene Sinn für Dramatik der Philippiner fanden ihren Ausdruck und ihr Ventil in der Konvention. Sie versprachen eine schnelle Ratifikation und hielten Wort.[22]

Nachdem der UN-Generalsekretär die Nichtmitgliedstaaten zum Konventionsbeitritt eingeladen hatte, begann ich, auch mit diesen Nationen zusammenzuarbeiten. Zu jener Zeit zählte jede Ratifikation.

Ich schickte Briefe nach Korea, an den Präsidenten und den Außenminister.[23] Doch aus irgendeinem Grund traf die Ratifikationsurkunde zu spät ein. Erst zu Beginn der Generalversammlung 1950 und nur per Zufall erfuhr ich von der koreanischen Ratifikation. In der Delegiertenhalle in Lake Success traf ich auf einen Mann, der mir als koreanischer Außenminister vorgestellt wurde. Ich sagte ihm, wir stehen in Schriftverkehr. Er antwortete, dass Korea bereits ratifiziert habe und das Dokument nun zwischen den Büros des Premierministers und des Präsidenten irgendwo in Seoul unterwegs sei, um den notwendigen Formalitäten zu entsprechen. Da wir für das Inkrafttreten der Konvention zwanzig Ratifikationen brauchten, war der Minister bereit, einen Brief an den Generalsekretär zu

[22] Die Philippinen unterzeichneten und ratifizierten die Genozidkonvention am 12. Januar 1951.

[23] Syngman Rhee (1875–1965) war von 1948 bis 1960 der erste Präsident Südkoreas.

unterzeichnen, in dem er bestätigte, dass Korea bereits ratifiziert hatte. Am nächsten Tag brachte das koreanische Generalkonsulat den Brief vorbei und hinterlegte ihn im Büro des Generalsekretärs. Damit fehlte uns eine Ratifikation weniger.

Die Ratifikation durch Frankreich sollte mehrere Nichtmitgliedstaaten beeinflussen, da Laos, Kambodscha und Vietnam zu jener Zeit französische Protektorate waren. Ihre Ratifikationen wurden problemlos und beinahe automatisch von Frankreich arrangiert und vollzogen. Mehrere Gespräche mit ihren UN-Vertretern und Botschaftern überzeugten mich davon, dass die Ratifikation voll und ganz in ihrem Interesse war.

Mein Freund Jean Nussbaum besuchte mich in Yale und hielt vor meinen Studierenden einen Vortrag über die Reform des Sitzungskalenders, die auf der Tagesordnung des Rates stand.[24] Ich

[24] Wie aus dem folgenden Brief von Lemkin an Nussbaum nach dessen Besuch in Yale hervorgeht, profitierte Lemkin von Nussbaums großem internationalen Einfluss:

> „Lieber Dr. Nussbaum, ich schreibe Ihnen aus Washington, D.C., wohin Ihr Brief mir nachgesandt wurde. Vielen Dank für Ihre Bemühungen im Dienste der Genozidkonvention. Ich bin sehr dankbar, dass Sie beschlossen haben, die Angelegenheit persönlich mit dem französischen Premierminister und der holländischen Königinmutter zu besprechen. Ich bin sicher, diese beiden Menschen können schnell etwas bewirken. Einige neue Entwicklungen zum Thema Genozid könnten von Interesse für Sie sein: Die britische Delegierte bei der UN-Versammlung, Mrs. Barbara Castle, hat Sowjetrussland des Genozids an den drei baltischen Nationen beschuldigt. Ecuador hat bereits ratifiziert, Brasilien ratifiziert diese Woche. In der kommenden Woche findet in London eine wichtige internationale Arbeiterkonferenz statt. Ich werde versuchen, dort einen Beschluss zur Ratifikation zu erwirken. Falls Sie Kontakte zur französischen Arbeiterbewegung haben, könnten Sie vielleicht die französische Delegation bitten, eine Resolution zum Thema Genozid zu unterstützen oder vorzuschlagen. Ich füge einen Resolutionsentwurf bei, der bei der Arbeiterkonferenz in London verwendet werden könnte. Wie Sie wissen, hat Dänemark kürzlich die Konvention unterzeichnet. Wenn etwas unternommen werden kann, um die dänische Ratifikation zu beschleunigen, wäre dies überaus bedeutend. Mir wurde berichtet, der holländische Justizminister bekenne Interesse. Vielleicht können Sie ihm gegenüber erwähnen, dass sein Berater Professor Duynste, der sich gerade in Lake Success aufhält, eindringlich um die Ratifikation bittet. Lassen Sie mich offen sprechen, vielleicht können Sie mir helfen: Der Rechtsberater des niederländischen Außenministeriums, Mr. Francois, ist ein großer Skeptiker mit großem Einfluss. Wenn es Ihnen gelingt, ihn zu überzeugen, wird Holland ratifizieren. Folgende Punkte müssten mit Francois erarbeitet werden: (1) Da aus dem Nürnberger Urteil abgeleitet werden kann, dass Verbrechen in Friedenszeiten straffrei bleiben, gibt es de facto keine Rechtsvorschrift gegen Genozid. (2) Die Ratifikation der Konvention wird die Verurteilung des Verbrechens durch die

besprach mich mit ihm zu Monaco und er bot an, auf einer seiner Reisen in die Schweizer Heimat dort Halt zu machen.

Im April 1950 fand eine Konferenz des US-amerikanischen und der lateinamerikanischen Außenminister in Washington, D.C. statt. Ich beschloss, an der Konferenz teilzunehmen und persönlich mit einigen Ministern zu sprechen. Die Treffen fanden bei der Panamerikanischen Union in einem wunderschönen Gebäude in der Constitution Avenue statt. Am Tag meiner Ankunft kam eine Gruppe weißer Wolken, die über das blaue Firmament eines Sommertages gewandelt war, durch ihre eigene Trägheit zum Stehen. Während einer Pause betrat ich den Konferenzsaal. Die Delegierten unterhielten sich miteinander und mit ihren angereisten Freunden. Lebhaft, ohne laut zu sein, freundlich, ohne zu persönlich zu sein – die Latinos trafen bei ihren gesellschaftlichen Zusammenkünften instinktiv den richtigen Ton. Obwohl sich lateinamerikanische Diplomaten ihrer offiziellen Position bewusst sind, sind sie nicht übertrieben förmlich. Sie verschanzen ihre Persönlichkeit nicht hinter Panzerschilden. Ihr Inneres ist stets offen für menschliche Berührungen. Aus einer kleinen Gruppe in der Menge nickte Amalia de Castillo Ledón mir zu. Sie stellte mir den salvadorianischen Außenminister Dr. Rafael Urquía vor, der später zum Vertreter bei der UN berufen wurde. Es folgte ein freundliches Gespräch. Der Minister kannte die Genozidkonvention bereits von Mrs. Ledón und aus meinen Briefen. „El Salvador arbeitet an der Ratifikation. Sie wird bis zur

---

Weltöffentlichkeit verdeutlichen. (3) Das Vaterland des Völkerrechts sollte in dieser Angelegenheit die Führung übernehmen. Was Jugoslawien angeht, so denke ich, wäre es nützlich, wenn Sie die Ratifikation erbitten würden. Sie könnten sich auch im Außenministerium mit Professor Bartos treffen, der Russland wegen seines Widerstands gegen das Völkerrecht momentan ganz schön in die Mangel nimmt. In Belgien sollen Senator Henry Rolin und Minister Carton de Wiart von größter Hilfe sein; außerdem Mr. Rey, Minister für Wiederaufbau, die Zukunft der Liberalen. In Frankreich können Sie sich der Unterstützung der katholischen Gemeinde sicher sein, von Monseigneur Beaupin, Abbé du Bois und insbesondere von Abbé de Lattre, der in Square Lamartine 5 in Paris wohnt. Bitte halten Sie mich auf dem Laufenden. Dekan Sturges, Professor Benton und meine Studierenden waren von Ihrem Besuch beeindruckt. Sie alle schicken liebe Grüße und die besten Wünsche für Ihr großartiges Engagement für die Menschlichkeit. Mit freundlichen Grüßen."

Über die Anschuldigung von Barbara Castle wurde auf den Titelseiten der Presse berichtet.

Generalversammlung 1950 vorliegen“, versicherte er mir. Ich traf auch Außenminister Carressa, der mir seine Assistenz vorstellte.

Ich rief bei der haitianischen Botschaft in Washington, D.C. an und bat um einen Termin bei Außenminister Monsieur Leger. Ich sagte: „Exzellenz, Ihre Vorfahren wurden als Sklaven in diesen Teil der Welt verbracht. Sie wurden gefoltert und geschlagen. Heute ist Ihr Volk frei. Bitte nutzen Sie Ihre eigene Erfahrung als eine gute Tat für die gesamte Menschheit. Ihre Regierung sollte an vorderster Front dieser Schlacht stehen, denn wäre das Opfer derer, die ihr Leben ließen, andernfalls nicht umsonst gewesen?“, flehte ich. Der Minister saß neben mir auf dem Sofa. Als ich sein Gesicht näher betrachtete, dachte ich bei mir: „Er wird es ganz bestimmt tun.“ Ich spürte, dass ich nun nicht mehr allgemein über das inflationär gebrauchte Wort „Menschlichkeit“ sprach, das ebenso wie die Vorstellung des Guten unerreichbar schien. Stattdessen näherte ich mich dem Kern konkreter Menschen, ihren Wunden, ihrem Schweiß, ihren Ängsten und Sehnsüchten. Ich sah sie vor meinem inneren Auge: An der sonnigen Küste Afrikas standen sie in langen Schlangen, um auf Boote geladen zu werden, während ihre Frauen und Kinder weinend Abschied nahmen. Als sie sich ein letztes Mal zum Ort ihres schwindenden Glückes umblickten, schnellte ein Peitschenhieb auf ihre braunen Körper herab. Ich sah sie, zusammengepfercht an Deck, wie der Gestank ihnen die Luft abschnürte, wie sie vor Fieber krampften und benommen zusahen, wie die Leichname ihrer Landsleute ins offene Meer geworfen wurden. Was war mit diesen Menschen geschehen? Wollte Monsieur Leger nun, da er ein mächtiger Mann war, nicht mehr an seine Vorfahren erinnert werden oder kannte er ihre Geschichte nicht?

„Verraten Sie mir mehr über die Konvention“, sagte er mit einer Stimme, die aus weiter Ferne zu kommen schien. Die Nachmittagssonne warf ein helles Muster auf die Wände des ruhigen Raumes. Ihre Strahlen zuckten über den Teppich, die Stühle und die kleine Statue auf dem Schreibtisch. Plötzlich wurde mir bewusst, dass ich offene Türen einrannte. Der Mann neben mir fühlt das, was ich in mir trage, genauso sehr wie ich. Nun ist es sein „Anliegen“. Schon vor langer Zeit war es ein Teil von ihm gewesen. Wie bei vielen anderen Staatsmännern war es nur unter einer Staubdecke verborgen.

Sobald man den Staub entfernt, erlangt ein Juwel seinen Glanz wieder. Monsieur Leger geleitete mich zur Tür, drückte mir freundlich die Hand und sagte: „*Nous allons le faire.*“ (Wir werden es tun.)

Zu einer anderen Gelegenheit in Washington, D.C. besuchte ich verschiedene Botschaften. Sir Carl Berendsen aus Neuseeland bereitete mir einen angenehmen Empfang und versprach, mein Gesuch um Ratifikation an Wellington weiterzuleiten.[25] Dann besuchte ich die ceylonesische Botschaft. Der Botschafter war außer Hauses und ich wurde vom Chargé d'Affaires empfangen: Gunewardene, ein Mann mit einem asketischen Gesicht, das zur Hälfte von einer riesigen Brille bedeckt war. Doch sein Blick war stechend, und während ich sprach, spürte ich ihn auf meinem Gesicht. „Ihre Leute sind ja größtenteils vermessen. Die Heiligkeit des Lebens ist eine grundlegende Lehre der Religion, der die Mehrheit Ihres Volkes anhängt. Die Lehren des Buddhismus haben viele Triebfedern des Genozids aus dem Weg geräumt: Gier, Wut und Hirngespinste. Dem Buddhismus ist es bereits gelungen, einen Genozid zu stoppen. Die Mongolen hatten Millionen von Menschen niedergemetzelt, doch als sie nach China gelangten und Kublai Khan zum Buddhismus konvertierte, setzte er den Massakern ein Ende. Sollten die praktischen Lehren Ihrer Religion die ceylonesische Regierung nicht dazu veranlassen, jetzt zu unterzeichnen, damit sie zum Kreis derer gehört, die die Konvention in Kraft setzten? Ceylon würde zu einer der Gründernationen der Konvention aufsteigen.“

Mein Gegenüber war ein gebildeter Mann, der gern über Geschichte und Philosophie sprach. Bei der Verabschiedung versprach er mir, seine Regierung dazu zu bewegen, vor der Generalversammlung 1950 zu ratifizieren. All das kam mir recht natürlich vor, wenn ich nur zur richtigen Zeit und am richtigen Ort mit den richtigen Menschen sprach. Ich spürte, meine Argumente waren gut begründet und wurden ehrlich genug vorgetragen, um Eindruck zu machen.

Während meines Aufenthaltes in Washington, D.C. wurde ich gebeten, mich mit Ángela de Chacón in Verbindung zu setzen, die Costa Rica vertrat und die Not der Frauen angehen wollte. Sie war Anwältin, Kämpferin für die Gleichberechtigung der Frau und ein

---

[25] Sir Carl August Berendsen (1890–1973).

Mensch mit ausgeprägtem Gewissen und starken Visionen. Sie schrieb einen Sonderbericht für eine juristische Zeitschrift in ihrem Land und für die kolumbianische Zeitschrift *El Lumbre*. Eines Tages empfahl sie mir, mich mit ihrem Botschafter in Washington, D.C. zu treffen. „Es ist eine gute Idee, sich zuerst auf die kleinen Nationen zu konzentrieren. Der Botschafter ist jung, idealistisch und ein Anwalt mit Vorliebe für neue Konzepte", sagte sie. Ich traf den Botschafter. Er bat mich, direkt nach meiner Rückkehr nach Yale zu schreiben. Als Antwort erhielt ich folgenden Brief:

9. Juni 1950
Botschaft Costa Rica
Washington 8, D.C.
N. 1988

Professor Raphael Lemkin
Juristische Fakultät
Yale University
New Haven, Conn.

Verehrter Professor Lemkin,

ich freue mich, Ihnen das Schreiben 7185/e vom 3. Juni abzuschreiben, das ich heute vom Außenministerium meines Landes erhalten habe:

„Sehr geehrter Botschafter,

es ist mir eine Freude, Ihnen den Erhalt Ihres Schreibens 1943 vom 29. Mai dieses Jahres mit beiliegender Kopie eines Briefes von Prof. Raphael Lemkin von der Yale University zu bestätigen. In seinem Brief an Sie erläutert Prof. Lemkin in aller Ausführlichkeit die Konvention zum Verbrechen Genozid, die vor einiger Zeit der UN vorgelegt wurde. Der Inhalt des Schreibens von Prof. Lemkin ist überaus interessant und ich erlaube mir, Kopien zu machen, um sie den Mitgliedern des Kabinetts sowie dem Vorsitz der gesetzgebenden Versammlung im Hinblick auf die Möglichkeit der Ratifikation durch unser Land vorzulegen. Ich nutze die Gelegenheit und unterzeichne hochachtungsvoll als Ihr Freund (–) Ricardo Toledo, Staatssekretär für auswärtige Angelegenheiten."

Da es ansonsten nichts Besonderes zu berichten gibt, sende ich Ihnen meine wärmste Hochachtung.

Mario Echandi[26]
Botschafter

[26] Mario José Echandi Jiménez (1915–2011) war von 1958 bis 1962 costa-ricanischer Präsident.

Botschafter Echandi verfolgte den Vorgang in seinem Land weiter. Er verstand die Bedeutung der Konvention und leistete einen großen Beitrag zu ihrer Ratifikation.

Im Frühling 1958 wurde Echandi zum Präsidenten Costa Ricas gewählt. Als er die USA besuchte, kontaktierte ich seine Sekretärin im Waldorf-Astoria. Echandi wollte sich mit mir treffen. Er war froh, dass die Konvention nun schon von achtundfünfzig Staaten ratifiziert worden war und versprach seine volle Kooperation, um sie weiter voranzubringen.

Ich besuchte auch die liberianische Delegation in Washington, D.C., in einem bescheidenen Haus in der Sixteenth Avenue, und lernte den Chargé d'Affaires Mr. Bright kennen. „Herr Chargé d'Affaires", begann ich, „ich habe mich auf ein trauriges Thema spezialisiert: den Genozid. Es stecken sowohl Tragik als auch das Versprechen darin, den Massakern ein Ende zu bereiten. Die Rassen, die unter Verfolgung litten, sollten besonderes Interesse an diesem völkerrechtlichen Vertrag haben. In der Versammlung gab es Versuche, seine Verabschiedung zu verhindern. Nun, da er verabschiedet wurde, sollten wir uns auf sein Inkrafttreten konzentrieren", bat ich eindringlich.

Ich teilte ihm den Stichtag mit. Er verstand voll und ganz und teilte meine Meinung. Mit seinen grünen Plüschsofas strahlte der Raum eine wohltuende Ruhe aus. Mr. Bright sah nachdenklich aus dem Fenster und sagte: „Wir müssen uns beeilen und verhindern, gebremst zu werden, ehe wir richtig an Fahrt aufnehmen." Er sah jung aus, aber sein Denken und Fühlen waren von großer Reife und Stärke geprägt.

Was veranlasste all diese Menschen dazu, sich gemeinsam mit mir zu sorgen und gemeinsam mit mir gewissenhaft zu planen? Hatte ich ihnen – und mir – Unrecht getan, indem ich angenommen hatte, ich wäre ein einsamer Kämpfer für diese Sache? Tatsache war, dass ich mir unter dem Eindruck einiger weniger freundlicher Reaktionen kein Urteil über den Rest der Welt erlauben konnte. Nach einem Genozid sind die Menschen aufgewühlt, doch dann kehren sie in die Gleichgültigkeit zurück. Wir befanden uns in einer Phase, in der die Gefühlsebbe noch nicht eingesetzt hatte. Ich hatte mit denen gesprochen, die Leid erfahren hatten, und mit denen, die sich nicht von den Machtgefügen der großen Staaten gefesselt sahen. Aber wie lange würde ich aus ihrer Unterstützung und ihrem Mitgefühl schöpfen können?

Am Horizont waren Wolken heraufgezogen, doch ich war zu beschäftigt, um sie zu bemerken. Ich wollte mich nicht durch Zweifel und Ängste von meinen Plänen abbringen lassen.

Unterdessen wurde bei der UN die Ratifikation durch Ecuador vorbereitet. Es würde ein großes Ereignis werden. Ich bat Trygve Lie, der Zeremonie beizuwohnen, und rief bei der *New York Times* an, um Bescheid zu geben, dass es hilfreich wäre, wenn ein Teil der Zeremonie aufgenommen würde.[27] Genauso kam es, und die Aufzeichnung entfaltete die gewünschte Wirkung.

Bei der UN aß ich mit Dr. García Bauer, dem guatemaltekischen Delegierten und damaligen Außenminister, zu Mittag.[28] Er war einer jener blonden lateinamerikanischen Diplomaten mit jugendlicher Erscheinung, die man leicht für den einen oder anderen gebürtigen Europäer halten konnte. Es gibt Menschen, die ihr Inneres nicht ohne Weiteres preisgeben. Doch ein vertrautes Gespräch macht sie zu engagierten und verlässlichen natürlichen Verbündeten und Freunden. Danach fragt man sich, warum man nicht schon viel früher mit ihnen gesprochen hat – das Leben wäre so viel einfacher gewesen. Ich vertraute ihm meinen Plan der zwanzig Ratifikationen vor der Generalversammlung von 1950 an. Wir warfen einen Blick auf die Ratifikationsurkunden, die bereits hinterlegt worden waren: „Ich weiß, dass Guatemala mit seiner humanitären Tradition diese Konvention ratifizieren wird. Aber es muss jetzt sein. Im weiteren

---

27 Trygve Halvdan Lie (1896–1968) war der erste Generalsekretär der Vereinten Nationen.

28 Im Dezember 1949 schrieb Lemkin Dr. Carlos García Bauer:

„Lieber Herr Botschafter, ich schicke freundliche Grüße und hoffe, dass Sie mit der Ratifikationsurkunde der Genozidkonvention, die Ihnen so sehr am Herzen liegt, nach Lake Success zurückkehren werden. Dass Guatemala inmitten des Wiederaufbaus nach der jüngsten Überschwemmung an der Ratifikation weiterarbeitet, ist ein Beweis der humanitären Tradition Ihres Landes. Der Tag der guatemaltekischen Ratifikation wird als Symbol des Sieges des menschlichen Geistes und Idealismus über materielle Sorgen gefeiert werden. Bitte bestellen Sie Rektor Durán schöne Grüße, wenn Sie ihn sehen. Er hat mit der Mobilisierung der lateinamerikanischen Universitäten einen großen Beitrag zu diesem Anliegen geleistet. Fröhliche Weihnachten und ein frohes neues Jahr, Ihr Raphael Lemkin."

Sinne werden die ersten zwanzig Nationen auf der Weltbühne als Fürsprecher des Anliegens auftreten müssen. Sie werden die Gründernationen einer neuen Menschlichkeit sein. Schnelles Handeln ist gefragt; Amtsschimmel muss vermieden werden." Botschafter Bauer sagte: „Es ist durchaus machbar, aber Sie müssen dem guatemaltekischen Präsidenten schreiben. Mein Bruder, der sich gerade in New York aufhält, wird ihm den Brief direkt übergeben. Das ist die einzige Möglichkeit, den Prozess zu beschleunigen. Parallel dazu werde ich die üblichen Hebel in Bewegung setzen."

Nach dem Mittagessen verfasste ich den Brief und der Botschafter stellte mir seinen jüngeren Bruder vor. Der Plan erschien ihm so simpel und geradlinig, dass mir unweigerlich der Gedanke kam, ich würde ihn mit meinen Zweifeln unnötig verkomplizieren. Wie Botschafter Bauer mir 1950 mitteilte, wurde dem Präsidenten der Brief tatsächlich übergeben.

Doch ich ließ es nicht darauf beruhen: Ich bat verschiedene guatemaltekische Organisationen, mit denen ich seit der Generalversammlung von 1948 in Kontakt stand, die Ratifikation zu fordern. Auch dem Rektor der Universität Guatemala schrieb ich einen Brief. Bei meinem nächsten Aufenthalt in der Hauptstadt traf ich auch den Außenminister des Landes, der gerade die USA besuchte. Ich hatte schon immer die Auffassung vertreten, dass Regierungshandlungen nicht nur von einem hohen Amtsträger ausgehen können und sollten, sondern vom kollektiven Willen des Volkes getragen werden sollten. Dann, und nur dann, kann die Regierung die mit der Handlung beabsichtigte gesellschaftliche und gemeinschaftliche Tiefe erreichen. Ich war der Meinung, meine Arbeit wäre von stabilerem und dauerhafterem Erfolg, wenn ich so weitermachte.

Mehrere Wochen später begrüßte mich Botschafter Bauer mit einem strahlenden Lächeln in der Delegiertenhalle: „Ich habe die Mitteilung über die Ratifikation erhalten und werde sie in den kommenden Tagen hinterlegen." Die Ratifikation durch Guatemala war damit unter Dach und Fach.[29]

Ich wusste, ich würde auf zwei weitere lateinamerikanische Länder setzen können: Panama und Kuba. Dr. Alfaros Engagement

[29] Guatemala unterzeichnete und ratifizierte die Genozidkonvention am 12. Januar 1951.

und der besondere Stolz, den das panamaische Volk aus der Unterstützung der Konvention zog, machten die Ratifikation durch Panama zu einer logischen Konsequenz. Es genügte, Dr. Alfaro über den Plan zu unterrichten, und schon wurde die panamaische Ratifikationsurkunde hinterlegt. In Kuba hingegen schienen die Dinge langsamer voranzugehen. Über den kubanischen Außenminister ließ ich dem Präsidenten einen Brief zukommen, aber es war wohl ein ungünstiger Zeitpunkt, denn die Ratifikation durch Kuba erfolgte erst nach der Generalversammlung von 1950.[30]

Ein gewagter Plan nahm in meinem Kopf Gestalt an: Ich würde die Türkei dafür gewinnen, zu einer der zwanzig Gründernationen der Konvention zu werden. Dies wäre die türkische Buße für den Genozid an den Armeniern. Aber wie könnte der Plan gelingen? Hier war ein längeres Gespräch gefragt. Ich rief den Berater Adnan Kural an, zu dem ich ein freundschaftliches Verhältnis pflegte, und bat um ein Treffen. In der Nacht davor versuchte ich, mir eine Strategie zurechtzulegen, wie ich die Sache am besten zur Sprache bringen könnte. Ich kam zu keinem anderen Schluss als dem, mich auf meine Intuition zu verlassen. In meinem Kopf begannen einige flüchtige Ideen zu köcheln: Die Türken sind stolz auf ihre republikanische Regierungsform und ihre fortschrittlichen Ideen, die sie von der Herrschaft des Osmanischen Reichs abheben. Die Genozidkonvention würde diese Bemühungen zu einem Teil des internationalen und sozialen Fortschritts befördern. Mir war allerdings auch bewusst, dass wir beide das andere Thema, die Armenier, obwohl sie permanent in unseren Gedanken wären, würden meiden müssen.

Am Morgen begann ich mit der Planung. Ich wollte den Namen der Türkei auf der Liste der zwanzig Nationen lesen, die das Inkrafttreten der Genozidkonvention ermöglichen und der UN den Weg frei machen würden, den gesellschaftlichen Fortschritt und die Weiterentwicklung des Völkerrechts zu verkünden. Moderne Nationen sollten moderne Ideen voranbringen.

---

30 Panama unterzeichnete und ratifizierte die Genozidkonvention am 12. Januar 1951. Kuba unterzeichnete die Konvention am 12. Januar 1951, ratifizierte sie aber erst am 4. März 1953.

Ich sagte: „Ihr Land hat großartige Reformen vollzogen: die Modernisierung Ihres Alphabetes, die Befreiung der türkischen Frauen und die Einführung moderner Bildungsmethoden. Die Augen der Welt sind auf Sie gerichtet. Die Ratifikation der Genozidkonvention ist der bestmögliche nächste Schritt. Doch dieser Schritt muss bei der nächsten Generalversammlung gekonnt in Szene gesetzt werden. Ansonsten würde die türkische Ratifikation, auf die ich baue, unter denen, die folgen, untergehen. Warum Schüler sein, wenn man Lehrer sein kann?" Dann ergänzte ich: „An Ihrem Fortschritt erkenne ich den radikalen Bruch mit der Vergangenheit." Adnan Kural war ein Mann aus einem Guss. Das galt für viele türkische Diplomaten, die ich kannte, auch für UN-Botschafter Selim Sarper.[31] Anders als ihre zeitgenössischen Freunde aus dem Westen hatten die Türken nie gelernt, mit gespaltener Zunge zu sprechen: In der UN waren sie entweder unverblümter als die anderen oder sie bewahrten völliges Stillschweigen. Kural versprach, unser Gespräch wörtlich weiterzugeben. Er hoffte auf das Beste. Am nächsten Tag traf ich Botschafter Selim und wiederholte mein Plädoyer. Er versprach sogar, ein Telegramm zu senden.

Nun ging es wirklich voran. Ich traf Sir Zafarullah Khan aus Pakistan, der berichtete, in Washington, D.C. mit dem Botschafter Saudi-Arabiens gesprochen und ihn davon überzeugt zu haben, die Ratifikation durch sein Land vorzuschlagen. Der Botschafter sei dem zugetan gewesen. „Leider", so fügte er hinzu, „sieht es in meinem eigenen Land für die Ratifikation im Moment nicht allzu gut aus." Ich war diesem Mann so dankbar für seine Ehrlichkeit und Hilfe. Zwischenzeitlich unterrichtete mich Jordanien über seine Ratifikation. Wirklich, es ging voran. Die zwanzig Ratifikationen bis zur Versammlung 1950 schienen plötzlich kein Hindernis mehr. Bis in die Tiefe meines Herzens hinein spürte ich, wie sich die Fata Morgana in der Wüste langsam wandelte: Je näher ich der Oase kam, desto deutlicher sah ich Pflanzen und Wasser vor mir.

Ich verbrachte das Sommerende in der Hauptstadt. Am 24. Juni marschierten nordkoreanische Truppen in Südkorea ein.[32] Die UN leitete Maßnahmen zum Schutz Koreas ein. Anfang Juli richtete

[31] Selim Sarper (1899–1968).

[32] Der Einmarsch erfolgte am 25. Juni 1950 um vier Uhr morgens.

sich der koreanische Botschafter in einer dringenden Mitteilung an viele UN-Vertreter. Er machte darauf aufmerksam, dass die koreanische Bevölkerung Gefahr lief, einem Genozid zum Opfer zu fallen und bat die Regierungen eindringlich, die Ratifikation der Genozidkonvention zu beschleunigen, um sein Volk in Südkorea unter den Schutz eines völkerrechtlichen Vertrages zu stellen. Die Mitteilung wurde sogar in einigen nationalen Parlamenten thematisiert. Über den US-amerikanischen UN-Botschafter erreichte sie auch Präsident Truman, der den Vorsitzenden des Senatsausschusses für Außenpolitik, Tom Connally, beauftragte, die US-amerikanische Ratifikation zu beschleunigen.[33]

Ich sandte erneut Telegramme nach Costa Rica und El Salvador und traf mich mehrfach mit dem salvadorianischen Botschafter Héctor David Castro.

Ich glaubte fest daran, dass die Konvention im Zuge der Generalversammlung die für ihr Inkrafttreten notwendige Zahl an Ratifikationen erreichen würde. Bevor ich nach New York und Lake Success aufbrach, erhielt ich vom kubanischen Botschafter in Washington, D.C. die Nachricht, die kubanische Regierung habe mir in Anerkennung meines Engagements für die Genozidkonvention das Großkreuz des Ordens von Carlos Manuel de Céspedes von Kuba, den kubanischen Menschenrechtsorden, verliehen.[34]

Die kubanische Delegation war 1946 eine der drei ersten Unterstützerinnen der Genozidkonvention gewesen. Ich lud meine Freunde zur Zeremonie in der kubanischen Botschaft ein. Gerade noch rechtzeitig fiel mir auf, dass ich nicht in meinen braunen Sportschuhen – die einzigen, die ich in Washington, D.C. hatte – zur Zeremonie würde erscheinen können. Ich kaufte mir zu meinem dunkelblauen Anzug passende schwarze Schuhe, ging zum Friseur und erschien um achtzehn Uhr im Empfangssaal der kubanischen Botschaft in der Sixteenth Street. Ich war ruhig und gefasst und versuchte meinen Stolz so gut es ging zu verbergen. Doch meine Freunde, insbesondere die Lateinamerikaner, waren sich der großen

[33] Thomas Terry Connally (1877–1963).

[34] Carlos Manuel de Céspedes del Castillo (1819–1874), ein Plantagenbauer, der seine Sklaven befreite und den Krieg für die Unabhängigkeit von Spanien begann, gilt als Vater der kubanischen Nation.

Ehre, die mir zuteil wurde, so deutlich bewusst, und sie brachten dies so überschwänglich zum Ausdruck, dass ich die engelsgleiche Bescheidenheit nicht länger aufrechterhalten konnte und anmutig vor der menschlichen Schwäche kapitulierte.

Natürlich hielt ich eine Rede und bedankte mich bei der kubanischen Regierung. Ich nutzte die Gelegenheit, um die Bedeutung der Genozidkonvention in dieser Stunde der Menschheitsgeschichte zu unterstreichen. Erneut folgten ein Blitzlichtgewitter und eine Flut an Fragen von den Zeitungsleuten. Dann reiste ich nach Lake Success für die Eröffnung der entscheidenden UN-Generalversammlung von 1950.

Und diese Generalversammlung war wahrhaftig entscheidend. Sie war eine Mischung aus unschuldiger Freude, großem Erfolg, Bedrängnis, Täuschung und Gefahr für meine Gesundheit und mein Leben. Zunächst sah ich die Hiebe und Messer im Körper des neugeborenen Kindes, der Genozidkonvention, nicht: Ihr wurde zwar die Möglichkeit zum Inkrafttreten gewährt, allerdings nur, um sie etwas später in den Tod zu führen, soweit zumindest die Hoffnung der Opposition zu jener Zeit.

Das Drama entfaltete sich nach und nach vor meinen Augen. Ich war so konzentriert darauf gewesen, die Konvention in Kraft zu setzen, dass ich gar nicht bemerkt hatte, wie die Opposition die ganze Zeit diskret, scharfsinnig und mit ausgefeilten Techniken daran gearbeitet hatte, das Gebäude, das ich errichtete, einzureißen. Ich spürte intuitiv, dass etwas falsch war, doch zunächst war es nur ein vages Gefühl, etwa so, wie wenn man Krankheit oder Tod eines geliebten Menschen voraussieht.

Eines Tages bemerkte ich in der überfüllten Delegiertenhalle das Gespräch einiger Organisationsberater – meine Hauptopponenten. Sie sahen mich nicht, und ich konnte deutlich vernehmen, dass sie über die Genozidkonvention sprachen. Einer nannte meinen Namen und sagte: „Die Sache ist ihm über den Kopf gewachsen." Er täuschte sich, sie war mir nicht über den Kopf gewachsen, sie war nicht einmal an meinem Kopf angekommen. Sie steckte einfach in meiner Haut. Ich beschloss, der Sache auf den Grund zu gehen.

An jenem Nachmittag fragte ich den Bediensteten des UN-Archivs nach den neuen Dokumenten, die vor der Generalversammlung ausgegeben worden waren. Drei waren von Interesse für mich: ein Memorandum der britischen Delegation zum Problem der Vorbehalte gegen die Genozidkonvention, der erste Entwurf eines *Draft Code of Crimes Against the Peace and Security of Mankind*[35] und der Bericht der Völkerrechtskommission.[36] Eine flüchtige Lektüre erfüllte mich mit Grauen. Ich hatte die Rechtsdokumente der UN nie gemocht. Ihre Worte verschleiern ihre wahre Bedeutung. Ihre Absicht tritt erst nach und nach zutage, wenn man den betreffenden Delegierten bei der Thematisierung beobachtet. Erst dann sieht man, wie aus den Ecken jeder Zweideutigkeit eine Schlange hervorgekrochen kommt, erst langsam, dann immer schneller und schneller…

Das britische Memorandum richtete sich an den UN-Generalsekretär und machte auf die gegen Artikel IX angebrachten Vorbehalte aufmerksam, mit denen die Delegationen des Sowjetblocks die Konvention unterzeichnet hatten. Der Tenor dieser Vorbehalte war folgender: Sollte je ein Genozid vor den Internationalen Gerichtshof gebracht werden, wäre das Einverständnis dieser Regierungen nötig, bevor der Fall angehört werden könnte.[37]

Natürlich war ich über diese Vorbehalte nicht glücklich, genauso wenig wie über jegliche andere Einschränkung der Verpflichtungen von Regierungen in Bezug auf das Verbrechen des Genozids. Doch nachdem ich die Sache einmal durchdacht hatte, befand ich, dass die Vorbehalte kaum praktische Bewandtnis hatten. Schließlich waren die Nationen des Sowjetblocks immer noch an Artikel VIII gebunden (der in Paris zunächst gestrichen, aber am darauffolgenden Tag dank meiner Anstrengungen wiedereingesetzt worden war), der der UN das Recht einräumt, Genozidfälle durch alle UN-Organe

[35] A. d. Ü.: Dt. *Strafgesetzbuch der Verbrechen gegen den Frieden und die Sicherheit der Menschheit.* Um die ersten, im Rahmen von Lemkins Autobiografie besprochenen Entwürfe dieses Regelwerks von späteren Entwürfen und insbesondere von der 1996 von der Völkerrechtskommission angenommenen Fassung zu unterscheiden, wird in der Übersetzung der englische Titel bzw. seine Kurzversion, *Draft Code*, verwendet.

[36] A. d. Hrsg.: Die Völkerrechtskommission wurde am 21. November 1947 von der Generalversammlung der Vereinten Nationen eingerichtet und mit der Kodifikation und der fortschreitenden Entwicklung des Völkerrechts beauftragt. Ihre Arbeit besteht hauptsächlich im Erstellen von Artikelentwürfen zu völkerrechtlichen Belangen, die zur Überprüfung an die Generalversammlung überwiesen werden.

[37] Nach dem Ende des Sowjetblocks zog die Sowjetunion am 8. März 1989 ihren Vorbehalt gegen Artikel IX offiziell zurück.

kontrollieren zu lassen. Maßnahmen gegen den Genozid müssen so schnell wie möglich ergriffen werden, bevor die Opfer tot sind. Der Internationale Gerichtshof, bei dem es circa ein Jahr dauert, bevor ein Fall überhaupt angehört wird, kann das schlicht nicht leisten.

Außerdem, so das britische Memorandum, enthalte die Konvention keinerlei Bestimmungen zum Umgang mit Vorbehalten. Es müssten Mittel und Wege erdacht werden, wie mit diesem Problem umzugehen sei. Kurz, das Memorandum war ein neuer Versuch, Sand in das Getriebe der Genozidkonvention zu streuen. Normalerweise wurden Vorbehalte gegen Bestimmungen eines Vertrages als eine Sache der Höflichkeit zwischen Regierungen gehandelt. Man war um Einigung bemüht, und das Ende der Verhandlungen bestand in einem gegenseitigen Entgegenkommen.

Die Briten, grundsätzliche Gegner der Genozidkonvention, hatten die Gelegenheit beim Schopfe gepackt. Später las ich, dass der britische Außenminister Sir Anthony Eden im Juli 1950 auf die Frage im Unterhaus, wann das Vereinigte Königreich die Genozidkonvention zu ratifizieren gedenke, antwortete, dass die Lage sich wegen der Vorbehalte des Sowjetblocks geändert habe.[38] Kurz, das Memorandum verhieß Schwierigkeiten, für die Großbritannien in den letzten Jahren ein gutes Händchen bewiesen hatte. Und dieses Mal, so befürchtete ich, könnte ich wirklich ins Straucheln kommen, denn Dr. Evatt nahm wegen der Wahlen, die er letztlich verlieren sollte, nicht an der Generalversammlung teil. Dies bedeutete eine weitere einsame Schlacht – eine, auf die ich nicht vorbereitet war.

Das zweite Dokument, das ich auf einem weichen Sofa in der Delegiertenhalle in Lake Success studierte, war der erste Entwurf des *Draft Code of Crimes Against the Peace and Security of Mankind.* Dieses ehrgeizige Projekt war das vorläufige Ergebnis der Bemühungen, die in Statut und Urteil des Nürnberger Tribunals anerkannten Prinzipien völkerrechtlich zu verankern. 1946 hatte die UN-Generalversammlung eine Resolution angenommen, mit der die Prinzipien des Statuts und des Urteils des Tribunals bestätigt wurden.[39]

Da die Resolution von 1946 rechtlich ohne Bedeutung war (Resolutionen der Versammlung sind nicht rechtlich bindend), wurde

---

38 Sir Robert Anthony Eden (1897–1977).

39 A. d. Hrsg.: Resolution 95 (I) vom 11. Dezember 1946.

in einer Resolution von 1947 beschlossen, die Völkerrechtskommission damit zu beauftragen, die Prinzipien zu formulieren und sie der Versammlung zur Bestätigung zu übergeben, um sie in einem nächsten Schritt dem Entwurf des *Draft Code* hinzuzufügen.[40] Beide Dokumente lagen mir vor. Es war offensichtlich, dass nicht über den Entwurf des *Draft Code* abgestimmt werden könnte, solange die Versammlung nicht die Formulierung der Prinzipien des Nürnberger Urteils bestätigt hatte. Auf der Generalversammlung von 1950 würde der Rechtsausschuss die Prinzipien dann nutzen müssen, um seinen Entwurf zum *Draft Code* auszuarbeiten.

Der Erstentwurf bot jedoch einen ziemlich guten Einblick in das Schicksal, das die Genozidkonvention ereilen könnte, wenn es zur Bestätigung der Nürnberger Prinzipien käme. Der Entwurf formulierte Straftatbestände, die bisher im Völkerrecht nicht existierten: das Anstiften oder Schüren von Unruhen, Annexionen und die Unterhaltung von Streitkräften über die im Vorfeld geplanten Einsatzkontingente hinaus. Alle drei waren und sind weiterhin wichtige Punkte.

Ein kleiner Paragraf enthielt eine Definition des Genozids (ohne jedoch den Terminus „Genozid“ zu verwenden), die die Genozidkonvention ersetzen könnte. Außerdem enthielt der Entwurf eine neue Art der Verantwortlichkeit: die der staatlichen Behörden. Doch staatliche Behörden sind juristische Personen, und juristische Personen können strafrechtlich nicht verantwortlich gemacht werden. Zudem wurden sämtliche im Nürnberger Urteil formulierten Straftatbestände aufgenommen: Aggression oder sogar Drohung mit Aggression, Kriegsverbrechen und nicht zuletzt auch Verbrechen gegen die Menschlichkeit oder unmenschliche Handlungen. Letztere sollten wieder nur dann als Verbrechen eingestuft werden, wenn sie im Rahmen der Ausführung eines Aggressions- oder Angriffskrieges begangen wurden. Da der Tatbestand der Aggression weder definiert war noch definiert werden sollte, blieb der Tatbestand der Verbrechen gegen die Menschlichkeit ebenfalls undefiniert. Damit befanden wir uns 1950 wieder genau dort, wo wir 1946 begonnen hatten: Das Leben von Nationen schwebte weiterhin in

[40] A. d. Hrsg.: Resolution 177 (II) vom 21. November 1947.

Gefahr und über die Rechtsdurchsetzung konnte weiterhin willkürlich entschieden werden. Der gesamte Plan der Briten lag offen vor mir, doch ich war neugierig, wie sie ihn in die Tat umsetzen wollten. Ich durfte nicht den Kopf verlieren. Nun, da die Konvention im Begriff war, Realität zu werden, musste die Opposition gewagte Schritte von großer Tragweite einleiten. Das war nur natürlich; selbst die buddhistische Philosophie kennt einen Grundsatz dafür: „Jede Aktion erzeugt eine Reaktion." Doch was sollte nun aus meinem Plan werden, die Konvention auf dieser Generalversammlung in Kraft zu setzen? Was würde aus der Prüfung der Ehrenhaftigkeit der zwanzig Gründernationen der Konvention? Ich hatte es ihnen versprochen. Bisher waren nicht alle Ratifikationen bei der UN eingegangen. Sollte ich weiter auf den ersten zwanzig Ratifikationen bestehen oder abwarten? Sicher verfügte ich nicht über alle Informationen. Ich musste mehr herausfinden, doch von wem? Ich musste nachdenken.

Den gesamten nächsten Tag verbrachte ich in der Delegiertenhalle. Ich dachte nach und beobachtete. Dr. Ivan Kerno, der Beigeordnete Generalsekretär für Rechtsfragen, trank mit einigen Delegierten etwas an der Bar.[41] Ich würde warten, bis sie gegangen waren. Sicher kannte Dr. Kerno den Plan genau, doch würde er ihn mir kaum verraten. Ich würde kein Wort über die Genozidkonvention verlieren und stattdessen über den Entwurf des *Draft Code* oder das Nürnberger Urteil sprechen. Als Anwalt würde er der Versuchung nicht widerstehen können, über das Recht zu sprechen und Gedanken zu äußern, die ihm neu und originell erschienen. Als er allein war, bewegte ich mich mit diesen Gedanken in Richtung Bar.

„Dr. Kerno, würden Sie etwas mit mir trinken?"

„Gern."

Obwohl er deprimiert schien, hatte ich das Gefühl, dass er sich wirklich freute, mich zu sehen.

„Dr. Kerno", sagte ich, „die Nürnberger Prinzipien stehen auf der Tagesordnung. Einige Delegierte haben mir gegenüber erwähnt, sie wissen nicht recht, wie diese zu geltendem Völkerrecht werden sollen."

[41] Dr. Ivan Kerno, geborener Ivan Krno (1891–1961).

„Das ist einfach. Die Prinzipien müssen sich zu einem Teil des Völkergewohnheitsrechts verfestigen."

„Aber im Strafrecht gibt es doch das Gesetzlichkeitsprinzip, das besagt, dass ein Verbrechen bereits vor seiner Begehung per Gesetz definiert gewesen sein muss."

„Gewiss schafft die Generalversammlung mit ihren Resolutionen zur Bestätigung des Nürnberger Urteils Völkergewohnheitsrecht", sagte Dr. Kerno.

Mir war dunkel in Erinnerung, dass mir dieses Argument bereits 1948 in Paris zu Ohren gekommen war, als ich Monsieur Boisanne, dem Generalstaatsanwalt des Berufungsgerichts und einem Mann leiser Töne, einen Besuch abgestattet hatte. Damals hatte ich entgegnet, dass Gewohnheitsrecht nicht durch das wiederholte Verabschieden von Resolutionen geschaffen werden könne, sondern einzig und allein durch das Fällen von Urteilen in Gerichten. Außerdem hatte ich darauf hingewiesen, dass diese Art Gewohnheitsrecht sämtliche Rechtsgarantien für das Individuum, die von der Französischen Revolution erkämpft worden waren und Frankreich mit so viel Stolz erfüllten, zunichtemachen machen würde. Ich wiederholte mein Argument gegenüber Dr. Kerno und fügte eine Frage hinzu: Wie viele Resolutionen, die ja rechtlich nicht bindende Empfehlungen sind, müsste die UN-Versammlung eigentlich verabschieden, bevor von etabliertem Gewohnheitsrecht die Rede sein könnte?

Dr. Kerno war nachdenklich. Er hatte sein Glas fast ausgetrunken und wollte gerade nach der Kirsche am Boden greifen, doch dann vergaß er sie. Ich schlug einen weiteren Drink vor. Sein Glas wurde aufgefüllt. Nun befanden sich zwei Kirschen im Glas des Rechtsreferenten der UN, und in seinem Kopf viele tiefgreifende juristische Zweifel.

Ich versuchte, mich so gut es ging auf den Entwurf des *Draft Code* einzustellen. Es war schwer, insbesondere nachts, wenn ich mit meinen Gedanken allein war. Es fühlte sich an, als würde ich an einem Abgrund stehen. Allmählich gelangte ich zu der Entscheidung, meinem ursprünglichen Plan zur Inkraftsetzung der Konvention treu zu bleiben. Die Opposition würde nie aufgeben, daher war ich bis zum Ende meiner Tage zu einem ständigen Kampf verurteilt.

In diesem Kampf würde ich weiterhin Stellungen für den Sieg errichten müssen, eine nach der anderen. Vielleicht würden einige zerstört werden, doch hoffentlich nicht vollständig. Vielleicht wären die beschädigten mit Geduld und Beharrlichkeit zu retten. Ich würde also meinen ursprünglichen Plan für 1950 weiterverfolgen und das Beste daraus machen. Wenn die Konvention erstmal positives Völkerrecht ist, wird es für die Opposition schwerer sein, sie zu zerstören. Auf jeden Fall würden ihre Gegner in Erklärungsnot geraten, fragte man sie, warum sie gegen dieses positive Recht sind, das in dieser stürmischen Welt doch so unverzichtbar war. Ich würde auch den Grundsatz der Vertragstreue ins Feld führen können.[42] Und da ich schon allein bin, weil Dr. Evatt bis auf Weiteres nicht zurückkehren wird, lassen Sie mir doch wenigstens das positive Recht: nicht nur eine Idee, sondern ein ordnungsgemäß von den Völkern gebilligtes und von ihren Parlamenten erlassenes Gesetz. Es werden neue Gefahren und neue Schlachten kommen. Doch lassen Sie uns die Feuer löschen, wenn sie brennen. Mit diesem Gedanken widmete ich mich erneut der Arbeit mit den Delegationen, von denen ich die Hinterlegung der Ratifikationsurkunden erwartete.

Ich traf mich mit Botschafter King, der für die liberianische Botschaft in Washington, D.C. tätig war. Er hatte einen langen grauen Schnurrbart. Er barg ein gewinnendes Lächeln, das Freundschaft und Ermunterung vermittelte. „Wir haben hohe Erwartungen an die Genozidkonvention, insbesondere wir in Afrika", sagte er. Später sollte ich herausfinden, dass dieser Mann ein großes Herz hatte. Ich baute eine Freundschaft zu ihm und seinen zwei Söhnen auf, die beide der liberianischen Delegation bei der UN angehörten.

Ich wurde von Botschafter Price-Mars, dem Leiter der haitianischen Delegation, zum Mittagessen eingeladen. Er war Präsident

---

[42] A. d. Hrsg.: Im englischen Original „sanctity of treaties", vom lateinischen *sacratus* (vom Adjektiv *sacer, sacra, sacrum* abgeleitetes Partizip), das etwas Erhabenes, Mysteriöses bezeichnet, dem Respekt und Achtung gebührt. Der Begriff nimmt Bezug auf eine klassische Formel der Verbindlichkeit und Unverletzbarkeit von Verträgen, die staatliche Verpflichtungen als unantastbar und unveränderlich ansah. Heute entspricht dies dem Rechtsgrundsatz „pacta sunt servanda" (dt. Verträge sind einzuhalten), der gemäß der zeitgenössischen Formulierung in Art. 26 des Wiener Übereinkommens über das Recht der Verträge von 1969 besagt, dass Vertragsparteien gebunden sind, die Verpflichtungen, denen sie in einem Vertrag freiwillig zugestimmt haben, nach Treu und Glauben zu erfüllen.

(Rektor) der Universität Porte-au-Prince und ein guter Soziologe.[43] Ich berichtete ihm von meiner Unterhaltung mit dem Außenminister seines Landes in Washington, D.C. Er versprach, sich mit Porte-au-Prince in Verbindung zu setzen. Ich wusste, er würde Wort halten. Nach diesem Mittagessen hielt er jedes Mal, wenn er mich sah, an, um mir mitzuteilen, dass er die Urkunde zwar noch nicht erhalten habe, ich aber optimistisch und geduldig bleiben solle. Indem ich mich der Arbeit an einem konkreten, positiven Schritt widmete und mich nicht müßig um den nächsten Hieb sorgte, erlangte ich meine Selbstsicherheit zurück. Gelegentlich gewinnt man bei derartigen Aussagen den Eindruck, es handle sich nicht um eine ideologische, sondern eine persönliche Schlacht.

Der salvadorianische Botschafter informierte mich, dass die Ratifikationsurkunde seines Landes eingetroffen war. Rasch organisierte ich ihre Hinterlegung, dieses Mal mit einer jungen Dame aus der Protokollabteilung, da die Rechtsreferenten im Rechtsausschuss zu tun hatten und ich die Formalitäten beschleunigen wollte.

Dann, eines Tages, winkte Botschafter Price-Mars mir im langen Flur der UN aus der Ferne zu. An seinem strahlenden Gesicht konnte ich sofort ablesen, was geschehen war. „Sie ist da, sie ist da", wiederholte er ehrlich erfreut. Dann streckte er mir die Hand entgegen und fügte kokett hinzu: „Ich muss schon sagen, das Dokument ist sehr, sehr schön." – „*C'est très très joli*", wiederholte er immer wieder. Ganz Afrika steckte in diesen Worten. Es schätzt die Schönheit in sämtlichen Ausprägungen des Lebens, nicht nur einen Teil, dem der westliche Mann Schönheit zugestanden hat.

Das Konzept barg eine ganzheitliche, altertümlich heidnische Vision. Stützten sich die Konzepte der Götter der alten Griechen nicht auf dieselben Elemente? Drangen diese Elemente nicht einst in Afrika ein und breiteten sich über Asien aus? Wie sonderlich und wunderbar, dass sie in Haiti überlebt hatten und nun durch diesen großartigen Intellektuellen in der mysteriösen Sprache des Unbewussten zu mir sprachen. Eine Sprache, die sämtliche Grenzen der Diplomatie überwindet und von einem neuen Erbe überlagert wird. Wir verstanden uns gut, und ich brachte meine Freude ungehemmt

---

[43] Jean Price-Mars (1876–1969) war ein Diplomat, Schriftsteller, Arzt, Anthropologe und Sozialwissenschaftler, der Voodoo als legitime Religion verteidigte.

zum Ausdruck. Wir feierten das Ereignis mit einem Glas Wein beim gemeinsamen Mittagessen. Ich war glücklich, wie ein Kind, das sich geweigert hatte, ein Spiel aufzuschieben aus Angst, später übers Knie gelegt zu werden. Hätte die Angst vor der Opposition mich dazu verleitet, den Kampf für das Inkrafttreten zu vertagen, dann wäre ich jetzt nicht Zeuge der tiefen Bedeutung der Freude des haitianischen Botschafters geworden, der wusste, dass sein Land gemeinsam mit anderen Nationen ein Recht verkündete, um die schreckliche Vergangenheit zu rächen, die seinem Volk angetan worden war. Seine Freude versorgte mich mit neuer Kraft; die ganzen folgenden anstrengenden Jahre sollte ich von ihr und ihrem moralischen Einfluss zehren.

Am Nachmittag sprach ich mit einem Mitglied der französischen Delegation. Es fanden zu viele private Gespräche unter bestimmten Mitgliedern des Rechtsausschusses statt. Die Gespräche waren ein schlechtes Omen. Sie waren stets Vorboten einer Handlung, in der jede Partei einen Preis bot und dafür eine Gegenleistung erwartete. Meinem Gesprächspartner war nicht bewusst, dass die Franzosen eine Entscheidung für die Errichtung eines internationalen Strafgerichtshofs herbeiführen wollten, der in der Genozidkonvention lediglich als Option erwähnt wurde. Nun unternahmen sie konkrete Schritte. Sie wünschten die Einrichtung eines Ausschusses zur Ausarbeitung eines Statuts. Für diesen Preis würden die Franzosen, ohne mit der Wimper zu zucken, den Genozid durch die Verbrechen gegen die Menschlichkeit aus dem Nürnberger Urteil ersetzen. In diesem Punkt näherten sie sich der Perspektive des Vereinigten Königreichs an, jedoch mit einem wichtigen Unterschied: Die Briten waren gegen einen internationalen Strafgerichtshof. Die US-amerikanische Delegation arbeitete als Zwischenhändler zwischen Franzosen und Briten.

Der Bär war noch nicht einmal erlegt, und die drei Delegationen teilten bereits sein Fell untereinander auf. Ich erkundigte mich bei anderen Delegationen. In Abwesenheit von Dr. Evatt waren die Australier bereit, dem Plan der Opposition zuzustimmen. Die Südafrikaner waren zufrieden. Die Lateinamerikaner schienen verwirrt. Ihnen wurden die Details des Plans vorenthalten. Dr. Alfaro nahm nicht an der Versammlung teil. Meine Freunde in anderen

Delegationen waren mit ihren eigenen Problemen beschäftigt. Zudem schien der Plan der Opposition so sehr an den Haaren herbeigezogen, dass die seriösen Delegierten meiner Erklärung keinen Glauben schenken würden. Sie glaubten zu sehr an das Völkerrecht und den Grundsatz der Vertragstreue, um einen solchen Plan für wahr zu halten. Und dennoch war ich nicht sicher, wie die Opposition vorzugehen plante: Wie könnte sie von einer Formulierung des Genozids als ein auf dem Moment der Absicht basierendes internationales Verbrechen auf Verbrechen gegen die Menschlichkeit umschwenken, Verbrechen einer anderen rechtlichen Struktur?

Nun, da ich auf all die Verwirrung zurückblicke, weiß ich, dass es gut war, nicht zu viele Details über die Pläne in Erfahrung zu bringen. Denn das hätte mich von meinem eigenen Plan, die Konvention zu einem Teil des positiven Völkerrechts zu machen, abbringen können. Ich lebte zu sehr in Gesetzen. Als Lehrer und Mann, der so viele Jahre für das Völkerrecht gearbeitet hatte und als Staatsanwalt Gesetze vollstreckt hatte, weigerte ich mich, zu glauben, dass Recht in einer anderen Form als der des öffentlichen und ordentlichen Verfahrens gehandhabt werden könnte. Wenn es rechtsstaatliche Garantien für den Umgang mit Individuen gibt, sollte dann nicht dasselbe auch für Gesetze gelten? In jenen düsteren Tagen ahnte ich, dass es so war; heute, da ich darüber schreibe, ist diese Erkenntnis bittere und lang erprobte Gewissheit. Jedenfalls beschloss ich, jedem noch so kleinen Erfolg meiner Opponenten entgegenzuwirken.

Bei der UN-Versammlung traf ich Botschafter Garrand von der französischen Delegation, mit dem ich gut auskam.[44] Ich berichtete ihm von meinem Plan, die Konvention in Kraft zu setzen und äußerte meine Sorge darüber, dass die französische Ratifikationsurkunde noch nicht hinterlegt worden war. „Die Konvention wurde in Paris verabschiedet, sie könnte den stolzen Namen ‚Die Tatsache von Paris' tragen." Warum sollte Frankreich seine Urkunde nicht jetzt hinterlegen und zur zwanzigsten ratifizierenden Nation werden? Auf diese Weise würde Frankreich als die Nation in

[44] Ein unleserlicher Schriftzug über dem Namen „Garrand" lässt vermuten, dass Lemkin den Namen des Botschafters korrigierte. Französischer UN-Botschafter war von 1949 bis 1952 Jean Chauvel (1897–1979).

die Geschichte eingehen, die die Konvention in Kraft gesetzt hat. Garrand versprach, mit dem Außenminister Monsieur Schuman zu sprechen, der nun jederzeit in Lake Success erwartet wurde. Als Schuman einige Tage später in der Delegiertenhalle erschien, begrüßten wir einander wie alte Bekannte von der Pariser Generalversammlung. Er sagte mir, Botschafter Garrand habe mit ihm gesprochen und dass ihm meine Idee gefalle. Ich weiß nicht, wie viel Einfluss meine Gespräche mit Garrand und Schuman tatsächlich hatten, aber Fakt ist, dass Frankreich seine Urkunde ein paar Tage später hinterlegte.

Bis Mitte Oktober hatten vierundzwanzig Delegationen ihre Urkunden hinterlegt – vier mehr als nötig, um die Konvention in Kraft zu setzen. Diese Tatsache erwähnte ich gegenüber dem Präsidenten der Versammlung, dem iranischen Botschafter.[45] Er freute sich, dass die Konvention unter seiner Präsidentschaft in Kraft treten würde. Einige Tage später sollte Präsident Truman vor der Versammlung sprechen. Der Präsident der Versammlung überbrachte mir die gute Nachricht, dass er vor Truman über das Inkrafttreten der Konvention sprechen würde. Ich freute mich sehr, denn Truman hielt viel von der Konvention.[46]

Gemäß Artikel XIII der Konvention musste ein spezielles Protokoll über die Hinterlegung der Anzahl an Ratifikationen, die für das Inkrafttreten der Konvention notwendig waren, erstellt werden.[47] Die Konvention würde erst neunzig Tage nach der Hinterlegung der Ratifikationen in Kraft treten, doch das Protokoll musste

---

[45] A. d. Hrsg.: Nasrollah Entezam (1900–1980) war Präsident der fünften Generalversammlung 1950.

[46] In einem Brief an George J. Spatuzza vom 8. Januar 1950 schrieb Lemkin: „In seiner letzten Botschaft an den Kongress hat Präsident Truman die Genozidkonvention hochgepriesen. In seiner vorherigen Botschaft an den Senat vom 16. Juni 1949 drängte er auf die Ratifikation."

[47] Artikel XIII lautet: „An dem Tag, an dem die ersten zwanzig Ratifikations- oder Beitrittsurkunden hinterlegt sind, erstellt der Generalsekretär ein Protokoll und übermittelt jedem Mitglied der Vereinten Nationen und jedem der in Artikel XI in Betracht gezogenen Nichtmitgliedstaaten eine Abschrift desselben. Diese Konvention tritt am neunzigsten Tage nach dem Zeitpunkt der Hinterlegung der zwanzigsten Ratifikations- oder Beitrittsurkunde in Kraft. Eine Ratifikation oder ein Beitritt, der nach dem letzteren Zeitpunkt erfolgt, wird am neunzigsten Tage nach der Hinterlegung der Ratifikations- oder Beitrittsurkunde wirksam."

jetzt unterzeichnet werden. Dieser Tag würde in die Geschichte eingehen. Generalsekretär Trygve Lie hatte versprochen, bei der Zeremonie anwesend zu sein. Am 16. Oktober 1950 trafen wir uns in seinem Büro mit den Botschaftern Frankreichs, Koreas, Haitis und Costa Ricas sowie dem Beigeordneten Generalsekretär für Rechtsfragen, und feierten das bedeutende Ereignis mit einem Gruppenfoto, das in der *New York Times* veröffentlicht wurde.[48]

Damit verwirklichte sich endlich das, wofür ich so viele Jahre gearbeitet hatte. Ich konnte es kaum glauben. Mit verschwommenem Blick sah ich am Tisch im Büro des Generalsekretärs um mich in die konzentrierten Gesichter meiner Begleiter und fragte mich: Ist das der Moment, auf den ich so viele Jahre gehofft und hingearbeitet habe? Draußen regnete es und der Raum war düster. Meine Freude war mit Angst und Sorge gemischt. Ich konnte mir nicht einmal zum Vorwurf machen, ein notorischer Pessimist zu sein, unfähig, Freude zu genießen. Ich wusste, dieser Moment war reine Formsache, bevor die Konvention gemäß einem Plan, dessen Details ich zu jener Zeit nicht kannte, zu den Akten gelegt werden sollte. Für meine Feinde war die Ratifikation nur eine zeitweilige Duldung, die zurückgezogen werden würde, sobald die Zeit für den Todesstoß gekommen war.

In einem Gespräch mit Lord Willis aus London bei der Versammlung des Christlichen Vereins Junger Menschen in Cleveland, Ohio, im Sommer 1951 sollte ich einen tieferen Einblick in die Pläne der Opposition gewinnen.[49] Auf meine Frage, wann England die Konvention ratifizieren werde, antwortete er mir in einem auf spezifischem Wissen beruhenden undurchschaubaren Monolog, in dem er behauptete, die Konvention sei gar nicht wirklich in Kraft

---

[48] Eine große Fotografie flankierte einen kleinen Bericht zum „förmlichen Akt“. Laut *Times* wurden folgende Personen im Büro des Präsidenten der Generalversammlung fotografiert: „Dr. John M. Chang aus Korea; Dr. Price-Mars aus Haiti; Nasrollah Entezam aus Iran; Jean Chauvel aus Frankreich; Rubén Esquivel aus Costa Rica; Dr. Ivan Kerno, Beigeordneter Generalsekretär für Rechtsfragen; Trygve Lie, Generalsekretär; Fernando Fournier aus Costa Rica und Professor Raphael Lemkin, wichtigster Verfechter des Vertrages.“

[49] Bei dieser Konferenz sagte Lemkin: „Gern würden die Kommunisten die Aufmerksamkeit von den russischen Verbrechen hinweglenken und die Genozidkonvention mittels Verwirrung sabotieren.“

getreten. An jenem verregneten 16. Oktober 1950 in Lake Success, bei meinem Gespräch mit dem hochmütigen Lord in Cleveland im Jahr darauf, und nun, da ich diese Zeilen schreibe, sagte mir eine innere Stimme: So viele Menschen mussten sterben, um diesem Vertrag das Leben zu schenken. Er kann und wird nicht sterben.

Nach der Zeremonie gab ich eine Stellungnahme vor der Presse ab. Sie gefiel mir nicht. Sie war schwer vor Sorgen, Depression und Angst. Sie war nicht triumphierend genug für den Anlass, doch ich konnte nicht lügen. Und die Stellungnahme erfüllte ihren Zweck: Am nächsten Tag las die ganze Welt, dass die UN ein Protokoll für das Inkrafttreten der Genozidkonvention unterzeichnet hatte. Menschen in aller Herren Länder glaubten, was sie lasen: dass die UN wahrhaftig einen geltenden Vertrag in Kraft setzte, um die Ermordung Unschuldiger zu ächten. Ich hoffte, sie jubelten. Das war genug. Für den Moment hatte ich mein Ziel erreicht, auch wenn ich später einen hohen Preis dafür zahlen würde. Die Berichterstattung der Presse war exzellent. Viele gratulierten mir. Die, die die Wahrheit kannten, wandten den Blick ab, wenn sie mich sahen.

Die *New York Herald Tribune* veröffentlichte einen Leitartikel. Die Opposition, die sich der Unterstützung der Genozidkonvention durch die Presse stets bewusst gewesen war, schien von diesem Artikel alarmiert. Einige Tage später kam ein gewisser Diplomat auf mich zu und sagte ohne jeglichen Anflug von Scham: „Überlegen Sie es sich gut, bevor Sie unsere Pläne für die Genozidkonvention vereiteln." Ich entgegnete: „Sie rammen mir ein Messer ins Herz und verlangen auch noch, dass ich lächle?", und ließ ihn stehen. Seither habe ich mit diesem Mann kein Wort mehr gewechselt, denn wenn ich eines hasse, mehr noch als Gewalt, dann sind es Drohungen. Gewalt richtet sich gegen den Körper, doch Drohungen wollen den Willen eines Mannes lähmen, der der Gewalt vielleicht hätte standhalten können. Wenn ich ihn fortan erblickte, sah ich durch ihn hindurch, als wäre er Luft. Ich empfand mein Unvermögen, zu lächeln und gute Miene zum bösen Spiel zu machen, als Unzulänglichkeit meines Handelns auf dem modernen Markt der menschlichen Beziehungen. Doch eine Unvereinbarkeit mit sich selbst kann man nicht bekämpfen; dies erfordert eine physische Konstitution.

An dieser Stelle muss ich wohl über ein wichtiges Detail meines persönlichen Lebens berichten, das ziemlich großen Einfluss auf meine Laune, mein Verhalten und meine Gesundheit hatte: Im August 1950, als mein Plan, die Konvention in Kraft zu setzen, in die heiße Phase ging, wurde mir klar, dass ich meine gesamte Zeit der Versammlung würde widmen müssen. Damit würde ich meinen Kurs an der Universität im Herbstsemester nicht geben können. Ich rief den Dekan an. Als ich nach New York zurückkehrte, kam ich bei einem engen Freund unter, den ich aus Europa kannte und dessen Familie wie meine eigene war. Unser Verhältnis war innig. Als seine Tochter 1941 mit der Schule fertig war, arrangierte ich ihre Aufnahme an der Universität, an der ich damals unterrichtete. Seine Familie und ich witzelten und lachten miteinander; wir teilten all unsere Geheimnisse, Sorgen und Freuden. Wir hatten gemeinsame Bekannte, die, wie ich später herausfand, mit den UN-Beratern in Verbindung standen, die an anderen Projekten arbeiteten und gegen die Genozidkonvention waren. Eines Morgens, als ich mich gerade auf den Weg zur UN machen wollte, teilte mein Freund mir überraschend mit, dass er das Zimmer, in dem ich wohnte, brauche.[50] Er sprach, als wären wir einander fremd. Ich erkannte ihn fast nicht wieder. Ich verbrachte den Tag mit der Suche nach einem Zimmer. Am Abend fand ich mich in einer neuen Umgebung wieder, was mein Gefühl, einsam und in der Fremde verloren zu sein, nur noch verstärkte. Ich war unerwünscht, bei der Welt und meinen Freunden. Ich vermochte nicht zu sehen, dass dies kein Zeichen meiner Schwäche, sondern ein Zeichen der Stärke meiner Erfolge war. In meiner Betroffenheit erkannte ich nicht, dass dies der typische „Dank" war, der denjenigen zuteilwurde, die zu glauben und zu handeln wagten. Doch das Problem war nicht rein philosophischer Natur. Ich

[50] Laut Lemkins Freundin Nancy Steinson Ehrlich begegnete Lemkin dem Anwalt Lazar Lowenstein in Litauen. Beide kamen als Flüchtlinge in die Vereinigten Staaten. Als Lemkin 1941 an der Duke University unterrichtete, war er Lazars Tochter bei der Aufnahme behilflich. Die Lowensteins und Lemkin waren so gut befreundet, dass Lemkin oft bei der Familie unterkam. Leider blieb Lemkin „länger als er willkommen war und … das war eine große Enttäuschung für alle. Einmal kam Mrs. Lowenstein nach Hause und fand heraus, dass ihr Dienstmädchen nicht das erledigt hatte, was es hätte erledigen sollen, da es mit Dr. Lemkin gesprochen habe. Anscheinend war er für das Dienstmädchen genauso interessant wie für alle anderen."

musste mir Geld für Essen leihen. Wenn es mir nicht gelang, hungerte ich. Wegen meines schlechten Gesundheitszustandes hatte ich eine spezielle Diät eingehalten; nun war ich plötzlich auf das Essen von Billigrestaurants angewiesen. Von Tag zu Tag ging es gesundheitlich mit mir bergab. Bei der UN konnte ich mich kaum noch auf den Beinen halten und musste mich häufig nach einer Stütze an der Wand oder auf einem Sofa umsehen.

In dieser körperlichen Verfassung saß ich im Saal des Rechtsausschusses, als er sich der Frage nach der Auflösung der Genozidkonvention annahm. Natürlich debattierten die Mitglieder offiziell über das britische Memorandum zu den Vorbehalten. Und natürlich war sich nicht jeder Delegierte aller Verflechtungen und Folgen dieser Debatte bewusst. Wir waren noch in einer Phase, in der verschiedene Delegierte eine UN-Entscheidung erörtern konnten, ohne gleich angezweifelt zu werden.

Es gab mehrere Verträge, die keine Bestimmungen zum Umgang mit Vorbehalten enthielten. Logischerweise hätte mit all diesen Verträgen auf dieselbe Weise verfahren werden müssen. Doch während alle anderen Verträge aufrechterhalten werden sollten, hielt der Plan der Opposition für die Genozidkonvention die Auflösung bereit. Folgender Plan wurde aus der Debatte ersichtlich: Die Genozidkonvention sollte dem Internationalen Gerichtshof übergeben werden, damit er die folgenden Fragen beantworte:

1) Kann eine Regierung, die einen Vertrag zwar unterzeichnet, aber nicht ratifiziert hat, Einspruch gegen den Vorbehalt einer Regierung erheben, die ratifiziert hat?
2) Wie wirkt sich der Einspruch einer Regierung, die ratifiziert hat, gegen den Vorbehalt einer anderen Regierung auf den Vertrag aus?[51]

Alle anderen Verträge wurden der Völkerrechtskommission übergeben, damit sie den Umgang mit den Vorbehalten regle. Damit wurde zweierlei Maß eingeführt: eines für sämtliche anderen Verträge und eines für die Genozidkonvention. Auf meine Frage, wie so ein seltsames Verfahren überhaupt möglich sei, reagierten

[51] A. d. Hrsg.: Für eine Übersetzung des Gutachtens des Internationalen Gerichtshofs siehe S. 383–389.

meine Gesprächspartner mit einer zweideutigen Kopfbewegung und einem peinlich berührten Lächeln. Dann gelangte der Rechtsausschuss zum Gegenstand der von der Völkerrechtskommission formulierten Nürnberger Prinzipien. Dieser Gegenstand hielt einen Rückschlag für die Opposition bereit: Der Rechtsausschuss weigerte sich, die Prinzipien anzunehmen. Ich sprach mit der Presse über den Angriff auf die Genozidkonvention. Ich war zu jener Zeit so krank, dass das, was ich sagte, wahrscheinlich nicht viel Sinn ergab. Nichtsdestoweniger veröffentlichte die *New York Times* den folgenden Artikel über meinen Protest.[52]

In jener Nacht verspürte ich einen starken Schmerz in der Magengegend. Der Arzt war beunruhigt und verordnete meine

---

[52] In Lemkins Manuskript ist an dieser Stelle nichts enthalten, aber er bezieht sich höchstwahrscheinlich auf folgenden Artikel:

> „Die UN-Genozidkonvention würde international festschreiben, dass Völker nicht aus rassischen, religiösen, nationalen oder ethnischen Beweggründen exterminiert werden dürfen, dass menschliche Gruppen unabhängig von ihrer Herkunft Existenzrecht haben, und dass diejenigen, die für Massenmorde verantwortlich sind, für ihre Verbrechen strafbar gemacht werden sollen. Selbstverständlich ist die Sowjetunion ein erbitterter Gegner der Konvention, die auch Sklavenarbeit betrifft. In unserem Land ist zu erwarten, dass der Senat gemäß der Empfehlung seines Ausschusses handeln und die Konvention in der nächsten Sitzungsperiode unter Anbringung bestimmter Vorbehalte ratifizieren wird. Zweiundzwanzig Ratifikationen – zwei mehr als nötig, um die Konvention in Kraft zu setzen – sind bereits bei der UN hinterlegt worden, und eigentlich sollte sie im Januar in Kraft treten. Doch Tatsache ist, die Konvention schwebt in Gefahr. Berechtigterweise kann angenommen werden, dass sie nie die notwendige moralische und politische Schlagkraft haben wird, wenn die Vereinigten Staaten nicht beschließen, ihr beizutreten. Vergangene Woche hat der UN-Rechtsausschuss beschlossen, die Völkerrechtskommission solle sich zu den Vorbehalten gegen die Konvention äußern. Die Debatte kann Monate oder gar Jahre in Anspruch nehmen. Zudem könnten die Vereinigten Staaten aus der Konvention ausgeschlossen werden, sollte ein anderer Staat, zum Beispiel Russland, die Vorbehalte des Landes ablehnen. All dies ist plötzlich das Gegenteil der Praxis, die Generalsekretär Lie normalerweise verfolgt, und gemäß der Länder einem Vertrag trotz möglicher Vorbehalte beitreten können. Die Konvention sollte mit weiteren Ratifikationen wachsen. Sicher kann die Völkerrechtskommission ihre Interpretationsarbeit auch verrichten, wenn der Generalsekretär die traditionelle Praxis der Genehmigung von Ratifikationen aufrechterhält. Ein neues Vorgehen aus dem Boden zu stampfen, wenn der Erfolg gerade als gesichert galt, wäre eine klare Missachtung des Willens der Völker. Die Generalversammlung sollte die Genozidkonvention freigeben."

A. d. Hrsg.: Der UN-Rechtsausschuss überwies die Konvention zwecks Begutachtung an den Internationalen Gerichtshof, wie Lemkin oben schreibt.

sofortige Einweisung. Noch bevor die Versammlung über die Resolution des Rechtsausschusses entschied, lag ich im Bellevue Hospital. 1947 hatte ich der Opposition von meinem Krankenbett aus entgegengearbeitet; nun war mir das kaum möglich. Dennoch versuchte ich es. Entgegen der ärztlichen Anweisungen sendete ich nachts Telegramme an meine Delegiertenfreunde. Doch meine Bemühungen ähnelten denen eines Rufers in der Wüste. Die Resolution des Rechtsausschusses wurde angenommen und die Genozidkonvention zwecks Begutachtung des Umgangs mit Vorbehalten an den Internationalen Gerichtshof überwiesen.

Mein Gesundheitszustand verschlechterte sich zusehends. Die Schmerzen raubten mir den Schlaf. Mit flehenden Augen sehnte ich die Krankenschwester und ihre beruhigende Spritze herbei. Die Medikamente würden für eine Weile Melodien in mir erklingen lassen und zauberhafte Welten erbauen, die in sich zusammenfielen, sobald ich einschlief. Eines Nachmittags einige Tage später verspürte ich einen derart stechenden Schmerz, dass es mir den Atem verschlug. Ich wurde in ein Sauerstoffzelt gelegt und rund um die Uhr mit Medikamenten versorgt. Der Arzt sagte mir im Vertrauen: „Ich denke, wir müssen operieren. Wenn Sie einverstanden sind, sollten wir die Operation sofort vornehmen." Selbstverständlich stimmte ich zu beziehungsweise vermittelte ich meine Zustimmung mit einem Nicken.

Während ich für die Operation vorbereitet wurde, bat man mich, Papiere zu unterzeichnen, die ominös auf die Möglichkeit meines Todes hindeuteten. Eine tiefe Ruhe überkam mich. Ich wusste, ich würde nicht sterben. Ich konnte nicht sterben, aus dem einfachen Grund, dass meine Arbeit mit mir gestorben wäre. Ich war nicht so vernünftig gewesen, genügend Schüler für die Fortführung meiner Arbeit auszubilden. Ich hatte ständig unter Druck gestanden und keine Zeit gehabt, eine Nachfolge zu organisieren.

Die Gewissheit, dass meine Mission von diesem zermürbten Körper abhing, veranlasste meinen inneren Willen dazu, ihm einen Befehl zu erteilen: „Wag es ja nicht, zu sterben!" Dieser Befehl durchflutete mein gesamtes Bewusstsein oder das, was davon übrig war. Dann wurde ich weggerollt, wie ein Objekt, das sich eine Auszeit vom Leben nimmt.

Nach der Operation erlangte ich in der Ruhe meines Zimmers das Bewusstsein wieder. Die Rückkehr ins Leben war langsam. Ich spürte, wie ich das Bewusstsein erlangte und wieder verlor. Seltsam, dass ich mich heute an den physischen Umfang und die subtilen Empfindungen dieses Gefühls erinnere. Mit einem Mal spürte meine Zunge die warme Begrüßung des wiederkehrenden Lebens. Die Krankenschwester gab mir einen Löffel Tee. Ich öffnete meine Augen und erblickte eine Dame in Weiß mit einem verantwortungsbewussten Lächeln auf den Lippen. Verantwortung für das Leben. Sie tat dasselbe wie ich, nur, dass ihre Arbeit wesentlich konkreter war als meine, ich meine Arbeit bei einem pompöseren Namen nannte und die Zeitungen mehr über meine Arbeit schrieben als über ihre.

Wiedergeboren zu werden bedeutete gleichermaßen Freude und Schmerz. Ich freute mich, die Welt wieder zu berühren, wenn auch noch schwach und sichtlich verschwommen. Ich freute mich, erneut einen Sonnenstrahl spielerisch über die Wand tanzen zu sehen. Ich freute mich über den Duft der Suppe, der in Nase und Gaumen drang, und über den Duft von Rosen, der mir den Gruß eines fernen Gartens und einer Person, die mir eine Nachricht der Verbundenheit schickte, überbrachte. Der Schmerz, wo war der Schmerz? Dieses Mal steckte er nur in meinem Körper. Ich konnte mich nicht ohne Weiteres drehen. Bald war Weihnachten und ich war eingewickelt wie ein Geschenk. Ich war sogar verschnürt, mit einem Band um Brust und Bauch.

Die Tage, die ich im Krankenhaus verbrachte, machten mir bewusst, dass ich wieder ein menschliches Wesen war, dass ich erwünscht war, man sich um mich kümmerte und mein Fortschritt etwas bedeutete. Alle Verfolgten, auch die selbsternannten, sollten in ein Krankenhaus gehen, sich entkleiden und in ein Bett legen dürfen und gefragt werden, wie sie sich fühlen. Erst danach dürften sie weitergequält werden.

Da dies mein erster richtiger Urlaub seit Jahren war, machte ich es mir bequem und hatte endlich die Gelegenheit, ein vertrauliches Gespräch mit meinem Alter Ego zu führen: „Hör zu, Raphael Lemkin“, sagte ich, „endlich haben sie dich wieder hergerichtet, soweit so gut. Das hast du davon, dich mit der ganzen Welt anzulegen.“

„Nicht wirklich", antwortete ich, „ich kämpfe nicht gegen die ganze Welt, sondern gegen einen kleinen Teil, der sich das Recht anmaßt, für die ganze Welt zu sprechen. Das, was du die ganze Welt nennst, ist auf meiner Seite."

„Woher willst du das wissen? Wer entscheidet, wem das Recht zusteht, für die Welt zu sprechen?"

„Das Gewissen. Die Aufrichtigkeit. Wenn sie dieses Recht hätten, würden sie kein Blatt vor den Mund nehmen. Sie würden sogar offen zugeben, beschlossen zu haben, die Genozidkonvention zu ermorden."

„Aber sei doch realistisch. Diese Dinge können nicht offen getan werden."

„Genau das ist es. Die Zivilisation hängt zu einem großen Teil vom Schamgefühl ab. Sie wissen, dass es eine Schande ist, ein Recht zu zerstören, das das Leben schützt, ein Recht, für das die Menschheit seit Tausenden von Jahren kämpft."

„Vielleicht würden sie die Konvention durch ein besseres Recht ersetzen?"

„Besseres Recht wird von Menschen mit größerem Herz gemacht. Sie aber wollen Rechtsvorschriften, die man nicht vollstrecken kann, mit möglichst vielen Lücken, damit sie mit dem Leben umspringen können wie mit einer Währung in der Bank. Das Leben ist absolut, und genauso absolut muss das Recht zu seinem Schutz sein."

„Aber dieser Kampf wird letztlich dich selbst zerstören."

„Und wenn schon! Wer für ein Ideal kämpft, muss sein Leben riskieren. Das ist allgemein bekannt. Was ist schon der Kampf für ein Ideal, wenn man keine Opfer bringen muss? Wie die Götter der Antike erfordern Ideale fortwährend Opfer."

Es war warm im Zimmer, das Gespräch stieß in die Tiefen meines Herzens vor und ich fühlte mich wie ein Held, der für ein Land mit dem Namen „die ganze Welt" in die Schlacht zog.

Gemeinsam mit der besseren Gesundheit hielten auch die Probleme und Sorgen wieder Einzug in mein Leben. Es war unmöglich, immer ruhig zu bleiben, wusste ich doch, was passiert war. Aber ich wusste auch, ich würde meine Gesundheit bald für die neue Etappe des Kampfes brauchen.

In solchen Momenten ist Lachen eine gute Medizin. Ich freute mich stets über einen guten Witz, eine amüsante Geschichte und war wie berauscht, wenn das Gesicht meines Gegenübers plötzlich mit vielen zuckenden Sonnenstrahlen zu lächeln begann. Schon bald war mein Krankenzimmer ein Ort, an dem sich Menschen auf der Suche nach Wärme und Gelächter versammelten. Viele kamen allein aus Neugierde. Ich spürte, wie meine Berühmtheit sich über sämtliche Etagen ausbreitete. Eines Morgens besuchte mich ein neuer Arzt aus England, der geradeheraus sagte, er komme wegen meiner Geschichten. Ich riet ihm, Witze auswendig zu lernen und durchzunummerieren. Mit der Nennung der Nummer des Witzes würde er seine Kollegen zum Lachen bringen. All dies brachte mich zu dem Schluss, dass das Lachen in der Therapie nicht genügend Anwendung findet.

Einige Wochen später reiste ich in ein Erholungsheim in Lakewood und fand mich unter der Kontrolle zweier Damen wieder, den Besitzerinnen dieses Domizils für die Wiederherstellung der Gesundheit. Eingewickelt, dieses Mal in Decken, saß ich stundenlang mit einer Tasse Tee in der Hand auf der Terrasse, spürte die Wintersonne und atmete mit jeder Brise den Duft der Pinien ein. Jeder Tag brachte Fortschritte. Bald spürte ich meine Muskeln und sah mich nach Nasen um, die ich boxen könnte. Ich wusste, wem diese Nasen gehörten, aber noch waren sie außerhalb meiner Reichweite.

Kapitel Zwölf

Dem Ende entgegen[1]

Der koreanische Botschafter Dr. Chang bittet die UN, die Ratifikation der Genozidkonvention zu beschleunigen, um sein Volk im Koreakrieg zu schützen. Truman schickt dem US-Senat einen Brief, in dem er auf die Ratifikation drängt. Der Senat stellt sich gegen die Genozidkonvention und gegen mich. Arthur Spingarn, ein neuer Mann, nimmt seinen Platz ein, ein sehr netter Mensch.[2]

Wegen vieler Erschwernisse seiner Arbeit in New York beschließt R. Lemkin, sich mit dem Problem des Genozids an die Basis der amerikanischen Bevölkerung zu wenden. Reisen in den Mittleren Westen, Treffen mit kirchlichen Gruppen, nationalen Gruppen und anderen. Hilfe vom Herausgeber der *America*. (Name?)[3] Ich organisiere die Litauer in Chicago. Extreme Armut. Meine Freunde kommen mir zu Hilfe; sie bringen mich im Edgewater Beach Hotel unter und hoffen, dass ich mich von der Operation erhole und Kraft schöpfe, um meinen Kampf fortzusetzen. Ein kurzer Urlaub, die Wärme der Sonne und die Wärme meiner Freunde helfen mir etwas auf die Beine. Im Edgewater Beach Hotel werden zahlreiche Versammlungen abgehalten. Ich nutze sie als Plattform, um die Übel des Genozids und die Notwendigkeit der US-amerikanischen Ratifikation der Genozidkonvention zu predigen. Die Aufmerksamkeit polnischer und griechischer Gruppen in Chicago wird erlangt. Erzbischof Michael. 1947 waren im griechischen

[1] Anmerkung der Herausgeberin der englischsprachigen Originalausgabe: Es liegen einige wenige mit der Schreibmaschine geschriebene Seiten mit Notizen für dieses Kapitel vor, das bei Lemkin „Kapitel Dreizehn“ heißt.

A. d. Hrsg.: Die Notizen wurden von Donna-Lee Frieze in nachvollziehbarer erzählerischer Form aufbereitet.

[2] Arthur B. Spingarn (1878–1971).

[3] Der Herausgeber der *America*, einer nationalen Jesuiten-Wochenzeitschrift, war von 1948 bis 1955 Reverend Robert C. Harnett.

Bürgerkrieg fünfzigtausend griechische Kinder entführt worden. Diese Tatsache verwenden, um das Interesse von Königin Friederike an der Genozidkonvention zu wecken. Infolgedessen wird der Konvention eine weitere Modalität des Verbrechens hinzugefügt: „gewaltsame Überführung von Kindern einer Gruppe in eine andere Gruppe." Gespräche mit Henry Grady, dem US-Botschafter in Griechenland. Meine Arbeit mit den griechisch-orthodoxen Jugendgruppen (AHAPA).[4] Erinnerungen an den türkischen Genozid in Kleinasien. Meine Arbeit mit armenischen Gruppen (Armenische Versammlung in N.Y.). Ich reise nach South Bend, wo ich mit den Ungarn arbeite. Deutsche Gruppen in Chicago beginnen sich für das Problem zu interessieren.

Die Befürworter des *Draft Code of Offenses* sind sehr aktiv, daher „spiele" ich die Ratifikation der Konvention durch die USA in jener Zeit „runter". „Kein Kompromiss in Bezug auf ein Prinzip der Unverantwortlichkeit." Nach erneutem Lesen des *Draft Code* erkenne ich eine Schwachstelle, die sich für den Angriff eignet: Artikel V untersagt den Amerikanern, Nationen hinter dem Eisernen Vorhang zu helfen. Ich betone diesen Passus in meinen Gesprächen mit den ost- und zentraleuropäischen Gruppen in Chicago und im Mittleren Westen und erarbeitete gemeinsam mit ihnen den Entwurf eines Briefes, den sie dem US-amerikanischen Außenministerium schicken. Darin steht: „Der *Draft Code* wird uns die Rettung unserer Leute hinter dem Eisernen Vorhang untersagen." Im Sept. kehre ich nach N.Y. zurück. Die Korrespondenten der *Herald Tribune* und der *N.Y. Times* pochen auf die Veröffentlichung dieser Geschichte; meine Antwort, dass die Litauer sie bekanntgeben sollten. Das tun sie, woraufhin dreißig republikanische Kongressabgeordnete ein Telegramm an Dean Acheson nach Paris senden, in dem steht: „Verraten Sie diese nationalen Gruppen nicht."[5] Das Außenmin. nimmt Abstand vom *Draft Code*. Kongressabgeordneter Kirsten bringt eine Gesetzesvorlage im US-Repräsentantenhaus ein, mit

---

[4] Lemkin könnte sich auf die American Hellenic Educational Progressive Association (AHEPA) beziehen, eine der Förderung des Hellenismus gewidmete wohltätige Gesellschaft, die 1926 in Atlanta, Georgia, ihre Tätigkeit aufnahm.

[5] Dean Gooderham Acheson (1893–1971) war von 1949 bis 1953 US-amerikanischer Außenminister.

der hundert Millionen Dollar bereitgestellt werden sollen, um dem Untergrund hinter dem Eisernen Vorhang zu helfen. Dann schickt er einen Brief an Warren Austin bei der UN, in dem er fragt: „Habe ich mich eines Verstoßes gegen Artikel V des *Draft Code* schuldig gemacht?“[6] Austins Antwort. Kongressabg. Kirsten veröffentlicht den Briefwechsel im *Cong. Record.* Gromyko beschwert sich beim amerikanischen Botschafter.[7] Es wird eine große Sache daraus gemacht. Damit ist der *Draft Code* für die nächsten zehn Jahre so gut wie gestorben.[8] Ein „Freund“ sagt mir, meine Schachzüge seien „tödlich“. Meine Antwort: „Ich bin ein kranker, alter Mann. Wie könnte ich tödlich sein?“ Freund: „Ich bin noch nicht ganz davon überzeugt, dass Sie auf verlorenem Posten sind.“ Das ermutigt mich.

Ich habe nun praktisch kein Geld mehr. Ich leihe mir Geld von meinen Freunden in New York, um nach Washington, D.C. zu reisen. Dann leihe ich mir Geld von meinen Freunden in Wash., D.C., um meine Schulden bei meinen Freunden in N.Y. zu begleichen. Meine Hotelrechnung in N.Y. ist seit mehreren Wochen nicht bezahlt. Die gezielten Beleidigungen durch den Aufzugpagen. Schließlich wird meine Kleidung beschlagnahmt und der Zugang zu meinem Zimmer wird mir versagt. Ich vereinbare, meine Rechnung mit einigen Dollar pro Woche oder pro Monat abzubezahlen und erkaufe meine Sachen zurück, nur um herauszufinden, dass sie den Motten im Hotel als Festmahl gedient haben. Fortan verteidige ich bei der UN ohne heile Sachen eine heilige Sache. Meine Freunde bei der UN „verschwören sich“, damit ich wenigstens eine Mahlzeit am Tag zu mir nehme. Ich schäme mich und versuche, mich auf eine Schale Suppe zu beschränken, wenn sie mich einladen. Ich ziehe in ein möbliertes Zimmer in einem Appartm. auf der West Side. Eine gewisse Zeit lang gelingt es mir, genügend Geld zu leihen, um die Miete pünktlich zu zahlen, doch irgendwann versagt mein System der „Kettenleihgaben“ und ich mache Schulden. Mein Vermieter

---

6 Warren Robinson Austin (1877–1962) war von 1946 bis 1953 ständiger Vertreter der Vereinigten Staaten von Amerika bei der UN.

7 A. d. Hrsg.: Andrej Andrejewitsch Gromyko (1909–1989) war von 1957 bis 1985 sowjetischer Außenminister.

8 A. d. Hrsg.: Mit der Resolution 1186 (XII) vom 11. Dezember 1957 stellte die Generalversammlung die Arbeiten am *Draft Code* vorerst offiziell ein.

beginnt, um Mitternacht in mein Zimmer zu kommen und mich zu beschimpfen, weil ich die Miete noch nicht bezahlt habe. Ich stelle mich schlafend, doch selbst mein Schnarchen kann sein Gezeter bald nicht mehr übertönen. Er stellt mir die Heizung ab und nimmt meine Decken weg. Er bearbeitet das Schloss, sodass ich ihn nachts nicht mehr aussperren kann, also schiebe ich jede Nacht die Kommode vor die Tür, damit er mich nur von draußen anschreien kann.

Inmitten all dieser persönlichen Prüfungen erfahre ich, dass zwei weitere lateinamerikanische Länder die Genozidkonvention ratifiziert haben. Doch sie werden unter Druck gesetzt, ihre Ratifikationsurkunden nicht an die UN zu übergeben. Ich danke ihnen öffentlich für ihre Ratifikationen und schicke Briefe an Zeitungen, in denen ich ihnen gratuliere und der Hoffnung Ausdruck verleihe, dass sie der UN bald die offiziellen Urkunden zukommen lassen. Ich halte auch eine Rede vor der UN, in der ich ihnen für ihre Hilfe in diesem Kampf danke. Ich nehme Kontakt zu ihren Botschaften in Washington, D.C. auf und erfahre, dass die Ratifikationsurkunden „auf dem Transportweg verloren" gegangen seien. Ich gebe mich überrascht und frage, ob denn nicht ein Duplikat gesendet werden könne. Daraufhin sagt man mir, dass sich die Papiere im verschlossenen Schreibtisch eines ihrer Vertreter befinden, der sich in Paris aufhält. Ich schlage vor, dass sie ein Telegramm nach Paris senden könnten. In der Zwischenzeit finde ich die offiziellen Protokolle zur Ratifikation in den Amtsblättern beider Länder. Ich erkundige mich, ob die Parlamente der beiden Republiken das Ratifikationsgesetz nicht noch einmal erlassen können. Nach zwei Monaten derartiger Manöver werden die Ratifikationsurkunden bei der UN hinterlegt.

Ich beginne, die Nationen zu bearbeiten, die kurz davor sind, die Konvention zu ratifizieren. Ich sammle alle relevanten Dokumente und gehe mit der Geschichte, dass bereits achtundzwanzig Nationen ratifiziert haben und sechs auf dem besten Weg dahin sind, zur *New York Times*. Am nächsten Tag scheine ich bei einer Party des indonesischen Außenministers zumindest unter den Diplomaten das Zentrum der Aufmerksamkeit zu sein. Menschen drängen sich um mich, zweifellos wegen des Artikels in der *Times*. Ich spüre, dass die sechs Nationen von der wachsenden Stärke der Genozidkonvention ermutigt sind und weiß instinktiv, sie werden bald ratifizieren.

Zurück in N.Y. arbeite ich mit Mitgliedern der UN-Frauenrechtskommission. Eine Freundin, Mrs. Pendleton Goldman aus Urbana, Illinois, Mitglied der Kommission, verschafft der Genozidkonvention in ihren Reden und Gesprächen mit anderen Delegierten mehrmals „Auftrieb". Ich lerne Miss Helga Pederaen kennen, Mitglied eines der skandinavischen Länder und der Kommission.[9] Ich leihe mir fünf Dollar und lade sie zum Mittagessen ein. Wir sprechen über Genozid und die Genozidkonvention und sie sagt: „Ich werde die Genozidkonvention ratifizieren." Und das tat sie. Mithilfe dieser engagierten Frauen, die sich allesamt der sozialen Gerechtigkeit verschrieben haben, arbeite ich die Nationen, deren Ratifikation noch aussteht, eine nach der anderen ab. Ich stehe in Schriftverkehr mit Lester Pearson – Kanada ratifiziert. Mit Freunden in Schweden – Schweden ratifiziert.[10]

Von nun an ist meine Arbeit mehr Transpiration als Inspiration. Sie wächst wie ein steil ansteigender Berg, insbesondere, weil ich mir Geld leihen muss, um wichtigen und interessierten Menschen zur Ratifikation zu schreiben. Meine Gegner wissen um meine extreme Armut und nutzen sie, um mich zu erniedrigen und meine Bemühungen zunichtezumachen.

Ich konzentriere mich auf Birma, das vor kurzem einen Bürgerkrieg erlebt hat und durch den Kampf der Karen für die Unabhängigkeit Genozid aus erster Hand kennt.[11] Eines Tages besucht U Nu die Vereinten Nationen. Während einer Pressekonferenz fragt Joseph Lash von der *N.Y. Post* ihn, warum Birma die Genozidkonvention noch nicht ratifiziert habe. Nach Rücksprache mit seinen in der Nähe stehenden Beratern antwortet U Nu: „Wir arbeiten daran." Sechs Monate später ratifiziert Birma.[12]

---

[9] Lemkin könnte sich auf die dänische Politikerin und Richterin Inger Helga Pedersen beziehen (1911–1980).

[10] Schweden ratifizierte die Genozidkonvention am 25. Mai 1952.

[11] A. d. Hrsg.: Die Karen sind eine tibetobirmanische Gruppe, deren Mitglieder hauptsächlich in Myanmar und Thailand leben. Aufgrund ihrer jahrzehntelangen Verfolgung durch die birmanische Militärdiktatur zählt die Gruppe über eine Million nationaler und internationaler Flüchtlinge.

[12] U Nu (1907–1995) war der erste Premierminister des unabhängigen Birma (heute: Myanmar). Birma ratifizierte die Genozidkonvention am 14. März 1956.

An eine Idee zu glauben, erfordert, sie zu leben.

Lew Tolstoi

Genos + Cide

Anhänge

Anmerkung der Herausgeber: Es folgen von Lemkin geschriebene Entwürfe zum Aufbau seiner Autobiografie.[1]

Anhang Eins
Konzept für Kapitel Eins

1. Einleitung – Alltag auf dem Bauernhof
2. Ein Bild der Ganzheit (Klettern auf Bäume)
3. Der Wald
4. Der See
5. Die Birke
6. Reiten
7. Klauen
8. Riabczyk[2]
9. Das Erntefest
10. Die Kinder der Landarbeiter
11. Das Recht auf Leben kaufen
12. Mutters Lieder und Fabeln; Winterabende
13. Die Eule und das Vegetarierdasein
14. Erste Liebe und frühe Bildungsjahre (die Propheten)

---

[1] A. d. Ü.: Sämtliche Inkohärenzen von Lemkins handschriftlichem Original wurden beibehalten. Anmerkungen und Ergänzungen in eckigen Klammern wurden von der Herausgeberin der englischsprachigen Originalausgabe hinzugefügt.

[2] Lemkin kreiste Punkt 8 ein und versah ihn mit einem nach oben gerichteten Pfeil, der ihn zwischen den Punkten 1 und 2 positionierte.

Anhang Zwei
Zusammenfassung der Tätigkeiten und Kapitelaufbau

A. Zusammenfassung der Tätigkeiten

Biografie in „Wer ist wer"[3]

Zusammenfassungen der Tätigkeiten

Genoziddefinition (enthalten in oben [unleserlicher oder unvollständiger Satz])

Artikel für das *Chicago Jewish Forum* (?) [unleserlich] fehlt[4]

---

[3] Im Eintrag zu „Wer ist wer" steht:

Vorname: Raphael

Nachname: Lemkin

Beruf: Anwalt

Geburtsort: Bezwodne, Polen, 24. Juni 1900

Einzelheiten: Sohn des Josef und der Bella (Pomeranz [sic]) L.; Schüler Gymnasium in Białystok, Polen; Doktor der Rechtswissenschaft (Dr. jur.), U. Lwów, Polen; Sekr. Berufungsgericht, Warschau, Polen, 1926–29; Staatsanwalt, 1929–34; Professor für Recht, Tachkemoni Coll., 1927–39; allg. Anwaltstätigkeiten, Warschau, 1934–39; Lehre U. Stockholm, 1940–41, Duke U., 1941–42; Chefberater Ausschuss für Ökon. Kriegsführung und Verwalt. ausl. Volkswirtsch., Washington, D.C., 1942–44; Berater für Auswärtige Angelegenheiten, Kriegsmin., 1945–47; Mitgl. Anklageteam, US-amerikanische Armee als Chefankläger Achsenkriminalität in Nürnberg, 1945–46; Prof. für Recht, Yale, 1948– . Gründer Weltbewegung für die Ächtung des Genozids (prägte das Wort Genozid und errichtete einen diesbezügl. völkerrechtl. Vertrag); Hauptberater der UN zur Genozidkonvention, Mitgl. der Am. Soc. Internat. Law.

Religion: Jüdisch

Adresse: Yale University, Juristische Fakultät, New Haven.

[4] Lemkin könnte sich auf die *Chicago Jewish Weekly* beziehen, in der Folgendes gedruckt wurde:

„Wir betrachten hier die Auswirkungen auf eine bestimmte Gruppe – die Juden. Die physische Zerstörung von mehr als einem Drittel der weltweiten Gesamtheit dieser Gruppe bestärkt die Sorge anlässlich des Problems. Ein Denker, Raphael Lemkin, hat das Problem in den Zusammenhang der Völker der Welt gestellt. In seinem kürzlich erschienenen Buch behandelt Lemkin das Problem von Angriffen kriegführender Mächte auf die Zivilbevölkerung und liefert einen Fachterminus für diese Praxis: ‚Genozid'. Er schlägt seine internationale Ächtung vor, in Kriegs- und Friedenszeiten. Die Beteiligung an jeglicher

B. Autobiografie

Kapitel I. Frühe Kindheit 29 Seiten
Kapitel II. Die Flucht 16 Seiten
Kapitel III. Flucht vor den Russen. 26–27 [Seiten] – 1939–40
Kapitel IV. Intermezzo in Litauen. [40–60 Seiten] 1940–41
Kapitel V. Reise nach Amerika über Russland und Japan. 1941 S. 70–90
Kapitel VI. Ein Pole entdeckt Amerika. [unleserlich] und an der Duke University sowie das Sammeln von Gewalt [unleserlich] Genozid. 1941–42. 91–105
Kapitel VII. Arbeit in Washington, D.C. als Berater für Auswärtige Angelegenheiten beim US-amerikanischen Kriegsmin. und anderen Behörden. Meine Arbeit im Bereich Reparationen bei den Nürnberger Prozessen.[5] 1942–45. S. 1–3
Kapitel VIII. Geburt der Konvention. 1946 S. 1–21
Kapitel IX. Einbringen einer Resolution vor in [unleserlich – UK?] mit der Forderung einer Genozidkonvention. Mobilisierung von Freunden in Genf. 1948 S. 1–20
Kapitel X. Annahme der Genozid [unvollständig] Paris 1948 S. 1–39 [durchgestrichen und ersetzt durch die handschriftliche Notiz „24–62“]
Kapitel X. Jahre der Prüfung. Konvention tritt in Kraft. Opposition erstarkt. [unleserlich]
Kapitel XI. Fehlt. Arbeit in der Isolation. Weitere Erfolge. Ratifikationen 59. [unleserlich] (siehe Zusammenfassung)

Handlung, die Leben, Freiheit, Gesundheit, wirtschaftliche Existenz oder Ehre der Einwohner eines Landes beeinträchtigt, soll ein Verstoß gegen das Völkerrecht sein. Dieser Grundsatz soll mittels nationaler Strafgesetze der Länder durchgesetzt werden. – Ein neues Verbot für ein altes Verbrechen.“

5 A. d. Hrsg.: Anstelle von „reparations“ (dt. Reparationen) könnte Lemkin „preparations“ (dt. Vorbereitungen) gemeint haben, siehe auch Anhang Drei und den Punkt zu Kapitel 6.

Anhang Drei
Konzept

Kapitel 1: Der Krieg bricht aus. Flucht aus Warschau durch die polnischen Wälder mit anderen Flüchtlingen, [unleserlich] (1939) Erinnerung an Friedensjahre.

Kapitel 2: Flucht vor den Russen. Befragung durch Russen. Der letzte Besuch bei meinen Eltern. Flucht nach Litauen. (1939–40)

Kapitel 3: Intermezzo in Litauen und Schweden. Meine Bemühungen um die Sammlung schriftlicher Beweise für den Genozid. (1940–41)

Kapitel 4: Reise in die USA über Russland und Japan (1941)

Kapitel 5. Ein Pole entdeckt Amerika. Lehre an der Duke U. und Sammlung weiteren Beweismaterials für den Genozid. (1941–42)

Kapitel 6: Meine Arbeit in Washington, D.C. als Berater für Auswärtige Angelegenheiten beim US-amerikanischen Kriegsministerium und anderen Behörden. Meine Arbeit im Rahmen der Vorbereitung der Nürnberger Prozesse. (1942–45)

Kapitel 7: Die Nürnberger Prozesse. Der Genozid erreicht meine Heimat. Ich finde heraus, dass meine Eltern in einem Konzentrationslager ums Leben gekommen sind. (1946)

Kapitel 8: Einbringung einer Resolution in die UN in Lake Success mit der Forderung einer Genozidkonvention. (1946)

Kapitel 9: Vorbereitende Arbeiten in Genf – Mobilisierung von Freunden für die Genozidkonvention. (1946)

Kapitel 10: Annahme der Genozidkonvention in Paris. (1948)

Kapitel 11: Jahre der Prüfung. Die Konvention tritt in Kraft. Die Opposition erstarkt. Ich bin von Krankheit & Armut geplagt.

Kapitel 12: Arbeiten in der Isolation. Weitere Erfolge im Angesicht der erstarkten Opposition. Neue Ratifikationen von 58 Ländern.

Die Herausforderung der Zukunft.

Anhang Vier
Konzept für *Totally Unofficial*[6]

Kap 1

2 Kapitel 2 [durchgestrichen, ersetzt durch „2–3"]: Der Krieg bricht aus. Flucht aus Warschau durch die polnischen Wälder, mit anderen Flüchtlingen. Bombenangriffe und Tod (1939). Erinnerungen an Friedensjahre. Rückblick auf meinen ersten Vorschlag, die Zerstörung von Völkern zu ächten (Madrid 1933).

3 Kapitel 2 [durchgestrichen, ersetzt durch „4"]: Flucht vor den Russen. Ich werde festgenommen, befragt und wieder freigelassen. Der letzte Besuch bei meinen Eltern. Flucht nach Litauen (1939–40).

4 Kapitel 3 [durchgestrichen, ersetzt durch „5"]: Intermezzo in Litauen und Schweden. Meine Bemühungen um die Sammlung schriftlicher Beweise für den Genozid (1940–41).

5 Kapitel 4 [durchgestrichen, ersetzt durch „6"]: Reise in die USA über Russland und Japan (1941).

6 Kapitel 5 [durchgestrichen, ersetzt durch „7"]: Ein Pole entdeckt Amerika. Lehre an der Duke University und Sammlung weiteren Beweismaterials für den Genozid (1941–42).

7 Kapitel 6 [durchgestrichen, ersetzt durch „8"]: Arbeit in Washington, D.C. als Berater für Auswärtige Angelegenheiten beim US-amerikanischen Kriegsmin. und anderen Behörden. Meine Arbeit im Rahmen der Vorbereitung der Nürnberger Prozesse (1942–45).

---

[6] Anmerkung der Herausgeberin der englischsprachigen Originalausgabe: Über dem Arbeitstitel *Totally Unofficial* vermerkte Lemkin handschriftlich *The Unofficial Man* (dt. Der Mann ohne Auftrag). Möglicherweise dachte er über einen spezifischeren, ausdrucksstärkeren Titel für seine Autobiografie nach.

8 Kapitel 7 [durchgestrichen, ersetzt durch „9"]: Die Nürnberger Prozesse. Der Genozid erreicht meine Heimat (ich finde heraus, dass meine Eltern in einem Konzentrationslager ums Leben gekommen sind (1946).

Kapitel 8 [durchgestrichen, ersetzt durch „10"]: Einbringung einer Resolution in die UN mit der Forderung einer Genozidkonvention (1948).[7]

9 Kapitel [durchgestrichen, ersetzt durch „11"]: Mobilisierung von Freunden für die Genozidkonvention. Arbeit in Genf.

10 Kapitel 10 [durchgestrichen, ersetzt durch „12"]: Annahme der Genozidkonvention in Paris (1946).

11 Kapitel 11 [durchgestrichen, ersetzt durch „13"]: Jahre der Prüfung. Ich bin von Krankheit und Armut geplagt. Die Konvention tritt in Kraft. Die Opposition erstarkt.

Kapitel 12 [durchgestrichen, ersetzt durch „14"]: Arbeiten in der Isolation. Weitere Erfolge im Angesicht der erstarkten Opposition. Neue Ratifikationen (nun 59 Länder). Die Herausforderung der Zukunft.

---

[7] Lemkin wies mit einem vorsichtigen handschriftlichen „Vielleicht" darauf hin, dass er dieses Kapitel möglicherweise mit dem darauffolgenden zu verbinden gedachte.

Anhang Fünf
Konzept für *Totally Unofficial*

12 Kapitel – circa 450 Seiten

Kapitel 1. Der Krieg bricht aus. Flucht aus Warschau durch die polnischen Wälder mit anderen Flüchtlingen. Bombardement und Tod (1939). Erinnerung an Friedensjahre.

Kapitel 2. Flucht vor den Russen. Ich werde festgenommen, befragt und wieder freigelassen. Der letzte Besuch bei meinen Eltern. Flucht nach Litauen (1939).

Kapitel 3. Intermezzo in Litauen und Schweden. Meine Bemühungen um die Sammlung schriftlicher Beweise für den Genozid (1940–41).

Kapitel 4. Reise in die USA über Russland und Japan (1941).

Kapitel 5. Ein Pole entdeckt Amerika. Lehre an der Duke University und Sammlung weiteren Beweismaterials für den Genozid (1941–42).

Kapitel 6. Meine Arbeit in Washington, D.C. als Berater für Auswärtige Angelegenheiten beim US-amerikanischen Kriegsministerium und anderen Behörden. Meine Arbeit im Rahmen der Vorbereitung der Nürnberger Prozesse (1942–45).

Kapitel 7. Die Nürnberger Prozesse. Der Genozid erreicht meine Heimat – ich finde heraus, dass meine Eltern in einem Konzentrationslager ums Leben gekommen sind (1946).

Kapitel 8. Einbringung einer Resolution in die UN in Lake Success mit der Forderung einer Genozidkonvention (1948).

Kapitel 9. Vorbereitungsarbeit in Genf – Mobilisierung von Freunden für die Genozidkonvention.

Kapitel 10. Annahme der Genozidkonvention in Paris (1948).

Kapitel 11. Jahre der Prüfung. Ich bin von Krankheit und Armut geplagt. Die Konvention tritt in Kraft. Die Opposition erstarkt.

Kapitel 12. Arbeiten in der Isolation. Weitere Erfolge im Angesicht der erstarkten Opposition. Neue Ratifikationen. Die Herausforderung der Zukunft.

Anhang Sechs
Zusammenfassung und Konzept

Zusammenfassung

Dieses Buch beschäftigt sich mit der Genozidkonvention und meinem Beitrag zu ihrem Zustandekommen.

Die Erzählung beginnt im Jahr 1939, als ich mich gezwungen sah, aus Polen zu fliehen. Die ersten Kapitel schildern meine von Verzweiflung und Hungersnot geprägte Flucht durch die polnischen Wälder in die Sicherheit der zu jener Zeit neutralen baltischen Staaten und Schwedens.

Auf der Flucht erinnere ich mich episodenhaft an meine Kindheit, meine Studienzeit und mein berufliches Leben als Staatsanwalt in Warschau. Auch meine Reise während des Krieges wird beschrieben: Ich reiste durch Schweden, Russland und Japan, um schließlich zur Duke University und nach Washington, D.C. zu gelangen, wo ich als Berater für Auswärtige Angelegenheiten beim US-amerikanischen Kriegsministerium tätig war.

Das Konzept des Genozids formulierte ich erstmals 1933 anlässlich einer internationalen Konferenz, zu der Rechtsexperten aus aller Welt in Madrid zusammenkamen, doch mein Vorschlag zur Errichtung einer Konvention wurde vertagt. Seitdem habe ich unermüdlich für diese Idee weitergekämpft. Später prägte ich in meinem Buch *Axis Rule in Occupied Europe* das Wort „Genozid“ (das mittlerweile in sämtliche anerkannten Wörterbücher aufgenommen worden ist).

Meine Bemühungen begannen Früchte zu tragen, als ich nach Kriegsende von der US-amerikanischen Regierung nach London und Nürnberg entsandt wurde, um bei der Vorbereitung der Anklage gegen die Nazi-Kriegsverbrecher zu helfen. Ich fügte der Anklageschrift den Vorwurf des Genozids hinzu. Diesem Ereignis ist ein ganzes Kapitel gewidmet. 1946 bewegte ich drei Delegationen dazu, eine Resolution in die Generalversammlung der Vereinten Nationen einzubringen, die die Vorbereitung einer Genozidkonvention forderte.

Die nun vorgelegten Kapitel beschäftigen sich mit den Zwischenetappen meiner Arbeit zum Genozid in Genf und Paris. Weitere Kapitel werden sowohl Genozidfälle der Antike, des Mittelalters und der Moderne behandeln als auch meine persönlichen Anstrengungen um den Erhalt der parlamentarischen Zustimmung der meisten der achtundsechzig Nationen beschreiben, die die Konvention bisher ratifiziert haben.

Die Schlusskapitel des Buches werden meinen anhaltenden Bemühungen gewidmet sein, die Ratifikation durch neue Staaten zu erreichen. Ich werde außerdem meinen Kontakt mit verschiedenen Staatsmännern unterschiedlicher Länder beschreiben, darunter Jan Masaryk, der Kaiser Äthiopiens, die Premierminister Irlands, Pakistans, Neuseelands und Ghanas sowie die Außenminister vieler Nationen, darunter Robert Schuman aus Frankreich, John Foster Dulles aus den Vereinigten Staaten, Lester Pearson aus Kanada, Herbert Evatt aus Australien und viele andere.

Viele Regierungen haben meine Arbeit mit den höchsten Auszeichnungen gewürdigt, darunter Kuba im Jahr 1950 und Westdeutschland im Jahr 1955. Kürzlich wurde ich zudem für den Friedensnobelpreis nominiert.

Da dieses Buch zeigt, wie eine Privatperson beinahe im Alleingang der Welt eine sittliche Norm auferlegen und das Weltgewissen in die entsprechende Richtung steuern kann, wird es eine interessante Lektüre sein.

Konzept

12 Kapitel – circa 450 Seiten

Kapitel 1 [„1“ durchgestrichen]. Der Krieg bricht aus. Flucht aus Warschau in einem Zug, der bombardiert wird. Ich werde Zeuge des Todes. Hungersnot und Überlebenskampf. Mein erster Kontakt mit einem Genozid „in Aktion“. Unerwartete Begegnung mit dem Leid des polnischen Volkes; Schuldgefühl, weil ich mir dessen vorher nicht bewusst gewesen war. Rückblicke auf meine Kindheit und Etappen des beruflichen Lebens als Staats- und Rechtsanwalt in Warschau. Rückblick auf die Phase, in der der Autor 1933 in Madrid die Errichtung einer Genozidkonvention auf den Weg brachte.

Kapitel 2 [durchgestrichen, ersetzt durch „4"]. Die Russen marschieren in den Teil des polnischen Staatsgebiets ein, in den ich geflohen bin. Ich werde festgenommen, befragt und wieder freigelassen. Ich finde Zuflucht bei einer jüdischen Familie in einem kleinen ostpolnischen Dorf. Beschreibung der kulturellen und religiösen Vorstellungen der potentiellen Genozidopfer, insbesondere ihre Beziehung zu Gott und dem Tod. Der letzte Besuch bei meinen Eltern.

Kapitel 3 [durchgestrichen, ersetzt durch „5"]. Flucht in das zu jener Zeit neutrale Litauen. Beschreibung der prekären Neutralität. Demoralisierung derer, die vor dem Nazi-Genozid fliehen. Das Leid der Intellektuellen. Verratene Hoffnungen der Litauer, deren Land später von den Russen besetzt wurde. Mein letztes Gespräch mit dem großartigen jüdischen Historiker Dubnow, der später von den Nazis ermordet wurde. Während die Nazis Westeuropa besetzen, gehe ich nach Schweden. Ich studiere die Techniken des Genozids durch die Nazis in Polen und bereite gleichzeitig meine Kampagne gegen den Genozid vor, die ich in den USA zu lancieren hoffe.

Kapitel 4 [durchgestrichen, ersetzt durch „6"]. Vergleiche der gegenwärtigen Methoden des Genozids durch die Nazis mit denen der Mongolen in Polen und anderen zentraleuropäischen Ländern siebenhundert Jahre zuvor. Reise durch Russland und Japan. Meine Eindrücke vom russischen Volk. Ankunft in Japan. Die Schönheit des Landes fesselt mich. Zwei Facetten japanischer Psychologie: einerseits die Teezeremonie als Beispiel für Harmonie, andererseits die „Singende Brücke" in Kyoto als Beispiel für die Tradition des Misstrauens und des grausamen Samurai-Kampfes. Gedanken zum Einfluss dieser Phase des Misstrauens auf einen Genozid, dem im siebzehnten Jahrhundert fünfzigtausend japanische Katholiken zum Opfer fielen. Ich verlasse Japan und reise in die USA. Der amerikanische Geist wird anhand des Verhaltens der Einreise- und Zollbeamten versinnbildlicht.

Kapitel 5 [durchgestrichen, ersetzt durch „7"]. Ein Pole entdeckt Amerika: Parallelen und Gegensätze. Die Atmosphäre auf dem Campus der Duke University. Ich appelliere an die amerikanische Tradition, Minderheiten in anderen Ländern zu schützen. Erste Versuche, das US-amerikanische Kriegsministerium auf das Problem des Genozids aufmerksam zu machen. Vorträge zum Genozid an der School of Military Government in Charlottesville, Virginia. Vorträge vor der M.C. Bar Association und der American Bar Association in Indianapolis. Deutschland marschiert in Russland ein und überrollt die ostpolnische Stadt, in der meine Eltern leben. Qualvolle Stunden im amerikanischen Paradies. Ich mache meinen Onkel, meine Tante und meine Cousins in Chicago, New York und Hartford, Connecticut, ausfindig. Meine Tante als Symbol meiner Vergangenheit. Pearl Harbor: Amerika zieht in den Krieg.

Kapitel 6 [durchgestrichene „6"]. Im Sommer 1942 ziehe ich nach Washington, D.C., um beim Ausschuss für Ökonomische Kriegsführung als Chefberater tätig zu werden. Meine Eindrücke der Hauptstadt. Atmosphäre der Improvisation beim Führen des Krieges und Studieren des Feindes. Meine Freunde schenken meinen Worten über Genozid keinen Glauben. Meine Versuche, an das Weiße Haus heranzutreten. Anstrengungen, amerikanische Amtsträger und Kongressmitglieder für die Rettung der europäischen Völker vor dem Genozid zu gewinnen. Schwierigkeiten und Enttäuschung angesichts ihres mangelnden Verständnisses des Problems. Schiffsladungen voller Flüchtlinge, die niemand wollte. Ich präge den Begriff „Genozid" und veröffentliche das Buch *Axis Rule in Occupied Europe* mit schriftlichem Beweismaterial, das Amerika schockiert. Das Buch wird auf der Titelseite der *New York Times* besprochen. Ich gewinne die Unterstützung von Eugene Meyer von der *Washington Post.* Meine Erkenntnis, dass meine Bemühungen, den Genozid durch die Nazis zu verhüten, zu spät gekommen sind.

Präsident Roosevelt lehnt meinen Vorschlag, Genozid als Warnung an die Nazis gemäß einem Vertrag zu ächten, ab. Meine Gespräche mit Vizepräsident Henry Wallace und Diplomaten der Alliierten in Washington, D.C.

Kapitel 7. 1945 werde ich zum Berater für Auswärtige Angelegenheiten beim US-amerikanischen Kriegsministerium ernannt. Als Berater von Robert Jackson, Richter beim Obersten Gerichtshof der Vereinigten Staaten, werde ich nach London gesandt, um an der Vorbereitung der Nürnberger Prozesse mitzuarbeiten. Ich sorge für die Aufnahme des Verbrechens des Genozids in die Anklageschrift. Meine Verhandlungen mit den Briten, den Russen und den Franzosen. Ich treffe frühere Freunde aus Polen, deren Erzählungen persönlicher Erfahrungen unter den Nazis mich schockieren. Ich kehre in die amerikanische Hauptstadt zurück, um bei der Vorbereitung des Kriegsverbrecherprozesses in Tokio zu helfen. Anlässlich einer Inspektion aller Militärtribunale im besetzten Deutschland reise ich zurück nach Europa. Ich besuche Lager und lerne Überlebende kennen. Meine hoffnungslose Suche nach überlebenden Familienmitgliedern. Ich werde mir der Folgen des Genozids bewusst. Der anhaltende Hass unter den Überlebenden. Kontakt zu Richtern und Staatsanwälten des Nürnberger Tribunals. Entdeckung, dass das Personal des Tribunals in illegalen Handel involviert ist. Kummer angesichts des Mangels an ethischer Integrität. Ich fliege nach England, um bei einer Konferenz mit dreihundert Anwälten aus England und Kontinentaleuropa zu sprechen und Unterstützung für mein Konzept des Genozids als internationales Verbrechen zu gewinnen. Es ist ein kühler Empfang. Ich fliege nach Paris, um das Genozidkonzept in die Friedensverträge zwischen Alliierten und Achsenmächten zu integrieren. Ich scheitere. Ich werde in ein Militärkrankenhaus in Paris eingewiesen. Nach meiner Entlassung kehre ich nach Nürnberg zurück und erfahre, dass sich mein Bruder und seine Familie, die einzigen Überlebenden meiner neunundvierzigköpfigen Familie, in Berlin aufhalten. Ich hole sie nach München und bringe sie in einem Flüchtlingslager unter. Das Nürnberger Urteil ist enttäuschend: Es schafft keinen klaren Präzedenzfall für die Ächtung des Genozids. Ich werde erneut in ein Krankenhaus eingewiesen, wo ich zu der Entscheidung gelange, die UN zu ersuchen, einen Vertrag zur Ächtung des Genozids vorzubereiten. Nach meiner Rückkehr in die USA arrangiere ich einen unbezahlten Urlaub vom Kriegsministerium. Ich reise nach Lake Success, um Unterstützer für eine Resolution zu gewinnen, die den Genozid zu einem internationalen Verbrechen erklären würde. Kuba, Indien und Panama erklären sich bereit, meine Resolution einzubringen. Ich gewinne die Unterstützung der US-amerikanischen Delegation, unter anderem von Botschafter Warren Austin und Adlai Stevenson. Kontakt zu führenden Journalisten, Kirchengemeinden und zivilgesellschaftlichen Gruppen, die meine Idee unterstützen. Die Resolution zum Genozid wird von der UN einstimmig angenommen. Der UN-Generalsekretär bestellt mich zum beratenden Experten für die Vorbereitung der Genozidkonvention. In Lake Success betone ich in Gesprächen mit verschiedenen Delegierten, dass es Genozide in allen Zeiten der Geschichte gegeben hat. Das Argument des unwiederbringlichen Verlustes für die Welt macht Eindruck. Nachdem der Entwurf ausgearbeitet ist, kehre ich nach Washington, D.C. zurück, wo ich meine Arbeit für das Kriegsministerium fortsetze. Der erste Widerstand gegen die Konvention zeichnet sich ab.

Kapitel 8. Ich kündige beim Kriegsministerium und ziehe in ein kleines möbliertes Zimmer in New York. Da ich der Genozidkonvention meine gesamte Zeit widme, kann ich keine bezahlte Arbeit annehmen und leide unter harten Entbehrungen. Meine Vorahnung schwieriger zukünftiger Schlachten auf der Generalversammlung 1947. Pearl Buck und ich organisieren weltweit unter führenden Intellektuellen eine an die Generalversammlung von 1947 gerichtete Petition, in der wir die Annahme der Genozidkonvention fordern. Die Präsidenten vieler Parlamente, darunter Herriot aus Frankreich und mehrere Nobelpreisträger, schließen sich der Petition an. Die ersten offenen Angriffe auf die Konvention. Die Konvention wird im Rechtsausschuss der Generalversammlung abgelehnt. Ich appelliere an den Präsidenten der Versammlung, in der Plenarsitzung einen Kampf für die Konvention zu organisieren. Wir besiegen die Opposition und eine Resolution zur Fortsetzung der Arbeiten an der Konvention wird angenommen. Ein Sonderausschuss des Wirtschafts- und Sozialrats bereitet einen neuen Konventionsentwurf vor. Unerwartete Hilfe kommt vom pakistanischen Außenminister Sir Zafarullah Khan, der Indien beschuldigt, während der Teilung des Landes eine Million Muslime ermordet zu haben. Er deckt Details dieses jüngsten Genozidfalls auf und bittet den Wirtschafts- und Sozialrat, die Annahme der Genozidkonvention zu beschleunigen. Gandhis Bemühungen, den Genozid zu verhüten. Seine Ermordung durch ein Mitglied einer Organisation, die aktiv am Genozid beteiligt ist. In einem landesweit sendenden Radionetzwerk gedenke ich gemeinsam mit pakistanischen und indischen Delegierten des Todes Gandhis.

Kapitel 9 [„9“ gestrichen, ersetzt durch „10“]. Im März 1948 werde ich Mitglied des Lehrkörpers der Yale University. Ich bereite mich darauf vor, der kommenden Generalversammlung, die den endgültigen Konventionsentwurf ausarbeiten wird, historische Genozidfälle vorzulegen. Mein Flug nach Genf im Sommer 1948. Die Stimmung der Schweizer. Ich gewinne die Unterstützung des Wirtschafts- und Sozialrats für die Genozidkonvention. Auch eine internationale Versammlung führender Geistlicher der protestantischen Kirche spricht mir ihre Unterstützung aus. Ich treffe den Schweizer Außenminister und gebe eine Pressekonferenz vor Schweizer Journalisten. Das Wunder auf der Brücke; ein zufälliges Treffen mit dem kanadischen Botschafter, der mir später den zukünftigen Präsidenten der UN-Generalversammlung vorstellt, bei der ich Unterstützung von Australien erhalte. Der Wirtschafts- und Sozialrat übermittelt der bevorstehenden Generalversammlung in Paris die Genozidkonvention zur Behandlung.

Kapitel 10 [„10“ gestrichen, ersetzt durch „11“]. Ankunft in Paris. Schachzüge der Opposition, um die Genozidkonvention ganz unten auf der Tagesordnung zu positionieren. Meine Gegenzüge, um den gesamten Sechsten Ausschuss in einen Redaktionsausschuss umzufunktionieren, siegen. Ich arbeite mit sämtlichen Delegationen zusammen und reiche Memoranden zu vergangenen Genozidfällen ein, um bestimmte Punkte für die Ausarbeitung der

Konvention zu verdeutlichen. Die Opposition unterliegt in der Generaldebatte und geht in den Untergrund. Die Opponenten schlagen umstrittene und nicht durchsetzbare Formulierungen vor. Ich entspanne mich in Paris, treffe alte Freunde und gewinne neue. Die Stimmung der Franzosen. Ich sammle neues Material zum Genozid an den Hugenotten. Meine Gespräche über die Genozidkonvention mit führenden protestantischen Geistlichen und Schriftstellern. Ich lerne Herrn Roncalli, den damaligen Apostolischen Nuntius in Paris und aktuellen Papst, kennen, und arbeite eng mit ihm zusammen. Ich treffe mich mit Staatsmännern, darunter auch Premierminister, und stärke auf diese Weise meine Position. Ich umgehe in der Ausarbeitung der Konvention neu entdeckte Fallstricke. Ich wende mich an John Foster Dulles und erhalte seine Hilfe bei der Beseitigung einiger dieser Schwierigkeiten. Der Erzbischof von Canterbury und Sigrid Undset, norwegische Literaturnobelpreisträgerin, helfen der Genozidkonvention. Einstimmige Annahme der Konvention. Der französische Außenminister R. Schuman, der Präsident der Generalversammlung Herbert Evatt und viele andere gratulieren mir. Die Haltung der Presse. Lowell Thomas berichtet in einer Sendung, ich sei „der glücklichste Mann in Paris." Krankheit und Rückkehr nach Amerika.

Kap. 12. Ich nehme meine Tätigkeiten an der Yale University wieder auf. Meine enge Beziehung zu den Studierenden. Ihr wachsendes Interesse am Problem des Genozids. Mein Plan, die Konvention in Kraft zu setzen, indem ich bis 1950 die Mindestanzahl an Ratifikationen sichere. Schriftverkehr mit den Außenministern und Präsidenten von Republiken, persönliche Treffen mit Premierministern, Regierungschefs und Parlamentsmitgliedern. Die Konferenz der Außenminister Lateinamerikas in Washington, D.C. Ich organisiere in vielen Ländern Unterstützung der Generalkonvention durch Frauenorganisationen, Kirchengruppen und Universitäten.[8] Schwierigkeiten bei der Ratifikation durch die USA und England. Im Laufe der Generalversammlung 1950 wird die notwendige Zahl von 20 Ratifikationen erreicht. Am 16. Oktober 1950 wird ein

[8] A. d. Hrsg.: Gemeint ist die Genozidkonvention.

entsprechendes Protokoll bei der UN unterzeichnet. Der Opposition gelingt aufgrund der Vorbehalte die Schaffung einer neuen Hürde; sie übermittelt die Konvention an den Internationalen Gerichtshof. Ich kann meine Pflichten an der Yale University nicht länger wahrnehmen; ich hungere während der Arbeit [unleserlich] und werde krank. Ich werde für eine Operation ins Krankenhaus gebracht und im Januar 1951 entlassen.

Kap. 12 [„12“ gestrichen, ersetzt durch „13“.] Strategiewechsel nach schweren Hieben der Opposition. Meine Zusammenarbeit mit nationalen Gruppen im Mittleren Westen. Sieg über die Taktik des Vorenthaltens von Ratifikationsurkunden. Armut und Hunger. Mein Gesundheitszustand verschlechtert sich. Ich wohne in Hotels und möblierten Zimmern. Meine Kleidung geht kaputt. Die Zahl der Ratifikationen steigt. Ich gehe vorsichtig vor. (Die Brücke in Polen.)

Kap. 13.[9] Um weitere Ratifikationen zu erhalten, wende ich mich an neue Weltregionen (Afrika und Asien). Neue Argumente. Ich arbeite ein Jahr an der Ratifikation durch Deutschland (1953–1954).[10] Ich nehme an der Ökumenischen Konferenz in Evanston teil. Entstehung neuer Nationalstaaten mittels der UN-Strategie der Unterstützer des *Draft Code of Offenses*, und die Unterschiede beider Dokumente. Schwierigkeit mit Artikel VI des Pakts über bürgerliche und politische Rechte. Aufnahme der Vorbehaltsklausel 1957. Ratifikation durch Pakistan (der Leitartikel in der *New York Times*) und neue UN-Mitglieder. Ich nehme an jeder Versammlung teil und organisiere Unterstützung. Verstärkte Recherche zur Geschichte des Genozids. Tieferes Verständnis der Beweggründe für Ideologien. Mein Freundeskreis schrumpft und meine Gedanken finden nun Ausdruck in der Poesie. Ich werde mir des Alterns bewusst und versuche, mich darauf einzustellen. Das Problem geringerer Energie. Das Problem der irischen Ratifikation. Gespräche mit Costello und

[9] A. d. Ü.: Kapitel 13 und 14 sind in Lemkins Autobiografie nicht enthalten.

[10] A. d. Hrsg.: Gemeint ist die Bundesrepublik Deutschland, die die Genozidkonvention am 9. August 1954 ratifizierte. Die DDR ratifizierte die Genozidkonvention am 27. März 1973, mit Vorbehalten wie alle Ostblockstaaten.

dem Kaiser Äthiopiens. Meine vier gemeinsamen Arbeitsjahre mit Helen Steiger. Die Konvention rettet fünf Nationen. 1955 nehme ich an einer Konferenz in San Francisco teil. Unterstützung durch die Zeitung *San Francisco Chronicle*. Eindrücke von der Westküste und vom Kontinent auf meiner Zugreise zurück nach New York. Genozidfälle in Algerien und anderen afrikanischen Nationen. Die Ungarn. Akademische Intermezzi in Rutgers und Princeton. Mein Eindruck von Robert Oppenheimer. Sporadische Unterstützung durch die Presse in Form von Erinnerungen an die Existenz der Genozidkonvention. In der Generaldebatte erheben UN-Delegierte ihre Stimme gegen die Anschläge auf die Genozidkonvention. Sisyphusarbeit. Ich arbeite in Isolation; die Isolation schützt mich.

Kapitel 14 – wird erst geschrieben werden, nachdem das Buch fertiggestellt ist und soll Folgendes enthalten:

1.) Allgemeine Schlussfolgerungen
2.) Persönlicher Ausblick
3.) Hoffnung für die Zukunft

Die Welt wird sich des Konzepts des Genozids und seines völkerrechtlichen Verbots bewusst. Dieses Bewusstsein spiegelt sich nicht [in] der innerstaatlichen Gesetzgebung wider.

Dokumentarische Anhänge

Die dokumentarischen Anhänge enthalten chronologisch geordnete relevante juristische Texte sowie eine institutionelle politische Erklärung, die zum angemessenen Verständnis von Raphael Lemkins Erfolgen, Bemühungen und Ängsten im Zuge der Verhandlung, Verabschiedung und Ratifikation der Genozidkonvention beitragen.

Auf die Konvention über die Verhütung und Bestrafung des Völkermordes folgt die Rede des Präsidenten der Generalversammlung der Vereinten Nationen 1948, Dr. Herbert Evatt aus Australien, erstmals in deutscher Sprache. Die Rede ist von besonderer juristischer und historischer Relevanz, sowohl aufgrund ihres internationalen Blickwinkels als auch aufgrund von Evatts bewundernswerter, voluntaristischer Aussage zum „Vorrang des Völkerrechts" in den zwischenstaatlichen Beziehungen. Auf Evatts Rede folgt das Gutachten des Internationalen Gerichtshofs betreffend die Vorbehalte gegen die Konvention in deutscher Übersetzung. Für ein umfassendes Verständnis der Kapitel Zehn und Elf des Buches ist die Lektüre dieser drei Texte unabdingbar.

Der letzte Text der dokumentarischen Anhänge ist eine deutsche Übersetzung des in der *New York Times* veröffentlichten Nachrufs auf Raphael Lemkin.

Dokumentarischer Anhang A

VEREINTE NATIONEN

Konvention über die Verhütung und Bestrafung des Völkermordes[1]

Verabschiedet und zur Unterzeichnung und Ratifikation oder dem Beitritt aufgelegt von der Generalversammlung in ihrer Resolution 260 A (III) vom 9. Dezember 1948. Datum des Inkrafttretens: 12. Januar 1951, gemäß Artikel XIII.

Nach Erwägung der Erklärung, die von der Generalversammlung der Vereinten Nationen in ihrer Resolution 96 (I) vom 11. Dezember 1946 abgegeben wurde, dass Völkermord ein Verbrechen gemäß internationalem Recht ist, das dem Geist und den Zielen der Vereinten Nationen zuwiderläuft und von der zivilisierten Welt verurteilt wird,

In Anerkennung der Tatsache, dass der Völkermord der Menschheit in allen Zeiten der Geschichte große Verluste zugefügt hat, und

In der Überzeugung, dass zur Befreiung der Menschheit von einer solch verabscheuungswürdigen Geißel internationale Zusammenarbeit erforderlich ist, sind die Vertragschließenden Parteien hiermit wie folgt übereingekommen:

Artikel I

Die Vertragschließenden Parteien bestätigen, dass Völkermord, ob im Frieden oder im Krieg begangen, ein Verbrechen gemäß internationalem Recht ist, zu dessen Verhütung und Bestrafung sie sich verpflichten.

Artikel II

In dieser Konvention bedeutet Völkermord eine der folgenden Handlungen, die in der Absicht begangen wird, eine nationale, ethnische, rassische oder religiöse Gruppe als solche ganz oder teilweise zu zerstören:

---

[1] A. d. Ü.: Deutsche Version nach dem Bundesgesetzblatt: Gesetz über den Beitritt der Bundesrepublik Deutschland zu der Konvention vom 9. Dezember 1948 über die Verhütung und Bestrafung des Völkermordes, Jahrgang 1954, Teil II, S. 729–739. Der hier aufgeführte erste Absatz ist in der zitierten deutschen Version nicht vorhanden.

a. Tötung von Mitgliedern der Gruppe;
b. Verursachung von schwerem körperlichem oder seelischem Schaden an Mitgliedern der Gruppe;
c. vorsätzliche Auferlegung von Lebensbedingungen für die Gruppe, die geeignet sind, ihre körperliche Zerstörung ganz oder teilweise herbeizuführen;
d. Verhängung von Maßnahmen, die auf die Geburtenverhinderung innerhalb der Gruppe gerichtet sind;
e. gewaltsame Überführung von Kindern der Gruppe in eine andere Gruppe.

Artikel III

Die folgenden Handlungen sind zu bestrafen:

a. Völkermord,
b. Verschwörung zur Begehung von Völkermord,
c. unmittelbare und öffentliche Anreizung zur Begehung von Völkermord,
d. Versuch, Völkermord zu begehen,
e. Teilnahme am Völkermord.

Artikel IV

Personen, die Völkermord oder eine der sonstigen in Artikel III aufgeführten Handlungen begehen, sind zu bestrafen, gleichviel ob sie regierende Personen, öffentliche Beamte oder private Einzelpersonen sind.

Artikel V

Die Vertragschließenden Parteien verpflichten sich, in Übereinstimmung mit ihren jeweiligen Verfassungen, die notwendigen gesetzgeberischen Maßnahmen zu ergreifen, um die Anwendung der Bestimmungen dieser Konvention sicherzustellen und insbesondere wirksame Strafen für Personen vorzusehen, die sich des Völkermordes oder einer der sonstigen in Artikel III aufgeführten Handlungen schuldig machen.

Artikel VI

Personen, denen Völkermord oder eine der sonstigen in Artikel III aufgeführten Handlungen zur Last gelegt wird, werden vor ein zuständiges Gericht des Staates, in dessen Gebiet die Handlung begangen worden ist, oder vor das internationale Strafgericht gestellt, das für die Vertragschließenden Parteien, die seine Gerichtsbarkeit anerkannt haben, zuständig ist.

Artikel VII

Völkermord und die sonstigen in Artikel III aufgeführten Handlungen gelten für Auslieferungszwecke nicht als politische Straftaten.

Die Vertragschließenden Parteien verpflichten sich, in derartigen Fällen die Auslieferung gemäß ihren geltenden Gesetzen und Verträgen zu bewilligen.

Artikel VIII

Eine Vertragschließende Partei kann die zuständigen Organe der Vereinten Nationen damit befassen, gemäß der Charta der Vereinten Nationen die Maßnahmen zu ergreifen, die sie für die Verhütung und Bekämpfung von Völkermordhandlungen oder einer der sonstigen in Artikel III aufgeführten Handlungen für geeignet erachten.

Artikel IX

Streitfälle zwischen den Vertragschließenden Parteien hinsichtlich der Auslegung, Anwendung oder Durchführung dieser Konvention einschließlich derjenigen, die sich auf die Verantwortlichkeit eines Staates für Völkermord oder eine der sonstigen in Artikel III aufgeführten Handlungen beziehen, werden auf Antrag einer der an dem Streitfall beteiligten Parteien dem Internationalen Gerichtshof unterbreitet.

Artikel X

Diese Konvention, deren chinesischer, englischer, französischer, russischer und spanischer Text gleicherweise maßgebend ist, trägt das Datum des 9. Dezember 1948.

Artikel XI

Diese Konvention steht bis zum 31. Dezember 1949 jedem Mitglied der Vereinten Nationen und jedem Nicht-Mitgliedstaat, an den die Generalversammlung eine Aufforderung zur Unterzeichnung gerichtet hat, zur Unterzeichnung offen.

Diese Konvention bedarf der Ratifizierung; die Ratifikationsurkunden sind bei dem Generalsekretär der Vereinten Nationen zu hinterlegen.

Nach dem 1. Januar 1950 kann jedes Mitglied der Vereinten Nationen und jeder Nicht-Mitgliedstaat, der eine Aufforderung gemäß Absatz 1 erhalten hat, der Konvention beitreten.

Die Beitrittsurkunden sind bei dem Generalsekretär der Vereinten Nationen zu hinterlegen.

Artikel XII

Eine Vertragschließende Partei kann jederzeit durch Mitteilung an den Generalsekretär der Vereinten Nationen die Anwendung dieser Konvention auf alle oder eines der Gebiete erstrecken, für deren auswärtige Angelegenheiten diese Vertragschließende Partei verantwortlich ist.

Artikel XIII

An dem Tag, an dem die ersten zwanzig Ratifikations- oder Beitrittsurkunden hinterlegt sind, erstellt der Generalsekretär ein Protokoll und übermittelt jedem Mitglied der Vereinten Nationen und jedem der in Artikel XI in Betracht gezogenen Nicht-Mitgliedstaaten eine Abschrift desselben.

Diese Konvention tritt am neunzigsten Tage nach dem Zeitpunkt der Hinterlegung der zwanzigsten Ratifikations- oder Beitrittsurkunde in Kraft.

Eine Ratifikation oder ein Beitritt, der nach dem letzteren Zeitpunkt erfolgt, wird am neunzigsten Tage nach der Hinterlegung der Ratifikations- oder Beitrittsurkunde wirksam.

Artikel XIV

Diese Konvention bleibt für die Dauer von zehn Jahren vom Zeitpunkt ihres Inkrafttretens an in Kraft.

Danach bleibt sie für die Dauer von jeweils weiteren fünf Jahren für diejenigen Vertragschließenden Parteien in Kraft, die sie nicht mindestens sechs Monate vor Ablauf der laufenden Frist gekündigt haben.

Die Kündigung erfolgt durch schriftliche Mitteilung an den Generalsekretär der Vereinten Nationen.

Artikel XV

Wenn als Ergebnis von Kündigungen die Zahl der Parteien der vorliegenden Konvention auf weniger als sechzehn sinkt, tritt die Konvention mit dem Zeitpunkt außer Kraft, in dem die letzte dieser Kündigungen rechtswirksam wird.

Artikel XVI

Ein Antrag auf Revision dieser Konvention kann jederzeit von einer Vertragschließenden Partei durch eine schriftliche Mitteilung an den Generalsekretär gestellt werden.

Die Generalversammlung entscheidet über die Schritte, die gegebenenfalls auf einen solchen Antrag hin zu unternehmen sind.

Artikel XVII

Der Generalsekretär der Vereinten Nationen macht allen Mitgliedern der Vereinten Nationen und den in Artikel XI in Betracht gezogenen Nicht-Mitgliedstaaten über die folgenden Angelegenheiten Mitteilung:

a. Unterzeichnungen, Ratifikationen und Beitritte, die gemäß Artikel XI eingegangen sind;
b. Mitteilungen, die gemäß Artikel XII eingegangen sind;
c. den Zeitpunkt, zu dem diese Konvention gemäß Artikel XIII in Kraft tritt;
d. Kündigungen, die gemäß Artikel XIV eingegangen sind;
e. Außerkrafttreten der Konvention gemäß Artikel XV;
f. Mitteilungen, die gemäß Artikel XVI eingegangen sind.

Artikel XVIII

Das Original der vorliegenden Konvention wird in den Archiven der Vereinten Nationen hinterlegt.

Eine beglaubigte Abschrift der Konvention wird jedem Mitglied der Vereinten Nationen und jedem der in Artikel XI in Betracht gezogenen Nicht-Mitgliedstaaten übermittelt.

Artikel XIX

Diese Konvention wird am Tage ihres Inkrafttretens von dem Generalsekretär der Vereinten Nationen registriert.

Dokumentarischer Anhang B

Dr. Evatt, Präsident der Generalversammlung der Vereinten Nationen, 9. Dezember 1948

Es folgt ein Auszug aus der Rede von Dr. Herbert Evatt, dem Präsidenten der Generalversammlung der Vereinten Nationen, vor der Generalversammlung im Anschluss an die Verabschiedung der Völkermordkonvention am 9. Dezember 1948 in Paris. Die englischsprachige Originalversion ist in der Fußnote am Ende des Auszugs nachzulesen.[2]

III. Generalversammlung der Vereinten Nationen, 179. Sitzung der Vollversammlung, 9. Dezember 1948, Paris

Rede von Herbert Evatt, dem Präsidenten der Generalversammlung der Vereinten Nationen

Als Präsident möchte ich betonen, dass die Zustimmung der Generalversammlung zu dieser Konvention über den Völkermord den Beginn einer neuen Ära darstellt. Seit geraumer Zeit erschüttert die vollständige oder partielle Zerstörung religiöser, rassischer und nationaler Gruppen das Gewissen der Menschheit. Gelegentlich wurden in den vergangenen Jahrhunderten Versuche unternommen, menschliche Gruppen mittels sogenannter humanitärer Interventionen vor der Zerstörung zu bewahren. Meist wurden sie von einzelnen Nationen durchgeführt, bisweilen auch in Verbindung mit anderen Mächten. Es handelte sich um diplomatische Maßnahmen,

[2] A. d. Ü.: Die Übersetzung basiert auf der Transkription der englischsprachigen Audio-Version der Vereinten Nationen von Donna-Lee Frieze und Joaquín González Ibáñez. III. Generalversammlung, 179. Sitzung der Vollversammlung, 9. Dezember 1948, Paris. Die Audio-Version ist verfügbar unter http://webtv.un.org/watch/genocide-convention-3rd-session-of-the-general-assembly-179th-plenary-meeting/2849232975001/?term=&lan=english&page=2?term; Evatts Rede beginnt bei 2:18:58.

und Regierungen, die derartige Interventionen durchführten, wurde oftmals vorgeworfen, andere als rein humanitäre Ziele zu verfolgen.

Heute schaffen wir internationale, kollektive Sicherheitsvorkehrungen, um die Existenz dieser menschlichen Gruppen zu schützen. Jeder, der im Namen der Vereinten Nationen handelt, wird es im Namen des universellen Gewissens tun, das diese großartige Organisation verkörpert.

Die Interventionen der Vereinten Nationen und anderer Organe, die die Anwendung der Konvention überwachen müssen, werden nicht gemäß unilateraler politischer Erwägungen, sondern gemäß Völkerrecht erfolgen.

In diesem mit dem unantastbaren Recht menschlicher Gruppen auf Existenz verbundenen Bereich, meine Herren, verkünden wir heute einmalig und ich hoffe, für alle Zeit, den Vorrang des Völkerrechts.

Unsere Zustimmung zu dieser Konvention stellt einen wichtigen Fortschritt in der Entwicklung des internationalen Strafrechts dar. Formal werden die grundlegenden Menschenrechte bereits durch die Errichtung völkerrechtlicher Verträge und die Verhängung strafrechtlicher Sanktionen gegen Handlungen wie Piraterie, Sklavenhandel, Frauen- und Kinderhandel geschützt.

Nun schützen wir das grundlegendste aller Rechte, nämlich das Recht menschlicher Gruppen als solche zu existieren. Damit unternimmt die Generalversammlung aktive, positivrechtliche Schritte, um ihren Auftrag gemäß Artikel 13 der Charta zu erfüllen, der die Förderung der fortschreitenden Entwicklung des Völkerrechts sowie seine Kodifikation vorsieht (...).

Abschließend möchte ich Ihnen in Erinnerung rufen, dass die erste Resolution der Generalversammlung über Völkermord von 1946 eine der wenigen Resolutionen war, die auf der ersten Generalversammlung einstimmig angenommen wurden. Die Resolution besagte, dass das Verbrechen des Genozids das Gewissen der Menschheit erschüttere, der Menschheit große Verluste zugefügt habe und sämtlichen Zielen und Grundsätzen der Vereinten Nationen zuwiderlaufe. Zu jener Zeit spürten alle Nationen, dass moralische Grundsätze und Erwägungen menschlicher Solidarität, die den Schutz religiöser, rassischer und nationaler Gruppen forderten,

Vorrang haben sollten vor politischen und juristischen Vorbehalten. Diese Grundhaltung muss auch weiterhin maßgeblich für uns sein, heute und in Zukunft.

Um des Fortschritts und des gesellschaftlichen und internationalen Friedens willen, bitte ich inständig darum – und ich denke, das entspricht der einstimmigen Überzeugung der Versammlung –, dass diese Konvention schnellstmöglich von allen Staaten unterzeichnet und von allen Parlamenten ratifiziert wird, sodass grundlegende Menschenrechte fortan unter dem Schutz des Völkerrechts stehen (…).[3]

---

[3] **Third Session of the UN GA 179th Plenary Meeting, December 9, 1948. Paris**
Intervention of Mr. Herbert Evatt, President of the UN General Assembly:

I'd like to say this, as President, that the approval, of this Convention on genocide by the Assembly is an epoch making event. The wholesale or partial destruction of religious, racial and national groups has long shocked the conscience of mankind. In past centuries, endeavours were occasionally made to preserve human groups from destruction through so-called humanitarian interventions, undertaken by one nation acting usually alone but at times in conjunction with other powers. This was diplomatic action, and governments which undertook such interventions, were frequently accused of perusing other than humanitarian ends.

Today we are establishing international, collective safe-guards for the very existence of such human groups. Whoever will act in the name of the United Nations, will do it on behalf of universal conscience as embodied in this great organisation.

The intervention of the United Nations, and other organs, which will have to supervise the application of the Convention, will be made according to international law, and not according to unilateral political considerations.

In this field, gentlemen, relating to the sacred right of existence of human groups, we are proclaiming today the supremacy of international law, once, and I hope forever.

Our approval of this convention, marks an important advance in the development of international criminal law. Formally, basic human rights have been protected by international conventions and acting penal sanctions against things like piracy, the slave trade, trafficking women and children.

Now we are protecting the most fundamental right of all, the very right of human groups to exist as groups, and in so doing the General Assembly, is taking positive active intervention to fulfil its mission under article 13 of the charter, that is, to promote the progressive development of international law and codification (...)

Finally, let me remind you, that the basic resolution of the Assembly on genocide in 1946 was also one of the few resolutions which we unanimously accepted at the first session of the Assembly. That resolution stated that the crime of genocide shocked the conscience of mankind, inflicted great losses on humanity, was contrary to the aims and principles of the United Nations. At that time all nations felt the political or legalistic reservations should yield to moral principles and considerations of human solidarity, which demanded the preservation of religious, racial and national groups. This spirit must prevail among us, also today and tomorrow.

I would urge, and I think that's the spirit, the unanimous view of the Assembly, that this Convention be signed by all States, ratified by all Parliaments, at the earliest date, in order that

Internationaler Gerichtshof der Vereinten Nationen Gutachten betreffend die Vorbehalte gegen die Konvention über die Verhütung und Bestrafung des Völkermordes vom 28. Mai 1951[4]

Das Gesuch um Begutachtung der Vorbehalte gegen die Konvention zur Verhütung und Bestrafung des Völkermordes wurde dem Gericht wie folgt von der Generalversammlung der Vereinten Nationen (Resolution der Generalversammlung vom 16. November 1950) vorgelegt:

„Betreffend die Konvention zur Verhütung und Bestrafung des Völkermordes und im Falle, dass ein Staat mit der Ratifikation, dem Beitritt oder der Unterzeichnung mit darauf folgender Ratifikation einen Vorbehalt anbringt:

I. Kann der den Vorbehalt anbringende Staat als Vertragspartei der Konvention betrachtet werden, wenn er an seinem Vorbehalt festhält, obwohl eine oder mehrere, jedoch nicht alle Vertragsparteien der Konvention Einspruch gegen den Vorbehalt erheben?

II. Fällt die Antwort auf die erste Frage positiv aus, welche Auswirkung hat der Vorbehalt auf die Beziehung zwischen dem den Vorbehalt anbringenden Staat und

a) den Vertragsparteien, die Einspruch gegen den Vorbehalt erheben, und
b) den Vertragsparteien, die den Vorbehalt annehmen?

---

basic human rights be given the protection of international law for the sake of progress, social and international peace. (…)

4 A. d. Ü.: Da es keine vollständige offizielle Übersetzung des Gutachtens gibt, wurde es für diese Arbeit erstmals ins Deutsche übersetzt. Die Übersetzung erfolgte auf Grundlage des englischsprachigen ICJ Report 1951, S. 18 ff. und stützt sich terminologisch auf den diesbezüglichen Bericht der *Zeitschrift für ausländisches öffentliches Recht und Völkerrecht* (ZAOERV).

III. Welche Rechtswirkung in Bezug auf die Antwort auf die erste Frage hätte die Erhebung eines Einspruchs gegen einen Vorbehalt

a) durch einen Staat, der die Konvention unterzeichnet, jedoch bisher nicht ratifiziert hat?
b) durch einen Staat, der zur Unterzeichnung oder zum Beitritt berechtigt ist, dies jedoch bisher nicht getan hat?“

Schriftliche Stellungnahmen zu dieser Angelegenheit wurden dem Gericht von den folgenden Staaten und Organisationen vorgelegt: die Organisation Amerikanischer Staaten, die Union der Sozialistischen Sowjetrepubliken, das Haschemitische Königreich Jordanien, die Vereinigten Staaten von Amerika, das Vereinigte Königreich Großbritannien und Nordirland, der Generalsekretär der Vereinten Nationen, Israel, die Internationale Arbeitsorganisation, Polen, die Tschechoslowakei, die Niederlande, die Volksrepublik Rumänien, die Ukrainische Sozialistische Sowjetrepublik, die Volksrepublik Bulgarien, die Weißrussische Sozialistische Sowjetrepublik und die Republik der Philippinen.

Darüber hinaus hörte das Gericht mündliche Stellungnahmen, die im Namen des Generalsekretärs der Vereinten Nationen und der Regierungen von Israel, dem Vereinigten Königreich und Frankreich abgegeben wurden.

Mit sieben gegen fünf Stimmen gab das Gericht die folgenden Antworten auf die ihm überwiesenen Fragen:

Betreffend Frage I:

Ein Staat, der einen Vorbehalt angebracht und an ihm festgehalten hat, gegen den eine oder mehrere Vertragsparteien der Konvention Einspruch erhoben haben, andere jedoch nicht, kann als Vertragspartei der Konvention betrachtet werden, wenn der besagte Vorbehalt mit Ziel und Zweck der Konvention vereinbar ist; andernfalls kann der Staat nicht als Vertragspartei der Konvention betrachtet werden.

Betreffend Frage II:

a) Wenn eine Vertragspartei der Konvention Einspruch gegen einen Vorbehalt erhebt, den sie als mit Ziel und Zweck der Konvention unvereinbar betrachtet, kann sie de facto davon ausgehen, dass der den Vorbehalt anbringende Staat keine Vertragspartei der Konvention ist.

b) Wenn eine Vertragspartei den Vorbehalt hingegen als mit Ziel und Zweck der Konvention vereinbar anerkennt, kann sie den den Vorbehalt anbringenden Staat de facto als Vertragspartei der Konvention betrachten.

Betreffend Frage III:

a) Der Einspruch eines Staates, der die Konvention unterzeichnet, jedoch bisher nicht ratifiziert hat, gegen einen Vorbehalt erhält seine in der Antwort auf die erste Frage bezeichnete Rechtswirkung erst zum Zeitpunkt der Ratifikation. Bis dahin kündigt der Einspruch dem anderen Staat lediglich die künftige Haltung des Signatarstaates an;

b) Der Einspruch eines Staates, der berechtigt ist, die Konvention zu unterzeichnen oder ihr beizutreten, dies jedoch bisher nicht getan hat, ist ohne jede Rechtswirkung.

Dem Gutachten des Gerichts wurden zwei abweichende Gutachten beigefügt: eines von Vizepräsident Guerrero und den Richtern Sir Arnold McNair, Read und Hsu Mo, eines von Richter Álvarez.

* * *

Das Gericht weist in seinem Gutachten zunächst die seitens einiger Regierungen vorgebrachten Argumente zurück, die ihm die Zuständigkeit absprechen, in diesem Fall gutachterlich tätig zu werden. Anschließend befasste sich das Gericht mit den ihm vorgelegten Fragen, nachdem es festgestellt hatte, dass diese ausdrücklich auf die Völkermordkonvention beschränkt und rein abstrakter Natur sind.

Mit der ersten Frage soll bestimmt werden, ob ein Staat, der einen Vorbehalt angebracht hat und daran festhält, als Vertragspartei der Völkermordkonvention betrachtet werden kann, wenn einige Vertragsparteien Einspruch dagegen erheben. Ein Staat kann in seinen Vertragsbeziehungen nicht ohne seine Zustimmung gebunden werden. Es darf kein Vorbehalt gegen ihn geltend gemacht werden, bevor er nicht seine Zustimmung gegeben hat. Andererseits ist es ein anerkannter Grundsatz, dass eine mehrseitige Konvention das Ergebnis einer frei geschlossenen Vereinbarung ist. Mit diesem Grundsatz verbunden ist das Prinzip der Integrität des verabschiedeten Konventionstextes, das traditionell besagt, dass ein Vorbehalt solange nicht gilt, bis er nicht von sämtlichen Vertragsparteien angenommen worden ist. Auch wenn der Wert dieses Prinzips als solches unangefochten bleibt, so ist seine Anwendung in Bezug auf die Völkermordkonvention flexibler aufgrund verschiedener Umstände, darunter der universale Charakter der Vereinten Nationen, unter deren Auspizien diese Konvention verabschiedet wurde, und das von der Konvention selbst vorgesehene Ziel weitestmöglicher Beteiligung. Die Tendenz zur Allbeteiligung an derartigen Konventionen hat in der Vertragspraxis bereits zu größerer Flexibilität geführt. Der häufigere Rückgriff auf Vorbehalte, die sehr breite Tendenz zur stillschweigenden Annahme von Vorbehalten und die Betrachtung eines einen Vorbehalt anbringenden Staates als Vertragspartei der Konvention in den Beziehungen zu den Staaten, die den Vorbehalt akzeptiert haben, bringen einen neuen Bedarf an Flexibilität bei der Anwendung mehrseitiger Konventionen zum Ausdruck. Darüber hinaus ist die Völkermordkonvention trotz einstimmiger Annahme das Ergebnis einer Reihe von Mehrheitsbeschlüssen, die es einigen Staaten erforderlich machen können, Vorbehalte anzubringen.

Aus dem Nichtvorhandensein eines Artikels über Vorbehalte in der Konvention kann nicht auf ihre Unzulässigkeit geschlossen werden. In Ermangelung expliziter diesbezüglicher Bestimmungen müssen zwecks Erwägung der Zulässigkeit des Anbringens von Vorbehalten und ihrer etwaigen Wirkung der Charakter, der Zweck, die Bestimmungen und die Art ihrer Vorbereitung und Verabschiedung in Betracht gezogen werden. Die vorbereitenden Arbeiten zur Völkermordkonvention zeigen, dass in der Generalversammlung eine Verständigung über die Zulässigkeit des Anbringens von Vorbehalten erzielt wurde, und dass es zulässig ist, daraus zu schließen, dass Staaten, die Vertragsparteien der Konvention wurden, hierzu ihre Zustimmung gegeben haben.

Doch welcher Art sind die Vorbehalte, die angebracht, und die Einsprüche, die gegen sie erhoben werden können? Die Lösung muss sich aus der spezifischen Natur der Genozidkonvention ergeben. Die der Konvention zugrundeliegenden Grundsätze werden von zivilisierten Nationen, unabhängig von vertraglichen Verpflichtungen, als für alle Staaten verbindlich anerkannt. Die Konvention sollte universell gültig sein. Der Zweck der Konvention ist rein humanitär und sittlich. Die vertragschließenden Staaten haben keine individuellen Vor- oder Nachteile oder eigenen Interessen; sie haben lediglich ein gemeinsames Interesse. Dies führt zu dem Schluss, dass Ziel und Zweck der Konvention bedeuten, dass es die Absicht der Generalversammlung und der Staaten, die die Konvention verabschiedeten, war, dass sich so viele Staaten wie möglich an ihr beteiligen. Dieses Ziel wäre zum Scheitern verurteilt, wenn ein Einspruch gegen einen zweitrangigen Vorbehalt zum völligen Ausschluss aus der Konvention führen würde. Andererseits kann nicht davon ausgegangen werden, dass es die Absicht der vertragschließenden Parteien war, das eigentliche Ziel der Konvention dem vagen Wunsch zu opfern, die Beteiligung so vieler Parteien wie möglich zu sichern. Dementsprechend ist die Vereinbarkeit des Vorbehalts mit Ziel und Zweck der Konvention der Maßstab, nach dem sich die Haltung des den Vorbehalt anbringenden Staates und die Haltung des dagegen Einspruch erhebenden Staates richten müssen. Folglich kann auf die erste Frage aufgrund ihres abstrakten Charakters keine jedenfalls zutreffende Antwort gegeben werden: Die Beurteilung eines Vorbehalts und die Wirkung von Einsprüchen hängen jeweils von den Umständen des Einzelfalls ab.

In einem nächsten Schritt prüfte das Gericht die zweite Frage, in der es damit befasst wurde, die Auswirkung eines Vorbehalts auf die Beziehung zwischen dem den Vorbehalt anbringenden Staat und den dagegen Einspruch erhebenden Vertragsparteien bzw. den ihn annehmenden Vertragsparteien zu bestimmen. Es gelten dieselben Überlegungen: Kein Staat kann an einen Vorbehalt gebunden werden, den er nicht angenommen hat. Daher wird jeder Staat aufgrund seiner individuellen Beurteilung der Vorbehalte im Rahmen der oben beschriebenen Vereinbarkeit mit Ziel und Zweck der Konvention den den Vorbehalt anbringenden Staat entweder als Vertragspartei der Konvention betrachten oder nicht. Im Normalfall hat die Annahme nur Auswirkungen auf die Beziehung zwischen den beiden betreffenden Staaten. Sie könnte jedoch zum vollständigen Ausschluss aus der Konvention führen, wenn sie durch die Annahme einer Position auf der Zuständigkeitsebene zum Ausdruck gebracht wurde: Einige Parteien könnten die Annahme als mit dem Zweck der Konvention unvereinbar betrachten und die Streitigkeit entweder durch eine Sondervereinbarung oder durch das in der Konvention selbst festgelegte Verfahren beilegen wollen.

Die Nachteile, die sich aus diesen möglichen Unstimmigkeiten ergeben, sind real. Ein Artikel über Vorbehalte hätte diese Nachteile beheben können. Sie werden jedoch durch die gemeinsame Pflicht der vertragschließenden Staaten gemildert, sich in ihrer Beurteilung von der Vereinbarkeit bzw. Unvereinbarkeit des Vorbehalts mit Ziel und Zweck der Konvention leiten zu lassen. Selbstverständlich ist davon auszugehen, dass die Vertragsparteien bestrebt sind, zumindest das zu erhalten, was wesentlich für die Ziele der Konvention ist.

Zuletzt befasste sich das Gericht mit der dritten Frage, betreffend die Wirkung des Einspruchs eines Staates, der zwar berechtigt ist, die Konvention zu unterzeichnen und zu ratifizieren, dies jedoch bisher nicht getan hat, und betreffend die Wirkung des Einspruchs eines Staates, der die Konvention zwar unterzeichnet, jedoch bisher nicht ratifiziert hat. Im ersten Fall ist es undenkbar, dass ein Staat, der keine Rechte gemäß der Konvention hat, einen anderen Staat ausschließen könnte. Die Position der Staaten, die bereits unterzeichnet haben, ist günstiger: Sie haben bereits bestimmte Maßnahmen ergriffen, die für die Ausübung des Rechts einer Vertragspartei erforderlich sind. Dieser vorläufige Status verleiht ihnen das Recht, vorsorglich Einsprüche zu erheben, die ihrerseits ebenfalls vorläufiger Natur sind. Nur im Falle, dass auf die Unterzeichnung die Ratifikation folgt, wird der Einspruch rechtskräftig, andernfalls erlischt er. Dementsprechend hat der Einspruch keine unmittelbare Rechtswirkung, sondern verkündet lediglich die Haltung eines jeden Signatarstaates für den Zeitpunkt, in dem er zur Vertragspartei wird.[5]

[5] Vgl. Vereinte Nationen, New York, 1992 ST/LEG/SER.F/1.

Dokumentarischer Anhang C

Nachruf auf Raphael Lemkin
(*New York Times*, 30. August 1959)

Raphael Lemkin, Erzfeind des Genozids, ist tot
Professor für Völkerrecht und Hauptinitiator der
UN-Völkermordkonvention

Dr. Raphael Lemkin, wohnhaft in 504 West, 112th Street, New York, einer der führenden Köpfe der internationalen Bewegung zur gesetzlichen Ächtung des Genozids, starb am Freitag im Alter von achtundfünfzig Jahren an einem Herzinfarkt.

Dr. Lemkin hatte den Sommer in Spring Valley, N.Y. verbracht, wo er an seiner Autobiografie arbeitete, die den Titel *Der Mann ohne Auftrag* getragen hätte. Am vergangenen Donnerstag reiste er nach New York, um über sein Buch zu verhandeln. Am darauffolgenden Tag verstarb er im Büro für Öffentlichkeitsarbeit von Milton H. Biow in 375 Park Avenue.

Der Titel der Autobiografie stammt aus einem Leitartikel der *New York Times*, der vor zwei Jahren veröffentlicht und in dem Dr. Lemkin zu seinem „Erfolg Nr. 56" gratuliert wurde. Der Hintergrund war die sechsundfünfzigste Ratifikation der Konvention der Vereinten Nationen über die Verhütung und Bestrafung des Völkermordes durch Pakistan.

Der Artikel beschrieb Lemkin als „einen äußerst geduldigen Mann ohne Auftrag" und analysierte seine private Kampagne, um körperlichen und geistigen Massakern aufgrund nationaler, ethnischer, rassischer oder religiöser Motive ein Ende zu setzen.

Seit der Verabschiedung der Genozidkonvention durch die Generalversammlung der Vereinten Nationen in Paris am 9. Dezember 1948 haben sich die Sowjetunion und einige ihrer Satellitenstaaten der Liste der ratifizierenden Länder angeschlossen. Die Vereinigten Staaten von Amerika hingegen haben die Konvention nicht ratifiziert. Sie sind der Überzeugung, die Konvention würde die Souveränität des Landes beeinträchtigen.

Im Jahr 1953 ersuchte Dr. Lemkin die Vereinten Nationen, die Sowjetunion und ihre Satellitenstaaten wegen ihrer Versuche der Vernichtung von Minderheiten jenseits des Eisernen Vorhangs für des Vertragsbruchs schuldig zu befinden. Sein Gesuch stützte sich auf die kommunistische Verfolgung der Juden.

Nazi-Erfahrung bestärkte Engagement

Die Judenverfolgung durch die Nazis mehr als ein Jahrzehnt zuvor war entscheidend für den Start seiner Kampagne für die Beendigung der willkürlichen Massaker menschlicher Gruppen. Seine Kampagne bezog sich sowohl auf die nationalsozialistischen Programme der Zwangssterilisation und -abtreibung unter Juden vor Beginn des Zweiten Weltkriegs als auch auf die Morde in den Gaskammern, mit denen die Nazis ihr Vernichtungsprogramm in den Konzentrationslagern fortsetzten.

In seinem 1944 vom Carnegie Endowment for International Peace veröffentlichten Buch *Axis Rule in Occupied Europe* analysierte Dr. Lemkin die Lage der Welt. In diesem Buch wurde vermutlich erstmals das Wort „Genozid" gedruckt, um derartige Massaker, die es in allen Zeiten der Geschichte gegeben hat, zu beschreiben.

Der Autor erklärt, er selbst habe das Wort gebildet: aus dem griechischen „genos" (Rasse) und dem lateinischem „cide" (töten). Dr. Lemkin schrieb sein Buch, während er sich als polnischer Flüchtling in Schweden aufhielt. Raphael Lemkin und sein Bruder Elias, der heute in Montreal lebt, sind die einzigen Überlebenden der Familie. Die restlichen Angehörigen wurden nach dem Überfall der Nazis auf Polen 1939 ermordet.

Zu jener Zeit war Dr. Lemkin in Warschau als Anwalt tätig gewesen. Zuvor hatte er zwischen 1929 und 1935 als Sekretär des Ausschusses zur Kodifikation des Rechts der polnischen Republik fungiert.

Raphael Lemkin kam in Bezwodne, Ostpolen, als Sohn eines Bauers zur Welt, war Absolvent der Universitäten Lwów und Heidelberg und beherrschte neun Sprachen fließend.

Mittels einer schriftlichen und mündlichen Privatkampagne gelang es Dr. Lemkin, die UN-Delegierten davon zu überzeugen, eine Resolution einzubringen, die den Genozid zu einem Verbrechen gemäß internationalem Recht machen würde. Er wirkte an der Redaktion der ersten Resolution über Genozid mit, die 1946 einstimmig angenommen wurde und den Weg zur Konvention ebnete, die zwei Jahre später verabschiedet wurde.

1950 erhielt Dr. Lemkin das Großkreuz des Ordens von Carlos Manuel de Céspedes von Kuba, 1951 den Stephen Wise-Preis des Jüdisch-Amerikanischen Kongresses. Zweifach, 1950 und 1952, wurde Dr. Lemkin für den Friedensnobelpreis nominiert.

Nach dem Krieg war er als Dozent für Völkerrecht an der Yale University und unlängst an der Rechtsfakultät Newark der Rutgers University tätig, wo er eine Rechtsprofessur innehatte. Zuletzt unterrichtete er an der Princeton University.

Dr. Lemkin hinterlässt weder Frau noch Kinder.

Bibliografie

Abulafia, David; McKitterick, Rosamund; Brett, Martin (Hrsg.): *New Cambridge Medieval History: c. 1198–c. 1300*, Vol. 5, Cambridge, Eng.: Cambridge University Press, 1999.

Aktion Reinhard Camps (2005): „Vilnius Ghetto", unter: http://www.deathcamps.org/occupation/vilnius%20ghetto.html, zuletzt abgerufen am: 08.12.2019.

Alessandri, Arturo; Berg, Paal; Podestá Costa, Luis et al. „The Crime of Genocide: U.N. Is Urged to Act on Proposed Convention Now Before It", in: *New York Times*, 11. November 1947, S. C26.

Alighieri, Dante: *Die Göttliche Komödie*, Streckfuß, Karl (Übers.), Halbleinen: Wegweiser-Verlag, 1922.

Alston, Charlotte: *Antonius Piip, Zigfrīds Meierovics, and Augustinas Voldemaras, The Baltic States*, London: Haus, 2010.

America: „History of America", unter: http://www. https://www.americamagazine.org/, zuletzt abgerufen am: 01.12.2019.

American Bar Association Journal: „Tentative Program, 64th Annual Meeting of the American Bar Association", Vol. 27, Nr. 8 (August 1941): S. 517.

American Hellenic Educational Progressive Association, unter: www.ahepa.org/, zuletzt abgerufen am: 01.12.2019.

American Jewish Historical Society (AHJS): „Axis Rule in Occupied Europe, Chapter 9 of Manuscript on Genocide", in: *Raphael Lemkin Collection (RLC)*, Kiste 5, Ordner 8, unter: http://digital.cjh.org/view/action/nmets.do?DOCCHOICE=388705.xml&dvs=1577011603041~540&locale=de_DE&search_terms=&adjacency=&VIEWER_URL=/view/action/nmets.do?&DELIVERY_RULE_ID=2&divType=&COPYRIGHTS_DISPLAY_FILE=ajhs-copyrightnotice-01, zuletzt abgerufen am: 22.12.2019.

Arkadii, Vaksberg: *Stalin's Prosecutor: The Life of Andrei Vyshinsky*, Butler, Jan (Übers.), New York: Grove Weidenfeld, 1991.

Arne, Sigrid: „Nazi Victim Helps Repay Debt", in: *Portland Press Herald*, 16. März 1947, Sektion D, S. 5.

Arnold, Matthew: *Essays in Criticism*, New York: A. L. Burt, 1865.

Aurell, Jaume: „Autobiography as Unconventional History: Constructing the Author", in: *Rethinking History*, 10:3 (2006): S. 433-449.

Bartlett, Robert Merrill: „By the Way: Pioneer vs. an Ancient Crime", in: *Christian Century*, 16. Juli 1956.

Bartlett, Robert Merrill: „Bio- and Autobiographical Sketches of Lemkin“, in: *Raphael Lemkin Papers (RLP)*, New York Public Library (NYPL).

Bauer, Fritz: „Genocidium (Völkermord)“, in: Sieverts, Rudolf (Hrsg.): *Handwörterbuch der Kriminologie*. 2. völlig neu bearbeitete Auflage, Berlin: Walter de Gruyter & Co., 1966.

Berger, Jacob Solomon (Übers.): *The Volkovysk Memorial Book: A Trilogy*, Mahwah, N.J., 2002.

BibleServer, unter: https://www.bibleserver.com/, zuletzt abgerufen am: 08.12.2019.

Boswell, James: *The Life of Samuel Johnson, LL.D*, Vol. 1. London: John Sharp, 1930.

Brief von Bella und Joseph Lemkin an Raphael Lemkin, in: *RLC*, Kiste 1, Ordner 4, AJHS.

Brief von Charles A. Pearce an Raphael Lemkin, 19. August 1958, in: *RLP*, General Correspondence 1954–1959, NYPL.

Brief von Erik Dons an Lemkin, 19. Mai 1949, in: *RLC*, Kiste 2, Ordner 1, AJHS.

Brief von Lemkin an Amalia de Castillo Ledón, 9. Januar 1950, in: *RLC*, Kiste 2, Ordner 3, AJHS.

Brief von Lemkin an Charles Pierce [sic], 6. August 1958, in: *RLP*, General Correspondence 1954–1959, NYPL.

Brief von Lemkin an Clarence Pickett, 30. März 1949, in: *RLC*, Kiste 2, Ordner 1, AJHS.

Brief von Lemkin an Graf d'Oultremont, 9. Januar 1950, in: *RLC*, Kiste 2, Ordner 3, AJHS.

Brief von Lemkin an Curtis-Brown Ltd., 22. Oktober 1958, n. d.", in: *RLP*, General Correspondence 1954–1959, NYPL.

Brief von Lemkin an Dr. Perozo, 24. Juli 1948, in: *RLC*, Kiste 1, Ordner 19, AJHS.

Brief von Lemkin an Elia D. Madey, 9. Januar 1950, in: *RLC*, Kiste 2, Ordner 3, AJHS.

Brief von Lemkin an García Bauer, 17. Dezember 1949, in: *RLC*, Kiste 2, Ordner 2, AJHS.

Brief von Lemkin an George J. Spatuzza, 8. Januar 1950, in: *RLC*, Kiste 2, Ordner 3, AJHS.

Brief von Lemkin an die Hamilton National Bank, 29. Oktober 1948, in: *RLC*, Kiste 1, Ordner 6, AJHS.

Brief von Lemkin an Jean Nussbaum, 17. November 1949, in: *RLC*, Kiste 2, Ordner 2, AJHS.

Brief von Lemkin an John Maktos, 18. Januar 1948, in: *RLC*, Kiste 1, Ordner 19, AJHS.

Brief von Lemkin an Jorge Villagómez Yépez, 13. Juni 1949, in: *RLC*, Kiste 2, Ordner 1, AJHS.

Brief von Lemkin an Richter Ingles, 17. Dezember 1949, in: *RLC*, Kiste 2, Ordner 2, AJHS.

Brief von Lemkin an Karl Schlyter, 31. Dezember 1949, in: *RLC*, Kiste 2, Ordner 2, AJHS.

Brief von Lemkin an Abbé de Lattre, 9. Januar 1950, in: *RLC*, Kiste 2, Ordner 3, AJHS.

Brief von Lemkin an Maynard Gertler, 7. Dezember 1946, in: *RLC*, Kiste 1, Ordner 18, AJHS.

Brief von Lemkin an Hrn. K.P.S. Menon, 16. Februar 1950, „Indien", in: *RLP*, NYPL.

Brief von Lemkin an Fr. Marc Somerhausen, 9. Januar 1950, in: *RLC*, Kiste 2, Ordner 3, AJHS.

Brief von Lemkin an Octavio Méndez Pereira, 17. Dezember 1949, in: *RLC*, Kiste 2, Ordner 2, AJHS.

Brief von Lemkin an Quintín Paredes, 17. Dezember 1949, in: *RLC*, Kiste 2, Ordner 2, AJHS.

Brief von Fr. Harry W. Davis an alle Jüdischen Organisationen von Duluth, 14. Juli 1949, in: *RLC*, Kiste 2, Ordner 10, AJHS.

Brief von Naomi Burton an Raphael Lemkin, 11. September 1958, in: *RLP*, General Correspondence 1954–1959, NYPL.

Brief von Naomi Burton an Raphael Lemkin, 30. Oktober 1958, in: *RLP*, General Correspondence 1954–1959, NYPL.

Brief von Pearl S. Buck an Lemkin, n. d., in: *RLC*, Kiste 1, Ordner 17, AJHS.

Brief von Ricardo Alfaro an Lemkin, 16. Januar 1950, „Panama", in: *RLP*, NYPL.

Brief von Sol Rabkin (Anti-Defamation League of B'nai B'rith) an Lemkin, 26. Juli 1950, in: *RLP*, General Correspondence 1947–1953, NYPL.

Broughton, Jeffrey L.: *The Bodhidharma Anthology: The Earliest Records of Zen*, Berkeley: University of California Press, 1999.

Buber, Martin: *I and Thou*, Kaufmann, Walter (Übers.), Edinburgh: Clark, 1970.

Bundesgesetzblatt: „Gesetz über den Beitritt der Bundesrepublik Deutschland zu der Konvention vom 9. Dezember 1948 über die Verhütung und Bestrafung des Völkermordes", Jahrgang 1954, Teil II, S. 729–739.

Bundesgesetzblatt: „Gesetz zu dem Wiener Übereinkommen vom 23. Mai 1969 über das Recht der Verträge", Jahrgang 1985, Teil II, S. 926–960.

Carlos P. Romulo Foundation: „General Carlos P. Romulo", unter: http://carlospromulo.org/, zuletzt abgerufen am: 01.12.2019.

Castberg, Frede: *The European Convention on Human Rights*, Torkel Opsahl und Thomas Ouchterlony (Hrsg.); Gytte Borch (Übers.), Leiden: Sijthoff; Dobbs Ferry, N.Y.: Oceana, 1974.

Chifley, Ben: „Genocide Convention Bill 1949—Second Reading—House of Representatives Historic Hansard—19 May 1949", Parliament of Australia, hansard80-ID, unter: hansard80/hansardr80/1949-05-19/0084 und http://www.aph.gov.au/Hansard/hansreps.htm.

Confucius: *The Sayings of Confucius*, Lyall, Leonard A. (Übers.), London: Longmans, Green, 2007.

Cooper, Eli Louis: „A Law Against Anti-Semitism", in: *Sentinel* (*Chicago Jewish Weekly*), 144: 3 (18. Juli 1948): S. 7.

Cooper, John: *Raphael Lemkin and the Struggle for the Genocide Convention*, Hampshire, Eng.: Palgrave Macmillan, 2008.

Cortés, Eladio; Barrea-Marlys, Mirta: *Encyclopedia of Latin American Theater*, Westport, Conn.: Greenwood, 2003.

Crockett, Jameson W.: „The Polish Blitz. More than a Mere Footnote to History: Poland and Preventive War with Germany, 1933", in: *Diplomacy and Statecraft*, 20:4 (Dezember 2009): S. 561–579.

Denton, Sally: *The Pink Lady: The Many Lives of Helen Gahagan Douglas*, New York: Bloomsbury, 2009.

Deutsche Gesellschaft für die Vereinten Nationen, unter: https://dgvn.de/un-im-ueberblick/, zuletzt abgerufen am: 08.12.2019.

Diplomatische Dokumente der Schweiz: „Information about Person Petitpierre, Max (1899–1994)", unter: http://dodis.ch, zuletzt abgerufen am: 01.12.2019.

D'Itri, Patricia Ward: *Cross Currents in the International Women's Movement, 1848–1948*, Bowling Green, Ohio: Bowling Green State University Popular Press, 1999.

Dolph Briscoe Center for American History: „Tom Connally Papers, 1924, 1931–1952", unter: http://www.lib.utexas.edu, zuletzt abgerufen am: 01.12.2019.

Downey, Kirstin: *The Woman Behind the New Deal: The Life of Frances Perkins, FDR's Secretary of Labor and His Moral Conscience*, New York: Nan A. Talese/ Doubleday, 2009.

Dubnow-Institut, unter: http://www.dubnow.de/institut/ueberblick/, zuletzt abgerufen am: 08.12.2019.

Ehrlich Steinson, Nancy: *Persönlicher Briefverkehr mit Donna-Lee Frieze*, 30. April 2011, 29. Oktober 2011, 2. November 2011, 16. Februar 2012.

Einhorn, Moses: „Destruction of Wolkowisk", in: *Wolkovisker Yizkor Book*, unter: https://www.jewishgen.org/Yizkor/volkovysk/Vol954.html, zuletzt abgerufen am: 08.12.2019.

Einhorn, Moses: „Wolkovisk—My Native Town", in: *Wolkovisker Yizkor Book*, unter: https://www.jewishgen.org/Yizkor/volkovysk/Vol991.html, zuletzt abgerufen am: 08.12.2019.

Eleanor Roosevelt Papers Project: „Teaching Eleanor Roosevelt Glossary—Adlai Stevenson (1900–1965)", unter: http://www2.gwu.edu/~erpapers/teachinger/glossary/stevenson-adlai.cfm, zuletzt abgerufen am: 01.12.2019.

Evatt, H. V.: *The United Nations*, Melbourne: Oxford University Press, 1948.

Federation of Jewish Communities of the Commonwealth of the Independent States, unter: https://fjc-fsu.org/, zuletzt abgerufen am: 01.12.2019.

Fischer, Peter; Köck, Heribert Franz; Verdross, Alfred (Hrsg.): *Völkerrecht und Rechtsphilosophie. Internationale Festschrift für Stephan Verosta zum 70. Geburtstag*, Berlin: Duncker und Humblot, 1980.

Fogelman, Eva: *Conscience and Courage: Rescuers of Jesus During the Holocaust*, New York: Random House, 1995.

Foundation Robert Schuman, unter: https://www.robert-schuman.eu/de/, zuletzt abgerufen am: 01.12.2019.

France Catholique, unter: http://www.france-catholique.fr/, zuletzt abgerufen am: 01.12.2019.

Frieze, Donna-Lee: „The Destruction of Sarajevo's Vijecnica: A Case of Genocidal Cultural Destruction?", in: Jones, Adam (Hrsg.): *New Directions in Genocide Research*, Oxon, Eng.: Routledge, 2011.

Genêt: „Letter from Paris", in: *New Yorker,* 16. Oktober 1948, S. 111–115.

Georgetown University: „Alfaro Family Papers", in: *Special Collections Divison*, Lauinger Library, unter: https://findingaids.library.georgetown.edu/repositories/15/resources/10019, zuletzt abgerufen am: 01.12.2019.

Goethe, Johann Wolfgang von: *Hermann und Dorothea*, Heidelberg: Bernd Platzdasch, 2009.

Gräbe, Hermann Friedrich: „Eidesstaatliche Erklärung 2992-PS", in: *NS-Archiv. Dokumente zum Nationalsozialismus*, unter: https://www.ns-archiv.de/imt/ps2801-ps3000/2992-ps.php, zuletzt abgerufen am: 08.12.2019.

Greenbaum, Alfred A: „Soviet Jewry During the Lenin-Stalin Period I", in: *Soviet Studies* 16:4 (April 1965): S. 406–421.

Greene, Julie: *The Canal Builders: Making America's Empire at the Panama Canal*, New York: Penguin, 2009.

Halecki, Oskar: *A History of Poland*, London: Routledge & Kegan Paul, 1983.

Harry S. Truman Library and Museum (2017): „Oral History Interview with John Maktos", unter: https://www.trumanlibrary.gov/library/oral-histories/maktosj, zuletzt abgerufen am: 01.12.2019.

Heine, Heinrich: *The Poems of Heine*. Edgar Alfred Bowring, trans. London: George Bell and Sons, 1891.

Hitler, Adolf (1943): *Mein Kampf*, Zentralverlag der NSDAP, 1943.

Hunczak, Taras: *Simon Petliura and the Jews: A Reappraisal*, Toronto: Ukrainian Historical Association, 1985.

Institute for Advanced Studies on the United Nations: „Alexandre Parodi Scholarships Program", unter: http://www.ihenu.org/.

Institut für interdisziplinäre Konflikt- und Gewaltforschung (Hrsg.): *Memo. Multidimensionaler Erinnerungsmotor*. Studie II, unter: https://www.stiftung-evz.de/fileadmin/user_upload/EVZ_Uploads/Projekte/EVZ_Studie_MEMO_2019_dt_20190423.pdf, zuletzt abegerufen am: 30.01.2020.

International Institute of Social History: „Tomáš Garrigue Masaryk Papers", unter: http://www.iisg.nl/, zuletzt abgerufen am: 01.12.2019.

Irokawa, Daikichi: *The Age of Hirohito: In Search of Modern Japan,* Hane, Mikiso; Urda, John K. (Übers.), New York: Free Press, 1995.

Jewish Virtual Library. A Project of AICE (1998-2019): „Siedlce", unter: https://www.jewishvirtuallibrary.org/siedlce, zuletzt abgerufen am: 01.12.2019.

Karski, Jan: *Story of a Secret State*, Boston: Houghton Mifflin, 1944.

Kaufmann, J. E.; Kaufmann, H. W.: *The Maginot Line: None Shall Pass*, Westport, Conn.: Praeger, 1997.

King, Archibald: „Further Developments Concerning Jurisdiction over Friendly Foreign Armed Forces", in: *American Journal of International Law* 40:2, (April 1946): S. 257–279.

Kleine, Richard: „Law Teacher's Crusade Against Genocide Laws Down Home Stretch After 35 Years", in: *Berkshire Evening Eagle,* 2. August 1949, S. 17.

Knigge, Volkhard und Frei, Norbert (Hrsg.): *Verbrechen erinnern. Die Auseinandersetzung mit Völkermord und Holocaust*, München: C.H. Beck, 2002.

Konwinski, Norbert: *The Mayor: Saga of Stefan Starzynski*, Posen, Mich.: Diversified Enterprises, 1978.

Kubler, George: „Henri Focillon, 1881–1943", in: *College Art Journal* 4:2 (Januar 1945): S. 71–74.

Kurek, Jala: *Grypa szaleje w Naprawie*, Krakau: Wydawnictwo Literackie, 1954.

Landau, Rom: *Ignace Paderewski, Musician and Statesman*, New York: AMS, 1976.

Leikin, Ezekiel (Hrsg. und Übers.): *The Beilis Transcripts: The Anti-Semitic Trial That Shook the World*, Northvale, N.J.: Aronson, 1993.

Lemkin, Raphael: „Acts Constituting a General (Transnational) Danger Considered as Offences Against the Law of Nations", in: Fussell, Jim (Übers.): *Prevent Genocide International,* unter: http://www.preventgenocide.org/lemkin/madrid1933-english.htm, zuletzt abgerufen am: 01.12.2019.

Lemkin, Raphael: *La réglementation des paiements internationaux; traite de droit comparé sur les devises, le clearing et les accords de paiements, les conflits des lois*, Paris: A. Pedone, 1939.

Lemkin, Raphael: *Valutareglering och Clearing*, Stockholm: Norstedt, P. A. und Soner, 1941.

Lemkin, Raphael: „The Legal Framework of Totalitarian Control over Foreign Economies", Presented at the Section of International and Comparative Law of the American Bar Association, Indianapolis, 29. September–3. Oktober, 1941.

Lemkin, Raphael: *Axis Rule in Occupied Europe: Laws of Occupation, Analysis ofGovernment, Proposals for Redress*, Clark, N.J.: Lawbook Exchange, 1944, 2005.

Lemkin, Raphael: „Genocide", in: *American Scholar* 15:2 (April 1956): S. 227–30.

Lemkin, Raphael: „Genocidio. Escritos", Elorza, Antonio (Hrsg. und Übers.), Madrid: Centro de Estudios Políticos y Constitucionales, 2015, S. 83–94.

Lemkin, R.; McDermott, M.: *The Polish Penal Code of 1932 and the Law of Minor Offenses*, Durham: Duke University Press, 1939.

Lemkin, Saul: Persönliches Gespräch mit Donna-Lee Frieze, 29. Januar 2009.

Leon, Garth: *Frank Buchman: A Life*. London: Constable, 1985.

Library of Congress: „Arthur B. Spingarn Papers, 1850–1968", unter: http://lccn.loc.gov/mm79040949, zuletzt abgerufen am: 01.12.2019.

Library of Congress: „Charles Fahy Papers, 1857–1985", unter: https://lccn.loc.gov/mm82020164, zuletzt abgerufen am: 01.12.2019.

Library of Congress: „Vance, John Thomas, 1884–1943", unter http://id.loc.gov/authorities/names/n79122451.html, zuletzt abgerufen am: 01.12.2019.

Lima News: „Yale Professor Feels Russia Has Dire Mass Plan", 18. Juni 1951, S. 4.

Loewen, Gertrude: *Crusader for Freedom: The Story of Jean Nussbaum*, Nashville: Southern Publishing, 1969.

Long Beach Independent: „Outlaw of 'Genocide' Recommended by U.N.", 10. Dezember 1948, S. 2.

Maclean, Pam; Langfield, Michele; Abramovich, Dvir (Hrsg.): *Testifying to the Holocaust*, Sydney: Australian Association of Jewish Studies, 2008.

Malik, Charles Habib: *The Challenge of Human Rights: Charles Malik and the Universal Declaration*, Oxford: Charles Malik Foundation, Centre for Lebanese Studies, 2000.

Manuskript „Massenmord an den Armeniern", n. d., in: *RLC*, Kiste 8, Ordner 14, AJHS.

Manuskript „Mauren und Morisken", n. d., in: *RLP*, Kiste 7, Ordner 9, AHJS.

Manuskript „Mongolen", n. d., in: *RLC*, Kiste 9, Ordner 9, AJHS.

Manuskript „Morisken in Spanien: Ihre Konversion und Ausweisung", n. d., in: *RLC*, Kiste 9, Ordner 10, AJHS.

Märker, Alfredo und Wagner, Beate: „Vom Völkerbund zu den Vereinten Nationen", in: Bundeszentrale für politische Bildung (Hrsg.): *60 Jahre Vereinte Nationen*, APuZ 22/2005, S. 5.

Marquis Who's Who, unter: https://www.marquiswhoswho.com/, zuletzt abgerufen am: 01.12.2019.

Martin, Douglas: „John Hohenberg, 94, Former Pulitzer Prize Official, Dies", in: *New York Times*, 8. August 2000, S. A23, 25.

McDonough, Frank: *Neville Chamberlain, Appeasement, and the British Road to War*, Manchester: Manchester University Press, 1998.

McGinnis, Jon: *Avicenna*, New York: Oxford University Press, 2010.

Modern Humanities Research Association: „Nadson: The Poet of Despairing Hope", in: *Slavonic and East European Review* 15:45 (April 1937): S. 680–687.

Moller, Sabine: *Die Entkonkretisierung der NS-Herrschaft in der Ära Kohl*, Hannover: Offizin, 1998.

National Archives: „Passenger Lists of Vessels Arriving at Seattle, Washington, 1949–1954", Micropublication M1398, RG085, Washington, D.C.

National Archives: „Records of the Tennessee Valley Authority [TVA]“, Record Group 142, unter: http://www.archives.gov/research/guide-fed-records/groups/142.html#142.14, zuletzt abgerufen am: 01.12.2019.

National Archives Southeast Region: „Atlanta, GA“, RG 147, Kiste 218.

National Library of Australia: „Guide to the Papers of Sir James Plimsoll“, MS 8048, unter: http://www.nla.gov.au/ms/findaids/8048.html, zuletzt abgerufen am: 01.12.2019.

National Library of Australia: „Joseph Benedict Chifley— Fact sheet 82“, unter: http://www.guides.naa.gov.au/collection/fact-sheets/fs82.aspx, zuletzt abgerufen am: 01.12.2019.

National Library of Australia: „United Nations—Convention on Genocide— Commonwealth Ratification”, 1949–1957, Series no. A463, Control No. 1957/6413.

New York Times: „Genocide”, Leitartikel, 26. August 1946, S. 17.

New York Times: „U.N. Representatives Ratifying Pact Against Genocide“, 17. Oktober 1950, S. 18.

New York Times: „The Genocide Treaty“, 1. November 1950, S. 34.

New York Times: „The Crime of Genocide”, 20. Oktober 1957.

New York Times: „Guillermo Belt, 83, Ex-Cuba Envoy to U.S.”, Todesanzeigen, 7. Juli 1989, S. 12.

New York Times: „Raphael Lemkin, Genocide Foe, Dies“, Todesanzeigen, 30. August 1959, S. 82.

Nobelprize.org: „Wikborg, Erling“, unter: https://old.nobelprize.org/nobel_prizes/peace/articles/committee/nnclist/bios/wikborg.html, zuletzt abgerufen am: 01.12.2019.

Nobelprize.org: „Lester Bowles Pearson—Biographical“, unter: https://www.nobelprize.org/prizes/peace/1957/pearson/biographical/, zuletzt abgerufen am: 01.12.2019.

Nobelprize.org: „Nomination Database—The Nomination Database für the Nobel Peace Prize, 1901–1956“, unter: https://www.nobelprize.org/prizes/uncategorized/nomination-database-3, zuletzt abgerufen am: 01.12.2019.

Nobelprize.org: „Sigrid Undset—Biographical“, unter: https://www.nobelprize.org/prizes/literature/1928/undset/biographical/, zuletzt abgerufen am: 01.12.2019.

Norsk Biografisk Leksikon: „Terje Wold“, unter: https://nbl.snl.no/Terje_Wold, zuletzt abgerufen am: 01.12.2019.

Ogden Standard Examiner: „Britain Accuses Russians of Genocidal Terror“, 16. Oktober 1949, S. 1.

Ogilvie, Marilyn; Harvey, Joy (Hrsg.); *The Biographical Dictionary of Women in Science: Pioneering Lives from Ancient Times to the Mid-20th Century*, New York: Routledge, 2000.

Pearson, Lester B: *Mike: The Memoirs of the Right Honourable Lester B. Pearson*, Toronto: University of Toronto Press, 1972.

Perez, Jizchok Lejbusch. *Ojb Nischt Noch Hecher: A Hasidishe Dertseylung*, Hagen: Katholische Akademie Schwerte, 1996.

Permanent mission of France to the United Nations: „Previous Ambassadors", unter: https://onu.delegfrance.org/-France-at-the-United-Nations-, zuletzt abgerufen am: 01.12.2019.

Pinson, Koppel S.: „Simon Dubnow: Historian and Philosopher", in: Koppel S. Pinson (Hrsg.): *Nationalism and History: Essays on Old and New Judaism/Simon Dubnow*, Cleveland: World Publishing; Philadelphia: Jewish Publication Society of America, 1961.

Polin, Pinkas Hakehillot: „Wolkowysk", in: Yad Vashem (Hrsg.): *Encyclopedia of Jewish Communities in Poland,* Vol. 8 (Vaukavisk: Belarus), unter: https://www.jewishgen.org/Yizkor/pinkas_poland/pol8_00298.html, zuletzt abgerufen am: 01.12.2019.

Power, Samantha: *A Problem from Hell. America and the Age of Genocide*, New York: Basic Books, 2013.

Raval, Marcel (Hrsg.): *Rainer Maria Rilke: His Last Friendship*, New York: Philosophical Library, 1952.

Romanowicz, Wiesław: *Poleszuks as an Ethnic Community*, unter: http://rozprawy-spoleczne.pswbp.pl/pdf/romanowicz.pdf, zuletzt abgerufen am: 01.12.2019.

Rosenberg, Alfred: *Der Mythus des 20. Jahrhunderts. Eine Wertung der seelisch-geistigen Gestaltenkämpfe unserer Zeit*, München: Hoheneichen-Verlag, 1930.

Rothwell, Victor: *Anthony Eden: A Political Biography, 1931–57*, Manchester: Manchester University Press, 1992.

Rowley, Hazel: *Christina Stead: A Biography*, Port Melbourne: Minerva, 1993.

Sands, Philippe: *Rückkehr nach Lemberg. Über die Ursprünge von Genozid und Verbrechen gegen die Menschlichkeit*, Böhne, Reinhild (Übers.), Frankfurt am Main: S. Fischer, 2018.

Schabas, William A.: *Genozid im Völkerrecht*, Fliessbach, Holger (Übers.), Hamburg: Hamburger Edition, 2003.

Schildgen, Robert: *Toyohiko Kagawa: Apostle of Love and Social Justice*, Berkeley, Calif.: Centenary, 1988.

Severo, Richard: „William Proxmire, Maverick Democratic Senator from Wisconsin, Is Dead at 90", in: *New York Times*, 16. Dezember 2005, S. 13.

Shannon, Magdaline W.: *Jean Price-Mars, the Haitian Elite, and the American Occupation, 1915–1935*, New York: St. Martin's, 1996.

Shawcross, Hartley; Shawcross, Baron: *Life Sentence: The Memoirs of Lord Shawcross*, London: Constable, 1995.

Sienkiewicz, Henryk: *Quo Vadis?*, Kuniczak, W. S. (Übers.), New York: Macmillan, 1993.

Simon, Boris: *Ragman's City*, Cunliffe-Owen, Sidney (Übers.), London: Harvill, 1957.

Soshitsu XV, Sen: *The Japanese Way of Tea: From Its Origins in China to Sen Rikyu,* Morris, V. Dixon (Übers.), Honolulu: University of Hawaii Press, 1998.

Steinke, Ronen: *Fritz Bauer: oder Auschwitz vor Gericht*, München: Piper, 2013.

Stepanov, Nikolay: *Ivan Krylov*, New York: Twayne, 1973.

Storozynski, Alex: *The Peasant Prince: Thaddeus Kosciuszko and the Age of Revolution*, New York: St. Martin's Griffin/Thomas Dunne, 2009.

Time: „Death of a Hero", 34:16, 16. Oktober 1939, S. 48.

Times: „The Armenian Question", 31. Dezember 1894 S. 6.

Tolischus, Otto D.: *They Wanted War,* New York: Reynal and Hitchcock. 1940

Tolischus, Otto D.: *Through Japanese Eyes,* New York: Reynal and Hitchcock, 1945.

Tolischus, Otto D.: *Tokyo Record*, New York: Reynal and Hitchcock, 1943.

Tolischus, Otto D.: „Twentieth-Century Moloch: The Nazi-Inspired Totalitarian State, Devour of Progress—and of Itself", in: *New York Times,* Book Reviews, 21. Januar 1945, S. 102.

Troubetzkoy, Alexis S.: „The Life and Death of Feodor Kuzmich", in: *Imperial Legend: The Disappearance of Tsar Alexander I*, New York: Arcade, 2002.

United Kingdom Mission to the United Nations: „Former Permanent Representatives", unter: https://webarchive.nationalarchives.gov.uk/20130102182035/http://ukun.fco.gov.uk/en/about-us/whos-who/former-permanent-representatives, zuletzt abgerufen am: 01.12.2019.

United Nations: „General Assembly of the United Nations: Nasrollah Entezam", unter: http://www.un.org/en/ga/president/bios/bio05.shtml, zuletzt abgerufen am: 01.12.2019.

United Nations: „Participants to the Convention on the Prevention and Punishment of the Crime of Genocide", unter: https://treaties.un.org/pages/ViewDetails.aspx?src=TREATY&mtdsg_no=IV-1&chapter=4&clang=_en, zuletzt abgerufen am: 01.12.2019.

United Nations: Summaries of Judgments, Advisory Opinions and Orders of the International Court of Justice, 1948–1991, unter: https://legal.un.org/docs/?path=../icjsummaries/documents/english/st_leg_serf1.pdf&lang=EFSRCA, zuletzt abgerufen am: 08.12.2019.

United Nations: *What the UN Is Doing: The Convention on Genocide*, New York: United Nations, 1949.

United Nations: A/RES/95 (I) of 11 December 1946 (Affirmation of the principles of international law recognized by the Charter of the Nurnberg Tribunal), unter: https://undocs.org/en/A/RES/95(I), zuletzt abgerufen am: 12.12.2019.

United Nations: A/RES/177 (II) of 21 November 1947 (Formulation of the principles recognized in the Charter of the Nurnberg Tribunal and in the judgment of the Tribunal), unter: https://undocs.org/en/A/RES/177(II), zuletzt abgerufen am: 12.12.2019.

United Nations: A/RES/1186 (XII) of 11 December 1957 (Draft Code of Offences against the Peace and Security of Mankind), unter: https://undocs.org/en/A/RES/1186(XII), zuletzt abgerufen am: 12.12.2019.

United Nations: Genocide Convention 3rd session of the General Assembly, 179th plenary meeting, unter: http://webtv.un.org/watch/genocide-convention-3rd-session-of-the-general-assembly-179th-plenary-meeting/2849232975001/?term=&lan-=english-&page=2?term, zuletzt abgerufen am: 22.12.2019.

United States Holocaust Memorial Museum: „Frequently Asked Questions: About the Holocaust", unter: https://www.ushmm.org/learn, zuletzt abgerufen am: 01.12.2019.

United States Holocaust Memorial Museum: „Śmigły-Rydz Becomes Field Marshal, 1936", unter: https://www.ushmm.org/collections/the-museums-collections/collections-highlights/julien-bryan/film-gallery-prewar-poland/migy-rydz-becomes-field-marshal-1936, zuletzt abgerufen am: 01.12.2019.

University of Iowa Libraries: *Henry A. Wallace Collection*, unter: wallace.lib.uiowa.edu, zuletzt abgerufen am: 01.12.2019.

University of Vermont Library: *Warren R. Austin Collection, Special Collections*, unter: https://findingaids.uncc.edu/repositories/4/archival_objects/56126, zuletzt abgerufen am: 01.12.2019.

Wallace, Henry A.: *The Century of the Common Man*, Lord, Russell (Hrsg.), London: Hutchinson, 1940.

Washington Post: „Genocide", Leitartikel, 3. Dezember 1944, S. B4.

Wilgress, Dana: *Memoirs*, Toronto: Ryerson, 1967.

Wisse, Ruth R: *The I. L. Peretz Reader*, New Haven: Yale University Press, 2002, S. 178–80.

Wojak, Irmtrud: *Fritz Bauer. Eine Biographie.* 2. Neuauflage mit einer neuen Einleitung, Eschenlohe: BUXUS EDITION, 2019.

Woolsey, Lester H: „George A. Finch, September 22, 1884–July 17, 1957", in: *American Journal of International Law*, 52:4 (Oktober 1957): S. 756.

Yad Vashem: „Lithuania", unter: https://www.yadvashem.org/untoldstories/documents/GenBack/Lithuania.pdf, zuletzt abgerufen am: 01.12.2019.

Yale Law School: „Judgement: War Crimes and Crimes Against Humanity", in: *The Avalon Project,* Lillian Goldman Law Library, unter: https://avalon.law.yale.edu/imt/judwarcr.asp, zuletzt abgerufen am: 01.12.2019.

Yale Law School. Lillian Goldman Law Library: „Memorandum of a Conversation Held on the Night of August 23rd to 24th, Between the Reich Foreign Minister, on the One Hand, and Herr Stalin and the Chairman of the Council of People's Commissars Molotov, on the Other Hand", in: *The Avalon Project. Documents in Law, History and Diplomacy*, unter: https://avalon.law.yale.edu/20th_century/ns053.asp, zuletzt abgerufen am: 01.12.2019.

Yeghiayan, Vartkes (Hrsg.): *The Case of Soghomon Tehlirian*, Glendale, Calif.: Center for Armenian Remembrance, 2006.

YIVO: „Guide to the Papers of Shalom Schwarzbard (1886–1938)", RG 85.

YIVO: „Simon Dubnow", RG 87.

Young, Robert J.: *Power and Pleasure: Louis Barthou and the Third French Republic*, Montreal: McGill–Queen's University Press, 1991.

ZAOREV: Berichte und Urkunden. Völkerrecht. Rechtsprechung. Entscheidungen internationaler Gerichte. Die Rechtsprechung des Internationalen Gerichtshofs, 1951–1953, unter: https://www.zaoerv.de/15_1953_54/15_1953_4_b_681_730.pdf, zuletzt abgerufen am: 08.12.2019.

Zeno.org: „Londoner Viermächte-Abkommen vom 8. August 1945", unter: http://www.zeno.org/nid/20002754517, zuletzt angerufen am: 08.12.2019.

Zeno.org: „Statut für den Internationalen Militärgerichtshof", unter: http://www.zeno.org/nid/20002754525, zuletzt abgerufen am: 08.12.2019.

Abbildungsverzeichnis

Stichwortverzeichnis

Diese erste Ausgabe der *Autobiographie* von Raphael Lemkin in deutscher Sprache erscheint 75 Jahre nach dem Ende des Zweiten Weltkrieges und der Befreiung der nationalsozialistischen Konzentrationslager durch die Alliierten. Es ist dem unermüdlichen Widerstand Raphael Lemkins zu verdanken, dass Taten wie diese heute international geächtet sind und geahndet werden. Dem unerschöpflichen Kampf der Opfer und Überlebenden von Krieg und Genozid für die Menschenrechte ist diese Ausgabe gewidmet.